环境资源指导案例与典型案例汇编

HUANJING ZIYUAN ZHIDAO ANLI YU
DIANXING ANLI HUIBIAN

最高人民法院
环境资源审判指导丛书

最高人民法院环境资源审判庭 / 编

人民法院出版社

图书在版编目（CIP）数据

环境资源指导案例与典型案例汇编 / 最高人民法院环境资源审判庭编. -- 北京 : 人民法院出版社, 2022.7
（最高人民法院环境资源审判指导丛书）
ISBN 978-7-5109-3557-2

Ⅰ. ①环… Ⅱ. ①最… Ⅲ. ①环境保护法－案例－中国②自然资源保护法－案例－中国 Ⅳ. ①D922.605

中国版本图书馆 CIP 数据核字（2022）第 124327 号

环境资源指导案例与典型案例汇编

最高人民法院环境资源审判庭　编

策划编辑　兰丽专
责任编辑　路建华
封面设计　尹苗苗
出版发行　人民法院出版社
地　　址　北京市东城区东交民巷 27 号（100745）
电　　话　（010）67550660（责任编辑）　67550558（发行部查询）
　　　　　65223677（读者服务部）
客服 QQ　2092078039
网　　址　http://www.courtbook.com.cn
E - mail　courtpress@sohu.com
印　　刷　三河市国英印务有限公司
经　　销　新华书店

开　　本　787 毫米×1092 毫米　1/16
字　　数　553 千字
印　　张　37.25
版　　次　2022 年 7 月第 1 版　2022 年 7 月第 1 次印刷
书　　号　ISBN 978-7-5109-3557-2
定　　价　129.00 元

环境资源指导案例与典型案例汇编

编委会

目　录

上篇　环境资源指导案例

下篇　环境资源典型案例

附录　历次典型案例发布情况

上篇

环境资源指导案例

1. 指导案例13号：王某成等非法买卖、储存危险物质案

（最高人民法院审判委员会讨论通过　2013年1月31日发布）

【关键词】

刑事/非法买卖、储存危险物质/毒害性物质

【裁判要点】

（1）国家严格监督管理的氰化钠等剧毒化学品，易致人中毒或者死亡，对人体、环境具有极大的毒害性和危险性，属于《中华人民共和国刑法》第一百二十五条第二款规定的“毒害性”物质。

（2）“非法买卖”毒害性物质，是指违反法律和国家主管部门规定，未经有关主管部门批准许可，擅自购买或者出售毒害性物质的行为，并不需要兼有买进和卖出的行为。

【相关法条】

《中华人民共和国刑法》第一百二十五条第二款

【基本案情】

公诉机关指控：被告人王某成、金某森、孙某法、钟某东、周某明非法买卖氰化钠，危害公共安全，且系共同犯罪，应当以非法买卖危险物质罪追究刑事责任，但均如实供述自己的罪行，购买氰化钠用于电镀，未造成严重后果，可以从轻处罚，并建议对5被告人适用缓刑。

被告人王某成的辩护人辩称：氰化钠系限用而非禁用剧毒化学品，不属于毒害性物质，王某成等人擅自购买氰化钠的行为，不符合《中华人民共和国刑法》第一百二十五条第二款规定的构成要件，在未造成严重后果的情形下，不应当追究刑事责任，故请求对被告人宣告无罪。

法院经审理查明：被告人王某成、金某森在未依法取得剧毒化学品购买、使用许可的情况下，约定由王某成出面购买氰化钠。2006 年 10 月至 2007 年年底，王某成先后三次以每桶 1000 元的价格向倪某华（另案处理）购买氰化钠，共支付给倪某华 40000 元。2008 年 8 月至 2009 年 9 月，王某成先后三次以每袋 975 元的价格向李某明（另案处理）购买氰化钠，共支付给李某明 117000 元。王某成、金某森均将上述氰化钠储存在浙江省绍兴市南洋五金有限公司其二人各自承包车间的带锁仓库内，用于电镀生产。其中，王某成用总量的三分之一，金某森用总量的三分之二。2008 年 5 月和 2009 年 7 月，被告人孙某法先后共用 2000 元向王某成分别购买氰化钠 1 桶和 1 袋。2008 年 7 至 8 月，被告人钟某东以每袋 1000 元的价格向王某成购买氰化钠 5 袋。2009 年 9 月，被告人周某明以每袋 1000 元的价格向王某成购买氰化钠 3 袋。孙某法、钟某东、周某明购得氰化钠后，均储存于各自车间的带锁仓库或水槽内，用于电镀生产。

【裁判结果】

浙江省绍兴市越城区人民法院于 2012 年 3 月 31 日作出（2011）绍越刑初字第 205 号刑事判决，以非法买卖、储存危险物质罪，分别判处被告人王某成有期徒刑三年，缓刑五年；被告人金某森有期徒刑三年，缓刑四年六个月；被告人钟某东有期徒刑三年，缓刑四年；被告人周某明有期徒刑三年，缓刑三年六个月；被告人孙某法有期徒刑三年，缓刑三年。宣判后，5 被告人均未提出上诉，判决已发生法律效力。

【裁判理由】

法院生效裁判认为：被告人王某成、金某森、孙某法、钟某东、周某明在未取得剧毒化学品使用许可证的情况下，违反国务院《危险化学品安全管理条例》等规定，明知氰化钠是剧毒化学品仍非法买卖、储存，危害公共安全，其行为均已构成非法买卖、储存危险物质罪，且系共同犯罪。关于王某成的辩护人提出的辩护意见，经查，氰化钠虽不属于禁用剧毒化学品，但系列入危险化学品名录中严格监督管理的限用的剧毒化学品，易致人中毒或者死亡，对人体、环境具有极大的毒害性和极度危险性，极易对环境和人的生命健康造成重大威胁和危害，属于《中华人民共和国刑法》第一百二十五条第二款规定的“毒害性”物质；“非法买卖”毒害性物质，是指违反法律和国家主管部门规定，未经有关主管部门批准许可，擅自购买或者出售毒害性物质的行为，并不需要兼有买进和卖出的行为；王某成等人不具备购买、储存氰化钠的资格和条件，违反国家有关监管规定，非法买卖、储存大量剧毒化学品，逃避有关主管部门的安全监督管理，破坏危险化学品管理秩序，已对人民群众的生命、健康和财产安全产生现实威胁，足以危害公共安全，故王某成等人的行为已构成非法买卖、储存危险物质罪，上述辩护意见不予采纳。王某成、金某森、孙某法、钟某东、周某明到案后均能如实供述自己的罪行，且购买氰化钠用于电镀生产，未发生事故，未发现严重环境污染，没有造成严重后果，依法可以从轻处罚。根据5被告人的犯罪情节及悔罪表现等情况，对其可依法宣告缓刑。公诉机关提出的量刑建议，王某成、钟某东、周某明请求从轻处罚的意见，予以采纳，故依法作出如上判决。

2. 指导案例75号：中国生物多样性保护与绿色发展基金会诉宁夏瑞泰科技股份有限公司环境污染公益诉讼案

（最高人民法院审判委员会讨论通过　2016年12月28日发布）

【关键词】

民事/环境污染公益诉讼/专门从事环境保护公益活动的社会组织

【裁判要点】

（1）社会组织的章程虽未载明维护环境公共利益，但工作内容属于保护环境要素及生态系统的，应认定符合《最高人民法院关于审理环境民事公益诉讼案件适用法律若干问题的解释》（以下简称《解释》）第四条关于“社会组织章程确定的宗旨和主要业务范围是维护社会公共利益”的规定。

（2）《解释》第四条规定的“环境保护公益活动”，既包括直接改善生态环境的行为，也包括与环境保护相关的有利于完善环境治理体系、提高环境治理能力、促进全社会形成环境保护广泛共识的活动。

（3）社会组织起诉的事项与其宗旨和业务范围具有对应关系，或者与其所保护的环境要素及生态系统具有一定联系的，应认定符合《解释》第四条关于“与其宗旨和业务范围具有关联性”的规定。

【相关法条】

《中华人民共和国环境保护法》第五十八条

【基本案情】

2015年8月13日，中国环境保护与绿色发展基金会（以下简称绿发会）向宁夏回族自治区中卫市中级人民法院提起诉讼称：宁夏瑞泰科技股份有限公司（以下简称瑞泰公司）在生产过程中违规将超标废水直接排入蒸发池，造成腾格里沙漠严重污染，截至起诉时仍然没有整改完毕。请求判令瑞泰公司：（1）停止非法污染环境行为；（2）对造成环境污染的危险予以消除；（3）恢复生态环境或者成立沙漠环境修复专项基金并委托具有资质的第三方进行修复；（4）针对第二项和第三项诉讼请求，由法院组织原告、技术专家、法律专家、人大代表、政协委员共同验收；（5）赔偿环境修复前生态功能损失；（6）在全国性媒体上公开赔礼道歉等。

绿发会向法院提交了基金会法人登记证书，显示绿发会是在中华人民共和国民政部登记的基金会法人。绿发会提交的2010年度至2014年度检查证明材料，显示其在提起本案公益诉讼前五年年检合格。绿发会亦提交了五年内未因从事业务活动违反法律、法规的规定而受到行政、刑事处罚的无违法记录声明。此外，绿发会章程规定，其宗旨为“广泛动员全社会关心和支持生物多样性保护和绿色发展事业，保护国家战略资源，促进生态文明建设和人与自然和谐，构建人类美好家园”。在案件的一审、二审及再审期间，绿发会向法院提交了其自1985年成立至今，一直实际从事包括举办环境保护研讨会、组织生态考察、开展环境保护宣传教育、提起环境民事公益诉讼等活动的相关证据材料。

【裁判结果】

宁夏回族自治区中卫市中级人民法院于2015年8月19日作出（2015）卫民公立字第6号民事裁定，以绿发会不能认定为《中华人民共和国环境保护法》第五十八条规定的“专门从事环境保护公益活动”的社会组织为由，裁定对绿发会的起诉不予受理。绿发会不服，向宁夏回族自治区高级人民法院提起上诉。该院于2015年11月6日作出（2015）宁民公立终字第6号民事裁定，驳回上诉，维持原裁定。绿发会又向最高人民法院申请再审。最高人民法院于2016年1月22日作出（2015）民申字第3377号民事裁定，裁定提审本案，并于2016年1月28日作出（2016）最高法民再47号民事裁定，裁定本案由宁夏回族自治区中卫市中级人民法院立案受理。

【裁判理由】

法院生效裁判认为：本案系社会组织提起的环境污染公益诉讼。本案的争议焦点是绿发会应否认定为专门从事环境保护公益活动的社会组织。

《中华人民共和国民事诉讼法》第五十五条规定了环境民事公益诉讼制度，明确法律规定的机关和有关组织可以提起环境公益诉讼。《中华人民共和国环境保护法》第五十八条规定："对污染环境、破坏生态，损害社会公共利益的行为，符合下列条件的社会组织可以向人民法院提起诉讼：（一）依法在设区的市级以上人民政府民政部门登记；（二）专门从事环境保护公益活动连续五年以上且无违法记录。符合前款规定的社会组织向人民法院提起诉讼，人民法院应当依法受理。"《解释》第四条进一步明确了对于社会组织"专门从事环境保护公益活动"的判断标准，即"社会组织章程确定的宗旨和主要业务范围是维护社会公共利益，且从事环境保护公益活动的，可以认定为《中华人民共和国环境保护法》第五十八条规定的'专门从事环境保护公益活动'。社会组织提起的诉讼所涉及的社会公共利益，应与其宗旨和业务范围具有关联性"。有关本案绿发会是否可以作为"专门从事环境保护公益活动"的社会组织提起本案诉讼，应重点从其宗旨和业务范围是否包含维护环境公共利益，是否实际从事环境保护公益活动，以及所维护的环境公共利益是否与其宗旨和业务范围具有关联性等三个方面进行审查。

一、关于绿发会章程规定的宗旨和业务范围是否包含维护环境公共利益的问题

社会公众所享有的在健康、舒适、优美环境中生存和发展的共同利益，表现形式多样。对于社会组织宗旨和业务范围是否包含维护环境公共利益，应根据其内涵而非简单依据文字表述作出判断。社会组织章程即使未写明维护环境公共利益，但若其工作内容属于保护各种影响人类生存和发展的天然的和经过人工改造的自然因素的范畴，包括对大气、水、海洋、土地、矿藏、森林、草原、湿地、野生生物、自然遗迹、人文遗迹、自然保护区、风景名胜区、城市和乡村等环境要素及其生态系统的保护，均可以认定为宗旨和业务范围包含维护环境公共利益。

我国 1992 年签署的联合国《生物多样性公约》指出，生物多样性是指陆地、海洋和其他水生生态系统及其所构成的生态综合体，包括物种内部、物种之间和生态系统的多样性。《中华人民共和国环境保护法》第三十条规定："开发利用自然资源，应当合理开发，保护生物多样性，保障生态安全，依法制定有关生态保护和恢复治理方案并予以实施。引进外来物种以及研究、开发和利用生物技术，应当采取措施，防止对生物多样性的破坏。"可见，生物多样性保护是环境保护的重要内容，亦属维护环境公共利益的重要组成部分。

绿发会章程中明确规定，其宗旨为"广泛动员全社会关心和支持生物多样性保护和绿色发展事业，保护国家战略资源，促进生态文明建设和人与自然和谐，构建人类美好家园"，符合联合国《生物多样性公约》和《中华人民共和国环境保护法》保护生物多样性的要求。同时，"促进生态文明建设""人与自然和谐""构建人类美好家园"等内容契合绿色发展理念，亦与环境保护密切相关，属于维护环境公共利益的范畴。故应认定绿发会的宗旨和业务范围包含维护环境公共利益内容。

二、关于绿发会是否实际从事环境保护公益活动的问题

环境保护公益活动，不仅包括植树造林、濒危物种保护、节能减排、环境修复等直接改善生态环境的行为，还包括与环境保护有关的宣传教育、研究培训、学术交流、法律援助、公益诉讼等有利于完善环境治理体系，提高环境治理能力，促进全社会形成环境保护广泛共识的活动。绿发会在本案一审、二审及再审期间提交的历史沿革、公益活动照片、环境公益诉讼立案受理通知书等相关证据材料，虽未经质证，但在立案审查阶段，足以显示绿发会自 1985 年成立以来长期实际从事包括举办环境保护研讨会、组织生态考察、开展环境保护宣传教育、提起环境民事公益诉讼等环境保护活动，符合《中华人民共和国环境保护法》和《解释》的规定。同时，上述证据亦证明绿发会从事环境保护公益活动的时间已满五年，符合《中华人民共和国环境保护法》第五十八条关于社会组织从事环境保护公益活动应五年以上的规定。

三、关于本案所涉及的社会公共利益与绿发会宗旨和业务范围是否具有关联性的问题

依据《解释》第四条的规定，社会组织提起的公益诉讼涉及的环境公共利益，应与社会组织的宗旨和业务范围具有一定关联。此项规定旨在促使社会组织所起诉的环境公共利益保护事项与其宗旨和业务范围具有对应或者关联关系，以保证社会组织具有相应的诉讼能力。因此，即使社会组织起诉事项与其宗旨和业务范围不具有对应关系，但若与其所保护的环境要素或者生态系统具有一定的联系，亦应基于关联性标准确认其主体资格。本案环境公益诉讼系针对腾格里沙漠污染提起。沙漠生物群落及其环境相互作用所形成的复杂而脆弱的沙漠生态系统，更加需要人类的珍惜利用和悉心呵护。绿发会起诉认为瑞泰公司将超标废水排入蒸发池，严重破坏了腾格里沙漠本已脆弱的生态系统，所涉及的环境公共利益之维护属于绿发会宗旨和业务范围。

此外，绿发会提交的基金会法人登记证书显示，绿发会是在中华人民共和国民政部登记的基金会法人。绿发会提交的 2010 至 2014 年度检查证明材料，显示其在提起本案公益诉讼前五年年检合格。绿发会还按照《解释》第五条的规定提交了其五年内未因从事业务活动违反法律、法规的规定而受到行政、刑事处罚的无违法记录声明。据此，绿发会亦符合《中华人民共和国环境保护法》第五十八条，《解释》第二条、第三条、第五条对提起环境公益诉讼社会组织的其他要求，具备提起环境民事公益诉讼的主体资格。

（生效裁判审判人员：刘小飞、吴凯敏、叶阳）

3. 指导案例104号：李某、何某民、张某勃等人破坏计算机信息系统案

（最高人民法院审判委员会讨论通过 2018年12月25日发布）

【关键词】

刑事/破坏计算机信息系统罪/干扰环境质量监测采样/数据失真/后果严重

【裁判要点】

环境质量监测系统属于计算机信息系统。用棉纱等物品堵塞环境质量监测采样设备，干扰采样，致使监测数据严重失真的，构成破坏计算机信息系统罪。

【相关法条】

《中华人民共和国刑法》第二百八十六条第一款

【基本案情】

西安市长安区环境空气自动监测站（以下简称长安子站）系国家环境保护部（以下简称环保部）确定的西安市13个国控空气站点之一，通过环境空气质量自动监测系统采集、处理监测数据，并将数据每小时传输发送至中国环境监测总站（以下简称监测总站），一方面通过网站实时向社会公布，一方面用于编制全国环境空气质量状况月报、季报和年报，向全国发布。长安子站为全市两个国家直管监测子站之一，由监测总站委托武

汉宇虹环保产业股份有限公司进行运行维护，不经允许，非运维方工作人员不得擅自进入。

2016年2月4日，长安子站回迁至西安市长安区西安邮电大学南区动力大楼房顶。被告人李某利用协助子站搬迁之机私自截留子站钥匙并偷记子站监控电脑密码，此后至2016年3月6日，被告人李某、张某勃多次进入长安子站内，用棉纱堵塞采样器的方法，干扰子站内环境空气质量自动监测系统的数据采集功能。被告人何某民明知李某等人的行为而没有阻止，只是要求李某把空气污染数值降下来。被告人李某还多次指使被告人张某、张甲采用上述方法对子站自动监测系统进行干扰，造成该站自动监测数据多次出现异常，多个时间段内监测数据严重失真，影响了国家环境空气质量自动监测系统正常运行。为防止罪行败露，2016年3月7日、3月9日，在被告人李某的指使下，被告人张某、张甲两次进入长安子站将监控视频删除。2016年2月至3月，长安子站每小时的监测数据已实时传输发送至监测总站，通过网站向社会公布，并用于环保部编制2016年2月、3月和第一季度全国74个城市空气质量状况评价、排名。2016年3月5日，监测总站在例行数据审核时发现长安子站数据明显偏低，检查时发现了长安子站监测数据弄虚作假问题，后公安机关将5被告人李某、何某民、张某、张甲、张某勃抓获到案。被告人李某、被告人张某勃、被告人张某、被告人张甲在庭审中均承认指控属实，被告人何某民在庭审中辩解称其对李某堵塞采样器的行为仅是默许、放任，请求宣告其无罪。

【裁判结果】

陕西省西安市中级人民法院于2017年6月15日作出（2016）陕01刑初233号刑事判决：（1）被告人李某犯破坏计算机信息系统罪，判处有期徒刑一年十个月；（2）被告人何某民犯破坏计算机信息系统罪，判处有期徒刑一年七个月；（3）被告人张某勃犯破坏计算机信息系统罪，判处有期徒刑一年四个月；（4）被告人张某犯破坏计算机信息系统罪，判处有期徒刑一年三个月；（5）被告人张甲犯破坏计算机信息系统罪，判处有期徒刑一年三个月。宣判后，各被告人均未上诉，判决已发生法律效力。

【裁判理由】

法院生效裁判认为，5被告人的行为违反了国家规定。《中华人民共和国环境保护法》第六十八条规定禁止篡改、伪造或者指使篡改、伪造监测数据，《中华人民共和国大气污染防治法》第一百二十六条规定禁止对大气环境保护监督管理工作弄虚作假，《中华人民共和国计算机信息系统安全保护条例》第七条规定不得危害计算机信息系统的安全。本案5被告人采取堵塞采样器的方法伪造或者指使伪造监测数据，弄虚作假，违反了上述国家规定。

5被告人的行为破坏了计算机信息系统。《最高人民法院、最高人民检察院关于办理危害计算机信息系统安全刑事案件应用法律若干问题的解释》第十一条规定，计算机信息系统和计算机系统，是指具备自动处理数据功能的系统，包括计算机、网络设备、通信设备、自动化控制设备等。根据《最高人民法院、最高人民检察院关于办理环境污染刑事案件适用法律若干问题的解释》第十条第一款的规定，干扰环境质量监测系统的采样，致使监测数据严重失真的行为，属于破坏计算机信息系统。长安子站系国控环境空气质量自动监测站点，产生的监测数据经过系统软件直接传输至监测总站，通过环保部和监测总站的政府网站实时向社会公布，参与计算环境空气质量指数并实时发布。空气采样器是环境空气质量监测系统的重要组成部分。PM10、PM2.5监测数据作为环境空气综合污染指数评估中的最重要两项指标，被告人用棉纱堵塞采样器的采样孔或拆卸采样器的行为，必然造成采样器内部气流场的改变，造成监测数据失真，影响对环境空气质量的正确评估，属于对计算机信息系统功能进行干扰，造成计算机信息系统不能正常运行的行为。

5被告人的行为造成了严重后果。（1）被告人李某、张某勃、张某、张甲均多次堵塞、拆卸采样器干扰采样，被告人何某民明知李某等人的行为而没有阻止，只是要求李某把空气污染数值降下来。（2）被告人的干扰行为造成了监测数据的显著异常。2016 年 2 至 3 月间，长安子站颗粒物监测数据多次出现与周边子站变化趋势不符的现象。长安子站 PM2.5 数据分别在 2 月 24 日 18 时至 25 日 16 时、3 月 3 日 4 时至 6 日 19 时两个时段内异常，PM10 数据分别在 2 月 18 日 18 时至 19 日 8 时、2 月 25 日 20 时至 21 日 8 时、3 月 5 日 19 时至 6 日 23 时三个时段内异常。其中，长安子站的 PM10 数据在 2016 年 3 月 5 日 19 时至 22 时由 361 下降至 213，下降了 41%，其他周边子站均值升高了 14%（由 316 上升至 361），6 日 16 时至 17 时长安子站监测数值由 188 上升至 426，升高了 127%，其他子站均值变化不大（由 318 降至 310），6 日 17 时至 19 时长安子站数值由 426 下降至 309，下降了 27%，其他子站均值变化不大（由 310 降至 304）。可见，被告人堵塞采样器的行为足以造成监测数据的严重失真。上述数据的严重失真，与监测总站在例行数据审核时发现长安子站 PM10 数据明显偏低可以印证。（3）失真的监测数据已实时发送至监测总站，并向社会公布。长安子站空气质量监测的小时浓度均值数据已经通过互联网实时发布。（4）失真的监测数据已被用于编制环境评价的月报、季报。环保部在 2016 年 2 月、3 月及第一季度的全国 74 个重点城市空气质量排名工作中已采信上述虚假数据，已向社会公布并上报国务院，影响了全国大气环境治理情况评估，损害了政府公信力，误导了环境决策。据此，5 被告人干扰采样的行为造成了严重后果，符合《中华人民共和国刑法》第二百八十六条规定的“后果严重”要件。

综上，5 被告人均已构成破坏计算机信息系统罪。鉴于 5 被告人到案后均能坦白认罪，有悔罪表现，依法可以从轻处罚。

（生效裁判审判人员：张燕萍、骆成兴、袁兵）

4. 指导案例123号：于某岩与锡林郭勒盟隆兴矿业有限责任公司执行监督案

（最高人民法院审判委员会讨论通过 2019年12月24日发布）

【关键词】

执行/执行监督/采矿权转让/协助执行/行政审批

【裁判要点】

生效判决认定采矿权转让合同依法成立但尚未生效，判令转让方按照合同约定办理采矿权转让手续，并非对采矿权归属的确定，执行法院依此向相关主管机关发出协助办理采矿权转让手续通知书，只具有启动主管机关审批采矿权转让手续的作用，采矿权能否转让应由相关主管机关依法决定。申请执行人请求变更采矿权受让人的，也应由相关主管机关依法判断。

【相关法条】

《中华人民共和国民事诉讼法》第二百零四条

《探矿权采矿权转让管理办法》第十条

【基本案情】

2008年8月1日，锡林郭勒盟隆兴矿业有限责任公司（以下简称隆兴矿业）作为甲方与乙方于某岩签订《矿权转让合同》，约定隆兴矿业将阿巴嘎旗巴彦图嘎三队李瑛萤石矿的采矿权有偿转让给于某岩。于某岩依约支付了采矿权转让费150万元，并在接收采矿区后对矿区进行了初步设计且进行了采矿工作。而隆兴矿业未按照《矿权转让合同》的约定，为于某岩办理矿权转让手续。2012年10月，双方当事人发生纠纷诉至内蒙古自治区锡林郭勒盟中级人民法院（以下简称锡盟中院）。锡盟中院认为，隆兴矿业与于某岩签订的《矿权转让合同》，系双方当事人真实意思表示，该合同已经依法成立，但根据相关法律规定，该合同系行政机关履行行政审批手续后生效的合同，对于矿权受让人的资格审查，属行政机关的审批权力，非法院职权范围，故隆兴矿业主张于某岩不符合法律规定的采矿权人的申请条件，请求法院确认《矿权转让合同》无效并给付违约金的诉讼请求，该院不予支持。对于于某岩反诉请求判令隆兴矿业继续履行办理采矿权转让的各种批准手续的请求，因双方在《矿权转让合同》中明确约定，矿权转让手续由隆兴矿业负责办理，故该院予以支持。对于于某岩主张由隆兴矿业承担给付违约金的请求，因《矿权转让合同》虽然依法成立，但处于待审批尚未生效的状态，而违约责任以合同有效成立为前提，故不予支持。锡盟中院作出民事判决，主要内容为隆兴矿业于判决生效后十五日内，按照《矿权转让合同》的约定为于某岩办理矿权转让手续。

隆兴矿业不服提起上诉。内蒙古自治区高级人民法院（以下简称内蒙古高院）认为，《矿权转让合同》系隆兴矿业与于某岩的真实意思表示，该合同自双方签字盖章时成立。根据《中华人民共和国合同法》第四十四条规定，依法成立的合同，自成立时生效。法律、行政法规规定应当办理批准、登记等手续生效的，依照其规定。《探矿权采矿权转让管理办法》第十条规定，申请转让探矿权、采矿权的，审批管理机关应当自收到转让申请之日起四十日内，作出准予转让或者不准转让的决定，并通知转让人和受让人；批准转让的，转让合同自批准之日起生效；不准转让的，审批管理机关应当说明理由。《最高人民法院关于适用〈中华人民共和国合同法〉若干问题的解释（一）》第九条第一款规定，依照《中华人民共和国合同法》第四十四条第二款的规定，法律、行政法规规定合同应当办理批准手续，或者办理批准、登记手续才生效，在一审法庭辩论终结前当事人仍未办理登记手续的，或者仍未办理批准、登记等手续的，人民法院应当认定该合同未生效。双方签订的《矿权转让合同》尚未办理批准、登记手续，故《矿权转让合同》依法成立，但未生效，该合同的效力属效力待定。于某岩是否符合采矿权受让人条件，《矿权转让合同》能否经相关部门批准，并非法院审理范围。原审法院认定《矿权转让合同》成立，隆兴矿业应按照合同继续履行办理矿权转让手续并无不当。如《矿权转让合同》审批管理机关不予批准，双方当事人可依据《中华人民共和国合同法》的相关规定另行主张权利。内蒙古高院作出民事判决，维持原判。

锡盟中院根据于某岩的申请，立案执行，向被执行人隆兴矿业发出执行通知，要求其自动履行生效法律文书确定的义务。因隆兴矿业未自动履行，故向锡林郭勒盟国土资源局发出协助执行通知书，请其根据生效判决的内容，协助为本案申请执行人于某岩按照《矿权转让合同》的约定办理矿权过户转让手续。锡林郭勒盟国土资源局答复称，隆兴矿业与于某岩签订《矿权转让合同》后，未向其提交转让申请，且该合同是一个企业法人与自然人之间签订的矿权转让合同。依据法律、行政法规及地方法规的规定，对锡盟中院要求其协助执行的内容，按实际情况属协助不能，无法完成该协助通知书中的内容。

于某岩于 2014 年 5 月 19 日成立自然人独资的锡林郭勒盟辉澜萤石销售有限公司，并向锡盟中院申请将申请执行人变更为该公司。

【裁判结果】

锡盟中院于 2016 年 12 月 14 日作出（2014）锡中法执字第 11 号执行裁定，驳回于某岩申请将申请执行人变更为锡林郭勒盟辉澜萤石销售有限公司的请求。于某岩不服，向内蒙古高院申请复议。内蒙古高院于 2017 年 3 月 15 日作出（2017）内执复 4 号执行裁定，裁定驳回于某岩的复议申请。于某岩不服内蒙古高院复议裁定，向最高人民法院申诉。最高人民法院于 2017 年 12 月 26 日作出（2017）最高法执监 136 号执行裁定书，驳回于某岩的申诉请求。

【裁判理由】

最高人民法院认为，本案执行依据的判项为隆兴矿业按照《矿权转让合同》的约定为于某岩办理矿权转让手续。根据现行法律法规的规定，申请转让探矿权、采矿权的，须经审批管理机关审批，其批准转让的，转让合同自批准之日起生效。本案中，一、二审法院均认为对于矿权受让人的资格审查，属审批管理机关的审批权力，于某岩是否符合采矿权受让人条件、《矿权转让合同》能否经相关部门批准，并非法院审理范围，因该合同尚未经审批管理机关批准，因此认定该合同依法成立，但尚未生效。二审判决也认定，如审批管理机关对该合同不予批准，双方当事人对于合同的法律后果、权利义务，可另循救济途径主张权利。鉴于转让合同因未经批准而未生效的，不影响合同中关于履行报批义务的条款的效力，结合判决理由部分，本案生效判决所称的隆兴矿业按照《矿权转让合同》的约定为于某岩办理矿权转让手续，并非对矿业权权属的认定，而首先应是指履行促成合同生效的合同报批义务，合同经过审批管理机关批准后，才涉及办理矿权转让过户登记。因此，锡盟中院向锡林郭勒盟国土资源局发出协助办理矿权转让手续的通知，只是相当于完成了隆兴矿业向审批管理机关申请办理矿权转让手续的行为，启动了行政机关审批的程序，且在当前阶段，只能理解为要求锡林郭勒盟国土资源局依法履行转让合同审批的职能。

矿业权因涉及行政机关的审批和许可问题，不同于一般的民事权利，未经审批的矿权转让合同的权利承受问题，与普通的民事裁判中的权利承受及债权转让问题有较大差别，通过执行程序中的申请执行主体变更的方式，并不能最终解决。本案于某岩主张以其所成立的锡林郭勒盟辉澜萤石销售有限公司名义办理矿业权转让手续问题，本质上仍属于矿业权受让人主体资格是否符合法定条件的行政审批范围，应由审批管理机关根据矿权管理的相关规定作出判断。于某岩认为，其在履行生效判决确定的权利义务过程中，成立锡林郭勒盟辉澜萤石销售有限公司，是在按照行政机关的行政管理性规定完善办理矿权转让的相关手续，并非将《矿权转让合同》的权利向第三方转让，亦未损害国家利益和任何当事人的利益，其申请将采矿权转让手续办至锡林郭勒盟辉澜萤石销售有限公司名下，完全符合《中华人民共和国矿产资源法》《矿业权出让转让管理暂行规定》《矿产资源开采登记管理办法》，以及内蒙古自治区国土资源厅《关于规范探矿权采矿权管理有关问题的补充通知》等行政机关在自然人签署矿权转让合同情况下办理矿权转让手续的行政管理规定，此观点应向相关审批管理机关主张。锡盟中院和内蒙古高院裁定驳回于某岩变更主体的申请，符合本案生效判决就矿业权转让合同审批问题所表达的意见，亦不违反执行程序的相关法律和司法解释的规定。

（生效裁判审判人员：黄金龙、刘少阳、朱燕）

5. 指导案例 127 号：吕某奎等 79 人诉山海关船舶重工有限责任公司海上污染损害责任纠纷案

（最高人民法院审判委员会讨论通过　2019 年 12 月 26 日发布）

【关键词】

民事/海上污染损害责任/污染物排放标准

【裁判要点】

根据《中华人民共和国海洋环境保护法》等有关规定，海洋环境污染中的“污染物”不限于国家或者地方环境标准明确列举的物质。污染者向海水水域排放未纳入国家或者地方环境标准的含有铁物质等成分的污水，造成渔业生产者养殖物损害的，污染者应当承担环境侵权责任。

【相关法条】

《中华人民共和国侵权责任法》第六十五条、第六十六条

《中华人民共和国海洋环境保护法》（2017 年修正）第九十四条第一项（本案适用的是 2013 年修正的《中华人民共和国海洋环境保护法》第九十五条第一项）

【基本案情】

2010 年 8 月 2 日上午，秦皇岛山海关老龙头东海域海水出现异常。当

日 11 时 30 分，秦皇岛市环境保护局接到举报，安排环境监察、监测人员，协同秦皇岛市山海关区渤海乡副书记、纪委书记等相关人员到达现场，对海岸情况进行巡查。根据现场巡查情况，海水呈红褐色、浑浊。秦皇岛市环境保护局的工作人员同时对海水进行取样监测，并于 8 月 3 日作出《监测报告》对海水水质进行分析，分析结果显示海水 pH 值 8. 28、悬浮物 24mg/L、石油类 0. 082mg/L、化学需氧量 2. 4mg/L、亚硝酸盐氮 0. 032mg/L、氨氮 0. 018mg/L、硝酸盐氮 0. 223mg/L、无机氮 0. 273mg/L、活性磷酸盐 0. 006mg/L、铁 13. 1mg/L。

大连海事大学海事司法鉴定中心（以下简称司法鉴定中心）接受法院委托，就涉案海域污染状况以及污染造成的养殖损失等问题进行鉴定。《鉴定意见》的主要内容：1. 关于海域污染鉴定。（1）鉴定人采取卫星遥感技术，选取 NOAA 卫星 2010 年 8 月 2 日北京时间 5 时 44 分和 9 时 51 分两幅图像，其中 5 时 44 分图像显示山海关船舶重工有限责任公司（以下简称山船重工公司）附近海域存在一片污染海水异常区，面积约 5 平方千米；9 时 51 分图像显示距山船重工公司以南约 4 千米海域存在污染海水异常区，面积约 10 平方千米。（2）对污染源进行分析，通过排除赤潮、大面积的海洋溢油等污染事故，确定卫星图像上污染海水异常区应由大型企业污水排放或泄漏引起。根据山船重工公司系山海关老龙头附近临海唯一大型企业，修造船舶会产生大量污水，船坞刨锈污水中铁含量很高，一旦泄漏将严重污染附近海域，推测出污染海水源地系山船重工公司，泄漏时间约在 2010 年 8 月 2 日北京时间 0 时至 4 时之间。（3）对养殖区受污染海水进行分析，确定了王某荣等 21 人的养殖区地理坐标，并将上述当事人的养殖区地理坐标和污染水域的地理坐标一起显示在电子海图上，得出污染水域覆盖了全部养殖区的结论。2. 关于养殖损失分析。鉴定人对水质环境进行评价，得出涉案海域水质中悬浮物、铁及石油类含量较高，已远远超过《渔业水质标准》和《海水水质标准》，污染最严重的因子为铁，对渔业和养殖水域危害程度较大。同时，确定吕金国等人存在养殖损失。

山船重工公司对《鉴定意见》养殖损失部分发表质证意见，主要内容为认定海水存在铁含量超标的污染无任何事实根据和鉴定依据。1. 鉴定人评价养殖区水质环境的唯一依据是秦皇岛市环境保护局出具的《监测报告》，而该报告在格式和内容上均不符合《海洋监测规范》的要求，分析铁含量所采用的标准是针对地面水、地下水及工业废水的规定，《监测报告》对污染事实无任何证明力。2.《鉴定意见》采用的《渔业水质标准》和《海水水质标准》中，不存在对海水中铁含量的规定和限制，故铁含量不是判断海洋渔业水质标准的指标。即使铁含量是指标之一，其达到多少才能构成污染损害，亦无相关标准。

又查明，《鉴定意见》鉴定人之一在法院审理期间提交《分析报告》，主要内容：1. 介绍分析方法。2. 对涉案海域污水污染事故进行分析。（1）对山海关老龙头海域卫星图像分析和解译。（2）污染海水漂移扩散分析。（3）污染源分析。因卫星图像上污染海水异常区灰度值比周围海水稍低，故排除海洋赤潮可能；因山海关老龙头海域无油井平台，且 8 月 2 日前后未发生大型船舶碰撞、触礁搁浅事故，故排除海洋溢油可能。据此，推测污染海水区应由大型企业污水排放或泄漏引起，山船重工公司为山海关老龙头附近临海唯一大型企业，修造船舶会产生大量污水，船坞刨锈污水中铁含量较高，向外泄漏将造成附近海域严重污染。（4）养殖区受污染海水分析。将养殖区地理坐标和污染水域地理坐标一起显示在电子海图上，得出污染水域覆盖全部养殖区的结论。

吕某奎等 79 人诉至法院，以山船重工公司排放的大量红色污水造成扇贝大量死亡，使其受到重大经济损失为由，请求判令山船重工公司赔偿。

【裁判结果】

天津海事法院于 2013 年 12 月 9 日作出（2011）津海法事初字第 115 号民事判决：（1）驳回原告吕某奎等 50 人的诉讼请求；（2）驳回原告吕金国等 29 人的诉讼请求。宣判后，吕某奎等 79 人提出上诉。天津市高级人民法院于 2014 年 11 月 11 日作出（2014）津高民四终字第 22 号民事判决：（1）撤销天津海事法院（2011）津海法事初字第 115 号民事判决；

(2) 山船重工公司于本判决送达之日起十五日内赔偿王某荣等 21 人养殖损失共计 1377696 元；(3) 驳回吕某奎等 79 人的其他诉讼请求。

【裁判理由】

法院生效裁判认为，《中华人民共和国侵权责任法》第六十六条规定，因污染环境发生纠纷，污染者应当就法律规定的不承担责任或者减轻责任的情形及其行为与损害之间不存在因果关系承担举证责任。吕某奎等 79 人应当就山船重工公司实施了污染行为、该行为使自己受到了损害之事实承担举证责任，并提交污染行为和损害之间可能存在因果关系的初步证据；山船重工公司应当就法律规定的不承担责任或者减轻责任的情形及行为与损害之间不存在因果关系承担举证责任。

关于山船重工公司是否实施污染行为。吕某奎等 79 人为证明污染事实发生，提交了《鉴定意见》《分析报告》《监测报告》以及秦皇岛市环境保护局出具的函件等予以证明。关于上述证据对涉案污染事实的证明力，原审法院依据吕某奎等 79 人的申请委托司法鉴定中心进行鉴定，该司法鉴定中心业务范围包含海事类司法鉴定，三位鉴定人均具有相应的鉴定资质，对鉴定单位和鉴定人的资质予以确认。而且，《分析报告》能够与秦皇岛市山海关区政府在询问笔录中的陈述以及秦皇岛市环境保护局出具的函件相互佐证，上述证据可以证实秦皇岛山海关老龙头海域在 2010 年 8 月 2 日发生污染的事实。《中华人民共和国海洋环境保护法》第九十五条第一项规定："海洋环境污染损害，是指直接或者间接地把物质或者能量引入海洋环境，产生损害海洋生物资源、危害人体健康、妨害渔业和海上其他合法活动、损害海水使用素质和减损环境质量等有害影响。"《鉴定意见》根据污染海水异常区灰度值比周围海水稍低的现象，排除海洋赤潮的可能；通过山海关老龙头海域无油井平台以及 2010 年 8 月 2 日未发生大型船舶碰撞、触礁搁浅等事实，排除海洋溢油的可能；进而，根据《监测报告》中海水呈红褐色、浑浊，铁含量为 13. 1mg/L 的监测结果，得出涉案污染事故系严重污水排放或泄漏导致的推论。同时，根据山船重工公司为山海关老龙头附近临海唯一大型企业以及公司的主营业务为船舶修造的事实，得出污染系山船重工公司在修造大型船舶过程中泄漏含铁量较高的刨锈污水导致的结论。山船重工公司虽不认可《鉴定意见》的上述结论，但未能提出足以反驳的相反证据和理由，故对《鉴定意见》中关于污染源分析部分的证明力予以确认，并据此认定山船重工公司实施了向海水中泄漏含铁量较高污水的污染行为。

关于吕某奎等 79 人是否受到损害。《鉴定意见》中海域污染鉴定部分在确定了王某荣等 21 人养殖区域的基础上，进一步通过将养殖区地理坐标与污染海水区地理坐标一起显示在电子海图上的方式，得出污染海水区全部覆盖养殖区的结论。据此，认定王某荣等 21 人从事养殖且养殖区域受到了污染。

关于污染行为和损害之间的因果关系。王某荣等 21 人在完成上述证明责任的基础上，还应提交证明污染行为和损害之间可能存在因果关系的初步证据。《鉴定意见》对山海关老龙头海域水质进行分析，其依据秦皇岛市环境保护局出具的《监测报告》将该海域水质评价为悬浮物、铁物质及石油含量较高，污染最严重的因子为铁，对渔业和养殖水域危害程度较大。至此，王某荣等 21 人已完成海上污染损害赔偿纠纷案件的证明责任。山船重工公司主张其非侵权行为人，应就法律规定的不承担责任或者减轻责任的情形及行为与损害之间不存在因果关系承担举证责任。山船重工公司主张因《鉴定意见》采用的评价标准中不存在对海水中铁含量的规定和限制，故铁不是评价海水水质的标准；且即使铁含量是标准之一，其达到多少才能构成污染损害亦无相关指标。对此，人民法院认为：第一，《中华人民共和国海洋环境保护法》明确规定，只要行为人将物质或者能量引入海洋造成损害，即视为污染；《中华人民共和国侵权责任法》第六十五条亦未将环境污染责任限定为排污超过国家标准或者地方标准。故无论国家或地方标准中是否规定了某类物质的排放控制要求，或排污是否符合国家或地方规定的标准，只要能够确定污染行为造成环境损害，行为人就须承担赔偿责任。第二，我国现行有效评价海水水质的《渔业水质标准》和

《海水水质标准》实施后长期未进行修订，其中列举的项目已不足以涵盖当今可能造成污染的全部物质。据此，《渔业水质标准》和《海水水质标准》并非判断某类物质是否造成污染损害的唯一依据。第三，秦皇岛市环境保护局亦在《秦皇岛市环保局复核意见》中表示，因国家对海水中铁物质含量未明确规定污染物排放标准，故是否影响海水养殖需相关部门专家进一步论证。本案中，出具《鉴定意见》的鉴定人具备海洋污染鉴定的专业知识，其通过对相关背景资料进行分析判断，作出涉案海域水质中铁物质对渔业和养殖水域危害程度较大的评价，具有科学性，应当作为认定涉案海域被铁物质污染的依据。

（生效裁判审判人员：耿小宁、唐娜、李善川）

6. 指导案例 128 号：李某诉华润置地（重庆）有限公司环境污染责任纠纷案

（最高人民法院审判委员会讨论通过　2019 年 12 月 26 日发布）

【关键词】

民事/环境污染责任/光污染/损害认定/可容忍度

【裁判要点】

由于光污染对人身的伤害具有潜在性、隐蔽性和个体差异性等特点，人民法院认定光污染损害，应当依据国家标准、地方标准、行业标准，是否干扰他人正常生活、工作和学习，以及是否超出公众可容忍度等进行综合认定。对于公众可容忍度，可以根据周边居民的反应情况、现场的实际感受及专家意见等判断。

【相关法条】

《中华人民共和国侵权责任法》第六十五条、第六十六条

《中华人民共和国环境保护法》第四十二条第一款

【基本案情】

原告李某购买位于重庆市九龙坡区谢家湾正街×小区×幢×-×-×的住宅一套，并从 2005 年入住至今。被告华润置地（重庆）有限公司开发建设的万象城购物中心与原告住宅相隔一条双向六车道的公路，双向六车道中间为轻轨线路。万象城购物中心与原告住宅之间无其他遮挡物。在正对原

告住宅的万象城购物中心外墙上安装有一块LED显示屏用于播放广告等，该LED显示屏广告位从2014年建成后开始投入运营，每天播放宣传资料及视频广告等，其产生强光直射入原告住宅房间，给原告的正常生活造成影响。

2014年5月，原告小区的业主向市政府公开信箱投诉反映：从5月3日开始，谢家湾华润二十四城的万象城的巨型LED屏幕开始工作，LED巨屏的强光直射进其房间，造成严重的光污染，并且宣传片的音量巨大，影响了其日常生活，希望有关部门让万象城减小音量并且调低LED屏幕亮度。2014年9月，黄杨路×小区居民向市政府公开信箱投诉反映：万象城有块巨型LED屏幕通宵播放资料广告，产生太强的光线，导致夜间无法睡眠，无法正常休息。万象城大屏夜间光污染严重影响周边小区高层住户，请相关部门解决，禁止夜间播放，或者禁止通宵播放，只能在晚上8时前播放，并调低亮度。2018年2月，原告小区的住户向市政府公开信箱投诉反映：万象城户外广告大屏就是住户的噩梦，该广告屏每天播放视频广告，光线极强还频繁闪动，住在对面的业主家里夜间如同白昼，严重影响老人和小孩的休息，希望相关部门尽快对其进行整改。

本案审理过程中，人民法院组织原、被告双方于2018年8月11日晚到现场进行了查看，正对原告住宅的一块LED显示屏正在播放广告视频，产生的光线较强，可直射入原告住宅居室，当晚该LED显示屏播放广告视频至20时58分关闭。被告公司员工称该LED显示屏面积为160平方米。

就案涉光污染问题是否能进行环境监测的问题，人民法院向重庆市九龙坡区生态环境监测站进行了咨询，该站负责人表示，国家与重庆市均无光污染环境监测方面的规范及技术指标，所以监测站无法对光污染问题开展环境监测。重庆法院参与环境资源审判专家库专家、重庆市永川区生态环境监测站副站长也表示从环保方面光污染没有具体的标准，但从民事法律关系的角度，可以综合其余证据判断是否造成光污染。从本案原告提交的证据看，万象城电子显示屏对原告的损害客观存在，主要体现为影响原告的正常休息。就LED显示屏产生的光辐射相关问题，法院向重庆大学建筑城规学院教授、中国照明学会副理事长以及重庆大学建筑城规学院高级工程师、中国照明学会理事等专家作了咨询，专家表示，LED 的光辐射一是对人有视觉影响，其中失能眩光和不舒适眩光对人的眼睛有影响；另一方面是生物影响：人到晚上随着光照强度下降，渐渐入睡，是褪黑素和皮质醇两种激素发生作用的结果——褪黑素晚上上升、白天下降，皮质醇相反。如果光辐射太强，使人生物钟紊乱，长期就会有影响。另外 LED 的白光中有蓝光成分，蓝光对人的视网膜有损害，而且不可修复。但户外蓝光危害很难检测，时间、强度的标准是多少，有待标准出台确定。关于光照亮度对人的影响，有研究结论认为一般在 400 坎/平方米以下对人的影响会小一点，但动态广告屏很难适用。对于亮度的规范，不同部门编制的规范对亮度的限值不同，但 LED 显示屏与直射的照明灯光还是有区别的，以 LED 显示屏的相关国家标准来认定比较合适。

【裁判结果】

重庆市江津区人民法院于 2018 年 12 月 28 日作出（2018）渝 0116 民初 6093 号判决：1. 被告华润置地（重庆）有限公司从本判决生效之日起，立即停止其在运行重庆市九龙坡区谢家湾正街万象城购物中心正对原告李某位于重庆市九龙坡区谢家湾正街×小区×幢住宅外墙上的一块 LED 显示屏时对原告李某的光污染侵害：（1）前述 LED 显示屏在 5 月 1 日至 9 月 30 日期间开启时间应在 8：30 之后，关闭时间应在 22：00 之前；在 10 月 1 日至 4 月 30 日期间开启时间应在 8：30 之后，关闭时间应在 21：50 之前。（2）前述 LED 显示屏在每日 19：00 后的亮度值不得高于 600 坎/平方米。2. 驳回原告李某的其余诉讼请求。一审宣判后，双方当事人均未提出上诉，判决已发生法律效力。

【裁判理由】

法院生效裁判认为：保护环境是我国的基本国策，一切单位和个人都有保护环境的义务。《中华人民共和国民法总则》第九条规定：“民事主体从事民事活动，应当有利于节约资源、保护生态环境。”《中华人民共和国物权法》第九十条规定：“不动产权利人不得违反国家规定弃置固体废物，排放大气污染物、水污染物、噪声、光、电磁波辐射等有害物质。”《中华人民共和国环境保护法》第四十二条第一款规定：“排放污染物的企业事业单位和其他生产经营者，应当采取措施，防治在生产建设或者其他活动中产生的废气、废水、废渣、医疗废物、粉尘、恶臭气体、放射性物质以及噪声、振动、光辐射、电磁辐射等对环境的污染和危害。”本案系环境污染责任纠纷，根据《中华人民共和国侵权责任法》第六十五条规定：“因污染环境造成损害的，污染者应当承担侵权责任。”环境污染侵权责任属特殊侵权责任，其构成要件包括以下三个方面：一是污染者有污染环境的行为；二是被侵权人有损害事实；三是污染者污染环境的行为与被侵权人的损害之间有因果关系。

一、关于被告是否有污染环境的行为

被告华润置地（重庆）有限公司作为万象城购物中心的建设方和经营管理方，其在正对原告住宅的购物中心外墙上设置 LED 显示屏播放广告、宣传资料等，产生的强光直射进入原告的住宅居室。根据原告提供的照片、视频资料等证据，以及组织双方当事人到现场查看的情况，可以认定被告使用 LED 显屏播放广告、宣传资料等所产生的强光已超出了一般公众普遍可容忍的范围，就大众的认知规律和切身感受而言，该强光会严重影响相邻人群的正常工作和学习，干扰周围居民正常生活和休息，已构成由强光引起的光污染。被告使用 LED 显示屏播放广告、宣传资料等造成光污染的行为已构成污染环境的行为。

二、关于被侵权人的损害事实

环境污染的损害事实主要包含了污染环境的行为致使当事人的财产、人身受到损害以及环境受到损害的事实。环境污染侵权的损害后果不同于一般侵权的损害后果，不仅包括症状明显并可计量的损害结果，还包括那些症状不明显或者暂时无症状且暂时无法用计量方法反映的损害结果。本案系光污染纠纷，光污染对人身的伤害具有潜在性和隐蔽性等特点，被侵权人往往在开始受害时显露不出明显的受损害症状，其所遭受的损害往往暂时无法用精确的计量方法来反映。但随着时间的推移，损害会逐渐显露。参考本案专家意见，光污染对人的影响除了能够感知的对视觉的影响外，太强的光辐射会造成人生物钟紊乱，短时间看不出影响，但长期会带来影响。本案中，被告使用 LED 显示屏播放广告、宣传资料等所产生的强光，已超出了一般人可容忍的程度，影响了相邻居住的原告等居民的正常生活和休息。根据日常生活经验法则，被告运行 LED 显示屏产生的光污染势必会给原告等人的身心健康造成损害，这也为公众普遍认可。综上，被告运行 LED 显示屏产生的光污染已致使原告居住的环境权益受损，并导致原告的身心健康受到损害。

三、被告是否应承担污染环境的侵权责任

《中华人民共和国侵权责任法》第六十六条规定："因污染环境发生纠纷，污染者应当就法律规定的不承担责任或者减轻责任的情形及其行为与损害之间不存在因果关系承担举证责任。"本案中，原告已举证证明被告有污染环境的行为及原告的损害事实。被告需对其在本案中存在法律规定的不承担责任或者减轻责任的情形，或被告污染行为与损害之间不存在因果关系承担举证责任。但被告并未提交证据对前述情形予以证实，对此被告应承担举证不能的不利后果，应承担污染环境的侵权责任。《最高人民法院关于审理环境侵权责任纠纷案件适用法律若干问题的解释》第十三条规定："人民法院应当根据被侵权人的诉讼请求以及具体案情，合理判定污染者承担停止侵害、排除妨碍、消除危险、恢复原状、赔礼道歉、赔偿损失等民事责任。"环境侵权的损害不同于一般的人身损害和财产损害，对侵权行为人承担的侵权责任有其独特的要求。由于环境侵权是通过环境这一媒介侵害一定地区不特定的多数人的人身、财产权益，而且一旦出现可用计量方法反映的损害，其后果往往已无法弥补和消除。因此在环境侵

权中，侵权行为人实施了污染环境的行为，即使还未出现可计量的损害后果，即应承担相应的侵权责任。本案中，从市民的投诉反映看，被告作为万象城购物中心的经营管理者，其在生产经营过程中，理应认识到使用LED显示屏播放广告、宣传资料等发出的强光会对居住在对面以及周围住宅小区的原告等人造成影响，并负有采取必要措施以减少对原告等人影响的义务。但被告仍然一直使用LED显示屏播放广告、宣传资料等，其产生的强光明显超出了一般人可容忍的程度，构成光污染，严重干扰了周边人群的正常生活，对原告等人的环境权益造成损害，进而损害了原告等人的身心健康。因此，即使原告尚未出现明显症状，其生活受到光污染侵扰、环境权益受到损害也是客观存在的事实，故被告应承担停止侵害、排除妨碍等民事责任。

（生效裁判审判人员：姜玲、罗静、张志贵）

7. 指导案例129号：江苏省人民政府诉安徽海德化工科技有限公司生态环境损害赔偿案

（最高人民法院审判委员会讨论通过　2019年12月26日发布）

【关键词】

民事/生态环境损害赔偿诉讼/分期支付

【裁判要点】

企业事业单位和其他生产经营者将生产经营过程中产生的危险废物交由不具备危险废物处置资质的企业或者个人进行处置，造成环境污染的，应当承担生态环境损害责任。人民法院可以综合考虑企业事业单位和其他生产经营者的主观过错、经营状况等因素，在责任人提供有效担保后判决其分期支付赔偿费用。

【相关法条】

《中华人民共和国侵权责任法》第六十五条

《中华人民共和国环境保护法》第六十四条

【基本案情】

2014年4月28日，安徽海德化工科技有限公司（以下简称海德公司）营销部经理杨峰将该公司在生产过程中产生的29.1吨废碱液，交给无危险废物处置资质的李宏生等人处置。李某生等人将上述废碱液交给无危险废物处置资质的孙某才处置。2014 年 4 月 30 日，孙某才等人将废碱液倾倒进长江，造成了严重环境污染。2014 年 5 月 7 日，杨某将海德公司的 20 吨废碱液交给李某生等人处置，李某生等人将上述废碱液交给孙某才处置。孙某才等人于 2014 年 5 月 7 日及同年 6 月 17 日，分两次将废碱液倾倒进长江，造成江苏省靖江市城区 5 月 9 日至 11 日集中式饮用水源中断取水 40 多个小时。2014 年 5 月 8 日至 9 日，杨某将 53.34 吨废碱液交给李某生等人处置，李某生等人将上述废碱液交给丁某东处置。丁某东等人于 2014 年 5 月 14 日将该废碱液倾倒进新通扬运河，导致江苏省兴化市城区集中式饮用水源中断取水超过 14 小时。上述污染事件发生后，靖江市环境保护局和靖江市人民检察院联合委托江苏省环境科学学会对污染损害进行评估。江苏省环境科学学会经调查、评估，于 2015 年 6 月作出了《评估报告》。江苏省人民政府向江苏省泰州市中级人民法院提起诉讼，请求判令海德公司赔偿生态环境修复费用 3637.90 万元，生态环境服务功能损失费用 1818.95 万元，承担评估费用 26 万元及诉讼费等。

【裁判结果】

江苏省泰州市中级人民法院于 2018 年 8 月 16 日作出（2017）苏 12 民初 51 号民事判决：（1）被告海德公司赔偿环境修复费用 3637.90 万元；（2）被告海德公司赔偿生态环境服务功能损失费用 1818.95 万元；（3）被告海德公司赔偿评估费用 26 万元。宣判后，海德公司提出上诉，江苏省高级人民法院于 2018 年 12 月 4 日作出（2018）苏民终 1316 号民事判决：（1）维持江苏省泰州市中级人民法院（2017）苏 12 民初 51 号民事判决。海德公司应于本判决生效之日起六十日内将赔偿款项 5482.85 万元支付至泰州市环境公益诉讼资金账户。（2）海德公司在向江苏省泰州市中级人民法院提供有效担保后，可于本判决生效之日起六十日内支付上述款项的 20%（1096.57 万元），并于 2019 年 12 月 4 日、2020 年 12 月 4 日、2021 年 12 月 4 日、2022 年 12 月 4 日前各支付上述款项的 20%（每期 1096.57

万元）。如有一期未按时履行，江苏省人民政府可以就全部未赔偿款项申请法院强制执行。如海德公司未按本判决指定的期限履行给付义务，应当依照《中华人民共和国民事诉讼法》第二百五十三条之规定，加倍支付迟延履行期间的债务利息。

【裁判理由】

法院生效裁判认为，海德公司作为化工企业，对其在生产经营过程中产生的危险废物废碱液，负有防止污染环境的义务。海德公司放任该公司营销部负责人杨某将废碱液交给不具备危险废物处置资质的个人进行处置，导致废碱液被倾倒进长江和新通扬运河，严重污染环境。《中华人民共和国环境保护法》第六十四条规定，因污染环境和破坏生态造成损害的，应当依照《中华人民共和国侵权责任法》的有关规定承担侵权责任。《中华人民共和国侵权责任法》第六十五条规定，因污染环境造成损害的，污染者应当承担侵权责任。《中华人民共和国侵权责任法》第十五条将恢复原状、赔偿损失确定为承担责任的方式。环境修复费用、生态环境服务功能损失、评估费等均为恢复原状、赔偿损失等法律责任的具体表现形式。依照《中华人民共和国侵权责任法》第十五条第一款第六项、第六十五条，《最高人民法院关于审理环境侵权责任纠纷案件适用法律若干问题的解释》第一条第一款、第十三条之规定，判决海德公司承担侵权赔偿责任并无不当。

海德公司以企业负担过重、资金紧张，如短期内全部支付赔偿将导致企业破产为由，申请分期支付赔偿费用。为保障保护生态环境与经济发展的有效衔接，江苏省人民政府在庭后表示，在海德公司能够提供证据证明其符合国家经济结构调整方向、能够实现绿色生产转型，在有效提供担保的情况下，同意海德公司依照《中华人民共和国民事诉讼法》第二百三十一条之规定，分五期支付赔偿款。

（生效裁判审判人员：陈迎、赵黎、吴晓玲）

8. 指导案例130号：重庆市人民政府、重庆两江志愿服务发展中心诉重庆藏金阁物业管理有限公司、重庆首旭环保科技有限公司生态环境损害赔偿、环境民事公益诉讼案

（最高人民法院审判委员会讨论通过 2019年12月26日发布）

【关键词】

民事/生态环境损害赔偿诉讼/环境民事公益诉讼/委托排污/共同侵权/生态环境修复费用/虚拟治理成本法

【裁判要点】

（1）取得排污许可证的企业，负有确保其排污处理设备正常运行且排放物达到国家和地方排放标准的法定义务，委托其他单位处理的，应当对受托单位履行监管义务；明知受托单位违法排污不予制止甚或提供便利的，应当对环境污染损害承担连带责任。

（2）污染者向水域排污造成生态环境损害，生态环境修复费用难以计算的，可以根据环境保护部门关于生态环境损害鉴定评估有关规定，采用虚拟治理成本法对损害后果进行量化，根据违法排污的污染物种类、排污量及污染源排他性等因素计算生态环境损害量化数额。

【相关法条】

《中华人民共和国侵权责任法》第八条

【基本案情】

重庆藏金阁电镀工业园（又称藏金阁电镀工业中心）位于重庆市江北区港城工业园区内，是该工业园区内唯一的电镀工业园，园区内有若干电镀企业入驻。重庆藏金阁物业管理有限公司（以下简称藏金阁公司）为园区入驻企业提供物业管理服务，并负责处理企业产生的废水。藏金阁公司领取了排放污染物许可证，并拥有废水处理的设施设备。2013 年 12 月 5 日，藏金阁公司与重庆首旭环保科技有限公司（以下简称首旭公司）签订为期 4 年的《电镀废水处理委托运行承包管理运行协议》（以下简称《委托运行协议》），首旭公司承接藏金阁电镀工业中心废水处理项目，该电镀工业中心的废水由藏金阁公司交给首旭公司使用藏金阁公司所有的废水处理设备进行处理。2016 年 4 月 21 日，重庆市环境监察总队执法人员在对藏金阁公司的废水处理站进行现场检查时，发现废水处理站中两个总铬反应器和一个综合反应器设施均未运行，生产废水未经处理便排入外环境。2016 年 4 月 22 日至 26 日期间，经执法人员采样监测分析发现外排废水重金属超标，违法排放废水总铬浓度为 55.5mg/L，总锌浓度为 2.85×102mg/L，总铜浓度为 27.2mg/L，总镍浓度为 41mg/L，分别超过《电镀污染物排放标准》（GB 21900—2008）的规定标准 54.5 倍、189 倍、53.4 倍、81 倍，对生态环境造成严重影响和损害。2016 年 5 月 4 日，执法人员再次进行现场检查，发现藏金阁废水处理站 1 号综合废水调节池的含重金属废水通过池壁上的 120mm 口径管网未经正常处理直接排放至外环境并流入港城园区市政管网再进入长江。经监测，1 号池内渗漏的废水中六价铬浓度为 6.10mg/L，总铬浓度为 10.9mg/L，分别超过国家标准 29.5 倍、9.9 倍。从 2014 年 9 月 1 日至 2016 年 5 月 5 日违法排放废水量共计 145624 吨。还查明，2014 年 8 月，藏金阁公司将原废酸收集池改造为 1 号综合废水调节池，传送废水也由地下管网改为高空管网作业。该池池壁上原有110mm 和 120mm 口径管网各一根，改造时只封闭了 110mm 口径管网，而未封闭 120mm 口径管网，该未封闭管网系埋于地下的暗管。首旭公司自2014 年 9 月起，在明知池中有一根 120mm 管网可以连通外环境的情况下，仍然一直利用该管网将未经处理的含重金属废水直接排放至外环境。

受重庆市人民政府委托，重庆市环境科学研究院对藏金阁公司和首旭公司违法排放超标废水造成生态环境损害进行鉴定评估，并于 2017 年 4 月出具《鉴定评估报告书》。该评估报告载明：本事件污染行为明确，污染物迁移路径合理，污染源与违法排放至外环境的废水中污染物具有同源性，且污染源具有排他性。污染行为发生持续时间为 2014 年 9 月 1 日至2016 年 5 月 5 日，违法排放废水共计 145624 吨，其主要污染因子为六价铬、总铬、总锌、总镍等，对长江水体造成严重损害。《鉴定评估报告书》采用《生态环境损害鉴定评估技术指南　总纲》《环境损害鉴定评估推荐方法（第Ⅱ版）》推荐的虚拟治理成本法对生态环境损害进行量化，按 22元/吨的实际治理费用作为单位虚拟治理成本，再乘以违法排放废水数量，计算出虚拟治理成本为 320. 3728 万元。违法排放废水点为长江干流主城区段水域，适用功能类别属Ⅲ类水体，根据虚拟治理成本法的“污染修复费用的确定原则”Ⅲ类水体的倍数范围为虚拟治理成本的 4. 5—6 倍，本次评估选取最低倍数 4. 5 倍，最终评估出二被告违法排放废水造成的生态环境污染损害量化数额为 1441. 6776 万元（即 320. 3728 万元 × 4. 5 = 1441. 6776 万元)。重庆市环境科学研究院是《环境保护部关于印发〈环境损害鉴定评估推荐机构名录（第一批）〉的通知》中确认的鉴定评估机构。

2016 年 6 月 30 日，重庆市环境监察总队以藏金阁公司从 2014 年 9 月1 日至 2016 年 5 月 5 日通过 1 号综合调节池内的 120mm 口径管网将含重金属废水未经废水处理站总排口便直接排入港城园区市政废水管网进入长江为由，作出行政处罚决定，对藏金阁公司罚款 580. 72 万元。藏金阁公司不服申请行政复议，重庆市环境保护局作出维持行政处罚决定的复议决定。

后藏金阁公司诉至重庆市渝北区人民法院，要求撤销行政处罚决定和行政复议决定。重庆市渝北区人民法院于 2017 年 2 月 28 日作出（2016）渝 0112 行初 324 号行政判决，驳回藏金阁公司的诉讼请求。判决后，藏金阁公司未提起上诉，该判决发生法律效力。

2016 年 11 月 28 日，重庆市渝北区人民检察院向重庆市渝北区人民法院提起公诉，指控首旭公司、程龙（首旭公司法定代表人）等构成污染环境罪，应依法追究刑事责任。重庆市渝北区人民法院于 2016 年 12 月 29 日作出（2016）渝 0112 刑初 1615 号刑事判决，判决首旭公司、程龙等人构成污染环境罪。判决后，未提起抗诉和上诉，该判决发生法律效力。

【裁判结果】

重庆市第一中级人民法院于 2017 年 12 月 22 日作出（2017）渝 01 民初 773 号民事判决：（1）被告藏金阁公司和被告首旭公司连带赔偿生态环境修复费用 1441.6776 万元，于本判决生效后十日内交付至重庆市财政局专用账户，由原告重庆市人民政府及其指定的部门和原告重庆两江志愿服务发展中心结合本区域生态环境损害情况用于开展替代修复；（2）被告藏金阁公司和被告首旭公司于本判决生效后十日内，在省级或以上媒体向社会公开赔礼道歉；（3）被告藏金阁公司和被告首旭公司在本判决生效后十日内给付原告重庆市人民政府鉴定费 5 万元，律师费 19.8 万元；（4）被告藏金阁公司和被告首旭公司在本判决生效后十日内给付原告重庆两江志愿服务发展中心律师费 8 万元；（5）驳回原告重庆市人民政府和原告重庆两江志愿服务发展中心其他诉讼请求。判决后，各方当事人在法定期限内均未提出上诉，判决发生法律效力。

【裁判理由】

法院生效裁判认为，重庆市人民政府依据《生态环境损害赔偿制度改革试点方案》规定，有权提起生态环境损害赔偿诉讼，重庆两江志愿服务发展中心具备合法的环境公益诉讼主体资格，二原告基于不同的规定而享有各自的诉权，均应依法予以保护。鉴于两案原告基于同一污染事实对相同被告提起诉讼，诉讼请求基本相同，故将两案合并审理。

本案有两个争议焦点。

一、关于《鉴定评估报告书》认定的污染物种类、污染源排他性、违法排放废水计量以及损害量化数额是否准确

首先，关于《鉴定评估报告书》认定的污染物种类、污染源排他性和违法排放废水计量是否准确的问题。污染物种类、污染源排他性及违法排放废水计量均已被（2016）渝0112行初324号行政判决直接或者间接确认，本案中二被告并未提供相反证据来推翻原判决，故对《鉴定评估报告书》依据的上述环境污染事实予以确认。具体而言，一是关于污染物种类的问题。除了生效刑事判决所认定的总铬和六价铬之外，二被告违法排放的废水中还含有重金属物质如总锌、总镍等，该事实得到了江北区环境监测站、重庆市环境监测中心出具的环境监测报告以及（2016）渝0112行初324号生效行政判决的确认，也得到了首旭公司法定代表人程龙在调查询问中的确认。二是关于污染源排他性的问题。二被告辩称，江北区环境监测站出具的江环（监）字（2016）第JD009号分析报告单确定的取样点W4、W6位置高于藏金阁废水处理站，因而该两处检出污染物超标不可能由二被告的行为所致。由于被污染水域具有流动性的特征和自净功能，水质得到一定程度的恢复，鉴定机构在鉴定时客观上已无法再在废水处理站周围提取到违法排放废水行为持续时所流出的废水样本，故只能依据环境行政执法部门在查处二被告违法行为时通过取样所固定的违法排放废水样本进行鉴定。在对藏金阁废水处理情况进行环保执法的过程中，先后在多个取样点进行过数次监测取样，除江环（监）字（2016）第JD009号分析报告单以外，江北区环境监测站与重庆市环境监测中心还出具了数份监测报告，重庆市环境监察总队的行政处罚决定和重庆市环境保护局的复议决定是在对上述监测报告进行综合评定的基础上作出的，并非单独依据其中一份分析报告书或者监测报告作出。环保部门在整个行政执法包括取样等

前期执法过程中，其行为的合法性和合理性已经得到了生效行政判决的确认。同时，上述监测分析结果显示废水中的污染物系电镀行业排放的重金属废水，在案证据证实涉案区域唯有藏金阁一家电镀工业园，而且环境监测结果与藏金阁废水处理站违法排放废水种类一致，以上事实证明上述取水点排出的废水来源仅可能来自藏金阁废水处理站，故可以认定污染物来源具有排他性。三是关于违法排污计量的问题。根据生效刑事判决和行政判决的确认，并结合行政执法过程中的调查询问笔录，可以认定铬调节池的废水进入1号综合废水调节池，利用1号池安装的120mm口径管网将含重金属的废水直接排入外环境并进入市政管网这一基本事实。经庭审查明，《鉴定评估报告书》综合证据，采用用水总量减去消耗量、污泥含水量、在线排水量、节假日排水量的方式计算出违法排放废水量，其所依据的证据和事实或者已得到被告方认可或生效判决确认，或者相关行政行为已通过行政诉讼程序的合法性审查，其所采用的计量方法具有科学性和合理性。综上，藏金阁公司和首旭公司提出的污染物种类、违法排放废水量和污染源排他性认定有误的异议不能成立。

其次，关于《鉴定评估报告书》认定的损害量化数额是否准确的问题。原告方委托重庆市环境科学研究院就本案的生态环境损害进行鉴定评估并出具了《鉴定评估报告书》，该报告确定二被告违法排污造成的生态环境损害量化数额为1441.6776万元。经查，重庆市环境科学研究院是《环境保护部关于印发〈环境损害鉴定评估推荐机构名录（第一批）〉的通知》中确认的鉴定评估机构，委托其进行本案的生态环境损害鉴定评估符合司法解释之规定，其具备相应鉴定资格。根据环境保护部组织制定的《生态环境损害鉴定评估技术指南　总纲》《环境损害鉴定评估推荐方法（第II版）》，鉴定评估可以采用虚拟治理成本法对事件造成的生态环境损害进行量化，量化结果可以作为生态环境损害赔偿的依据。鉴于本案违法排污行为持续时间长、违法排放数量大，且长江水体处于流动状态，难以直接计算生态环境修复费用，故《鉴定评估报告书》采用虚拟治理成本法对损害结果进行量化并无不当。《鉴定评估报告书》将22元/吨确定为单位实际治理费用，系根据重庆市环境监察总队现场核查藏金阁公司财务凭证，并结合对藏金阁公司法定代表人孙某良的调查询问笔录而确定。《鉴定评估报告书》根据《环境损害鉴定评估推荐方法（第Ⅱ版）》，Ⅲ类地表水污染修复费用的确定原则为虚拟治理成本的 4.5—6 倍，结合本案污染事实，取最小倍数即 4.5 倍计算得出损害量化数额为 320.3728 万元×4.5＝1441.6776 万元，亦无不当。

综上所述，《鉴定评估报告书》的鉴定机构和鉴定评估人资质合格，鉴定评估委托程序合法，鉴定评估项目负责人亦应法庭要求出庭接受质询，鉴定评估所依据的事实有生效法律文书支撑，采用的计算方法和结论科学有据，故对《鉴定评估报告书》及所依据的相关证据予以采信。

二、关于藏金阁公司与首旭公司是否构成共同侵权

首旭公司是明知 1 号废水调节池池壁上存在 120mm 口径管网并故意利用其违法排污的直接实施主体，其理应对损害后果承担赔偿责任，对此应无疑义。本争议焦点的核心问题在于如何评价藏金阁公司的行为，其与首旭公司是否构成共同侵权。法院认为，藏金阁公司与首旭公司构成共同侵权，应当承担连带责任。

第一，我国实行排污许可制，该制度是国家对排污者进行有效管理的手段，取得排污许可证的企业即是排污单位，负有依法排污的义务，否则将承担相应法律责任。藏金阁公司持有排污许可证，必须确保按照许可证的规定和要求排放。藏金阁公司以《委托运行协议》的形式将废水处理交由专门从事环境治理业务（含工业废水运营）的首旭公司作业，该行为并不为法律所禁止。但是，无论是自行排放还是委托他人排放，藏金阁公司都必须确保其废水处理站正常运行，并确保排放物达到国家和地方排放标准，这是取得排污许可证企业的法定责任，该责任不能通过民事约定来解除。申言之，藏金阁公司作为排污主体，具有监督首旭公司合法排污的法定责任，依照《委托运行协议》其也具有监督首旭公司日常排污情况的义务，本案违法排污行为持续了一年八个月的时间，藏金阁公司显然未尽监

管义务。

第二，无论是作为排污设备产权人和排污主体的法定责任，还是按照双方协议约定，藏金阁公司均应确保废水处理设施设备正常、完好。2014年8月藏金阁公司将废酸池改造为1号废水调节池并将地下管网改为高空管网作业时，未按照正常处理方式对池中的120mm口径暗管进行封闭，藏金阁公司亦未举证证明不封闭暗管的合理合法性，而首旭公司正是通过该暗管实施违法排放，也就是说，藏金阁公司明知为首旭公司提供的废水处理设备留有可以实施违法排放的管网，据此可以认定其具有违法故意，且客观上为违法排放行为的完成提供了条件。

第三，待处理的废水是由藏金阁公司提供给首旭公司的，那么藏金阁公司知道需处理的废水数量，同时藏金阁公司作为排污主体，负责向环保部门缴纳排污费，其也知道合法排放的废水数量，加之作为物业管理部门，其对于园区企业产生的实际用水量亦是清楚的，而这几个数据结合起来，即可确知违法排放行为的存在，因此可以认定藏金阁公司知道首旭公司在实施违法排污行为，但其却放任首旭公司违法排放废水，同时还继续将废水交由首旭公司处理，可以视为其与首旭公司形成了默契，具有共同侵权的故意，并共同造成了污染后果。

第四，环境侵权案件具有侵害方式的复合性、侵害过程的复杂性、侵害后果的隐蔽性和长期性，其证明难度尤其是对于排污企业违法排污主观故意的证明难度较高，且本案又涉及对环境公益的侵害，故应充分考虑到此类案件的特殊性，通过准确把握举证证明责任和归责原则来避免责任逃避和公益受损。综上，根据本案事实和证据，藏金阁公司与首旭公司构成环境污染共同侵权的证据已达到高度盖然性的民事证明标准，应当认定藏金阁公司和首旭公司对于违法排污存在主观上的共同故意和客观上的共同行为，二被告构成共同侵权，应承担连带责任。

（生效裁判审判人员：裘晓音、贾科、张力）

9. 指导案例 131 号：中华环保联合会诉德州晶华集团振华有限公司大气污染责任民事公益诉讼案

（最高人民法院审判委员会讨论通过　2019 年 12 月 26 日发布）

【关键词】

民事/环境民事公益诉讼/大气污染责任/损害社会公共利益/重大风险

【裁判要点】

企业事业单位和其他生产经营者多次超过污染物排放标准或者重点污染物排放总量控制指标排放污染物，环境保护行政管理部门作出行政处罚后仍未改正，原告依据《最高人民法院关于审理环境民事公益诉讼案件适用法律若干问题的解释》第一条规定的“具有损害社会公共利益重大风险的污染环境、破坏生态的行为”对其提起环境民事公益诉讼的，人民法院应予受理。

【相关法条】

《中华人民共和国民事诉讼法》第五十五条

《中华人民共和国环境保护法》第五十八条

【基本案情】

被告德州晶华集团振华有限公司（以下简称振华公司）成立于 2000

年，经营范围包括电力生产、平板玻璃、玻璃空心砖、玻璃深加工、玻璃制品制造等。2002 年 12 月，该公司 600t/d 优质超厚玻璃项目通过环境影响评价的审批，2003 年 11 月，通过“三同时”验收。2007 年 11 月，该公司高档优质汽车原片项目通过环境影响评价的审批，2009 年 2 月，通过“三同时”验收。

根据德州市环境保护监测中心站的监测，2012 年 3 月、5 月、8 月、12 月，2013 年 1 月、5 月、8 月，振华公司废气排放均能达标。2013 年 11 月、2014 年 1 月、5 月、6 月、11 月，2015 年 2 月排放二氧化硫、氮氧化物及烟粉尘存在超标排放情况。德州市环境保护局分别于 2013 年 12 月、2014 年 9 月、2014 年 11 月、2015 年 2 月对振华公司进行行政处罚，处罚数额均为 10 万元。2014 年 12 月，山东省环境保护厅对其进行行政处罚。处罚数额 10 万元。2015 年 3 月 23 日，德州市环境保护局责令振华公司立即停产整治，2015 年 4 月 1 日之前全部停产，停止超标排放废气污染物。原告中华环保联合会起诉之后，2015 年 3 月 27 日，振华公司生产线全部放水停产，并于德城区天衢工业园以北养马村新选厂址，原厂区准备搬迁。

本案审理阶段，为证明被告振华公司超标排放造成的损失，2015 年 12 月，原告中华环保联合会与环境保护部环境规划院订立技术咨询合同，委托其对振华公司排放大气污染物致使公私财产遭受损失的数额，包括污染行为直接造成的财产损坏、减少的实际价值，以及为防止污染扩大、消除污染而采取必要合理措施所产生的费用进行鉴定。2016 年 5 月，环境保护部环境规划院环境风险与损害鉴定评估研究中心根据已经双方质证的人民法院调取的证据作出评估意见，鉴定结果为：振华公司位于德州市德城区市区内，周围多为居民小区，原有浮法玻璃生产线三条，1#浮法玻璃生产线已于 2011 年 10 月全面停产，2#生产线 600t/d 优质超厚玻璃生产线和 3#生产线 400t/d 高档优质汽车玻璃原片生产线仍在生产。（1）污染物性质，主要为烟粉尘、二氧化硫和氮氧化物。根据《德州晶华集团振华有限公司关于落实整改工作的情况汇报》有关资料显示：截至 2015 年 3 月 17 日，振华公司浮法二线未安装或未运行脱硫和脱硝治理设施；浮法三线除尘、脱硫设施已于2014年9月投入运行。（2）污染物超标排放时段的确认，二氧化硫超标排放时段为2014年6月10日—2014年8月17日，共计68天，氮氧化物超标排放时段为2013年11月5日—2014年6月23日、2014年10月22日—2015年1月27日，共计327天，烟粉尘超标排放时段为2013年11月5日—2014年6月23日，共计230天。（3）污染物排放量，在鉴定时段内，由于企业未安装脱硫设施造成二氧化硫全部直接排放进入大气的超标排放量为255吨，由于企业未安装脱硝设施造成氮氧化物全部直接排放进入大气的排放量为589吨，由于企业未安装除尘设施或除尘设施处理能力不够造成烟粉尘部分直接排放进入大气的排放量为19吨。（4）单位污染物处理成本，根据数据库资料，二氧化硫单位治理成本为0.56万元/吨，氮氧化物单位治理成本为0.68万元/吨，烟粉尘单位治理成本为0.33万元/吨。（5）虚拟治理成本，根据《环境空气质量标准》《环境损害鉴定评估推荐方法（第II版）》《突发环境事件应急处置阶段环境损害评估技术规范》，本案项目处环境功能二类区，生态环境损害数额为虚拟治理成本的3—5倍，本报告取参数5，二氧化硫虚拟治理成本共计713万元，氮氧化物虚拟治理成本2002万元，烟粉尘虚拟治理成本31万元。鉴定结论：被告企业在鉴定期间超标向空气排放二氧化硫共计255吨、氮氧化物共计589吨、烟粉尘共计19吨，单位治理成本分别按0.56万元/吨、0.68万元/吨、0.33万元/吨计算，虚拟治理成本分别为713万元、2002万元、31万元，共计2746万元。

【裁判结果】

德州市中级人民法院于2016年7月20日作出（2015）德中环公民初字第1号民事判决：（1）被告振华公司于本判决生效之日起三十日内赔偿因超标排放污染物造成的损失2198.36万元，支付至德州市专项基金账户，用于德州市大气环境质量修复；（2）被告振华公司在省级以上媒体向社会公开赔礼道歉；（3）被告振华公司于本判决生效之日起十日内支付原告中华环保联合会所支出的评估费10万元；（4）驳回原告中华环保联合会其他诉讼请求。

【裁判理由】

法院生效裁判认为，根据《最高人民法院关于审理环境民事公益诉讼案件适用法律若干问题的解释》第一条规定，法律规定的机关和有关组织依据《中华人民共和国民事诉讼法》第五十五条、《中华人民共和国环境保护法》第五十八条等法律的规定，对已经损害社会公共利益或者具有损害社会公共利益重大风险的污染环境、破坏生态的行为提起诉讼，符合《中华人民共和国民事诉讼法》第一百一十九条第二项、第三项、第四项规定的，人民法院应予受理；第十八条规定，对污染环境、破坏生态，已经损害社会公共利益或者具有损害社会公共利益重大风险的行为，原告可以请求被告承担停止侵害、排除妨碍、消除危险、恢复原状、赔偿损失、赔礼道歉等民事责任。法院认为，企业事业单位和其他生产经营者超过污染物排放标准或者重点污染物排放总量控制指标排放污染物的行为可以视为是具有损害社会公共利益重大风险的行为。被告振华公司超量排放的二氧化硫、氮氧化物、烟粉尘会影响大气的服务价值功能。其中，二氧化硫、氮氧化物是酸雨的前导物，超量排放可至酸雨从而造成财产及人身损害，烟粉尘的超量排放将影响大气能见度及清洁度，亦会造成财产及人身损害。被告振华公司自2013年11月起，多次超标向大气排放二氧化硫、氮氧化物、烟粉尘等污染物，经环境保护行政管理部门多次行政处罚仍未改正，其行为属于司法解释规定的“具有损害社会公共利益重大风险的行为”，故被告振华公司是本案的适格被告。

（生效裁判审判人员：刘立兵、张小雪、高晓敏）

10. 指导案例 132 号：中国生物多样性保护与绿色发展基金会诉秦皇岛方圆包装玻璃有限公司大气污染责任民事公益诉讼案

（最高人民法院审判委员会讨论通过 2019 年 12 月 26 日发布）

【关键词】

民事/环境民事公益诉讼/大气污染责任/降低环境风险/减轻赔偿责任

【裁判要点】

在环境民事公益诉讼期间，污染者主动改进环保设施，有效降低环境风险的，人民法院可以综合考虑超标排污行为的违法性、过错程度、治理污染设施的运行成本以及防污采取的有效措施等因素，适当减轻污染者的赔偿责任。

【相关法条】

《中华人民共和国环境保护法》第一条、第四条、第五条

【基本案情】

被告秦皇岛方圆包装玻璃有限公司（以下简称方圆公司）系主要从事各种玻璃包装瓶生产加工的企业，现拥有玻璃窑炉四座。在生产过程中，因超标排污被秦皇岛市海港区环境保护局（以下简称海港区环保局）多次作出行政处罚。2015 年 2 月 12 日，方圆公司与无锡格润环保科技有限公

司签订《玻璃窑炉脱硝脱硫除尘总承包合同》，对方圆公司的四座窑炉进行脱硝脱硫除尘改造，合同总金额3617万元。

2016年中国生物多样性保护与绿色发展基金会（以下简称中国绿发会）对方圆公司提起环境公益诉讼后，方圆公司加快了脱硝脱硫除尘改造提升进程。2016年6月15日，方圆公司通过了海港区环保局的环保验收。2016年7月22日，中国绿发会组织相关专家对方圆公司脱硝脱硫除尘设备运行状况进行了考查，并提出相关建议。2016年6月17日、2017年6月17日，环保部门为方圆公司颁发《河北省排放污染物许可证》。2016年12月2日，方圆公司再次投入1965万元，为四座窑炉增设脱硝脱硫除尘备用设备一套。

方圆公司于2015年3月18日缴纳行政罚款8万元。中国绿发会2016年提起公益诉讼后，方圆公司自2016年4月13日起至2016年11月23日止，分24次缴纳行政罚款共计1281万元。

2017年7月25日，中国绿发会向法院提交《关于诉讼请求及证据说明》，确认方圆公司非法排放大气污染物而对环境造成的损害期间从行政处罚认定发生损害时起至环保部门验收合格为止。法院委托环境保护部环境规划院环境风险与损害鉴定评估研究中心对方圆公司因排放大气污染物对环境造成的损害数额及采取替代修复措施修复被污染的大气环境所需费用进行鉴定，起止日期为2015年10月28日（行政处罚认定损害发生日）至2016年6月15日（环保达标日）。

2017年11月，鉴定机构作出《方圆公司大气污染物超标排放环境损害鉴定意见》，按照虚拟成本法计算方圆公司在鉴定时间段内向大气超标排放颗粒物总量约为2.06吨，二氧化硫超标排放总量约为33.45吨，氮氧化物超标排放总量约为75.33吨，方圆公司所在秦皇岛地区为空气功能区Ⅱ类。按照规定，环境空气Ⅱ类区生态损害数额为虚拟治理成本的3—5倍，鉴定报告中取3倍计算对大气环境造成损害数额分别约为0.74万元、27.10万元和127.12万元，共计154.96万元。

另查明，2015年3月，河北广播网、燕赵都市网的网页显示，因被上诉人方圆公司未安装除尘脱硝脱硫设施超标排放大气污染物被按日连续处罚 200 多万元。对于该网页显示内容的真实性，被上诉人方圆公司予以认可，故对其在 2015 年 10 月 28 日之前存在超标排污的事实予以确认。

【裁判结果】

河北省秦皇岛市中级人民法院于 2018 年 4 月 10 日作出（2016）冀 03 民初 40 号民事判决：（1）方圆公司赔偿因超标排放大气污染物造成的损失 154.96 万元，上述费用分三期支付至秦皇岛市专项资金账户（每期 51.65 万元，第一期于判决生效之日起 7 日内支付，第二、三期分别于判决生效后第二年、第三年的 12 月 31 日前支付），用于秦皇岛地区的环境修复。（2）方圆公司于判决生效后三十日内在全国性媒体上刊登因污染大气环境行为的致歉声明（内容须经一审法院审核后发布）。如方圆公司未履行上述义务，河北省秦皇岛市中级人民法院将本判决书内容在全国性的媒体公布，相关费用由方圆公司承担。（3）方圆公司于判决生效后十五日内支付中国绿发会因本案支出的合理费用 3 万元。（4）驳回中国绿发会的其他诉讼请求。案件受理费 80 元，由方圆公司负担，鉴定费用 15 万元由方圆公司负担（已支付）。宣判后，中国绿发会提出上诉。河北省高级人民法院于 2018 年 11 月 5 日作出（2018）冀民终 758 号民事判决：驳回上诉，维持原判。

【裁判理由】

法院生效判决认为，《最高人民法院关于审理环境民事公益诉讼案件适用法律若干问题的解释》第二十三条规定，生态环境修复费用难以确定的，人民法院可以结合污染环境、破坏生态的范围和程度、防止污染设备的运行成本、污染企业因侵权行为所得的利益以及过错程度等因素予以合理确定。本案中，方圆公司于 2015 年 2 月与无锡市格瑞环保科技有限公司签订《玻璃窑炉脱硝脱硫除尘总承包合同》，对其四座窑炉配备的环保设施进行升级改造，合同总金额 3617 万元，体现了企业防污整改的守法意识。方圆公司在环保设施升级改造过程中出现超标排污行为，虽然行为具有违法性，但在超标排污受到行政处罚后，方圆公司积极缴纳行政罚款共计1280余万元，其超标排污行为受到行政制裁。在提起本案公益诉讼后，方圆公司加快了环保设施的升级改造，并在环保设施验收合格后，再次投资1965万元建造一套备用排污设备，是秦皇岛地区首家实现大气污染治理环保设备开二备一的企业。

《中华人民共和国环境保护法》第一条、第四条规定了保护环境、防止污染，促进经济可持续发展的立法目的，体现了保护与发展并重原则。环境公益诉讼在强调环境损害救济的同时，亦应兼顾预防原则。本案诉讼过程中，方圆公司加快环保设施的整改进度，积极承担行政责任，并在其安装的环保设施验收合格后，出资近2000万元再行配备一套环保设施，以确保生产过程中环保设施的稳定运行，大大降低了再次造成环境污染的风险与可能性。方圆公司自愿投入巨资进行污染防治，是在中国绿发会一审提出“环境损害赔偿与环境修复费用”的诉讼请求之外实施的维护公益行为，实现了《中华人民共和国环境保护法》第五条规定的“保护优先，预防为主”的立法意图，以及环境民事公益诉讼风险预防功能，具有良好的社会导向作用。人民法院综合考虑方圆公司在企业生产过程中超标排污行为的违法性、过错程度、治理污染的运行成本以及防污采取的积极措施等因素，对于方圆公司在一审鉴定环境损害时间段之前的超标排污造成的损害予以折抵，维持一审法院依据鉴定意见判决环境损害赔偿及修复费用的数额。

（生效裁判审判人员：窦淑霞、李学境、邢会丽）

11. 指导案例133号：山东省烟台市人民检察院诉王某殿、马某凯环境民事公益诉讼案

（最高人民法院审判委员会讨论通过 2019年12月26日发布）

【关键词】

民事/环境民事公益诉讼/水污染/生态环境修复责任/自净功能

【裁判要点】

污染者违反国家规定向水域排污造成生态环境损害，以被污染水域有自净功能、水质得到恢复为由主张免除或者减轻生态环境修复责任的，人民法院不予支持。

【相关法条】

《中华人民共和国侵权责任法》第四条第一款、第八条、第六十五条、第六十六条

《中华人民共和国环境保护法》第六十四条

【基本案情】

2014年2月至4月期间，王某殿、马某凯在未办理任何注册、安检、环评等手续的情况下，在莱州市柞村镇消水庄村砂场大院北侧车间从事盐酸清洗长石颗粒项目，王某殿提供场地、人员和部分资金，马某凯出资建设反应池、传授技术、提供设备、购进原料、出售成品。在作业过程中产生约60吨的废酸液，该废酸液被王某殿先储存于厂院北墙外的废水池内。

废酸液储存于废水池期间存在明显的渗漏迹象，渗漏的废酸液对废水池周边土壤和地下水造成污染。废酸液又被通过厂院东墙和西墙外的排水沟排入村北的消水河，对消水河内水体造成污染。2014 年 4 月底，王某殿、马某凯盐酸清洗长石颗粒作业被莱州市公安局查获关停后，盐酸清洗长石颗粒剩余的 20 余吨废酸液被王某殿填埋在反应池内。该废酸液经莱州市环境监测站监测和莱州市环境保护局认定，监测 pH 值小于 2，根据国家危险废物名录及危险废物鉴定标准和鉴别方法，属于废物类别为“HW34 废酸中代码为 900-300-34”的危险废物。2016 年 6 月 1 日，被告人马某凯因犯污染环境罪，被判处有期徒刑一年六个月，缓刑二年，并处罚金人民币 2 万元（所判罚金已缴纳）；被告人王某殿犯污染环境罪，被判处有期徒刑一年二个月，缓刑二年，并处罚金人民币 2 万元（所判罚金已缴纳）。

莱州市公安局办理王某殿污染环境刑事一案中，莱州市公安局食药环侦大队《现场勘验检查工作记录》中记载：“中心现场位于消水砂场院内北侧一废弃车间内。车间内西侧南北方向排列有两个长 20m、宽 6m、平均深 1.5m 的反应池，反应池底部为斜坡。车间北侧见一夹道，夹道内见三个长 15m、宽 2.6m、深 2m 的水泥池。”现车间内西侧的北池废酸液被沙土填埋，受污染沙土总重为 223 吨。

2015 年 11 月 27 日，莱州市公安局食品药品与环境犯罪侦查大队委托山东省环境保护科学研究设计院环境风险与污染损害鉴定评估中心对莱州市王某殿、马某凯污染环境案造成的环境损害程度及数额进行鉴定评估。该机构于 2016 年 2 月作出莱州市王某殿、马某凯污染环境案环境损害检验报告，认定：本次评估可量化的环境损害为应急处置费用和生态环境损害费用，应急处置费用为酸洗池内受污染沙土的处置费用 5.6 万元，生态环境损害费用为偷排酸洗废水造成的生态损害修复费用 72 万元，合计为 77.6 万元。

2016 年 4 月 6 日，莱州市人民检察院向莱州市环境保护局发出莱检民（行）行政违监（2016）37068300001 号检察建议，“建议对消水河流域的其他企业、小车间等的排污情况进行全面摸排，看是否还存在向消水河流域排放污染物的行为”。莱州市环境保护局于同年5月3日回复称，“我局在收到莱州市人民检察院检察建议书后，立即组织执法人员对消水河流域的企业、小车间的排污情况进行全面排查，经严格执法，未发现有向消水河流域排放废酸等危险废物的环境违法行为”。

2017年2月8日，山东省烟台市中级人民法院会同公益诉讼人及王某殿、马某凯、烟台市环保局、莱州市环保局、消水庄村委对王某殿、马某凯实施侵权行为造成的污染区域包括酸洗池内的沙土和周边居民区的部分居民家中水井地下水进行了现场勘验并取样监测，取证现场拍摄照片22张。环保部门向人民法院提交了2017年2月13日水质监测达标报告（8个监测点位水质监测结果均为达标）及其委托山东恒诚检测科技有限公司出具的2017年2月14日酸洗池固体废物检测报告（酸洗反应南池-40cm pH值=9.02，-70cm pH值=9.18，北池-40cm pH值=2.85，-70cm pH值=2.52）。公益诉讼人向人民法院提交的2017年3月3日由莱州市环境保护局委托山东恒诚检测科技有限公司对王某殿酸洗池废池的检测报告，载明：反应池南池-1.2m pH值=9.7，北池-1.2m pH值<2。公益诉讼人认为，《危险废物鉴别标准浸出毒性鉴别GB 5085.3—2007》和《土壤环境监测技术规范》（HJ/t 166—2004）规定，pH值≥12.5或者≤2.0时为具有腐蚀性的危险废物。国家危险废物名录（2016版）HW34废酸一项900-300-34类为“使用酸进行清洗产生的废酸液”；HW49其他废物一项900-041-49类为“含有或沾染毒性、感染性危险废物的废弃包装物、容器、过滤吸附介质”。涉案酸洗池内受污染沙土属于危险废物，酸洗池内的受污染沙土总量都应该按照危险废物进行处置。

公益诉讼人提交的山东省地质环境监测总站水工环高级工程师刘炜金就地下水污染演变过程所作的咨询报告专家意见，载明：1. 地下水环境的污染发展过程。（1）污染因子通过地表入渗进入饱和带（潜水含水层地下水水位以上至地表的地层），通过渗漏达到地下水水位进入含水层。（2）进入含水层，初始在水头压力作用下向四周扩散形成一个沿地下水流向展布的似圆状污染区。（3）当污染物持续入渗，在地下水水动力的作用下，污染因子随着地下水径流，向下游扩散，一般沿地下水流向以初始形成的污染区为起点呈扇形或椭圆形向下流拓展扩大。(4) 随着地下水径流形成的污染区不断拓展，污染面积不断扩大，污染因子的浓度不断增大，造成对地下水环境的污染，在污染源没有切断的情况下，污染区将沿着地下水径流方向不断拓展。2. 污染区域的演变过程、地下水污染的演变过程，主要受污染的持续性，包气带的渗漏性，含水层的渗透性，土壤及含水层岩土的吸附性，地下水径流条件等因素密切相关。(1) 长期污染演变过程。在污染因子进入地表通过饱和带向下渗漏的过程中，部分被饱和带岩土吸附，污染包气带的岩土层；初始进入含水层的污染因子浓度较低，当经过一段时间渗漏途经吸附达到饱和后，进入含水层的污染因子浓度将逐渐接近或达到污水的浓度。进入含水层向下游拓展过程中，通过地下水的稀释和含水层的吸附，开始会逐渐降低。达到饱和后，随着污染因子的不断注入，达到一定浓度的污染区将不断向下游拓展，污染区域面积将不断扩大。(2) 短期污染演变过程。短期污染是指污水进入地下水环境经过一定时期，消除污染源，已进入地下水环境的污染因子和污染区域的变化过程。①污染因子的演变过程。在消除污染源阻断污染因子进入地下水环境的情况下，随着上游地下水径流和污染区地下水径流扩大区域的地下水的稀释，及含水层岩土的吸附作用，污染水域的地下水浓度将逐渐降低，水质逐渐好转。②污染区域的变化。在消除污染源，污水阻止进入含水层后，地下水污染区域将随着时间的推移，在地下水径流水动力的作用下，整个污染区将逐渐向下游移动扩大，随着污染区扩大、岩土吸附作用的加强，含水层中地下水水质将逐渐好转，在经过一定时间后，污染因子将吸附于岩土层和稀释于地下水中，改善污染区地下水环境，最终使原污染区达到有关水质要求标准。

【裁判结果】

山东省烟台市中级人民法院于 2017 年 5 月 31 日作出（2017）鲁 06 民初 8 号民事判决：(1) 被告王某殿、马某凯在本判决生效之日起三十日内在烟台市环境保护局的监督下按照危险废物的处置要求将酸洗池内受污染沙土223吨进行处置，消除危险；如不能自行处置，则由环境保护主管部门委托第三方进行处置，被告王某殿、马某凯赔偿酸洗危险废物处置费用5.6万元，支付至烟台市环境公益诉讼基金账户。（2）被告王某殿、马某凯在本判决生效之日起九十日内对莱州市柞村镇消水庄村砂场大院北侧车间周边地下水、土壤和消水河内水体的污染治理制定修复方案并进行修复，逾期不履行修复义务或者修复未达到保护生态环境社会公共利益标准的，赔偿因其偷排酸洗废水造成的生态损害修复费用72万元，支付至烟台市环境公益诉讼基金账户。该案宣判后，双方均未提出上诉，判决已发生法律效力。

【裁判理由】

一、关于王某殿、马某凯侵权行为认定问题

（一）关于涉案危险废物数量及处置费用的认定问题

审理中，山东恒诚检测科技有限公司出具的检测报告指出涉案酸洗反应南池-40cm、-70cm及-1.2m深度的pH值均在正常值范围内；北池-1.2m pH值<2属于危险废物。涉案酸洗池的北池内原为王某殿、马某凯使用盐酸进行长石颗粒清洗产生的废酸液，后其用沙土进行了填埋，根据国家危险废物名录（2016版）HW34废酸900-300-34和HW49其他废物一项900-041-49类规定，现整个池中填埋的沙土吸附池中的废酸液，成为含有或沾染腐蚀性毒性的危险废物。山东省环境保护科学研究设计院环境风险与污染损害鉴定评估中心出具的环境损害检验报告中将酸洗池北池内受污染沙土总量223吨作为危险废物量，参照《环境污染损害数额计算推荐方法》中给出的“土地资源参照单位修复治理成本”清洗法的单位治理成本每吨250元至800元，本案取值250元/吨予以计算处置费用5.6万元，具有事实和法律依据，并无不当，予以采信。（具体计算方法为：20m

×6m×平均深度 1.3m×密度 1.3t/m^3=203t 沙土，203t 沙土+20t 废酸=223t×250 元/t=5.6 万元)

（二）关于涉案土壤、地表水及地下水污染生态损害修复费用的认定问题

莱州市环境监测站监测报告显示，废水池内残留废水的 pH 值<2，属于强酸性废水。王某殿、马某凯通过废水池、排水沟排放的酸洗废水系危险废物亦为有毒物质污染环境，致部分居民家中水井颜色变黄，味道呛人，无法饮用。监测发现部分居民家中井水的 pH 值低于背景值，氯化物、总硬度远高于背景值，且明显超标。储存于废水池期间渗漏的废水渗透至周边土壤和地下水，排入沟内的废水流入消水河。涉案污染区域周边没有其他类似污染源，可以确定受污染地下水系黄色、具有刺鼻气味，且氯化物浓度较高的污染物，即王某殿、马某凯实施的环境污染行为造成。

2017 年 2 月 13 日水质监测报告显示，在原水质监测范围内的部分监测点位，水质监测结果达标。根据地质环境监测专家出具的意见，可知在消除污染源阻断污染因子进入地下水环境的情况下，随着上游地下水径流和污染区地下水径流扩大区域的地下水稀释及含水层岩土的吸附作用，污染水域的地下水浓度将逐渐降低，水质逐渐好转。地下水污染区域将随着时间的推移，在地下水径流水动力的作用下，整个污染区将逐渐向下游移动扩大。经过一定时间，原污染区可能达到有关水质要求标准，但这并不意味着地区生态环境好转或已修复。王某殿、马某凯仍应当承担其污染区域的环境生态损害修复责任。在被告不能自行修复的情况下，根据《环境污染损害数额计算推荐方法》和《突发环境事件应急处置阶段环境损害评估推荐方法》的规定，采用虚拟治理成本法估算王某殿、马某凯偷排废水造成的生态损害修复费用。虚拟治理成本是指工业企业或污水处理厂治理等量的排放到环境中的污染物应该花费的成本，即污染物排放量与单位污染物虚拟治理成本的乘积。单位污染物虚拟治理成本是指突发环境事件发生地的工业企业或污水处理厂单位污染物治理平均成本。在量化生态环境

损害时，可以根据受污染影响区域的环境功能敏感程度分别乘以 1.5—10 的倍数作为环境损害数额的上下限值。本案受污染区域的土壤、Ⅲ类地下水及消水河Ⅴ类地表水生态损害修复费用，山东省环境保护科学研究设计院环境风险与污染损害鉴定评估中心出具的环境损害检验报告中取虚拟治理成本的 6 倍，按照已生效的山东省莱州市人民法院（2016）鲁 0683 刑初 136 号刑事判决书认定的偷排酸洗废水 60 吨的数额计算，造成的生态损害修复费用为 72 万元，即单位虚拟治理成本 2000 元/t×60t×6 倍 = 72 万元，具有事实和法律依据，并无不当。

二、关于侵权责任问题

《中华人民共和国侵权责任法》第六十五条规定："因污染环境造成损害的，污染者应当承担侵权责任。"第六十六条规定："因污染环境发生纠纷，污染者应当就法律规定的不承担责任或者减轻责任的情形及其行为与损害之间不存在因果关系承担举证责任。"山东省莱州市人民法院作出的（2016）鲁 0683 刑初 136 号刑事判决书认定王某殿、马某凯实施的环境污染行为与所造成的环境污染损害后果之间存在因果关系，王某殿、马某凯对此没有异议，并且已经发生法律效力。根据《中华人民共和国环境保护法》第六十四条，《中华人民共和国侵权责任法》第八条、第六十五条、第六十六条，《最高人民法院关于审理环境侵权责任纠纷案件适用法律若干问题的解释》第十四条之规定，王某殿、马某凯应当对其污染环境造成社会公共利益受到损害的行为承担侵权责任。

（生效裁判审判人员：曲振涛、鲁晓辉、孙波）

12. 指导案例134号：重庆市绿色志愿者联合会诉恩施自治州建始磺厂坪矿业有限责任公司水污染责任民事公益诉讼案

（最高人民法院审判委员会讨论通过　2019年12月26日发布）

【关键词】

民事/环境民事公益诉讼/停止侵害/恢复生产/附条件/环境影响评价

【裁判要点】

环境民事公益诉讼中，人民法院判令污染者停止侵害的，可以责令其重新进行环境影响评价，在环境影响评价文件经审查批准及配套建设的环境保护设施经验收合格之前，污染者不得恢复生产。

【相关法条】

《中华人民共和国环境影响评价法》第二十四条第一款

《中华人民共和国水污染防治法》第十七条第三款

【基本案情】

原告重庆市绿色志愿者联合会（以下简称重庆绿联会）对被告恩施自治州建始磺厂坪矿业有限责任公司（以下简称建始磺厂坪矿业公司）提起环境民事公益诉讼，诉请判令被告停止侵害，承担生态环境修复责任。重庆市人民检察院第二分院支持起诉。

法院经审理查明，千丈岩水库位于重庆市巫山县、奉节县和湖北省建始县交界地带。水库设计库容405万立方米，2008年开始建设，2013年12月6日被重庆市人民政府确认为集中式饮用水源保护区，供应周边5万余人的生活饮用和生产用水。湖北省建始县毗邻重庆市巫山县，被告建始磺厂坪矿业公司选矿厂位于建始县业州镇郭家淌国有高岩子林场，距离巫山县千丈岩水库直线距离约2.6公里，该地区属喀斯特地貌的山区，地下裂缝纵横，暗河较多。建始磺厂坪矿业公司硫铁矿选矿项目于2009年编制可行性研究报告，2010年4月23日取得恩施土家族苗族自治州发展和改革委员会批复。2010年7月开展环境影响评价工作，2011年5月16日取得恩施土家族苗族自治州环境保护局环境影响评价批复。2012年开工建设，2014年6月基本完成，但水污染防治设施等未建成。建始磺厂坪矿业公司选矿厂硫铁矿生产中因有废水和尾矿排放，属于排放污染物的建设项目。其项目建设可行性报告中明确指出尾矿库库区为自然成库的岩溶洼地，库区岩溶表现为岩溶裂隙和溶洞。同时，尾矿库工程安全预评价报告载明："建议评价报告做下列修改和补充：1. 对库区渗漏分单元进行评价，提出对策措施；2. 对尾矿库运行后可能存在的排洪排水问题进行补充评价。"但建始磺厂坪矿业公司实际并未履行修改和补充措施。

2014年8月10日，建始磺厂坪矿业公司选矿厂使用硫铁矿原矿约500吨、乙基钠黄药、2号油进行违法生产，产生的废水、尾矿未经处理就排入临近有溶洞漏斗发育的自然洼地。2014年8月12日，巫山县红椿乡村民反映千丈岩水库饮用水源取水口水质出现异常，巫山县启动重大突发环境事件应急预案。应急监测结果表明，被污染水体无重金属毒性，但具有机物毒性，化学需氧量（COD）、铁（Fe）分别超标0.25倍、30.3倍，悬浮物高达260mg/L。重庆市相关部门将污染水体封存在水库内，对受污染水体实施药物净化等应急措施。

千丈岩水库水污染事件发生后，环境保护部明确该起事件已构成重大突发环境事件。环境保护部环境规划院环境风险与损害鉴定评估研究中心作出《重庆市巫山县红椿乡千丈岩水库突发环境事件环境损害评估报告》。

该报告对本次环境污染的污染物质、突发环境事件造成的直接经济损失、本次污染对水库生态环境影响的评价等进行评估。并判断该次事件对水库的水生生态环境没有造成长期的不良影响，无须后续的生态环境修复，无须进行进一步的中长期损害评估。湖北省环保厅于2014年9月4日作出行政处罚决定，认定建始磺厂坪矿业公司硫铁矿选矿项目水污染防治设施未建成，擅自投入生产，非法将生产产生的废水和尾矿排放、倾倒至厂房下方的洼地内，造成废水和废渣经洼地底部裂隙渗漏，导致千丈岩水库水体污染。责令停止生产直至验收合格，限期采取治理措施消除污染，并处罚款100万元。行政处罚决定作出后，建始磺厂坪矿业公司仅缴纳了罚款100万元，但并未采取有效消除污染的治理措施。

2015年4月26日，法院依原告申请，委托北京师范大学对千丈岩环境污染事件的生态修复及其费用予以鉴定，北京师范大学鉴定认为：（1）建始磺厂坪矿业公司系此次千丈岩水库生态环境损害的唯一污染源，责任主体清楚，环境损害因果关系清晰。（2）对《重庆市巫山县红椿乡千丈岩水库突发环境事件环境损害评估报告》评价的对水库生态环境没有造成长期的不良影响，无须后续生态环境修复，无须进行中长期损害评估的结论予以认可。（3）本次污染土壤的生态环境损害评估认定：经过九个月后，事发区域土壤中的乙基钠黄药已得到降解，不会对当地生态环境再次带来损害，但洼地土壤中的铁（Fe）污染物未发生自然降解，超出当地生态基线，短期内不能自然恢复，将对千丈岩水库及周边生态环境带来潜在污染风险，需采取人工干预方式进行生态修复。根据《突发环境事件应急处置阶段环境损害评估推荐方法》（环办〔2014〕118号），采用虚拟治理成本法计算洼地土壤生态修复费用约需99.1万元。（4）建议后续进一步制定详细的生态修复方案，开展事故区域生态环境损害的修复，并做好后期监管工作，确保千丈岩水库的饮水安全和周边生态环境安全。在案件审理过程中，重庆绿联会申请通知鉴定人出庭，就生态修复接受质询并提出意见。鉴定人王金生教授认为，土壤元素本身不是控制性指标，就饮用水安全而言，洼地土壤中的铁（Fe）高于饮用水安全标准；被告建始磺厂坪矿业公司选矿厂所处位置地下暗河众多，地区降水量大，污染饮用水的风险较高。

【裁判结果】

重庆市万州区人民法院于2016年1月14日作出（2014）万法环公初字第00001号民事判决：（1）建始磺厂坪矿业公司立即停止对巫山县千丈岩水库饮用水源的侵害，重新进行环境影响评价，未经批复和环境保护设施未经验收，不得生产；（2）建始磺厂坪矿业公司在判决生效后180日内，对位于恩施自治州建始县业州镇郭家淌国有高岩子林场选矿厂洼地土壤制定修复方案进行生态修复，逾期不履行修复义务或修复不合格，由建始磺厂坪矿业公司承担修复费用99.1万元支付至指定的账号；（3）建始磺厂坪矿业公司对其污染生态环境，损害公共利益的行为在国家级媒体上赔礼道歉；（4）建始磺厂坪矿业公司支付重庆绿联会为本案诉讼而产生的合理费用及律师费共计15万元；（5）驳回重庆绿联会的其他诉讼请求。一审宣判后，建始磺厂坪矿业公司不服，提起上诉。重庆市第二中级人民法院于2016年9月13日作出（2016）渝02民终77号民事判决：驳回上诉，维持原判。

【裁判理由】

法院生效裁判认为，本案的焦点问题之一为是否需判令停止侵害并重新作出环境影响评价。

环境侵权行为对环境的污染、生态资源的破坏往往具有不可逆性，被污染的环境、被破坏的生态资源很多时候难以恢复，单纯事后的经济赔偿不足以弥补对生态环境所造成的损失，故对于环境侵权行为应注重防患于未然，才能真正实现环境保护的目的。本案建始磺厂坪矿业公司只是暂时停止了生产行为，其“三同时”工作严重滞后、环保设施未建成等违法情形并未实际消除，随时可能恢复违法生产。由于建始磺厂坪矿业公司先前的污染行为，导致相关区域土壤中部分生态指标超过生态基线，因当地降水量大，又地处喀斯特地貌山区，裂隙和溶洞较多，暗河纵横，而其中的暗河水源正是千丈岩水库的聚水来源，污染风险明显存在。考虑到建始磺厂坪矿业公司的违法情形尚未消除、项目所处区域地质地理条件复杂特殊，在不能确保恢复生产不会再次造成环境污染的前提下，应当禁止其恢复生产，才能有效避免当地生态环境再次遭受污染破坏，亦可避免在今后发现建始磺厂坪矿业公司重新恢复违法生产后需另行诉讼的风险，减轻当事人诉累、节约司法资源。故建始磺厂坪矿业公司虽在起诉之前已停止生产，仍应判令其对千丈岩水库饮用水源停止侵害。

此外，千丈岩水库开始建设于2008年，而建始磺厂坪矿业公司项目的环境影响评价工作开展于2010年7月，并于2011年5月16日才取得当地环境行政主管部门的批复。《中华人民共和国环境影响评价法》第二十三条规定："……建设项目可能造成跨行政区域的不良环境影响，有关环境保护行政主管部门对该项目的环境影响评价结论有争议的，其环境影响评价文件由共同的上一级环境保护行政主管部门审批。"考虑到该项目的性质、与水库之间的相对位置及当地特殊的地质地理条件，本应在当时项目的环境影响评价中着重考虑对千丈岩水库的影响，但由于两者分处不同省级行政区域，导致当时的环境影响评价并未涉及千丈岩水库，可见该次环境影响评价是不全面且有着明显不足的。由于新增加了千丈岩水库这一需要重点考量的环境保护目标，导致原有的环境影响评价依据发生变化，在已发生重大突发环境事件的现实情况下，涉案项目在防治污染、防止生态破坏的措施方面显然也需要作出重大变动。根据《中华人民共和国环境影响评价法》第二十四条第一款"建设项目的环境影响评价文件经批准后，建设项目的性质、规模、地点、采用的生产工艺或者防治污染、防止生态破坏的措施发生重大变动的，建设单位应当重新报批建设项目的环境影响评价文件"及《中华人民共和国水污染防治法》第十七条第三款"建设项目的水污染防治设施，应当与主体工程同时设计、同时施工、同时投入使用。水污染防治设施应当经过环境保护主管部门验收，验收不合格的，该建设项目不得投入生产或者使用"的规定，鉴于千丈岩水库的重要性、作为一级饮用水水源保护区的环境敏感性及涉案项目对水库潜在的巨大污染风险，在应当作为重点环境保护目标纳入建设项目环境影响评价而未能纳入且客观上已经造成重大突发环境事件的情况下，考虑到原有的环境影响评价依据已经发生变化，出于对重点环境保护目标的保护及公共利益的维护，建始磺厂坪矿业公司应在考虑对千丈岩水库环境影响的基础上重新对项目进行环境影响评价并履行法定审批手续，未经批复和环境保护设施未经验收，不得生产。

（生效裁判审判人员：王剑波、杨超、沈平）

13. 指导案例135号：江苏省徐州市人民检察院诉苏州其安工艺品有限公司等环境民事公益诉讼案

（最高人民法院审判委员会讨论通过　2019年12月26日发布）

【关键词】

民事/环境民事公益诉讼/环境信息/不利推定

【裁判要点】

在环境民事公益诉讼中，原告有证据证明被告产生危险废物并实施了污染物处置行为，被告拒不提供其处置污染物情况等环境信息，导致无法查明污染物去向的，人民法院可以推定原告主张的环境污染事实成立。

【相关法条】

《中华人民共和国固体废物污染环境防治法》第五十五条、第五十七条、第五十九条

【基本案情】

2015年5月、6月，苏州其安工艺品有限公司（以下简称其安公司）将其工业生产活动中产生的83桶硫酸废液，以每桶1300—3600元不等的价格，交由黄某峰处置。黄某峰将上述硫酸废液运至苏州市区其租用的场院内，后以每桶2000元的价格委托何某义处置，何某义又以每桶1000元

的价格委托王某义处置。王某义到物流园马路边等处随机联系外地牌号货车车主或司机，分多次将上述83桶硫酸废液直接从黄某峰存放处运出，要求他们带出苏州后随意处置，共支出运费43000元。其中，魏某东将15桶硫酸废液从苏州运至沛县经济开发区后，在农地里倾倒3桶，余下12桶被丢弃在某工地上。除以上15桶之外，其余68桶硫酸废液王某义无法说明去向。2015年12月，沛县环保部门巡查时发现12桶硫酸废液。经鉴定，确定该硫酸废液是危险废物。2016年10月，其安公司将12桶硫酸废液合法处置，支付费用116740.08元。

2017年8月2日，江苏省沛县人民检察院对其安公司、江某鸣、黄某峰、何某义、王某义、魏某东等向徐州铁路运输法院提起公诉，该案经江苏省徐州市中级人民法院二审后，终审判决认定其安公司、江某鸣、黄某峰、何某义、王某义、魏某东等构成污染环境罪。

江苏省徐州市人民检察院在履行职责中发现以上破坏生态环境的行为后，依法公告了准备提起本案诉讼的相关情况，公告期内未有法律规定的机关和有关组织提起诉讼。2018年5月，江苏省徐州市人民检察院向江苏省徐州市中级人民法院提起本案诉讼，请求判令其安公司、黄某峰、何某义、王某义、魏某东连带赔偿倾倒3桶硫酸废液和非法处置68桶硫酸废液造成的生态环境修复费用，并支付其为本案支付的专家辅助人咨询费、公告费，要求5被告共同在省级媒体上公开赔礼道歉。

【裁判结果】

江苏省徐州市中级人民法院于2018年9月28日作出（2018）苏03民初256号民事判决：（1）其安公司、黄某峰、何某义、王某义、魏某东于判决生效后三十日内，连带赔偿因倾倒3桶硫酸废液所产生的生态环境修复费用204415元，支付至徐州市环境保护公益金专项资金账户；（2）其安公司、黄某峰、何某义、王某义于判决生效后三十日内，连带赔偿因非法处置68桶硫酸废液所产生的生态环境修复费用4630852元，支付至徐州市环境保护公益金专项资金账户；（3）其安公司、黄某峰、何某义、王某义、魏某东于判决生效后三十日内连带支付江苏省徐州市人民检察院为本案支付的合理费用 3800 元；（4）其安公司、黄某峰、何某义、王某义、魏某东于判决生效后三十日内共同在省级媒体上就非法处置硫酸废液行为公开赔礼道歉。一审宣判后，各当事人均未上诉，判决已发生法律效力。

【裁判理由】

一、关于在沛县经济开发区倾倒 3 桶硫酸废液造成的生态环境损害，5 被告应否承担连带赔偿责任及赔偿数额如何确定问题

《中华人民共和国固体废物污染环境防治法》第五十五条规定："产生危险废物的单位，必须按照国家有关规定处置危险废物，不得擅自倾倒、堆放；……"第五十七条规定："从事收集、贮存、处置危险废物经营活动的单位，必须向县级以上人民政府环境保护行政主管部门申请领取经营许可证……禁止无经营许可证或者不按照经营许可证规定从事危险废物收集、贮存、利用、处置的经营活动……"本案中，其安公司明知黄某峰无危险废物经营许可证，仍将危险废物硫酸废液交由其处置；黄某峰、何某义、王某义、魏某东明知自己无危险废物经营许可证，仍接收其安公司的硫酸废液并非法处置。其安公司与黄某峰、何某义、王某义、魏某东分别实施违法行为，层层获取非法利益，最终导致危险废物被非法处置，对此造成的生态环境损害，应当承担赔偿责任。5 被告的行为均系生态环境遭受损害的必要条件，构成共同侵权，应当在各自参与非法处置危险废物的数量范围内承担连带责任。

本案中，倾倒 3 桶硫酸废液污染土壤的事实客观存在，但污染发生至今长达三年有余，且倾倒地已进行工业建设，目前已无法将受损的土壤完全恢复。根据《环境损害鉴定评估推荐方法（第Ⅱ版）》和《环境保护部关于虚拟治理成本法适用情形与计算方法的说明》（以下简称《虚拟治理成本法说明》），对倾倒 3 桶硫酸废液所产生的生态环境修复费用，可以适用虚拟治理成本法予以确定，其计算公式为：污染物排放量×污染物

单位治理成本×受损害环境敏感系数。公益诉讼起诉人委托的技术专家提出的倾倒 3 桶硫酸废液所致生态环境修复费用为 204415 元（4. 28t×6822. 92 元/t×7）的意见，理据充分，应予采纳。该项生态环境损害系其安公司、黄某峰、何某义、王某义、魏某东 5 被告的共同违法行为所致，5 被告应连带承担 204415 元的赔偿责任。

二、关于 5 被告应否就其余 68 桶硫酸废液承担生态环境损害赔偿责任，赔偿数额如何确定问题

根据《中华人民共和国固体废物污染环境防治法》等法律法规，我国实行危险废物转移联单制度，申报登记危险废物的流向、处置情况等，是危险废物产生单位的法定义务；如实记载危险废物的来源、去向、处置情况等，是危险废物经营单位的法定义务；产生、收集、贮存、运输、利用、处置危险废物的单位和个人，均应设置危险废物识别标志，均有采取措施防止危险废物污染环境的法定义务。本案中，其安公司对硫酸废液未履行申报登记义务，未依法申请领取危险废物转移联单，黄某峰、何某义、王某义 3 被告非法从事危险废物经营活动，没有记录硫酸废液的流向及处置情况等，其安公司、黄某峰、何某义、王某义 4 被告逃避国家监管，非法转移危险废物，不能说明 68 桶硫酸废液的处置情况，没有采取措施防止硫酸废液污染环境，且 68 桶硫酸废液均没有设置危险废物识别标志，而容器上又留有出水口，即使运出苏州后被整体丢弃，也存在液体流出污染环境甚至危害人身财产安全的极大风险。因此，根据《最高人民法院关于审理环境民事公益诉讼案件适用法律若干问题的解释》第十三条"原告请求被告提供其排放的主要污染物名称、排放方式、排放浓度和总量、超标排放情况以及防治污染设施的建设和运行情况等环境信息，法律、法规、规章规定被告应当持有或者有证据证明被告持有而拒不提供，如果原告主张相关事实不利于被告的，人民法院可以推定该主张成立"之规定，本案应当推定其余 68 桶硫酸废液被非法处置并污染了环境的事实成立。

关于该项损害的赔偿数额。根据《虚拟治理成本法说明》，该项损害

的具体情况不明确，其产生的生态环境修复费用，也可以适用虚拟治理成本法予以确定。如前所述，68 桶硫酸废液的重量仍应以每桶 1.426 吨计算，共计 96.96 吨；单位治理成本仍应确定为 6822.92 元。关于受损害环境敏感系数。本案非法处置 68 桶硫酸废液实际损害的环境介质及环境功能区类别不明，可能损害的环境介质包括土壤、地表水或地下水中的一种或多种。而不同的环境介质、不同的环境功能区类别，其所对应的环境功能区敏感系数不同，存在 2-11 等多种可能。公益诉讼起诉人主张适用的系数 7，处于环境敏感系数的中位，对应Ⅱ类地表水、Ⅱ类土壤、Ⅲ类地下水，而且本案中已经查明的 3 桶硫酸废液实际污染的环境介质即为Ⅱ类土壤。同时，4 被告也未能举证证明 68 桶硫酸废液实际污染了敏感系数更低的环境介质。因此，公益诉讼起诉人的主张具有合理性，同时体现了对逃避国家监管、非法转移处置危险废物违法行为的适度惩罚，应予采纳。综上，公益诉讼起诉人主张非法处置 68 桶硫酸废液产生的生态环境修复费用为 4630852 元（96.96t×6822.92 元/t×7），应予支持。同时，如果今后查明 68 桶硫酸废液实际污染了敏感系数更高的环境介质，以上修复费用尚不足以弥补生态环境损害的，法律规定的机关和有关组织仍可以就新发现的事实向被告另行主张。该项生态环境损害系其安公司、黄某峰、何某义、王某义 4 被告的共同违法行为所致，4 被告应连带承担 4630852 元的赔偿责任。

综上所述，生态文明建设是关系中华民族永续发展的根本大计，生态环境没有替代品，保护生态环境人人有责。产生、收集、贮存、运输、利用、处置危险废物的单位和个人，必须严格履行法律义务，切实采取措施防止危险废物对环境的污染。被告其安公司、黄某峰、何某义、王某义、魏某东没有履行法律义务，逃避国家监管，非法转移处置危险废物，任由危险废物污染环境，对此造成的生态环境损害，应当依法承担侵权责任。

（生效裁判审判人员：马荣、李娟、张演亮、陈虎、费艳、韩正娟、吴德恩）

14. 指导案例136号：吉林省白山市人民检察院诉白山市江源区卫生和计划生育局、白山市江源区中医院环境公益诉讼案

（最高人民法院审判委员会讨论通过 2019年12月26日发布）

【关键词】

行政/环境行政公益诉讼/环境民事公益诉讼/分别立案/一并审理

【裁判要点】

人民法院在审理人民检察院提起的环境行政公益诉讼案件时，对人民检察院就同一污染环境行为提起的环境民事公益诉讼，可以参照《中华人民共和国行政诉讼法》及其司法解释规定，采取分别立案、一并审理、分别判决的方式处理。

【相关法条】

《中华人民共和国行政诉讼法》第六十一条

【基本案情】

白山市江源区中医院新建综合楼时，未建设符合环保要求的污水处理设施即投入使用。吉林省白山市人民检察院发现该线索后，进行了调查。调查发现白山市江源区中医院通过渗井、渗坑排放医疗污水。经对其排放的医疗污水及渗井周边土壤取样检验，发现化学需氧量、五日生化需氧

量、悬浮物、总余氯等均超过国家标准。还发现白山市江源区卫生和计划生育局在白山市江源区中医院未提交环评合格报告的情况下，对其《医疗机构执业许可证》校验为合格，且对其违法排放医疗污水的行为未及时制止，存在违法行为。检察机关在履行了提起公益诉讼的前置程序后，诉至法院，请求：（1）确认被告白山市江源区卫生和计划生育局于 2015 年 5 月 18 日为第三人白山市江源区中医院校验《医疗机构执业许可证》的行为违法；（2）判令白山市江源区卫生和计划生育局履行法定监管职责，责令白山市江源区卫生和计划生育局限期对白山市江源区中医院的医疗污水净化处理设施进行整改；（3）判令白山市江源区中医院立即停止违法排放医疗污水。

【裁判结果】

吉林省白山市中级人民法院于 2016 年 7 月 15 日以（2016）吉 06 行初 4 号行政判决，确认被告白山市江源区卫生和计划生育局于 2015 年 5 月 18 日对第三人白山市江源区中医院《医疗机构执业许可证》校验合格的行政行为违法；责令被告白山市江源区卫生和计划生育局履行监管职责，监督第三人白山市江源区中医院在三个月内完成医疗污水处理设施的整改。同日，白山市中级人民法院作出（2016）吉 06 民初 19 号民事判决，判令被告白山市江源区中医院立即停止违法排放医疗污水。一审宣判后，各方均未上诉，判决已经发生法律效力。

【裁判理由】

法院生效裁判认为，根据国务院《医疗机构管理条例》第五条及第四十条的规定，白山市江源区卫生和计划生育局对辖区内医疗机构具有监督管理的法定职责。《吉林省医疗机构审批管理办法（试行）》第四十四条规定，医疗机构申请校验时应提交校验申请、执业登记项目变更情况、接受整改情况、环评合格报告等材料。白山市江源区卫生和计划生育局在白山市江源区中医院未提交环评合格报告的情况下，对其《医疗机构执业许可证》校验为合格，违反上述规定，该校验行为违法。白山市江源区中医院违法排放医疗污水，导致周边地下水及土壤存在重大污染风险。白山市江源区卫生和计划生育局作为卫生行政主管部门，未及时制止，其怠于履行监管职责的行为违法。白山市江源区中医院通过渗井、渗坑违法排放医疗污水，且污水处理设施建设完工及环评验收需要一定的时间，故白山市江源区卫生和计划生育局应当继续履行监管职责，督促白山市江源区中医院污水处理工程及时完工，达到环评要求并投入使用，符合《吉林省医疗机构审批管理办法（试行）》第四十四条规定的校验《医疗机构执业许可证》的条件。

《中华人民共和国侵权责任法》第六十五条、第六十六条规定，因污染环境造成损害的，污染者应当承担侵权责任。因污染环境发生纠纷，污染者应当就法律规定的不承担责任或者减轻责任的情形及其行为与损害之间不存在因果关系承担举证责任。本案中，根据公益诉讼人的举证和查明的相关事实，可以确定白山市江源区中医院未安装符合环保要求的污水处理设备，通过渗井、渗坑实施了排放医疗污水的行为。从检测机构的检测结果及检测意见可知，其排放的医疗污水，对附近地下水及周边土壤存在重大环境污染风险。白山市江源区中医院虽辩称其未建设符合环保要求的排污设备系因政府对公办医院投入建设资金不足所致，但该理由不能否定其客观上实施了排污行为，产生了周边地下水及土壤存在重大环境污染风险的损害结果，以及排污行为与损害结果存在因果关系的基本事实，且环境污染具有不可逆的特点，故作出立即停止违法排放医疗污水的判决。

（生效裁判审判人员：张文宽、王辉、历彦飞）

15. 指导案例 137 号：云南省剑川县人民检察院诉剑川县森林公安局怠于履行法定职责环境行政公益诉讼案

（最高人民法院审判委员会讨论通过　2019 年 12 月 26 日发布）

【关键词】

行政/环境行政公益诉讼/怠于履行法定职责/审查标准

【裁判要点】

环境行政公益诉讼中，人民法院应当以相对人的违法行为是否得到有效制止，行政机关是否充分、及时、有效采取法定监管措施，以及国家利益或者社会公共利益是否得到有效保护，作为审查行政机关是否履行法定职责的标准。

【相关法条】

《中华人民共和国森林法》第十三条、第二十条

《中华人民共和国森林法实施条例》第四十三条

《中华人民共和国行政诉讼法》第七十条、第七十四条

【基本案情】

2013 年 1 月，剑川县居民王某全受玉鑫公司的委托在国有林区开挖公路，被剑川县红旗林业局护林人员发现并制止，剑川县林业局接报后交剑川

县森林公安局进行查处。剑川县森林公安局于 2013 年 2 月 20 日向王某全送达了林业行政处罚听证权利告知书，并于同年 2 月 27 日向王某全送达了剑川县林业局剑林罚书字（2013）第 288 号林业行政处罚决定书。行政处罚决定书载明：玉鑫公司在未取得合法的林地征占用手续的情况下，委托王某全于 2013 年 1 月 13 日至 19 日期间，在 13 林班 21、22 小班之间用挖掘机开挖公路长度为 494.8 米、平均宽度为 4.5 米、面积为 2226.6 平方米，共计 3.34 亩。根据《中华人民共和国森林法实施条例》第四十三条第一款规定，决定对王某全及玉鑫公司给予如下行政处罚：（1）责令限期恢复原状；（2）处非法改变用途林地每平方米 10 元的罚款，即 22266 元。2013 年 3 月 29 日玉鑫公司缴纳了罚款后，剑川县森林公安局即对该案予以结案。其后直到 2016 年 11 月 9 日，剑川县森林公安局没有督促玉鑫公司和王某全履行“限期恢复原状”的行政义务，所破坏的森林植被至今没有得到恢复。

2016 年 11 月 9 日，剑川县人民检察院向剑川县森林公安局发出检察建议，建议依法履行职责，认真落实行政处罚决定，采取有效措施，恢复森林植被。2016 年 12 月 8 日，剑川县森林公安局回复称自接到《检察建议书》后，即刻进行认真研究，采取了积极的措施，并派民警到王某全家对剑林罚书字（2013）第 288 号处罚决定第一项责令限期恢复原状进行催告，鉴于王某全死亡，执行终止。对玉鑫公司，剑川县森林公安局没有向其发出催告书。

另查明，剑川县森林公安局为剑川县林业局所属的正科级机构，2013 年年初，剑川县林业局向其授权委托办理本县境内的所有涉及林业、林地处罚的林政处罚案件。2013 年 9 月 27 日，《云南省人民政府关于〈云南省林业部门相对集中林业行政处罚权工作方案〉的批复》授权各级森林公安机关在全省范围内开展相对集中林业行政处罚权工作。同年 11 月 20 日，经云南省人民政府授权，云南省人民政府法制办公室对森林公安机关行政执法主体资格单位及执法权限进行了公告，剑川县森林公安局也是具有行政执法主体资格和执法权限的单位之一。同年 12 月 11 日，云南省林业厅发出通知，决定自 2014 年 1 月 1 日起，各级森林公安机关依法行使省政府批准的 62 项林业行政处罚权和 11 项行政强制权。

【裁判结果】

云南省剑川县人民法院于2017年6月19日作出（2017）云2931行初1号行政判决：（1）确认被告剑川县森林公安局怠于履行剑林罚书字（2013）第288号处罚决定第一项内容的行为违法；（2）责令被告剑川县森林公安局继续履行法定职责。宣判后，当事人服判息诉，均未提起上诉，判决已发生法律效力，剑川县森林公安局也积极履行了判决。

【裁判理由】

法院生效裁判认为，公益诉讼人提起本案诉讼符合最高人民法院印发的《人民法院审理人民检察院提起公益诉讼案件试点工作实施办法》及最高人民检察院公布的《人民检察院提起公益诉讼试点工作实施办法》规定的行政公益诉讼受案范围，符合起诉条件。《中华人民共和国行政诉讼法》第二十六条第六款规定："行政机关被撤销或者职权变更的，继续行使其职权的行政机关是被告。"2013年9月27日，《云南省人民政府关于〈云南省林业部门相对集中林业行政处罚权工作方案〉的批复》授权各级森林公安机关相对集中行使林业行政部门的部分行政处罚权，因此，根据规定剑川县森林公安局行使原来由剑川县林业局行使的林业行政处罚权，是适格的被告主体。本案中，剑川县森林公安局在查明玉鑫公司及王某全擅自改变林地的事实后，以剑川县林业局名义作出对玉鑫公司和王某全责令限期恢复原状和罚款22266元的行政处罚决定符合法律规定，但在玉鑫公司缴纳罚款后三年多时间里没有督促玉鑫公司和王某全对破坏的林地恢复原状，也没有代为履行，致使玉鑫公司和王某全擅自改变的林地至今没有恢复原状，且未提供证据证明有相关合法、合理的事由，其行为显然不当，是怠于履行法定职责的行为。行政处罚决定没有执行完毕，剑川县森林公安局依法应该继续履行法定职责，采取有效措施，督促行政相对人限期恢复被改变林地的原状。

（生效裁判审判人员：赵新科、白灿山、张吉元）

16. 指导案例138号：陈某龙诉成都市成华区环境保护局环境行政处罚案

（最高人民法院审判委员会讨论通过 2019年12月26日发布）

【关键词】

行政/行政处罚/环境保护/私设暗管/逃避监管

【裁判要点】

企业事业单位和其他生产经营者通过私设暗管等逃避监管的方式排放水污染物的，依法应当予以行政处罚；污染者以其排放的水污染物达标、没有对环境造成损害为由，主张不应受到行政处罚的，人民法院不予支持。

【相关法条】

《中华人民共和国水污染防治法》（2017年修正）第三十九条、第八十三条（本案适用的是2008年修正的《中华人民共和国水污染防治法》第二十二条第二款、第七十五条第二款）

【基本案情】

陈某龙系个体工商户龙泉驿区大面街道办德龙加工厂业主，自2011年3月开始加工生产钢化玻璃。2012年11月2日，成都市成华区环境保护局（以下简称成华区环保局）在德龙加工厂位于成都市成华区保和街道办事处天鹅社区一组B-10号的厂房检查时，发现该厂涉嫌私自设置暗管偷排污水。成华区环保局经立案调查后，依照相关法定程序，于2012年12月

11日作出成华环保罚字（2012）1130-01号行政处罚决定，认定陈某龙的行为违反《中华人民共和国水污染防治法》第二十二条第二款规定，遂根据《中华人民共和国水污染防治法》第七十五条第二款规定，作出责令立即拆除暗管，并处罚款10万元的处罚决定。陈某龙不服，遂诉至法院，请求撤销该处罚决定。

【裁判结果】

2014年5月21日，四川省成都市成华区人民法院作出（2014）成华行初字第29号行政判决书，判决：驳回原告陈某龙的诉讼请求。陈某龙不服，向四川省成都市中级人民法院提起上诉。2014年8月22日，四川省成都市中级人民法院作出（2014）成行终字第345号行政判决书，判决：驳回原告陈某龙的诉讼请求。2014年10月21日，陈某龙向四川省成都市中级人民法院申请对本案进行再审，该院作出（2014）成行监字第131号裁定书，裁定不予受理陈某龙的再审申请。

【裁判理由】

法院生效裁判认为，德龙加工厂工商登记注册地虽然在成都市龙泉驿区，但其生产加工形成环境违法事实的具体地点在成都市成华区，根据《中华人民共和国行政处罚法》第二十条、《环境行政处罚办法》第十七条的规定，成华区环保局具有作出被诉处罚决定的行政职权；虽然成都市成华区环境监测站于2012年5月22日出具的《检测报告》认为德龙加工厂排放的废水符合排放污水的相关标准，但德龙加工厂私设暗管排放的仍旧属于污水，违反了《中华人民共和国水污染防治法》第二十二条第二款的规定；德龙加工厂曾因实施"未办理环评手续、环保设施未验收即投入生产"的违法行为受到过行政处罚，本案违法行为系二次违法行为，成华区环保局在《中华人民共和国水污染防治法》第七十五条第二款所规定的幅度内，综合考虑德龙加工厂系二次违法等事实，对德龙加工厂作出罚款10万元的行政处罚并无不妥。

（生效裁判审判人员：李伟东、喻小岷、邱方丽）

17. 指导案例139号：上海鑫晶山建材开发有限公司诉上海市金山区环境保护局环境行政处罚案

（最高人民法院审判委员会讨论通过　2019年12月26日发布）

【关键词】

行政/行政处罚/大气污染防治/固体废物污染环境防治/法律适用/超过排放标准

【裁判要点】

企业事业单位和其他生产经营者堆放、处理固体废物产生的臭气浓度超过大气污染物排放标准，环境保护主管部门适用处罚较重的《中华人民共和国大气污染防治法》对其进行处罚，企业事业单位和其他生产经营者主张应当适用《中华人民共和国固体废物污染环境防治法》对其进行处罚的，人民法院不予支持。

【相关法条】

《中华人民共和国环境保护法》第十条

《中华人民共和国大气污染防治法》第十八条、第九十九条

《中华人民共和国固体废物污染环境防治法》第六十八条

【基本案情】

原告上海鑫晶山建材开发有限公司（以下简称鑫晶山公司）不服上海

市金山区环境保护局（以下简称金山环保局）行政处罚提起行政诉讼，诉称：金山环保局以其厂区堆放污泥的臭气浓度超标适用《中华人民共和国大气污染防治法》进行处罚不当，应当适用《中华人民共和国固体废物污染环境防治法》处罚，请求予以撤销。

法院经审理查明：因群众举报，2016 年 8 月 17 日，被告金山环保局执法人员前往鑫晶山公司进行检查，并由金山环境监测站工作人员对该公司厂界臭气和废气排放口进行气体采样。同月 26 日，金山环境监测站出具了编号为 XF 26—2016 的《测试报告》，该报告中的《监测报告》显示，依据《恶臭污染物排放标准》（GB 14554—93）规定，臭气浓度厂界标准值二级为 20，经对原告厂界四个监测点位各采集三次样品进行检测，3#监测点位臭气浓度一次性最大值为 25。2016 年 9 月 5 日，被告收到前述《测试报告》，遂于当日进行立案。经调查，被告于 2016 年 11 月 9 日制作了金环保改字（2016）第 224 号责令改正通知书及行政处罚听证告知书，并向原告进行了送达。应原告要求，被告于 2016 年 11 月 23 日组织了听证。2016 年 12 月 2 日，被告作出第 2020160224 号行政处罚决定书，认定 2016 年 8 月 17 日，被告执法人员对原告无组织排放恶臭污染物进行检查、监测，在原告厂界采样后，经金山环境监测站检测，3#监测点臭气浓度一次性最大值为 25，超出《恶臭污染物排放标准》（GB 14554—93）规定的排放限值 20，该行为违反了《中华人民共和国大气污染防治法》第十八条的规定，依据《中华人民共和国大气污染防治法》第九十九条第二项的规定，决定对原告罚款 25 万元。

另查明，2009 年 11 月 13 日，被告审批通过了原告上报的《多规格环保型淤泥烧结多孔砖技术改造项目环境影响报告表》，2012 年 12 月 5 日前述技术改造项目通过被告竣工验收。同时，2015 年以来，原告被群众投诉数十起，反映该公司排放刺激性臭气等环境问题。2015 年 9 月 9 日，因原告同年 7 月 20 日厂界两采样点臭气浓度最大测定值超标，被告对该公司作出金环保改字（2015）第 479 号责令改正通知书，并于同年 9 月 18 日作出第 2020150479 号行政处罚决定书，决定对原告罚款 35000 元。

【裁判结果】

上海市金山区人民法院于2017年3月27日作出（2017）沪0116行初3号行政判决：驳回原告鑫晶山公司的诉讼请求。宣判后，当事人服判息诉，均未提起上诉，判决已发生法律效力。

【裁判理由】

法院生效裁判认为，本案核心争议焦点在于被告适用《中华人民共和国大气污染防治法》对原告涉案行为进行处罚是否正确。其中涉及《中华人民共和国固体废物污染环境防治法》第六十八条第一款第七项、第二款及《中华人民共和国大气污染防治法》第九十九条第二项之间的选择适用问题。前者规定，未采取相应防范措施，造成工业固体废物扬散、流失、渗漏或者造成其他环境污染的，处1万元以上10万元以下的罚款；后者规定，超过大气污染物排放标准或者超过重点大气污染物排放总量控制指标排放大气污染物的，由县级以上人民政府环境保护主管部门责令改正或者限制生产、停产整治，并处10万元以上100万元以下的罚款；情节严重的，报经有批准权的人民政府批准，责令停业、关闭。前者规制的是未采取防范措施造成工业固体废物污染环境的行为，后者规制的是超标排放大气污染物的行为；前者有未采取防范措施的行为并具备一定环境污染后果即可构成，后者排污单位排放大气污染物必须超过排放标准或者重点大气污染物排放总量控制指标才可构成。本案并无证据可证实臭气是否来源于任何工业固体废物，且被告接到群众有关原告排放臭气的投诉后进行执法检查，检查、监测对象是原告排放大气污染物的情况，适用对象方面与《中华人民共和国大气污染防治法》更为匹配；《监测报告》显示臭气浓度超过大气污染物排放标准，行为后果方面适用《中华人民共和国大气污染防治法》第九十九条第二项规定更为准确，故被诉行政处罚决定适用法律并无不当。

（生效裁判审判人员：徐跃、许颖、崔胜东）

18. 指导案例147号：张某明、毛某明、张某故意损毁名胜古迹案

（最高人民法院审判委员会讨论通过　2020年12月29日发布）

【关键词】

刑事/故意损毁名胜古迹罪/国家保护的名胜古迹/情节严重/专家意见

【裁判要点】

（1）风景名胜区的核心景区属于《中华人民共和国刑法》第三百二十四条第二款规定的“国家保护的名胜古迹”。对核心景区内的世界自然遗产实施打岩钉等破坏活动，严重破坏自然遗产的自然性、原始性、完整性和稳定性的，综合考虑有关地质遗迹的特点、损坏程度等，可以认定为故意损毁国家保护的名胜古迹“情节严重”。

（2）对刑事案件中的专门性问题需要鉴定，但没有鉴定机构的，可以指派、聘请有专门知识的人就案件的专门性问题出具报告，相关报告在刑事诉讼中可以作为证据使用。

【相关法条】

《中华人民共和国刑法》第三百二十四条

【基本案情】

2017年4月左右，被告人张某明、毛某明、张某3人通过微信联系，约定前往三清山风景名胜区攀爬“巨蟒出山”岩柱体（又称巨蟒峰）。

2017年4月15日凌晨4时左右，张某明、毛某明、张某3人携带电钻、岩钉（即膨胀螺栓，不锈钢材质）、铁锤、绳索等工具到达巨蟒峰底部。被告人张某明首先攀爬，毛某明、张某在下面拉住绳索保护张某明的安全。在攀爬过程中，张某明在有危险的地方打岩钉，使用电钻在巨蟒峰岩体上钻孔，再用铁锤将岩钉打入孔内，用扳手拧紧，然后在岩钉上布绳索。张某明通过这种方式于早上6时49分左右攀爬至巨蟒峰顶部。毛某明一直跟在张某明后面为张某明拉绳索做保护，并沿着张某明布好的绳索于早上7时左右攀爬到巨蟒峰顶部。在巨蟒峰顶部，张某明将多余的工具给毛某明，毛某明顺着绳索下降，将多余的工具带回宾馆，随后又返回巨蟒峰，攀爬至巨蟒峰10多米处，被三清山管委会工作人员发现后劝下并被民警控制。在张某明、毛某明攀爬开始时，张某为张某明拉绳索做保护，之后张某回宾馆拿无人机，再返回巨蟒峰，沿着张某明布好的绳索于早上7时30分左右攀爬至巨蟒峰顶部，在顶部使用无人机进行拍摄。在工作人员劝说下，张某、张某明先后于上午9时左右、9时40分左右下到巨蟒峰底部并被民警控制。经现场勘查，张某明在巨蟒峰上打入岩钉26个。经专家论证，3被告人的行为对巨蟒峰地质遗迹点造成了严重损毁。

【裁判结果】

江西省上饶市中级人民法院于2019年12月26日作出（2018）赣11刑初34号刑事判决：（1）被告人张某明犯故意损毁名胜古迹罪，判处有期徒刑一年，并处罚金人民币10万元。（2）被告人毛某明犯故意损毁名胜古迹罪，判处有期徒刑六个月，缓刑一年，并处罚金人民币5万元。（3）被告人张某犯故意损毁名胜古迹罪，免予刑事处罚。（4）对扣押在案的犯罪工具手机4部、无人机1台、对讲机2台、攀岩绳、铁锤、电钻、岩钉等予以没收。宣判后，张某明提出上诉。江西省高级人民法院于2020年5月18日作出（2020）赣刑终44号刑事裁定，驳回被告人张某明的上诉，维持原判。

【裁判理由】

法院生效裁判认为，本案有两个焦点问题。

一、关于本案的证据采信问题

本案中，3 被告人打入 26 个岩钉的行为对巨蟒峰造成严重损毁的程度，目前全国没有法定司法鉴定机构可以进行鉴定，但是否构成严重损毁又是被告人是否构成犯罪的关键。《最高人民法院关于适用〈中华人民共和国刑事诉讼法〉的解释》第八十七条规定："对案件中的专门性问题需要鉴定，但没有法定司法鉴定机构，或者法律、司法解释规定可以进行检验的，可以指派、聘请有专门知识的人进行检验，检验报告可以作为定罪量刑的参考。……经人民法院通知，检验人拒不出庭作证的，检验报告不得作为定罪量刑的参考。"故对打入 26 个岩钉的行为是否对巨蟒峰造成严重损毁的这一事实，依法聘请有专门知识的人进行检验合情合理合法。本案中的 4 名地学专家，都长期从事地学领域的研究，都具有地学领域的专业知识，在地学领域发表过大量论文或专著，或主持过地学方面的重大科研课题，具有对巨蟒峰受损情况这一地学领域的专门问题进行评价的能力。4 名专家均属于"有专门知识的人"。4 名专家出具专家意见系接受侦查机关的有权委托，依据自己的专业知识和现场实地勘查、证据查验，经充分讨论、分析，从专业的角度对打岩钉造成巨蟒峰的损毁情况给出了明确的专业意见，并共同签名。且经法院通知，4 名专家中的两名专家以检验人的身份出庭，对专家意见的形成过程进行了详细的说明，并接受了控、辩双方及审判人员的质询。专家意见结论明确，程序合法，具有可信性。综上，本案中的专家意见从主体到程序均符合法定要求，从证据角度而言，专家意见完全符合《中华人民共和国刑事诉讼法》第一百九十七条的规定以及《最高人民法院关于适用〈中华人民共和国刑事诉讼法〉的解释》第八十七条关于有专门知识的人出具检验报告的规定，可以作为定罪量刑的参考。

二、关于本案的损害结果问题

三清山于1988年经国务院批准列为国家重点风景名胜区，2008年被列入世界自然遗产名录，2012年被列入世界地质公园名录。巨蟒峰作为三清山核心标志性景观独一无二、弥足珍贵，其不仅是不可再生的珍稀自然资源型资产，也是可持续利用的自然资产，对于全人类而言具有重大科学价值、美学价值和经济价值。巨蟒峰是经由长期自然风化和重力崩解作用形成的巨型花岗岩体石柱，垂直高度128米，最细处直径仅7米。本案中，侦查机关依法聘请的4名专家经过现场勘查、证据查验、科学分析，对巨蟒峰地质遗迹点的价值、成因、结构特点及3被告人的行为给巨蟒峰柱体造成的损毁情况给出了专家意见。4名专家从地学专业角度，认为被告人的打岩钉攀爬行为对世界自然遗产的核心景观巨蟒峰造成了永久性的损害，破坏了自然遗产的基本属性即自然性、原始性、完整性，特别是在巨蟒峰柱体的脆弱段打入至少4个岩钉，加重了巨蟒峰柱体结构的脆弱性，即对巨蟒峰的稳定性产生了破坏，26个岩钉会直接诱发和加重物理、化学、生物风化，形成新的裂隙，加快花岗岩柱体的侵蚀进程，甚至造成崩解。根据《最高人民法院、最高人民检察院关于办理妨害文物管理等刑事案件适用法律若干问题的解释》第四条第二款第一项规定，结合专家意见，应当认定3被告人的行为造成了名胜古迹“严重损毁”，已触犯《中华人民共和国刑法》第三百二十四条第二款的规定，构成故意损毁名胜古迹罪。

风景名胜区的核心景区是受我国刑法保护的名胜古迹。三清山风景名胜区列入世界自然遗产、世界地质公园名录，巨蟒峰地质遗迹点是其珍贵的标志性景观和最核心的部分，既是不可再生的珍稀自然资源性资产，也是可持续利用的自然资产，具有重大科学价值、美学价值和经济价值。被告人张某明、毛某明、张某违反社会管理秩序，采用破坏性攀爬方式攀爬巨蟒峰，在巨蟒峰花岗岩柱体上钻孔打入26个岩钉，对巨蟒峰造成严重损毁，情节严重，其行为已构成故意损毁名胜古迹罪，应依法惩处。本案对

3 被告人的入刑，不仅是对其所实施行为的否定评价，更是警示世人不得破坏国家保护的名胜古迹，从而引导社会公众树立正确的生态文明观，珍惜和善待人类赖以生存和发展的自然资源和生态环境。一审法院根据 3 被告人在共同犯罪中的地位、作用及量刑情节所判处的刑罚并无不当。张某明及其辩护人请求改判无罪等上诉意见不能成立，不予采纳。原审判决认定 3 被告人犯罪事实清楚，证据确实、充分，定罪准确，对 3 被告人的量刑适当，审判程序合法。

（生效裁判审判人员：胡淑珠、黄训荣、王慧军）

19. 指导案例 172 号：秦某学滥伐林木刑事附带民事公益诉讼案

（最高人民法院审判委员会讨论通过　2021 年 12 月 1 日发布）

【关键词】

刑事/滥伐林木罪/生态修复/补植复绿/专家意见/保证金

【裁判要点】

（1）人民法院确定被告人森林生态环境修复义务时，可以参考专家意见及林业规划设计单位、自然保护区主管部门等出具的专业意见，明确履行修复义务的树种、树龄、地点、数量、存活率及完成时间等具体要求。

（2）被告人自愿交纳保证金作为履行生态环境修复义务担保的，人民法院可以将该情形作为从轻量刑情节。

【相关法条】

《中华人民共和国民法典》第一百七十九条（本案适用的是自 2010 年 7 月 1 日起实施的《中华人民共和国侵权责任法》第十五条）

《中华人民共和国森林法》第五十六条、第五十七条、第七十六条（本案适用的是 2009 年 8 月 27 日修正的《中华人民共和国森林法》第三十二条、第三十九条）

【基本案情】

湖南省保靖县人民检察院指控被告人秦某学犯滥伐林木罪向保靖县人民法院提起公诉，在诉讼过程中，保靖县人民检察院以社会公共利益受到损害为由，又向保靖县人民法院提起附带民事公益诉讼。

湖南省保靖县人民检察院认为，应当以滥伐林木罪追究被告人秦某学刑事责任。同时，被告人行为严重破坏了生态环境，致使社会公共利益遭受到损害，根据《中华人民共和国侵权责任法》的相关规定，应当补植复绿，向公众赔礼道歉。被告人秦某学对公诉机关的指控无异议，但辩称其是林木的实际经营者和所有权人，且积极交纳补植复绿的保证金，请求从轻判处。

湖南省保靖县人民法院经审理查明，湖南省保靖县以1958年成立的保靖县国营白云山林场为核心，于1998年成立白云山县级自然保护区。后该保护区于2005年评定为白云山省级自然保护区，并完成了公益林区划界定；又于2013年评定为湖南白云山国家级自然保护区。其间，被告人秦某学于1998年承包了位于该县毛沟镇卧当村白云山自然保护区核心区内“土地坳”（地名）的山林，次年起开始有计划地植造杉木林，该林地位于公益林范围内，属于公益林地。2016年9月至2017年1月，秦某学在没有办理《林木采伐许可证》情况下，违反《中华人民共和国森林法》，擅自采伐其承包该林地上的杉木林并销售，所采伐区域位于该保护区核心区域内面积为117.5亩，核心区外面积为15.46亩。经鉴定，秦某学共砍伐林木1010株，林木蓄积为153.3675立方米。后保靖县林业勘测规划设计队出具补植补造作业设计说明证明，该受损公益林补植复绿的人工苗等费用为人民币66025元。

人民法院审理期间，保靖县林业勘测规划设计队及保靖县林业局、白云山国家级自然保护区又对该受损公益林补植复绿提出了具体建议和专业要求。秦某学预交补植复绿保证金66025元，保证履行补植复绿义务。

【裁判结果】

湖南省保靖县人民法院于2018年8月3日作出（2018）湘3125刑初5号刑事附带民事判决，认定被告人秦某学犯滥伐林木罪，判处有期徒刑三年，缓刑四年，并处罚金人民币1万元，并于判决生效后两年内在湖南白云山国家级自然保护区内“土地坳”栽植一年生杉树苗5050株，存活率达到90%以上。宣判后，没有上诉、抗诉，一审判决已发生法律效力。被告人依照判决，在原砍伐林地等处栽植一年生杉树苗5050株，且存活率达到100%。

【裁判理由】

法院生效裁判认为：被告人秦某学违反《中华人民共和国森林法》规定，未经林业主管部门许可，无证滥伐白云山国家级自然保护区核心区内的公益林，数量巨大，构成滥伐林木罪。辩护人提出的被告人系初犯、认罪，积极交纳补植补绿的保证金66025元到法院的执行账户，有悔罪表现，应当从轻判处的辩护意见，予以采信。白云山国家级自然保护区位于中国十七个生物多样性关键地区之一的武陵山区及酉水流域，是云贵高原、四川盆地至雪峰山区、湘中丘陵之间动植物资源自然流动通道的重要节点，是长江流域洞庭湖支流沅江的重要水源涵养区，其森林资源具有保持水土、维护生物多样性等多方面重要作用。被告人所承包、栽植并管理的树木，已经成为白云山国家级自然保护区森林资源的不可分割的有机组成部分。被告人无证滥伐该树木且数量巨大，其行为严重破坏了白云山国家级自然保护区生态环境，危及生物多样性保护，使社会公共利益遭受到严重损害，性质上属于一种侵权行为。附带民事公益诉讼不是传统意义上的民事诉讼，公益诉讼起诉人也不是一般意义上的受害人。公益诉讼起诉人要求被告人承担恢复原状法律责任的诉讼请求，于法有据，予以支持。根据保靖县林业勘测规划设计队出具的“土地坳”补植补造作业设计说明以及白云山自然保护区管理局、保靖县林业局等部门专家提供的专业资料和建议，参照《中华人民共和国森林法》第三十九条第二款规定，对公益诉讼起诉人提出的被告人应补种树木的诉讼请求，应认为有科学、合理的根据和法律依据，予以支持。辩护人提出被告人作为林地承包者的经营权利也应当依法保护的意见，有其合理之处，在具体确定被告人法律责任时予以考虑。遂作出上述判决。

（生效裁判审判人员：龙鸥玲、徐岩松、向福生、彭菲、彭举忠、彭大江、贾长金）

20. 指导案例173号：北京市朝阳区自然之友环境研究所诉中国水电顾问集团新平开发有限公司、中国电建集团昆明勘测设计研究院有限公司生态环境保护民事公益诉讼案

（最高人民法院审判委员会讨论通过 2021年12月1日发布）

【关键词】

民事/生态环境保护民事公益诉讼/损害社会公共利益/重大风险/濒危野生动植物

【裁判要点】

人民法院审理环境民事公益诉讼案件，应当贯彻保护优先、预防为主原则。原告提供证据证明项目建设将对濒危野生动植物栖息地及生态系统造成毁灭性、不可逆转的损害后果，人民法院应当从被保护对象的独有价值、损害结果发生的可能性、损害后果的严重性及不可逆性等方面，综合判断被告的行为是否具有《最高人民法院关于审理环境民事公益诉讼案件适用法律若干问题的解释》第一条规定的“损害社会公共利益重大风险”。

【相关法条】

《中华人民共和国环境保护法》（2014年4月24日修订）第五条

【基本案情】

戛洒江一级水电站工程由中国水电顾问集团新平开发有限公司（以下简称新平公司）开发建设，中国电建集团昆明勘测设计研究院有限公司（以下简称昆明设计院）是该工程总承包方及受托编制《云南省红河（元江）干流戛洒江一级水电站环境影响报告书》（以下简称《环境影响报告书》）的技术单位。戛洒江一级水电站坝址位于云南省新平县境内，下游距新平县水塘镇约6.5千米，电站采用堤坝式开发，坝型为混凝土面板堆石坝，最大坝高175.5米，水库正常蓄水位675米，淹没区域涉及红河上游的戛洒江、石羊江及支流绿汁江、小江河。水库淹没影响和建设征地涉及新平县和双柏县8个乡（镇）。戛洒江一级水电站项目建设自2011年至2014年分别取得了国家发展改革委、原国土资源部、生态环境部等多个相关主管部门关于用地、环评、建设等批复和同意。2017年7月21日，生态环境部办公厅向新平公司发出《关于责成开展云南省红河（元江）干流戛洒江一级水电站环境影响后评价的函》（以下简称《责成后评价函》），责成新平公司就该项目建设开展环境影响后评价，采取改进措施，并报生态环境部备案。后评价工作完成前，不得蓄水发电。2017年8月至今，新平公司主动停止对戛洒江一级水电站建设项目的施工。按工程进度，戛洒江一级水电站建设项目现已完成“三通一平”工程并修建了导流洞。

绿孔雀为典型热带、亚热带林栖鸟类，主要在河谷地带的常绿阔叶林、落叶阔叶林及针阔混合林中活动，杂食类，为稀有种类，属国家一级保护动物，在中国濒危动物红皮书中列为“濒危”物种。就绿孔雀相关问题，昆明市中级人民法院发函云南省林业和草原局，2019年4月4日云南省林业和草原局进行了函复。此后，昆明市中级人民法院又向该局调取了其编制的《元江中上游绿孔雀种群现状调查报告》，该报告载明戛洒江一级水电站建成后，蓄水水库将淹没海拔680米以下河谷地区，将对绿孔雀目前利用的沙浴地、河滩求偶场等适宜栖息地产生较大影响。同时，由于戛洒江一级水电站的建设，淹没区公路将改造重修，也会破坏绿孔雀等野生动物适宜栖息地。对暂停建设的戛洒江一级水电站，应评估停建影响，保护和恢复绿孔雀栖息地措施等。2018 年 6 月 29 日，云南省人民政府下发《云南省人民政府关于发布云南省生态保护红线的通知》，对外发布《云南省生态保护红线》。根据《云南省生态保护红线》附件 1《云南省生态保护红线分布图》所示，戛洒江一级水电站淹没区大部分被划入红河（元江）干热河谷及山原水土保持生态保护红线范围，在该区域内，绿孔雀为其中一种重点保护物种。

陈氏苏铁为国家一级保护植物。2015 年后被列入《云南省生物物种红色名录（2017 版）》，为极危物种。原告北京市朝阳区自然之友环境研究所（以下简称自然之友研究所）提交了其在绿汁江、石羊江河谷等戛洒江一级水电站淹没区拍摄到的陈氏苏铁照片。证人刘某（中国科学院助理研究员）出庭作证，陈氏苏铁仅在我国红河流域分布。按照世界自然保护联盟的评价标准，陈氏苏铁应为濒危。

自然之友研究所向昆明市中级人民法院起诉，请求人民法院判令新平公司及昆明设计院共同消除戛洒江一级水电站建设对绿孔雀、陈氏苏铁等珍稀濒危野生动植物以及热带季雨林和热带雨林侵害危险，立即停止水电站建设，不得截留蓄水，不得对该水电站淹没区内植被进行砍伐。

【裁判结果】

云南省昆明市中级人民法院于 2020 年 3 月 16 日作出（2017）云 01 民初 2299 号民事判决：（1）新平公司立即停止基于现有环境影响评价下的戛洒江一级水电站建设项目，不得截流蓄水，不得对该水电站淹没区内植被进行砍伐。对戛洒江一级水电站的后续处理，待新平公司按生态环境部要求完成环境影响后评价，采取改进措施并报生态环境部备案后，由相关行政主管部门视具体情况依法作出决定。（2）由新平公司于本判决生效后三十日内向自然之友研究所支付因诉讼发生的合理费用 8 万元。（3）驳回自然之友研究所的其他诉讼请求。宣判后，自然之友研究所以戛洒江一级水电站应当永久性停建为由，新平公司以水电站已经停建且划入生态红线，应当驳回自然之友研究所诉讼请求为由，分别提起上诉。云南省高级人民法院于2020年12月22日作出（2020）云民终824号民事判决：驳回上诉，维持原判。

【裁判理由】

法院生效裁判认为：本案符合《最高人民法院关于审理环境民事公益诉讼案件适用法律若干问题的解释》第一条“对已经损害社会公共利益或者具有损害社会公共利益重大风险的污染环境、破坏生态的行为提起诉讼”规定中“具有损害社会公共利益重大风险”的法定情形，属于预防性环境公益诉讼。预防性环境公益诉讼突破了“无损害即无救济”的诉讼救济理念，是环境保护法“保护优先，预防为主”原则在环境司法中的具体落实与体现。预防性环境公益诉讼的核心要素是具有重大风险，重大风险是指对“环境”可能造成重大损害危险的一系列行为。本案中，自然之友研究所已举证证明戛洒江一级水电站如果继续建设，则案涉工程淹没区势必导致国家一级保护动物绿孔雀的栖息地及国家一级保护植物陈氏苏铁的生境被淹没，生物生境面临重大风险的可能性毋庸置疑。此外，从损害后果的严重性来看，戛洒江一级水电站下游淹没区动植物种类丰富，生物多样性价值及遗传资源价值可观，该区域不仅是绿孔雀及陈氏苏铁等珍稀物种赖以生存的栖息地，也是各类生物与大面积原始雨林、热带雨林片段共同构成的一个完整生态系统，若水电站继续建设所产生的损害将是可以直观估计预测且不可逆转的。而针对该现实上的重大风险，新平公司并未就其不存在的主张加以有效证实，而仅以《环境影响报告书》加以反驳，缺乏足够证明力。因此，结合生态环境部责成新平公司对项目开展后评价工作的情况及戛洒江一级水电站未对绿孔雀采取任何保护措施等事实，可以认定戛洒江一级水电站继续建设将对绿孔雀栖息地、陈氏苏铁生境以及整个生态系统生物多样性和生物安全构成重大风险。

根据《中华人民共和国环境影响评价法》第二十七条“在项目建设、运行过程中产生不符合经审批的环境影响评价文件的情形的，建设单位应当组织环境影响后评价，采取改进措施，并报原环境影响评价文件审批部门和建设项目审批部门备案；原环境影响评价文件审批部门也可以责成建设单位进行环境影响后评价，采取改进措施”的规定，2017 年 7 月 21 日，生态环境部办公厅针对本案建设项目，向新平公司发出《责成后评价函》，责成新平公司就该项目建设开展环境影响后评价，采取改进措施，并报生态环境部备案，后评价完成前不得蓄水发电符合上述法律规定。目前，案涉电站已经处于停建状态，新平公司业已向其上级主管单位申请停建案涉项目并获批复同意，绿孔雀生态栖息地存在的重大风险已经得到了有效的控制。在新平公司对案涉项目申请停建但未向相关行政部门备案并通过审批的情况下，鉴于生态环境部已经责成新平公司开展环境影响后评价，且对于尚不明确的事实状态的重大风险程度，案涉水电站是否继续建设等一系列问题，也需经环境主管部门审批备案决定后，才能确定案涉项目今后能否继续建设或是永久性停建，因此，案涉项目应在新平公司作出环境影响后评价后由行政主管机关视具体情况依法作出决定。

（生效裁判审判人员：向凯、苏静巍、田奇慧）

21. 指导案例174号：中国生物多样性保护与绿色发展基金会诉雅砻江流域水电开发有限公司生态环境保护民事公益诉讼案

（最高人民法院审判委员会讨论通过　2021年12月1日发布）

【关键词】

民事/生态环境保护民事公益诉讼/潜在风险/预防性措施/濒危野生植物

【裁判要点】

人民法院审理环境民事公益诉讼案件，应当贯彻绿色发展理念和风险预防原则，根据现有证据和科学技术认为项目建成后可能对案涉地濒危野生植物生存环境造成破坏，存在影响其生存的潜在风险，从而损害生态环境公共利益的，可以判决被告采取预防性措施，将对濒危野生植物生存的影响纳入建设项目的环境影响评价，促进环境保护和经济发展的协调。

【相关法条】

《中华人民共和国环境保护法》（2014年4月24日修订）第五条

【基本案情】

雅砻江上的牙根梯级水电站由雅砻江流域水电开发有限公司（以下简称雅砻江公司）负责建设和管理，现处于项目预可研阶段，水电站及其辅助工程（公路等）尚未开工建设。

2013 年 9 月 2 日发布的中国生物多样性红色名录中五小叶槭被评定为“极危”。2016 年 2 月 9 日，五小叶槭列入《四川省重点保护植物名录》。2018 年 8 月 10 日，世界自然保护联盟在其红色名录中将五小叶槭评估为“极度濒危”。当时我国《国家重点保护野生植物名录》中无五小叶槭。2016 年 9 月 26 日，四川省质量技术监督局发布《五小叶槭播种育苗技术规程》。案涉五小叶槭种群位于四川省雅江县麻郎措乡沃洛希村，当地林业部门已在就近的通乡公路堡坎上设立保护牌。

2006 年 6 月，中国水电顾问集团成都勘测设计研究院（以下简称成勘院）完成《四川省雅砻江中游（两河口至卡拉河段）水电规划报告》，报告中将牙根梯级水电站列入规划，该规划报告于 2006 年 8 月通过了水电水利规划设计总院会同四川省发展改革委组织的审查。2008 年 12 月，四川省人民政府以川府函（2008）368 号文批复同意该规划。2010 年 3 月，成勘院根据牙根梯级水库淹没区最新情况将原规划的牙根梯级调整为牙根一级（正常蓄水位 2602 米）、牙根二级（正常蓄水位 2560 米）两级开发，形成《四川省雅砻江两河口至牙根河段水电开发方案研究报告》，该报告于 2010 年 8 月经水电水利规划设计总院会同四川省发展改革委审查通过。

2013 年 1 月 6 日、4 月 13 日国家发展改革委办公厅批复：“同意牙根二级水电站、牙根一级水电站开展前期工作。由雅砻江公司负责建设和管理，按照项目核准的有关规定，组织开展水电站的各项前期工作。待有关前期工作落实、具备核准条件后，再分别将牙根梯级水电站项目申请报告上报我委。对项目建设的意见，以我委对项目申请报告的核准意见为准。未经核准不得开工建设。”

中国生物多样性保护与绿色发展基金会（以下简称绿发会）认为，雅江县麻郎措乡沃洛希村附近的五小叶槭种群是当今世界上残存最大的五小叶槭种群，是唯一还有自然繁衍能力的种群。牙根梯级水电站即将修建，根据五小叶槭雅江种群的分布区海拔高度和水电站水位高度对比数值，牙根梯级水电站以及配套的公路建设将直接威胁到五小叶槭的生存，对社会公共利益构成直接威胁，绿发会遂提起本案预防性公益诉讼。

【裁判结果】

四川省甘孜藏族自治州中级人民法院于2020年12月17日作出(2015)甘民初字第45号民事判决：(1)被告雅砻江公司应当将五小叶槭的生存作为牙根梯级水电站项目可研阶段环境评价工作的重要内容，环境影响报告书经环境保护行政主管部门审批通过后，才能继续开展下一步的工作；(2)原告绿发会为本案诉讼产生的必要费用4万元、合理的律师费1万元，合计5万元，上述款项在本院其他环境民事公益诉讼案件中判决被告承担的生态环境修复费用、生态环境受到损害至恢复原状期间服务功能损失费用等费用（环境公益诉讼资金）中支付（待本院有其他环境公益诉讼资金后执行）；(3)驳回原告绿发会的其他诉讼请求。一审宣判后当事人未上诉，判决已发生法律效力。

【裁判理由】

法院生效裁判认为：我国是联合国《生物多样性公约》缔约国，应该遵守其约定。《生物多样性公约》中规定，我们在注意到生物多样性遭受严重减少或损失的威胁时，不应以缺乏充分的科学定论为理由，而推迟采取旨在避免或尽量减轻此种威胁的措施；各国有责任保护它自己的生物多样性并以可持久的方式使用它自己的生物资源；每一缔约国应尽可能并酌情采取适当程序，要求就其可能对生物多样性产生严重不利影响的拟议项目进行环境影响评估，以期避免或尽量减轻这种影响。因此，我国有保护生物多样性的义务。同时，《生物多样性公约》规定，认识到经济和社会发展以及根除贫困是发展中国家第一和压倒一切的优先事务。按照《中华人民共和国节约能源法》第四条“节约资源是我国的基本国策。国家实施节约与开发并举、把节约放在首位的能源发展战略”的规定和《中华人民共和国可再生能源法》第二条第一款“本法所称可再生能源，是指风能、太阳能、水能、生物质能、地热能、海洋能等非化石能源”的规定，可再生能源是我国重要的能源资源，在满足能源要求，改善能源结构，减少环境污染，促进经济发展等方面具有重要作用。而水能资源是最具规模开发效益、技术最成熟的可再生能源。因此开发建设水电站，将水能资源优势转化为经济优势，在国家有关部门的监管下，利用丰富的水能资源，合理开发水电符合我国国情。但是，我国水能资源蕴藏丰富的地区，往往也是自然环境良好、生态功能重要、生物物种丰富和地质条件脆弱的地区。根据《中华人民共和国环境保护法》《最高人民法院关于审理环境民事公益诉讼案件适用法律若干问题的解释》的相关规定，环境保护是我国的基本国策，并且环境保护应当坚持保护优先、预防为主的原则。预防原则要求在环境资源利用行为实施之前和实施之中，采取政治、法律、经济和行政等手段，防止环境利用行为导致环境污染或者生态破坏现象发生。它包括两层含义：一是运用已有的知识和经验，对开发和利用环境行为带来的可能的环境危害采取措施以避免危害的发生；二是在科学技术水平不确定的条件下，基于现实的科学知识评价风险，即对开发和利用环境的行为可能带来的尚未明确或者无法具体确定的环境危害进行事前预测、分析和评价，以促使开发决策避免可能造成的环境危害及其风险出现。因此，环境保护与经济发展的关系并不是完全对立的，而是相辅相成的，正确处理好保护与发展的关系，将生态优先的原则贯穿到水电规划开发的全过程，二者可以相互促进，达到经济和环境的协调发展。利用环境资源的行为如果造成环境污染、生态资源破坏，往往具有不可逆性，被污染的环境、被破坏的生态资源很多时候难以恢复，单纯事后的经济补偿不足以弥补对生态环境造成的损失，故对环境污染、生态破坏行为应注重防患于未然，才能真正实现环境保护的目的。

具体到本案中，鉴于五小叶槭在生物多样性红色名录中的等级及案涉牙根梯级水电站建成后可能存在对案涉地五小叶槭原生存环境造成破坏、影响其生存的潜在风险，可能损害社会公共利益。根据我国水电项目核准流程的规定，水电项目分为项目规划、项目预可研、项目可研、项目核准四个阶段，考虑到案涉牙根梯级水电站现处在项目预可研阶段，因此责令被告在项目可研阶段，加强对案涉五小叶槭的环境影响评价并履行法定审批手续后才能进行下一步的工作，尽可能避免出现危及野生五小叶槭生存的风险是必要和合理的。故绿发会作为符合条件的社会组织在牙根梯级水电站建设可能存在损害环境公共利益重大风险的情况下，提出“依法判令被告立即采取适当措施，确保不因雅砻江水电梯级开发计划的实施而破坏珍贵濒危野生植物五小叶槭的生存”的诉讼请求，于法有据，人民法院予以支持。

鉴于案涉水电站尚未开工建设，故绿发会提出“依法判令被告在采取的措施不足以消除对五小叶槭的生存威胁之前，暂停牙根梯级水电站及其辅助设施（含配套道路）的一切建设工程”的诉讼请求，无事实基础，人民法院不予支持。

（生效裁判审判人员：张犁、王彤、吴杰、姜莉、魏康清、薛斌、龚先彬）

22. 指导案例175号：江苏省泰州市人民检察院诉王某朋等59人生态破坏民事公益诉讼案

（最高人民法院审判委员会讨论通过 2021年12月1日发布）

【关键词】

民事/生态破坏民事公益诉讼/非法捕捞/共同侵权/生态资源损害赔偿

【裁判要点】

（1）当收购者明知其所收购的鱼苗系非法捕捞所得，仍与非法捕捞者建立固定买卖关系，形成完整利益链条，共同损害生态资源的，收购者应当与捕捞者对共同实施侵权行为造成的生态资源损失承担连带赔偿责任。

（2）侵权人使用禁用网具非法捕捞，在造成其捕捞的特定鱼类资源损失的同时，也破坏了相应区域其他水生生物资源，严重损害生物多样性的，应当承担包括特定鱼类资源损失和其他水生生物资源损失在内的生态资源损失赔偿责任。当生态资源损失难以确定时，人民法院应当结合生态破坏的范围和程度、资源的稀缺性、恢复所需费用等因素，充分考量非法行为的方式破坏性、时间敏感性、地点特殊性等特点，并参考专家意见，综合作出判断。

【相关法条】

《中华人民共和国民法典》第一千一百六十八条（本案适用的是自2010年7月1日起实施的《中华人民共和国侵权责任法》第八条）

《中华人民共和国环境保护法》（2014年4月24日修订）第六十四条

【基本案情】

长江鳗鱼苗是具有重要经济价值且禁止捕捞的水生动物苗种。2018 年上半年，董某山等 38 人单独或共同在长江干流水域使用禁用渔具非法捕捞长江鳗鱼苗并出售谋利。王某朋等 13 人明知长江鳗鱼苗系非法捕捞所得，单独收购或者通过签订合伙协议、共同出资等方式建立收购鳗鱼苗的合伙组织，共同出资收购并统一对外出售，向高某初等 7 人以及董某山等 38 人非法贩卖或捕捞人员收购鳗鱼苗 116999 条。秦某兵在明知王某朋等人向其出售的鳗鱼苗系在长江中非法捕捞所得的情况下，仍多次向王某朋等人收购鳗鱼苗 40263 条。

王某朋等人非法捕捞水产品罪、掩饰、隐瞒犯罪所得罪已经另案刑事生效判决予以认定。2019 年 7 月 15 日，公益诉讼起诉人江苏省泰州市人民检察院以王某朋等 59 人实施非法捕捞、贩卖、收购长江鳗鱼苗行为，破坏长江生态资源，损害社会公共利益为由提起民事公益诉讼。

【裁判结果】

江苏省南京市中级人民法院于 2019 年 10 月 24 日作出（2019）苏 01 民初 2005 号民事判决：（1）王某朋等 13 名非法收购者对其非法买卖鳗鱼苗所造成的生态资源损失连带赔偿人民币 8589168 元；（2）其他收购者、捕捞者根据其参与非法买卖或捕捞的鳗鱼苗数量，承担相应赔偿责任或与直接收购者承担连带赔偿责任。王某朋等 11 名被告提出上诉，江苏省高级人民法院于 2019 年 12 月 31 日作出（2019）苏民终 1734 号民事判决：驳回上诉，维持原判。

【裁判理由】

法院生效裁判认为：

第一，非法捕捞造成生态资源严重破坏，当销售是非法捕捞的唯一目的，且收购者与非法捕捞者形成了固定的买卖关系时，收购行为诱发了非法捕捞，共同损害了生态资源，收购者应当与捕捞者对共同实施的生态破坏行为造成的生态资源损失承担连带赔偿责任。

鳗鱼苗于2014年被世界自然保护联盟列为濒危物种，也属于江苏省重点保护鱼类。鳗鱼苗特征明显，无法直接食用，针对这一特定物种，没有大规模的收购，捕捞行为毫无价值。收购是非法捕捞鳗鱼苗实现获利的唯一渠道，缺乏收购行为，非法捕捞难以实现经济价值，也就不可能持续反复地实施，巨大的市场需求系引发非法捕捞和层层收购行为的主要原因。案涉收购鳗鱼苗行为具有日常性、经常性，在收购行为中形成高度组织化，每一个捕捞者和收购者对于自身在利益链条中所处的位置、作用以及通过非法捕捞、出售收购、加价出售、养殖出售不同方式获取利益的目的均有明确的认知。捕捞者使用网目极小的张网方式捕捞鳗鱼苗，收购者对于鳗鱼苗的体态特征充分了解，意味着其明知捕捞体态如此细小的鳗鱼苗必然使用有别于对自然生态中其他鱼类的捕捞方式，非法捕捞者于长江水生生物资源繁衍生殖的重要时段，尤其是禁渔期内，在长江干流水域采用“绝户网”大规模、多次非法捕捞长江鳗鱼苗，必将造成长江生态资源损失和生物多样性破坏，收购者与捕捞者存在放任长江鳗鱼资源及其他生态资源损害结果出现的故意。非法捕捞与收购已经形成了固定买卖关系和完整利益链条。这一链条中，相邻环节均从非法捕捞行为中获得利益，具有高度协同性，行为与长江生态资源损害结果之间具有法律上的因果关系，共同导致生态资源损害。预防非法捕捞行为，应从源头上彻底切断利益链条，让非法收购、贩卖鳗鱼苗的共同侵权者付出经济代价，与非法捕捞者在各自所涉的生态资源损失范围内对长江生态资源损害后果承担连带赔偿责任。

第二，生态资源损失在无法准确统计时，应结合生态破坏的范围和程度、资源的稀缺性等因素，充分考量非法行为的方式破坏性、时间敏感性和地点特殊性，并参考专家意见，酌情作出判断。

综合考虑非法捕捞鳗鱼苗方式系采用网目极小的张网进行捕捞，加之捕捞时间的敏感性、捕捞频率的高强度性、捕捞地点的特殊性，不仅对鳗鱼种群的稳定造成严重威胁，还必然会造成对其他渔业生物的损害，进而破坏了长江生物资源的多样性，给长江生态资源带来极大的损害。依照《最高人民法院关于审理环境民事公益诉讼案件适用法律若干问题的解释》第二十三条的规定，综合考量非法捕捞鳗鱼苗对生态资源造成的实际损害，酌定以鳗鱼资源损失价值的2.5倍确定生态资源损失。主要依据有两点：

一是案涉非法捕捞鳗鱼苗方式的破坏性。捕捞者系采用网目极小的张网捕捞鳗鱼苗，所使用张网的网目尺寸违反了《农业部关于长江干流实施捕捞准用渔具和过渡渔具最小网目尺寸制度的通告（试行）》中不小于3毫米的规定，属于禁用网具。捕捞时必将对包括其他小型鱼类在内的水生物种造成误捕，严重破坏相应区域水生生物资源。案涉鳗鱼苗数量达116999条，捕捞次数多、捕捞网具多、捕捞区域大，必将对长江生态资源产生较大危害。

二是案涉非法捕捞鳗鱼苗的时间敏感性和地点特殊性。案涉的捕捞、收购行为主要发生于长江禁渔期，该时期系包括鳗鱼资源在内的长江水生生物资源繁衍生殖的重要时段。捕捞地点位于长江干流水域，系日本鳗鲡洄游通道，在洄游通道中对幼苗进行捕捞，使其脱离自然水体后被贩卖，不仅妨碍鳗鲡种群繁衍，且同时误捕其他渔获物，会导致其他水生生物减少，导致其他鱼类饵料不足，进而造成长江水域食物链相邻环节的破坏，进一步造成生物多样性损害。

考虑到生态资源的保护与被告生存发展权利之间的平衡，在确定生态损害赔偿责任款项时可以考虑被告退缴违法所得的情况，以及在被告确无履行能力的情况下，可以考虑采用劳务代偿的方式，如参加保护长江生态环境等公益性质的活动或者配合参与长江沿岸河道管理、加固、垃圾清理等方面的工作，折抵一定赔偿数额。

（生效裁判审判人员：刘建功、赵黎、臧静）

23. 指导案例 176 号：湖南省益阳市人民检察院诉夏某安等 15 人生态破坏民事公益诉讼案

（最高人民法院审判委员会讨论通过 2021 年 12 月 1 日发布）

【关键词】

民事/生态破坏民事公益诉讼/生态环境修复/损害担责/全面赔偿/非法采砂

【裁判要点】

人民法院审理环境民事公益诉讼案件，应当贯彻损害担责、全面赔偿原则，对于破坏生态违法犯罪行为不仅要依法追究刑事责任，还要依法追究生态环境损害民事责任。认定非法采砂行为所导致的生态环境损害范围和损失时，应当根据水环境质量、河床结构、水源涵养、水生生物资源等方面的受损情况进行全面评估、合理认定。

【相关法条】

《中华人民共和国环境保护法》（2014 年 4 月 24 日修订）第六十四条

【基本案情】

2016 年 6 月至 11 月，夏某安等人为谋取非法利益，分别驾驶九江采 158 号、湘沅江采 1168 号、江苏籍 999 号等采砂船至洞庭湖下塞湖区域非规划区非法采砂，非法获利 2243.333 万元。夏某安等人的非法采砂行为构成非法采矿罪，被相关刑事生效判决予以认定。2019 年 7 月，湖南省益阳市人民检察院提起民事公益诉讼，请求判令夏某安等人对其非法采砂行为所造成的生态环境损害承担连带赔偿责任，并赔礼道歉。经湖南省环境保护科学研究院生态环境损害司法鉴定中心鉴定，夏某安等15人非法采砂行为对非法采砂区域的生态环境造成的影响分为水环境质量受损、河床结构受损、水源涵养受损和水生生物资源受损，所造成生态环境影响的空间范围共计约9.9万平方米，其中造成的水生生物资源损失为2.653万元，修复水生生物资源受损和河床结构与水源涵养受损所需的费用分别为7.969万元和865.61万元，合计873.579万元。

【裁判结果】

湖南省益阳市中级人民法院于2020年6月8日作出（2019）湘09民初94号民事判决：（1）夏某安等15人私自开采国家矿产资源，其非法采砂行为严重破坏了采砂区域的生态环境，判决被告夏某安对非法采砂造成的采砂水域河床原始结构、水源涵养量修复费用865.61万元、水生生物资源修复费用7.969万元，共计873.579万元生态环境修复费用承担赔偿责任；（2）其他14名被告依据其具体侵权行为分别在824万元至3.8万元不等范围内承担连带责任；（3）夏某安等15人就非法采矿行为在国家级媒体公开赔礼道歉。被告王某贵提出上诉，湖南省高级人民法院于2020年12月29日作出（2020）湘民终1862号民事判决：驳回上诉，维持原判。

【裁判理由】

法院生效裁判认为：根据我国相关矿产资源法律法规的规定，开采矿产资源必须依法申请许可证，取得采矿权。夏某安等15人在下塞湖区域挖取的砂石系国家矿产资源。根据沅江市砂石资源开采管理领导小组办公室证明、益阳市水务局《情况说明》、湘阴县河道砂石综合执法局证明、岳阳市河道砂石服务中心证明，并结合另案生效判决认定的事实及各被告当庭陈述，可证明被告未依法获得许可，私自开采国家矿产资源，应认定为非法采砂。

非法采砂行为不仅造成国家资源损失，还对生态环境造成损害，致使国家利益和社会公共利益遭受损失。矿产资源兼具经济属性和生态属性，不能仅重视矿产资源的经济价值保护，而忽视矿产资源生态价值救济。非法采砂违法犯罪行为不仅需要依法承担刑事责任，还要依法承担生态环境损害赔偿民事责任。应当按照谁污染谁治理、谁破坏谁担责的原则，依法追究非法采砂行为人的刑事、民事法律责任。

本案中，夏某安等15人的非法采砂生态破坏行为，导致了洞庭湖生态系统的损害，具体包括丰富的鱼类、虾蟹类和螺蚌等软体动物生物资源的损失，并严重威胁洞庭湖河床的稳定性及防洪安全，破坏水生生物资源繁衍生存环境。为确保生态环境损害数额认定的科学性、全面性和合理性，人民法院委托具备资格的机构进行司法鉴定，通过对生态环境损害鉴定意见的司法审查，合理确定生态破坏行为所导致生态环境损害的赔偿数额。本案中，人民法院指导鉴定专家按照全面赔偿原则，对非法采砂行为所导致的采砂区域河床、水源涵养、生物栖息地、鱼虾生物资源、水环境质量等遭受的破坏进行全方位的鉴定，根据抽取沙土总量、膨胀系数、水中松散沙土的密度、含水比例，以及洞庭湖平均鱼类资源产量等指标量化了各类损失程度。被告虽主张公共利益受损与其无关联，但本案各被告当庭陈述均认可实施了采砂行为，根据另案生效判决认定的事实及审理查明的事实，各被告实施的采砂行为非法，且鉴定意见书明确了采砂行为造成生态环境受损，故认定被告的采砂行为破坏了生态环境资源。各被告未提交反驳证据推翻案涉鉴定意见，经审查，对鉴定意见载明的各项损失及修复费用予以确认。

根据《中华人民共和国环境保护法》第六十四条规定，因污染环境和破坏生态造成损害的，应当依照《中华人民共和国侵权责任法》的有关规定承担侵权责任。《中华人民共和国侵权责任法》第八条规定，二人以上共同实施侵权行为，造成他人损害的，应当承担连带责任。《最高人民法院关于审理环境民事公益诉讼案件适用法律若干问题的解释》第二十条第二款规定，人民法院可以在判决被告修复生态环境的同时，确定被告不履行修复义务时应承担的生态环境修复费用；也可以直接判决被告承担生态环境修复费用。根据审理查明的事实并依据上述法律规定，夏某安等 15 人在各自参与非法采砂数量范围内构成共同侵权，应在各自参与非法采砂数量范围内承担连带赔偿生态环境修复费用的民事责任。

（生效裁判审判人员：伍胜、闫伟、曾志燕）

24. 指导案例177号：海南临高盈海船务有限公司诉三沙市渔政支队行政处罚案

（最高人民法院审判委员会讨论通过 2021年12月1日发布）

【关键词】

行政/行政处罚/《濒危野生动植物种国际贸易公约》/非法运输/珍贵、濒危水生野生动物及其制品/珊瑚、砗磲

【裁判要点】

我国为《濒危野生动植物种国际贸易公约》缔约国，对于列入该公约附录一、附录二中的珊瑚、砗磲的所有种，无论活体、死体，还是相关制品，均应依法给予保护。行为人非法运输该公约附录一、附录二中的珊瑚、砗磲，行政机关依照《中华人民共和国野生动物保护法》等有关规定作出行政处罚的，人民法院应予支持。

【相关法条】

《中华人民共和国野生动物保护法》（2018年10月26日修订）第三十三条（本案适用的是2009年8月27日修订的《中华人民共和国野生动物保护法》第二十三条）

《中华人民共和国水生野生动物保护实施条例》（2013年12月7日修订）第二条、第二十条、第二十八条、第四十八条

【基本案情】

砗磲是一种主要生活在热带海域的珍贵贝类，在我国及世界范围内均为重点保护的水生野生动物。砗磲全部 9 个种均为《濒危野生动植物种国际贸易公约》附录二物种，其中的大砗磲（又名库氏砗磲）为国家一级保护动物。2014 年 8 月 21 日，海南省公安边防总队海警第三支队在三沙海域开展巡逻管控过程中，发现原告海南临高盈海船务有限公司（以下简称盈海公司）所属的“椰丰 616”号船违法装载大量砗磲贝壳，遂将其查获，并将该案交由三沙市综合执法局先行查处。后因该案属于被告三沙市渔政支队的职权范围，三沙市综合执法局将该案转交被告具体办理。经查实，原告未持有《水生野生动物特许运输许可证》，涉案船舶共装载砗磲贝壳 250 吨，经专业机构鉴定和评估，该 250 吨砗磲贝壳中 98%为大砗磲，属国家一级保护动物，2%为砗蠔（属于砗磲科），属《濒危野生动植物种国际贸易公约》附录二物种，涉案砗磲贝壳总价值为 373500 元。据此，被告作出琼三沙渔政罚字（2018）01 号行政处罚决定书，以原告的“椰丰 616”号船未持有《水生野生动物特许运输许可证》擅自运输砗磲贝壳的行为违反《中华人民共和国野生动物保护法》等法律规定，对原告处以没收砗磲贝壳 250 吨及按照实物价值 3 倍罚款人民币 1120500 元的行政处罚。原告不服，向海口海事法院提起行政诉讼，请求撤销该行政处罚决定。

【裁判结果】

海口海事法院于 2018 年 11 月 30 日作出（2018）琼 72 行初 14 号行政判决，认为三沙市渔政支队作出的行政处罚决定事实清楚，证据确凿，适用法律、法规正确，符合法定程序，判决驳回原告盈海公司的诉讼请求。判决后，盈海公司提出上诉，海南省高级人民法院于 2019 年 4 月 10 日作出（2019）琼行终 125 号行政判决：驳回上诉，维持原判。

【裁判理由】

法院生效裁判认为：

第一，我国作为《濒危野生动植物种国际贸易公约》缔约国，应当严格、全面履行公约义务，对已列入该公约附录一、附录二中的珊瑚、砗磲的所有种，无论活体、死体，还是相关制品，均应依法给予保护。砗磲属受保护的珍贵、濒危水生野生动物，砗磲贝壳为受我国法律保护的水生野生动物产品。根据《最高人民法院关于审理发生在我国管辖海域相关案件若干问题的规定（二）》第七条第三款及《中华人民共和国水生野生动物保护实施条例》第二条的规定，列入《国家重点保护野生动物名录》中国家一、二级保护的，以及列入《濒危野生动植物种国际贸易公约》附录一、附录二中所有水生野生动物物种，无论属于活体、死体，还是相关制品（水生野生动物的任何部分及其衍生品），均受到法律保护。案涉大砗磲属《国家重点保护野生动物名录》中的国家一级保护动物，砗蠔属《濒危野生动植物种国际贸易公约》附录二物种，二者均受法律保护。盈海公司运输行为的客体虽然是砗磲贝壳，但作为双壳纲动物，砗磲的贝壳属于其作为动物的一部分，因此，应当将砗磲贝壳认定为《中华人民共和国水生野生动物保护实施条例》第二条规定应受保护的水生野生动物产品；盈海公司关于其运输的砗磲为死体，不违反法律、行政法规的抗辩不能成立。

第二，非法开发利用野生动物资源“产业链”中所涉及的非法采捕、收购、运输、加工、销售珍贵、濒危野生动物及其制品等行为均构成违法并需承担相应的法律责任。非法运输珍贵、濒危野生动物及其产品的行为是非法开发利用野生动物资源“产业链”的重要一环，应承担相应的法律后果和责任。根据案发时生效的《中华人民共和国野生动物保护法》（2009 年 8 月 27 日修订）第二十三条、《中华人民共和国水生野生动物保护实施条例》第二十条及《中华人民共和国水生野生动物利用特许办法》第二十九条的规定，运输、携带国家重点保护野生动物或者其产品出县境的，必须经省、自治区、直辖市政府野生动物行政主管部门或者其授权的单位批准并取得相应许可证明。本案中，盈海公司未经批准并取得相关许可证明，就将案涉砗磲贝壳从三沙市向海南岛运输，已构成违法，故三沙市渔政支队对其处以罚款具有法律、行政法规依据。

（生效裁判审判人员：王峻、张爽、冯坤）

25. 指导案例178号：北海市乃志海洋科技有限公司诉北海市海洋与渔业局行政处罚案

（最高人民法院审判委员会讨论通过　2021年12月1日发布）

【关键词】

行政/行政处罚/非法围海、填海/海岸线保护/海洋生态环境/共同违法认定/从轻或者减轻行政处罚

【裁判要点】

（1）行为人未依法取得海域使用权，在海岸线向海一侧以平整场地及围堰护岸等方式，实施筑堤围割海域，将海域填成土地并形成有效岸线，改变海域自然属性的用海活动可以认定为构成非法围海、填海。

（2）同一海域内，行为人在无共同违法意思联络的情形下，先后各自以其独立的行为进行围海、填海，并造成不同损害后果的，不属于共同违法的情形。行政机关认定各行为人的上述行为已构成独立的行政违法行为，并对各行为人进行相互独立的行政处罚，人民法院应予支持。对于同一海域内先后存在两个以上相互独立的非法围海、填海行为，行为人应各自承担相应的行政法律责任，在后的违法行为不因在先的违法行为适用从轻或者减轻行政处罚的有关规定。

【相关法条】

《中华人民共和国行政处罚法》（2021年1月22日修订）第三十二条（本案适用的是2017年9月1日修订的《中华人民共和国行政处罚法》第

二十七条）

《中华人民共和国海域使用管理法》第四十二条

【基本案情】

北海市乃志海洋科技有限公司（以下简称乃志公司）诉称：其未实施围海、填海行为，实施该行为的主体是北海市渔沣海水养殖有限公司（以下简称渔沣公司）。即使认定其存在非法围海、填海行为，因其与渔沣公司在同一海域内实施了占用海域行为，应由所有实施违法行为的主体共同承担责任，对其从轻或减轻处罚。北海市海洋与渔业局（以下简称海洋渔业局）以乃志公司非法占用并实施围海、填海 0.38 公顷海域，作出缴纳海域使用金 15 倍罚款的行政处罚，缺乏事实和法律依据，属于从重处罚，请求撤销该行政处罚决定。

海洋渔业局辩称：现场调查笔录及照片等证据证实乃志公司实施了围海造地的行为，其分别对乃志公司和渔沣公司的违法行为进行了查处，确定乃志公司缴纳罚款数额符合法律规定。

法院经审理查明：2013 年 6 月 1 日，渔沣公司与北海市铁山港区兴港镇石头埠村小组签订《农村土地租赁合同》，约定石头埠村小组将位于石头埠村海边的空地租给渔沣公司管理使用，该地块位于石头埠村海边左邻避风港右靠北林码头，与海堤公路平齐，沿街边 100 米，沿海上进深 145 米，共 21.78 亩，作为海产品冷冻场地。合同涉及租用的海边空地实际位置在海岸线之外。同年 7 至 9 月间，渔沣公司雇请他人抽取海沙填到涉案海域，形成沙堆。2016 年 5 月 12 日，乃志公司与渔沣公司签订《土地承包合同转让协议》，乃志公司取得渔沣公司在原合同中的权利。同年 7 月至 9 月间，乃志公司在未依法取得海域使用权的情况下，对其租赁的海边空地（实为海滩涂）利用机械和车辆从外运来泥土、建筑废料进行场地平整，建设临时码头，形成陆域，准备建设冷冻厂。

2017 年 10 月，海洋渔业局对该围海、填海施工行为进行立案查处，测定乃志公司填占海域面积为 0.38 公顷。经听取乃志公司陈述申辩意见，召开听证会，并经两次会审，海洋渔业局作出北海渔处罚（2017）09号行政处罚决定书，对乃志公司作出行政处罚：责令退还非法占用海域，恢复海域原状，并处非法占用海域期间内该海域面积应缴纳海域使用金15倍计人民币256.77万元的罚款。乃志公司不服，提起行政诉讼，请求撤销该行政处罚决定。

【裁判结果】

北海海事法院于2018年9月17日作出（2018）桂72行初2号行政判决，驳回原告乃志公司的诉讼请求。宣判后，乃志公司提出上诉。广西壮族自治区高级人民法院于2019年6月26日作出（2018）桂行终1163号行政判决：驳回上诉，维持原判。

【裁判理由】

法院生效裁判认为：乃志公司占用的海边空地在海岸线（天然岸线）之外向海一侧，实为海滩涂。乃志公司使用自有铲车、勾机等机械，从外运来泥土和建筑废料对渔沣公司吹填形成的沙堆进行平整、充实，形成临时码头，并在临时码头西南面新填了部分海域，建造了临时码头北面靠海一侧的沙袋围堰和护岸设施。上述平整填充场地以及围堰护岸等行为，导致海域自然属性改变，形成有效岸线，属于围海、填海行为。乃志公司未取得案涉0.38公顷海域的合法使用权，在该区域内进行围海、填海，构成非法围海、填海。

渔沣公司与乃志公司均在案涉海域进行了一定的围海、填海活动，但二者的违法行为具有可分性和独立性，并非共同违法行为。首先，渔沣公司与乃志公司既无共同违法的意思联络，亦非共同实施违法行为。从时间上分析，渔沣公司系于2013年7月至9月间雇请他人抽取海沙填到涉案海域，形成沙堆。而乃志公司系于2016年5月12日通过签订转让协议的方式取得渔沣公司在原合同中的权利，并于2016年7月至9月期间对涉案海域进行场地平整，建设临时码头，形成陆域。二者进行围海、填海活动的时间间隔较远，相互独立，并无彼此配合的情形。其次，渔沣公司与乃志公司的违法性质不同。渔沣公司仅是抽取海沙填入涉案海域，形成沙堆，其行为违法程度较轻。而乃志公司已对涉案海域进行了围堰和场地平整，并建设临时码头，形成了陆域，其行为违法情节更严重，性质更为恶劣。再次，渔沣公司与乃志公司的行为所造成的损害后果不同。渔沣公司的行为尚未完全改变涉案海域的海洋环境，而乃志公司对涉案海域进行围堰及场地平整，设立临时码头，形成了陆域，其行为已完全改变了涉案海域的海洋生态环境，构成了非法围海、填海，损害后果更为严重。海洋渔业局认定乃志公司与渔沣公司的违法行为相互独立并分别立案查处，有事实及法律依据，并无不当。乃志公司主张海洋渔业局存在选择性执法，以及渔沣公司应当与其共同承担责任的抗辩意见不能成立。

乃志公司被查处后并未主动采取措施减轻或消除其围海、填海造地的危害后果，不存在从轻或减轻处罚的情形，故乃志公司主张从轻或减轻行政处罚，缺乏法律依据。乃志公司平整和围填涉案海域，占填海域面积为0.38公顷，其行为改变了该海域的自然属性，形成陆域，对近海生态造成不利的影响。海洋渔业局依据《中华人民共和国海域使用管理法》第四十二条规定的“处非法占用海域期间内该海域面积应缴纳的海域使用金十倍以上二十倍以下的罚款”，决定按15倍处罚，未违反《中华人民共和国行政处罚法》关于行政处罚适用的相关规定，符合中国海监总队《关于进一步规范海洋行政处罚裁量权行使的若干意见》对于行政处罚幅度中的一般处罚，并非从重处罚，作出罚款人民币256.77万元的处罚决定，认定事实清楚，适用法律并无不当。

（生效裁判审判人员：张辉、蒋新江、熊梅）

下篇

环境资源典型案例

第一部分　刑事案例

1. 刘某清污染环境案

（2016 年 12 月 26 日发布）

【基本案情】

2013 年 10 月以来，被告人刘某清伙同他人，在未按国家规定办理工商营业执照及环境影响评价审批手续，未建设配套水污染防治等环保设施的情况下，开设工厂雇请工人从事鞋模加工。其间，产生的废水未经过处理，通过连接围堰的管道排至村庄排水渠。经监测，上述加工厂总外排口废水中重金属浓度为镍 23200 mg/L、总铬 8. 64 mg/L、铜 36mg/L、锌 132 mg/L，分别超过《污水综合排放标准》（GB 8978—1996）规定的排放标准 23199 倍、4. 76 倍、35 倍、25. 4 倍。

【裁判结果】

福建省晋江市人民法院一审判决、泉州市中级人民法院二审裁定认为：被告人刘某清伙同他人在鞋模加工时，违反国家规定，排放含镍、铬、铜、锌的废水，超过国家规定的排放标准 23199 倍、4. 76 倍、35 倍、25. 4 倍，严重污染环境，其行为已构成污染环境罪。据此，以污染环境罪判处被告人刘某清有期徒刑二年八个月，并处罚金人民币 5 万元。

2. 田某国、厉某国污染环境案

（2016年12月26日发布）

【基本案情】

被告人田某国租赁炼铅厂，未取得危险废物经营许可证，未采取任何污染防治措施，利用火法冶金工艺进行废旧铅酸蓄电池还原铅生产。自2012年8月至2013年10月，被告人田某国先后从张柱芳等人（已另案处理）处购买价值人民币108330105元的废旧铅酸蓄电池共计13500余吨，用于还原铅生产，严重污染环境。被告人厉某国建设炼铅厂租赁给田某国，且为田某国经营提供帮助。田某国归案后如实供述自己的犯罪行为。

【裁判结果】

江苏省徐州市云龙区人民法院一审判决、徐州市中级人民法院二审裁定认为，田某国非法收购废旧铅酸电池，利用火法冶金工艺进行炼铅，在非法处置过程中，产生的大量废水、废气均未经处理直接排放，溢出的粉尘用自制布袋收集，生产的成品铅锭露天堆放，造成严重污染，构成污染环境罪。厉恩国构成污染环境罪的共同犯罪。综合考虑污染行为持续时间、经营规模、污染范围以及排放污染物的数量等因素，二被告人的行为应当认定为“后果特别严重”。据此，以污染环境罪判处被告人田某国、厉某国各有期徒刑四年六个月，并处罚金人民币10万元。

3. 浙江汇德隆染化有限公司等污染环境案

（2016 年 12 月 26 日发布）

【基本案情】

被告单位浙江汇德隆染化有限公司（以下简称汇德隆公司）是一家年产 4 万吨保险粉及 3800 吨亚硫酸钠的化工企业，绍兴腾达印染有限公司（以下简称腾达公司）主要经营印花、染色等项目，上述两公司实际控制人均为被告人严海兴。在保险粉合成、过滤干燥过程中产生的精馏残液（含有甲醇、甲酸钠、亚硫酸钠等成分）属于危险废物。2012 年七八月间，为缓解汇德隆公司处理精馏残液的排污压力，严某兴经与被告人潘某峰（汇德隆公司总经理）、潘某林（腾达公司土建主管）商议，将汇德隆公司的精馏残液外运至无危险废物处置资质的腾达公司。精馏残液经与腾达公司自身产生的废水混合后，通过暗管直接排入管网，累计排放 5000 余吨。2012 年 10 月起，为缓解汇德隆公司处理精馏残液的排污压力，潘某峰又以每吨 50 元至 80 元的价格委托无危险废物处置资质的被告人汝某国外运处置汇德隆公司的精馏残液，严某兴明知且默许上述外运处置行为。汝某国伙同被告人汝某成、汝某，分别雇请被告人徐某锁、唐某征、李某华、罗某杰等人采用槽罐车将上述精馏残液运至杭州湾上虞工业园区外海塘等地直接倾倒，累计倾倒 18000 余吨。被告人潘某凤（汇德隆公司仓库主管）明知汇德隆公司非法外运处置精馏残液，仍接受潘某峰的指派，组织人员负责对运输精馏残液的槽罐车过磅、填写供货清单等工作。

【裁判结果】

浙江省绍兴市上虞区人民法院一审判决、绍兴市中级人民法院二审裁定认为，被告单位汇德隆公司伙同被告人汝某国、汝某成、汝某等违反国家规定，排放、倾倒、处置有毒物质，严重污染环境，构成污染环境罪，且属后果特别严重。综合考虑案发后自首、立功、如实供述、退缴违法所得、补缴污水处理费等情节，以污染环境罪判处被告单位汇德隆公司罚金人民币2000万元；判处被告人严某兴有期徒刑四年六个月，并处罚金人民币100万元；判处被告人潘某峰、汝某国各有期徒刑四年，并处罚金人民币30万元；判处被告人潘某林有期徒刑三年，并处罚金人民币6万元；判处被告人汝某成有期徒刑一年六个月，并处罚金人民币5万元；判处被告人汝某有期徒刑一年三个月，并处罚金人民币3万元；判处被告人潘某凤、徐某锁各有期徒刑十个月，缓刑一年，并处罚金人民币1万元；判处被告人唐某征、李某华各有期徒刑六个月，缓刑一年，并处罚金人民币1万元；判处被告人罗某杰拘役六个月，缓刑十个月，并处罚金人民币1万元；禁止被告人徐某锁、唐某征、李某华、罗某杰在缓刑考验期限内从事与排污相关的活动。

4. 王某为等污染环境案

（2016 年 12 月 26 日发布）

【基本案情】

2014 年 10 月起，被告人王某为承包现代农业物流园用地回填工程，并转包给他人，在明知该物流园用地不具备生活垃圾处置功能，且他人无处置生活垃圾资质的情况下，任其倾倒、填埋生活垃圾。该填埋场西北侧为吴淞江，东侧为农田，500 米内有村庄 3 座，最近的村庄距离该填埋场 125 米。王某为和被告人李某根系合伙关系，其中王某为总体负责填埋工程。被告人刘某海系南侧填埋工地负责人，被告人韩某应刘某海之邀作为合伙人参与南侧填埋工程。该填埋场采用生活垃圾和建筑垃圾分层填埋的方式填埋生活垃圾。填埋生活垃圾被发现后，王某为派人移除北侧部分生活垃圾，南侧继续填埋生活垃圾直至 2015 年 3 月。经测算，北侧所倾倒、填埋生活垃圾的留存量为 48236 立方米，南侧所倾倒、填埋生活垃圾的留存量为 146935 立方米。经评估，王某为、李某根填埋生活垃圾造成公私财产损失合计人民币约 12067009. 94 元，刘某海、韩某填埋生活垃圾造成公私财产损失合计人民币约 9084680. 27 元。

【裁判结果】

江苏省苏州市姑苏区人民法院判决认为，被告人王某为、李某根明知涉案物流园用地不具备生活垃圾处置功能，且他人无处置生活垃圾资质，任其倾倒、填埋生活垃圾，造成公私财产重大损失；被告人刘某海、韩某违反国家规定，无资质倾倒、填埋生活垃圾，造成公私财产重大损失。上述各被告人的行为均构成污染环境罪，且属“后果特别严重”。据此，以污染环境罪判处被告人王某为有期徒刑五年，并处罚金人民币 20 万元；被告人刘某海有期徒刑四年八个月，并处罚金人民币 15 万元；被告人李某根有期徒刑三年六个月，并处罚金人民币 10 万元；被告人韩某有期徒刑二年六个月，并处罚金人民币 6 万元。该判决已发生法律效力。

5. 湖州市工业和医疗废物处置中心有限公司污染环境案

（2016 年 12 月 26 日发布）

【基本案情】

湖州市工业和医疗废物处置中心有限公司系具有处置危险废物资质的企业，其许可经营项目为湖州市范围内医药废物、有机溶剂废物、废矿物油、感光材料废物等危险废物和医疗废物的收集、贮存、处置。2011 年至 2014 年 4 月，被告人施某（法定代表人）指使、授意或者同意其下属经营管理人员，将该中心收集的危险废物共计 5950 余吨交由没有相应资质的单位和个人处置，从中牟利。其中，部分危险废物被随意倾倒。

【裁判结果】

浙江省湖州市吴兴区人民法院一审判决、湖州市中级人民法院二审判决认为，被告单位湖州市工业和医疗废物处置中心有限公司违反国家规定，处置危险废物，严重污染环境。被告人施某系被告单位直接负责的主管人员，指使、授意或者同意其下属经营管理人员实施上述行为。被告单位和被告人的行为均已构成污染环境罪，且属后果特别严重。综合考虑本案相关犯罪情节，判决被告单位湖州市工业和医疗废物处置中心有限公司犯污染环境罪，判处罚金人民币 40 万元；被告人施某犯污染环境罪，判处有期徒刑三年十个月，并处罚金人民币 15 万元，与其所犯行贿罪判处的刑罚并罚，决定执行有期徒刑六年三个月，并处罚金人民币 25 万元。

6. 建滔（河北）焦化有限公司污染环境案

（2016年12月26日发布）

【基本案情】

2014年3月，被告单位建滔（河北）焦化有限公司二期生化处理站的生化池出现活性污泥死亡，不能达标处理蒸氨废水。被告人王某武（总经理）、张某甫（公用工程部经理）、胡某晶（公用工程部副经理）、陈某（二期生化处理站主任）和张某（岗位责任人）发现这一情况后，在未采取有效措施使蒸氨废水处理达标的情况下，为逃避环保部门的监管，由张某甫指使陈某、张某捏造达标的虚假水质检测表，并将这些未达标处理的蒸氨废水用于熄焦塔补水，导致蒸氨废水中的挥发酚被直接排入大气，严重污染环境。经检测，熄焦塔补水中的有毒物质挥发酚超出国家规定标准137倍。

【裁判结果】

河北省邢台市桥东区人民法院判决认为，被告单位建滔（河北）焦化有限公司违反国家规定排放严重危害环境、损害人体健康的污染物，严重污染环境，构成污染环境罪。被告人张某甫、张某、陈某、王某武、胡某晶作为直接负责的主管人员或者其他直接责任人员，应当承担相应的刑事责任。案发后被告单位建滔（河北）焦化有限公司投入大量资金对设备进行改造，达到环保要求，可以酌情从轻处罚。据此，以污染环境罪判处被告单位建滔（河北）焦化有限公司罚金人民币245万元；被告人张某甫有期徒刑一年，并处罚金人民币 5 万元；被告人张某有期徒刑十个月，并处罚金人民币 3 万元；被告人陈某有期徒刑十个月，并处罚金人民币 3 万元；被告人王某武有期徒刑六个月，缓刑一年，并处罚金人民币 2 万元；被告人胡某晶罚金人民币 2 万元。该判决已发生法律效力。

7. 白某林、吴某琴污染环境案

（2016年12月26日发布）

【基本案情】

润滑油等矿物油系危险废物，根据《国家危险废物名录》的规定，含有或直接沾染危险废物的废弃包装物、容器亦属于危险废物。2014年10月至2015年4月，被告人白某林在未取得危险废物经营许可证的情况下，从被告人吴某琴等人处收购沾染有矿物油、涂料废物及废有机溶剂等物的废旧包装桶，并雇请工人清洗或者切割后出售。对于清洗废旧包装桶产生的废水，白某林指使工人倾倒在地上，通过铺设的管道排放至外环境。据查，吴某琴先后向白某林出售沾染有润滑油的废旧包装桶共计50.5吨。

【裁判结果】

重庆市渝北区人民法院一审判决认为，被告人白某林违反国家规定，非法处置危险废物3吨以上，严重污染环境；被告人吴某琴明知白某林无经营许可证，向其提供危险废物，严重污染环境，构成共同犯罪。据此，综合考虑被告人吴某琴系初犯，庭审中自愿认罪等情节，以污染环境罪判处被告人白某林有期徒刑一年八个月，并处罚金15万元；被告人吴某琴有期徒刑一年，缓刑二年，并处罚金8万元。被告人白某林提起上诉后申请撤回上诉，重庆市第一中级人民法院经审查裁定准许。

8. 浙江金帆达生化股份有限公司等污染环境案

(2016年12月26日发布)

【基本案情】

方埠化工厂系浙江金帆达生化股份有限公司（以下简称金帆达公司）下属企业，专门生产农药草甘膦。2011年，方埠化工厂生产产生的危险废物草甘膦母液因得不到及时处理而胀库。为不影响生产，并降低处理成本，被告人杜某祥（金帆达公司副总经理）、宋某琴（金帆达公司国内贸易部经理），经被告人蒲某国（金帆达公司总经理）默许，委托不具备危险废物处置资质的杭州联环化工有限公司（以下简称联环公司）、湖州德兴化工物资有限公司（以下简称德兴公司）、富阳博新化工有限公司（以下简称博新公司）及被告单位衢州市新禾农业生产资料有限责任公司（以下简称新禾公司）等有业务往来的化工原料提供单位非法外运处置草甘膦母液。被告人李某峰（方埠化工厂分管物管部的副厂长）明知生产产生的草甘膦母液应委托有处理资质的企业处置，仍负责联系宋某琴通知新禾公司等单位非法拉运草甘膦母液。从2011年10月至2013年5月，金帆达公司共非法处置草甘膦母液3.5万余吨，直接倾倒至外环境。

2011年下半年，被告单位新禾公司为谋取利益，在不具备危险废物处置资质的情况下，违反国家规定，经被告人吴某长（新禾公司法定代表人）同意，由被告人洪某女（新禾公司副总经理）与杜某祥、宋某琴联系，约定为金帆达公司处置草甘膦母液，并收取每吨80元至100元的处置费用。从2012年年初至2013年5月期间，新禾公司通过被告人黄某东、王某合伙经营的槽罐车将共计5000余吨的草甘膦母液从方埠化工厂运至衢州，倾倒在小溪、沙滩、林地等处，并支付黄某东、王某每吨50元至60元的处置费用。被告人严某（新禾公司股东）负责与黄某东、王某及金帆达公司结算草甘膦母液处置费用、开具发票等事宜。被告人林某木、舒某忠、柴某贵、杨某云、傅某祥、陈某荣、张某国、方某良、邱某良、蒋某华作为槽罐车的驾驶员、押运员，参与草甘膦母液的运输及协助倾倒。

【裁判结果】

浙江省龙游县人民法院一审判决、浙江省衢州市中级人民法院二审裁定认为，被告单位金帆达公司、新禾公司与被告人黄某东、王某等人违反国家规定，倾倒、处置危险废物，严重污染环境，其行为均已构成污染环境罪，且属后果特别严重。综合考虑案发后自首、如实供述、退缴违法所得等情节，以污染环境罪判处被告单位金帆达公司罚金人民币7500万元；判处被告单位新禾公司罚金人民币400万元；判处被告人杜某祥有期徒刑六年，并处罚金人民币100万元；以及其他各被告人相应有期徒刑和罚金。

此外，浙江省杭州市富阳区人民法院、杭州市萧山区人民法院、杭州市中级人民法院、湖州市德清县人民法院、湖州市中级人民法院均已分别对涉案的博新公司、联环公司、德兴公司及相关被告人依法作出裁判。

9. 宁夏明盛染化有限公司、廉某中污染环境案

（2017 年 6 月 22 日发布）

【基本案情】

2007 年以来，宁夏明盛染化有限公司（以下简称明盛公司）在废水处理措施未经环境影响评估，未经申报登记、验收的情况下，擅自在厂区外东侧腾格里沙漠采用“石灰中和法”处置工业废水。2009 年 6 月 18 日，廉某中任明盛公司法定代表人，负责公司的全面工作并决定继续使用“石灰中和法”处置工业废水。明盛公司于 2011 年 5 月 11 日取得排放污染物许可证，有限期限至 2014 年 4 月 30 日。明盛公司在排放污染物许可证到期后，仍继续非法排污。至 2014 年 9 月被责令关闭停产时，该公司厂区外东侧腾格里沙漠渗坑内存有大量工业废水。经宁夏环境监测中心站对现场废水取样检测认定，废水中多项监测因子超过国家排放标准。案发后，明盛公司、廉某中为防止污染扩大，及时采取措施，消除污染。明盛公司支付因采取合理必要措施所产生的费用 626640 元。

【裁判结果】

宁夏回族自治区中卫市沙坡头区人民法院一审认为，明盛公司违反国家有关环境保护的规定，非法排放、处置有毒物质，严重污染环境，廉某中系被告单位直接负责的主管人员，对污染环境的行为负有直接责任，明盛公司和廉某中的行为均已触犯刑律，构成污染环境罪。公诉机关的指控成立，予以支持。廉某中归案后，能如实供述自己的犯罪事实，可以从轻

处罚；案发后，明盛公司、廉某中及时采取措施，消除污染，可以酌情从宽处罚。明盛公司排污时间相对较长，且在排放污染物许可证到期后，仍非法排污，严重污染环境，结合明盛公司的具体犯罪事实，决定对其判处罚金人民币500万元。根据廉某中的犯罪事实、性质、情节和对社会的危害程度，对廉某中可以适用缓刑，依法实行社区矫正。一审法院判决明盛公司犯污染环境罪，判处罚金人民币500万元；廉某中犯污染环境罪，判处有期徒刑一年六个月，缓刑二年，并处罚金人民币5万元。

【典型意义】

本案系腾格里沙漠污染事件发生后首例宣判的环境污染刑事案件。环境是社会健康发展的重要因素，也是刑法保护的重要法益。本案审理法院正确适用《最高人民法院、最高人民检察院关于办理环境污染刑事案件适用法律若干问题的解释》，依法惩治私设暗管排放、倾倒有毒、有害废物，严重污染腾格里沙漠生态环境的犯罪行为，充分贯彻宽严相济的刑事政策，依法保障社会公共利益和人民群众环境权益。本案的审理也为正确处理经济发展与环境保护之间的关系敲响了警钟，警醒政府在发展经济与保护环境、当前利益和长远利益等问题发生矛盾时应当如何取舍。本案的审理和判决对于教育和促进企业依法生产，依托科技手段提升清洁生产工艺和排放控制技术，实现绿色发展具有较好推动和示范作用。

10. 十堰市驰迈工贸有限公司、古某秀污染环境案

（2017 年 12 月 4 日发布）

【基本案情】

2015 年 5 月 1 日上午，十堰市驰迈工贸有限公司（以下简称驰迈公司）厂房搬迁，该厂生产负责人古某秀明知该厂操作污水处理设备的工人赵正明在新厂区调试设备，老厂房无人能操作污水处理设备，仍安排工人潘立春等人在老厂房内，在未运行污水处理设施的情况下进行电镀生产，造成电镀废水未经处理非法外排，被十堰市环保局当场查获。经环保局现场采样，十堰市环境监测站分析检测，并报湖北省环境监测中心站审查，该公司排出的电镀废水中重金属总铬浓度值为 88.8mg/L，六价铬浓度值为 80.4mg/L，锌浓度值为 11.7mg/L，分别超出国家排放标准 88 倍、401 倍、6.8 倍。湖北省十堰市张湾区人民检察院以污染环境罪对驰迈公司和古某秀提起公诉。

【裁判结果】

湖北省十堰市张湾区人民法院一审认为，驰迈公司非法排放含重金属的污染物严重超标，已构成污染环境罪；古某秀作为生产管理负责人，明知电镀作业产生的污水未经处理会流向犟河造成环境污染，仍安排工人从事电镀生产作业，放任单位排放污水污染环境的行为，亦构成污染环境罪。鉴于被告人积极认罪悔罪，在量刑上可以酌情从轻。对驰迈公司判处罚金 1 万元、古某秀拘役四个月。驰迈公司和古某秀以污染环境后果较轻

为由提起上诉，湖北省十堰市中级人民法院二审认为，一审判决体现了对污染环境犯罪的“零容忍”态度。十堰作为南水北调中线工程核心水源区，加强水资源保护，确保“一江清水永续北送”，具有非同寻常的意义。对恣意排放生产废水，严重破坏生态环境的违法犯罪行为，必须始终保持高压态势，依法严厉打击。二审裁定驳回上诉，维持原判。

【典型意义】

依法审理水污染防治案件，加强对饮用水水源地的司法保护，保障饮用水水源地的水质安全，是人民法院环境资源审判的重要职责。湖北十堰作为南水北调中线工程的水源地，严控水体污染，抓好水体保护，维护水质安全，确保“一江清水永续北送”具有非同寻常的意义。二审法院立足“十堰作为南水北调中线工程核心水源区”的重要生态环境定位，以保护用水区人民群众身体健康为根本目标，落实最严格的生态环境保护制度，严格执行国家环境质量标准，强化污染者的责任，对污染环境犯罪采取“零容忍”态度，以对生态环境的损害情况作为刑事处罚的重要情节，严厉打击了在饮用水水源地非法排放生产废水的违法犯罪行为。本案是十堰法院受理的首例水污染刑事案件，宣判后对全市造纸、印染、电渡等高能耗、重污染企业起到了教育、引导和震慑作用。

11. 德司达（南京）染料有限公司、王某荣等污染环境案

（2018 年 6 月 4 日发布）

【基本案情】

德司达（南京）染料有限公司（以下简称德司达公司）生产过程中产生的废酸液体属于危险废物，依照国家相关规定应当交由具有资质的企业进行处置。2010 年 9 月，被告人王某受德司达公司指派联系处置废酸事宜，与仅具有经销危险化学品资质的顺久公司法定代表人王某荣达成了以每吨 580 元处置废酸的口头协议。此后，德司达公司产生的废酸液体均交由被告人王某荣进行处置。时任公司罐区主管的被告人黄某军明知顺久公司没有处置资质，仍具体负责与拉运废酸的王某荣直接对接，王某负责审核支付处置废酸费用。2013 年 9 月，王某荣明知丁某东（另案处理）没有处置废酸资质，仍与丁某东达成每吨 150 元处置费用的口头协议，并指使被告人徐某米驾驶槽罐车从德司达公司拉运废酸，直接送至丁某东停放在江都宜陵码头等处的船上。至 2014 年 5 月间，交由丁某东处置的废酸共计 2828.02 吨。其间，丁某东多次指使被告人孙某山、钱某林等人于夜间驾驶船只，将其中的 2698.1 吨废酸直接排放至泰东河和新通扬运河水域的河道中。其中，孙某山参与排放 1729.82 吨，钱某林参与排放 318.78 吨。后丁某东未及排放的 129.92 吨废酸被查获。江苏科技咨询中心、江苏省环境科学研究院专家论证分析认为，德司达公司产生的上述废酸液体属于危险废物，其中主要成分为硫酸并含有大量有机物，硫酸浓度较高且具有极强的腐蚀性，对生物、水体、环境的危害极大，废酸中残存的大量有机废物

对生物环境也会造成长远的累积性危害。

【裁判结果】

江苏省高邮市人民法院一审认为，被告单位德司达公司违反国家环境保护法律规定，明知被告人王某荣经营的顺久公司无废酸处置资质，将公司生产过程中产生的废酸交由王某荣处置；被告人王某荣明知丁某东亦无废酸处置资质，仍将德司达公司的废酸转交其处置；被告人徐某米明知其运输的是化工废液以及丁某东可能没有处置废酸的能力，而帮助王某荣进行运输作业；被告人孙某山、钱某林明知是化工废液，仍然违反国家规定偷排，最终导致严重污染环境后果，均已构成污染环境罪，且属共同犯罪。被告人王某、黄某军系德司达公司直接负责的主管人员和其他直接责任人员，应当知道王某荣没有废酸处置资质，仍然在各自职责范围内促成交易，导致严重污染环境的后果发生，均应以污染环境罪追究刑事责任。德司达公司为降低危险废物的处置成本，在明知他人没有处置资质的情况下仍委托进行处置，最终导致严重污染环境，德司达公司由此减少支出巨额的处置费用。一审法院综合德司达公司的犯罪情节以及缴纳罚金的能力，以污染环境罪判处德司达公司罚金人民币2000万元，判处其余被告人一年至五年有期徒刑不等并处罚金。江苏省扬州市中级人民法院二审维持原判。

【典型意义】

本案系因非法处置危险废物污染水体引发的环境污染刑事案件，对于根据罪责刑相适应原则妥当确定单位犯污染环境罪的罚金数额进行了有益探索。根据《中华人民共和国刑法》规定，判处罚金，应当根据犯罪情节决定罚金数额。对于单位罚金的确定，应当根据单位犯罪的情节和特点，结合单位违法所得数额、造成损失的大小等因素综合考虑。德司达公司为降低危险废物的处置成本，明知他人没有处置资质仍委托进行处置，最终导致严重污染环境后果的发生，由此逃避支付的巨额处置费用可认定为通过犯罪行为获取的利益。同时，消除环境污染的严重后果必然会有相当的费用支出，根据相关司法解释规定，公私财产损失包括污染环境行为直接造成财产损毁、减少的实际价值，以及为防止污染扩大、消除污染而采取必要合理措施所产生的费用，故而公私财产损失数额应当作为确定罚金的一个重要参数。人民法院根据德司达公司的犯罪情节以及缴纳罚金的能力，在实际获取利益和公私财产损失数额的区间幅度内确定判处罚金的数额，既有利于生态环境的修复，也有助于充分发挥刑罚威慑力，督促企业提高依法处置危险废物的自觉性。

12. 易某发等非法生产制毒物品、污染环境案

(2018 年 11 月 28 日发布)

【基本案情】

2014 年 4 月，被告人易某发等人在贵州省贵阳市租赁民房、废弃厂房等，利用非法购买的盐酸、甲苯、溴代苯丙酮等加工生产麻黄碱。2015 年 5 月至 2016 年 1 月间，被告人易某发等人在非法生产麻黄碱过程中，为排放生产废水，在厂房外修建排污池、铺设排污管道，将生产废水通过排污管引至距厂房约 70 米外的溶洞排放。2016 年 1 月，公安机关在案涉加工点查获麻黄碱 6.188 千克、甲苯 11700 千克、盐酸 3080 千克、溴代苯丙酮 13000 千克。经鉴定，易某发等人生产麻黄碱所产生、排放的废水属危险废物。

【裁判结果】

贵州省清镇市人民法院一审认为，被告人易某发等人的行为均已构成非法生产制毒物品罪；将属于危险物质的生产制毒物品废水利用溶洞向外排放，严重污染环境，其行为同时构成污染环境罪，应予数罪并罚。判处易某发等人八年至十年不等有期徒刑，并处罚金 11 万元至 13 万元不等，并对查扣的制毒物品、作案工具依法没收，予以销毁。贵阳市中级人民法院二审维持原判。

【典型意义】

本案系非法生产制毒物品过程中引发的环境污染案件。被告人易某发等人在非法生产麻黄碱的过程中，违反国家规定修建排污池，铺设排污管道，将含有危险废物的生产废水通过排污管引至溶洞排放，严重污染环境。溶洞是可溶性岩石因喀斯特作用所形成的地下空间，在长江流域多有分布，蕴含着丰富的水资源。但岩溶生态系统脆弱，环境承载容量小，溶洞之间多相互连通，一旦污染难以修复治理。一审法院考虑到本案被告人犯罪行为的特殊性，根据受到侵害的法益不同，对被告人实施的不同行为单独定罪、数罪并罚，改变了过去忽视环境保护，对同类案件多采用择一重罪论处、仅以涉毒罪名予以打击的处理方式。本案以非法生产制毒物品罪和污染环境罪数罪并罚，既体现出人民法院始终坚持依法从严惩处毒品犯罪、加大对生产制毒物品犯罪的惩处力度，也体现出人民法院以“零容忍”态度依法维护人民群众生命健康和环境公共利益的决心。

13. 邓文某等污染环境案

（2018年11月28日发布）

【基本案情】

2016年2月起，被告人邓文某在未取得相关资质的情况下收购HW11精（蒸）馏残渣（俗称煤焦油），运输至其位于四川省眉山市东坡区的厂房内进行加热处理、分装和转卖。其间，还雇请被告人邓卫某、邓良某、马成某协助其运输、加热和分装。2016年7月，眉山市东坡区环境保护局进行查处后，邓文某等人仍未停止煤焦油的加工。2017年1月，眉山市东坡区相关行政主管部门联合执法，从加工点现场查扣处理设备、煤焦油及其提炼产品453.08吨。另有200余吨煤焦油已被邓文某加工转卖。4被告人自动投案后，均能如实供述全部或者大部分犯罪事实。

【裁判结果】

四川省眉山市中级人民法院一审认为，被告人邓文某等违反国家规定非法处置危险废物，严重污染环境，构成污染环境罪。邓文某非法处置危险废物100吨以上，后果特别严重。根据各人在共同犯罪中的作用、自首等情节，以污染环境罪判处邓文某有期徒刑三年二个月，并处罚金3万元；判处邓卫某、邓良某、马成某八个月到二年不等有期徒刑，八个月到二年不等缓刑考验期，并处8000元到2万元不等罚金；禁止邓卫某、邓良某、马成某在缓刑考验期内从事与煤焦油加工销售相关的活动。

【典型意义】

本案系非法处置危险废物引发大气污染刑事案件，人民法院在案件裁判方式上进行了有益探索和创新，体现了打击污染环境犯罪、助力打赢蓝天保卫战的态度和决心。近年来，长江流域的区域性雾霾、酸雨态势长期持续，人民法院需要充分发挥环境资源刑事审判的惩治和教育功能，依法审理长三角、成渝城市群等重点区域的大气污染防治案件，严惩重罚大气污染犯罪行为。本案中，邓文某等人无危险废物处置资质，加工设备和工序未得到行政监管部门的验收认可，在加工煤焦油过程中存在大量有毒有害物质未经处理直接排放入大气的情形。一审法院结合 4 被告人犯罪行为和自首情节在判处相应刑罚的同时，考虑到危险废物处置的专业性和处置不当可能造成的社会危害性，判决邓卫某、邓良某、马成某在缓刑考验期内禁止从事与煤焦油加工销售相关的活动，体现了环境资源审判预防为主的理念。

14. 董某桥等 19 人污染环境案

（2019 年 3 月 2 日发布）

【基本案情】

2015 年 2 月，被告人董某桥将应由黄骅市津东化工有限公司处置的废碱液交由没有资质的被告人刘某生处置。后刘某生联系被告人刘某辉租用被告人李某钟停车场场地，挖设隐蔽排污管道，连接到河北省蠡县城市下水管网，用于排放废碱液。2015 年 2 至 5 月，董某桥雇请被告人石某国等，将 2816.84 吨废碱液排放至挖设的排污管道，并经案涉暗道流入蠡县城市下水管网。同时，从 2015 年 3 月起，被告人高某义等明知被告人娄某无废盐酸处置资质，将回收的废盐酸交由娄某处置。娄某又将废盐酸交由无资质的被告人张锁等人处置。张某、段某松等人又联系李某钟，商定在其停车场内经案涉暗道排放废盐酸。2015 年 5 月 16、17 日，石某国等人经案涉暗道排放 100 余吨废碱液至城市下水管网。同月 18 日上午，张某等人将 30 余吨废盐酸排放至案涉暗道。下午 1 时许，停车场及周边下水道大量废水外溢，并产生大量硫化氢气体，致停车场西侧经营饭店的被害人李某被熏倒，经抢救无效死亡。经鉴定，本案废碱液与废盐酸结合会产生硫化氢，并以气体形式逸出；李某符合硫化氢中毒死亡特征。

【裁判结果】

河北省蠡县人民法院一审认为，案涉废碱液、废盐酸均被列入《国家危险废物名录》，属危险废物。被告人董某桥等违反国家规定，非法处置、排放有毒物质，严重污染环境。其行为均已构成污染环境罪。董某桥等人非法排放废碱液，娄某等人非法排放废盐酸，均对李某硫化氢中毒死亡这一结果的发生起到了决定性的作用，应对李某的死亡结果承担刑事责任。根据各被告人的犯罪事实、情节和社会危害性，一审法院判决被告人董某桥等犯污染环境罪，判处有期徒刑七年至二年不等，并处罚金。河北省保定市中级人民法院二审对一审刑事判决部分予以维持。

【典型意义】

本案系污染环境致人死亡案件。危险废物具有腐蚀性、毒性、易燃性、反应性、感染性等危险特性，收集、贮存或处置不当，不仅严重威胁生态环境安全，更可能直接危及人体健康甚至生命。近年来，非法处置危险废物现象屡禁不绝，环境风险日益凸显。面对环境污染犯罪呈现的大幅增长态势，坚持最严格的环保司法制度、最严密的环保法治理念，加大对环境污染犯罪的惩治力度，服务保障打好打赢污染防治攻坚战，是人民法院审判工作的重要职责。本案中，被告人董某桥等挖设隐蔽排污管道，将废碱液排放至城市下水管网，被告人张某等利用同一暗道排放废盐酸，造成一人死亡的特别严重后果。人民法院全面贯彻宽严相济刑事政策，充分发挥环境资源刑事审判的惩治和教育功能，结合各被告人犯罪事实、情节和社会危害性，依法认定提供、运输、排放、倾倒、处置等环节各被告人的刑事责任，从重判处刑罚。本案的审理和判决对于斩断危险废物非法经营地下产业链条、震慑潜在的污染者具有典型意义。

15. 宝勋精密螺丝（浙江）有限公司及黄某群等12人污染环境案

（2019年2月20日发布）

【基本案情】

2002年7月，被告单位宝勋精密螺丝（浙江）有限公司（以下简称宝勋公司）成立，经营范围包括生产销售建筑五金件、汽车高强度精密紧固件、精冲模具等。该公司生产中产生的废酸液及污泥为危险废物，必须分类收集后委托具有危险废物处置资质的单位处置。被告人黄某群自2008年起担任宝勋公司副总经理，负责公司日常经营管理，被告人姜某清自2016年4月起直接负责宝勋公司酸洗污泥的处置工作。

2016年7月至2017年5月，被告单位宝勋公司及被告人黄某群、姜某清违反国家关于危险废物管理的规定，在未开具危险废物转移联单的情况下，将酸洗污泥交给无危险废物处置资质的被告人李某红、涂某东、刘某桂进行非法处置。被告人李某红、涂某东、刘某桂通过伪造有关国家机关、公司印章，制作虚假公文、证件等方式，非法处置酸洗污泥。上述被告人通过汽车、船舶跨省运输危险废物，最终在江苏省淮安市、扬州市、苏州市，安徽省铜陵市非法倾倒、处置酸洗污泥共计1071吨。其中，2017年5月22日，被告人姜某清、李某红、涂某东伙同被告人汪某平、汪某革、吴某祥、朱某华、查某你等人在安徽省铜陵市经开区将62.88吨酸洗污泥倾倒在长江堤坝内，造成环境严重污染。案发后，经鉴定评估，上述被告人非法倾倒、处置酸洗污泥造成环境损害数额为511万余元，产生应急处置、生态环境修复、鉴定评估等费用共计 139 万余元。

此外，2017 年 6 月至 11 月，被告人李某红、涂某东、刘某桂、吴某祥、朱某华、查某你等人在无危险废物处置资质的情况下，非法收集 10 余家江苏、浙江企业的工业污泥、废胶木等有毒、有害物质，通过船舶跨省运输至安徽省铜陵市江滨村江滩边倾倒。其中，倾倒废胶木 313 吨、工业污泥 2525 余吨，另有 2400 余吨工业污泥倾倒未遂。

【裁判结果】

本案由安徽省芜湖市镜湖区人民检察院于 2018 年 7 月 16 日以被告单位宝勋公司以及被告人黄某群、姜某清、李某红、涂某东等 12 人犯污染环境罪向安徽省芜湖市镜湖区人民法院提起公诉。2018 年 9 月 28 日，镜湖区人民法院依法作出一审判决，认定被告单位宝勋公司犯污染环境罪，判处罚金 1000 万元；被告人黄某群犯污染环境罪，判处有期徒刑六年，并处罚金 20 万元；被告人姜某清犯污染环境罪，判处有期徒刑五年九个月，并处罚金 20 万元；判处被告人李某红等 10 人犯污染环境罪，判处有期徒刑六年至拘役四个月不等，并处罚金。一审宣判后，被告单位宝勋公司和被告人黄某群等人提出上诉。2018 年 12 月 5 日，安徽省芜湖市中级人民法院二审裁定驳回上诉，维持原判。判决已生效。

【典型意义】

长江是中华民族的母亲河，也是中华民族发展的重要支撑。推动长江经济带发展是党中央作出的重大决策，是关系国家发展全局的重大战略。服务长江生态高水平保护和经济社会高质量发展，为长江经济带共抓大保护、不搞大开发提供有力保障，是公安司法机关肩负的重大政治责任、社会责任和法律责任。司法实践中，对发生在长江经济带 11 省（直辖市）的跨省（直辖市）排放、倾倒、处置有放射性的废物、含传染病病原体的废物、有毒物质或者其他有害物质的环境污染犯罪行为，应当依法从重处罚。本案中，被告单位宝勋公司及被告人黄某群等 12 人在江苏、浙江、安徽等地跨省运输、转移危险废物，并在长江流域甚至是长江堤坝内倾倒、处置，危险废物数量大，持续时间长，给长江流域生态环境造成严重危害。涉案地办案机关加强协作配合，查清犯罪事实，对被告单位宝勋公司及被告人黄某群等 12 人依法追究刑事责任，在办理长江经济带跨省（直辖市）环境污染案件，守护好长江母亲河方面具有典型意义。

16. 上海印达金属制品有限公司及应某达等5人污染环境案

（2019年2月20日发布）

【基本案情】

被告单位上海印达金属制品有限公司（以下简称印达公司），被告人应某达系印达公司实际经营人，被告人王某波系印达公司生产部门负责人。

印达公司主要生产加工金属制品、小五金、不锈钢制品等，生产过程中产生的废液被收集在厂区储存桶内。2017年12月，被告人应某达决定将储存桶内的废液交予被告人何某瑞处理，并约定向其支付7000元，由王某波负责具体事宜。后何某瑞联系了被告人徐某鹏，12月22日夜，被告人徐某鹏、徐某平驾驶槽罐车至公司门口与何某瑞会合，经何某瑞与王某波联系后进入公司抽取废液，3人再驾车至上海市青浦区白鹤镇外青松公路、鹤吉路西100米处，先后将约6吨废液倾倒至该处市政窨井内。经青浦区环保局认定，倾倒物质属于有腐蚀性的危险废物。

【裁判结果】

本案由上海铁路运输检察院于2018年5月9日以被告人应某达、王某波等5人犯污染环境罪向上海铁路运输法院提起公诉。在案件审理过程中，上海铁路运输检察院对被告单位印达公司补充起诉。2018年8月24日，上海铁路运输法院依法作出判决，认定被告单位印达公司犯污染环境罪，判处罚金10万元；被告人应某达、王某波等5人犯污染环境罪，判处有期徒刑一年至九个月不等，并处罚金。判决已生效。

【典型意义】

准确认定单位犯罪并追究刑事责任是办理环境污染刑事案件中的重点问题，一些地方存在追究自然人犯罪多，追究单位犯罪少，单位犯罪认定难的情况和问题。司法实践中，经单位实际控制人、主要负责人或者授权的分管负责人决定、同意，实施环境污染行为的，应当认定为单位犯罪，对单位及其直接负责的主管人员和其他直接责任人员均应追究刑事责任。

本案中，被告人应某达系印达公司实际经营人，决定非法处置废液，被告人王某波系印达公司生产部门负责人，直接负责废液非法处置事宜。本案中对被告单位印达公司及其直接负责的主管人员和其他直接责任人员被告人应某达、王某波同时追究刑事责任，在准确认定单位犯罪并追究刑事责任方面具有典型意义。

17. 上海云瀛复合材料有限公司及贡某国等3人污染环境案

（2019年2月20日发布）

【基本案情】

被告单位上海云瀛复合材料有限公司（以下简称云瀛公司）在生产过程中产生的钢板清洗废液属于危险废物，需要委托有资质的专门机构予以处置。被告人乔某敏系云瀛公司总经理，全面负责日常生产及管理工作。被告人陶某系云瀛公司工作人员，负责涉案钢板清洗液的采购和钢板清洗废液的处置。

2016年3月至2017年12月，被告人乔某敏、陶某在明知被告人贡某国无危险废物经营许可资质的情况下，未填写危险废物转移联单并经相关部门批准，多次要求被告人贡某国将云瀛公司产生的钢板清洗废液拉回常州市并处置。2017年2月至2017年12月，被告人贡某国多次驾驶卡车将云瀛公司的钢板清洗废液非法倾倒于常州市新北区春江路与辽河路交叉口附近污水井、常州市新北区罗溪镇黄河西路等处；2017年12月30日，被告人贡某国驾驶卡车从云瀛公司运载钢板清洗废液至常州市新北区黄河西路685号附近，利用塑料管引流将钢板清洗废液非法倾倒至下水道，造成兰陵河水体被严重污染。经抽样检测，兰陵河增光桥断面河水超过Ⅳ类地表水环境质量标准。被告人贡某国非法倾倒涉案钢板清洗废液共计67.33吨。

【裁判结果】

本案由江苏省常州市武进区人民检察院于2018年8月9日以被告单位云瀛公司以及被告人贡某国等3人犯污染环境罪向江苏省常州市武进区人民法院提起公诉。2018年12月17日，武进区法院作出判决，认定被告单位云瀛公司犯污染环境罪，判处罚金30万元；被告人贡某国犯污染环境罪，判处有期徒刑一年三个月，并处罚金5万元；被告人乔某敏犯污染环境罪，判处有期徒刑一年，缓刑二年，并处罚金5万元；被告人陶某犯污染环境罪，判处有期徒刑一年，缓刑二年，并处罚金5万元；禁止被告人乔某敏、陶某在缓刑考验期内从事与排污工作有关的活动。判决已生效。

【典型意义】

准确认定犯罪嫌疑人、被告人的主观过错是办理环境污染刑事案件中的重点问题。司法实践中，判断犯罪嫌疑人、被告人是否具有环境污染犯罪的故意，应当依据犯罪嫌疑人、被告人的任职情况、职业经历、专业背景、培训经历、本人因同类行为受到行政处罚或刑事追究情况以及污染物种类、污染方式、资金流向等证据，结合其供述，进行综合分析判断。

本案中，被告人乔某敏、陶某明知本单位产生的危险废物需要有资质的单位来处理，且跨省、市区域转移需填写危险废物转移联单并经相关部门批准，仍通过与有资质的单位签订合同但不实际处理，多次要求被告人贡某国将云瀛公司产生的钢板清洗废液拉回常州市并处置，放任对环境造成危害。被告人贡某国在无危险废物经营许可资质的情况下，跨省、市区域运输危险废物并非法倾倒于常州市内污水井、下水道中，严重污染环境。上述3名被告人均具有环境污染犯罪的故意。本案在准确认定犯罪嫌疑人、被告人的主观过错方面具有典型意义。

18. 贵州宏泰化工有限责任公司及张某文、赵某污染环境案

（2019 年 2 月 20 日发布）

【基本案情】

被告单位贵州宏泰化工有限责任公司（以下简称宏泰公司）经营范围为重晶石开采和硫酸钡、碳酸钡、硝酸钡生产销售等。被告人张某文自 2014 年起任宏泰公司副总经理兼办公室主任，协助总经理处理全厂日常工作。被告人赵某自 2014 年起任宏泰公司环保专员，主管环保、消防等工作。

宏泰公司主要业务之一为生产化工原料碳酸钡，生产产生的废渣有氮渣和钡渣。氮渣属一般废弃物，钡渣属危险废物。宏泰公司在贵州省紫云自治县猫营镇大河村租赁土地堆放一般废弃物氮渣，将危险废物钡渣销往有危险废物经营许可证资质的企业进行处置。2014 年年底，因有资质企业经营不景气，加之新的《中华人民共和国环境保护法》即将实施，对危险废物管理更加严格，各企业不再向宏泰公司购买钡渣，导致该公司厂区内大量钡渣留存，无法处置。被告人张某文、赵某在明知钡渣不能随意处置的情况下，通过在车箱底部垫钡渣等方式在氮渣内掺入钡渣倾倒在氮渣堆场，并且借安顺市某环保砖厂名义签署工业废渣综合利用协议，填写虚假的危险废物转移联单，应付环保行政主管部门检查。2015 年 10 月 19 日至 23 日，环保部西南督查中心联合贵州省环保厅开展危险废物污染防治专项督查过程中，查获宏泰公司的违法行为。经测绘，宏泰公司废渣堆场堆渣

量为72194立方米，废渣平均密度为1250千克/立方米，堆渣量达90242.5吨。经对堆场废渣随机抽取的50个样本进行检测，均检出钡离子，其中两个样本检测值超过100mg/L。

【裁判结果】

本案由贵州省安顺市平坝区人民检察院以被告单位宏泰公司及被告人赵某犯污染环境罪向贵州省安顺市平坝区人民法院提起公诉，后又以被告人张某文犯污染环境罪向平坝区人民法院追加起诉。2017年11月23日，平坝区法院依法作出判决，认定被告单位宏泰公司犯污染环境罪，判处罚金100万元；被告人张某文犯污染环境罪，判处有期徒刑三年，缓刑三年，并处罚金2000元；被告人赵某犯污染环境罪，判处有期徒刑三年，缓刑三年，并处罚金2000元。判决已生效。

【典型意义】

准确认定非法排放、倾倒、处置行为是办理环境污染刑事案件中的重点问题。司法实践中认定非法排放、倾倒、处置行为时，应当根据法律和司法解释的有关规定精神，从其行为方式是否违反国家规定或者行业操作规范、污染物是否与外环境接触、是否造成环境污染的危险或者危害等方面进行综合分析判断。对名为运输、贮存、利用，实为排放、倾倒、处置的行为应当认定为非法排放、倾倒、处置行为，依法追究刑事责任。

本案中，被告单位宏泰公司及被告人张某文、赵某在明知危险废物钡渣不能随意处置的情况下，仍在氮渣内掺入钡渣倾倒在氮渣堆场，名为运输、贮存、利用，实为排放、倾倒、处置，放任危险废物流失、泄漏，严重污染环境。本案在准确认定非法排放、倾倒、处置行为方面具有典型意义。

19. 刘某义、黄某添、韦某榜等 17 人污染环境系列案

(2019 年 2 月 20 日发布)

【基本案情】

被告人刘某系广东省博罗县加得力油料有限公司的实际投资人和控制人，被告人黄某添系该公司法定代表人。自 2016 年起，两被告人明知被告人刘某义没有处置废油的资质，仍将 3192 吨废油交给刘某义处理。

被告人黄某顺系广东省佛山市泽田石油科技有限公司的法定代表人。自 2016 年 11 月起，黄某顺为获取 600 元/车的装车费，擅自决定将存放在公司厂区近 100 吨废油交给刘某义处理。被告人关某平、冯某明系广东省东莞市道滘镇鸿海润滑油经营部的合伙人。2017 年 2 月，两被告人将加工过程中产生的酸性废弃物 29.63 吨交给刘某义处置。除上述企业提供的废油外，被告人刘某义还联系广东其他企业提供废油，然后由被告人柯某水、韦某文联系车辆将废油运送至广西壮族自治区来宾市兴宾区、武宣县、象州县等地，被告人韦某榜负责找场地堆放、倾倒、填埋。被告人梁某邦、韦某模应被告人韦某榜的要求，负责在武宣县境内寻找场地堆放废油并组织人员卸车，从中获取卸车费。被告人韦某林、张某来等 5 人应被告人韦某榜的要求，负责在象州县境内寻找场地倾倒废油并收取酬劳。

此外，被告人柯某水、韦某榜在武宣县境内建造炼油厂，从广东省运来 30 吨废油提炼沥青，提炼失败后，两被告人将 13 吨废油就地丢弃，其余废油转移至位于来宾市兴宾区的韦某榜的炼油厂堆放，之后被告人柯某

水又联系被告人刘某义将废油运至韦某榜的炼油厂堆放。在该堆放点被查处后，被告人柯某水、韦某榜决定将废油就地填埋。

经现场勘验及称量，本案中被告人在兴宾区、武宣县、象州县倾倒、填埋、处置的废油共计 6651.48 吨，需要处置的污染废物共计 10702.95 吨，造成直接经济损失 3217.05 万元，后续修复费用 45 万元。

【裁判结果】

刘某义、黄某添、韦某榜等 17 人污染环境系列案由广西壮族自治区武宣县人民检察院向广西壮族自治区武宣县人民法院提起公诉。武宣县人民法院依法作出一审判决，认定被告人刘某义犯污染环境罪，判处有期徒刑五年，并处罚金 100 万元；被告人黄某添犯污染环境罪，判处有期徒刑四年，并处罚金 80 万元；被告人韦某榜犯污染环境罪，判处有期徒刑四年，并处罚金 20 万元；其余被告人犯污染环境罪，判处有期徒刑四年至拘役三个月缓刑六个月不等，并处罚金。一审宣判后，被告人刘某、黄某添、柯某水、梁某邦提出上诉。2018 年 7 月 18 日，广西壮族自治区来宾市中级人民法院作出二审判决，驳回黄某添、柯某水、梁某邦的上诉。鉴于刘某主动交纳 400 万元给当地政府用于处置危险废物，二审期间又主动缴纳罚金 80 万元，交纳危险废物处置费 20 万元，认罪态度好，确有悔罪表现，认定刘某犯污染环境罪，判处有期徒刑三年，缓刑四年，罚金 80 万元。判决已生效。

【典型意义】

当前，有的地方已经形成分工负责、利益均沾、相对固定的危险废物非法经营产业链，具有很大的社会危害性。司法实践中，公安司法机关要高度重视此类型案件的办理，坚持全链条、全环节、全流程对非法排放、倾倒、处置、经营危险废物的产业链进行刑事打击，查清犯罪网络，深挖犯罪源头，斩断利益链条，不断挤压和铲除其滋生蔓延的空间。

本案中，被告人刘某义等 17 人形成了跨广东、广西两省（自治区）的非法排放、倾倒、处置、经营危险废物产业链，有的被告人负责提供废油，有的被告人负责收集运输废油，有的被告人负责寻找场所堆放、倾倒、填埋废油，废油数量大，持续时间长，涉及地区广，严重污染当地环境。本案在深挖、查实并依法惩处危险废物非法经营产业链方面具有典型意义。

20. 汤某等 12 人非法捕捞水产品案

（2017 年 12 月 4 日发布）

【基本案情】

2016 年 3 月 1 日至 6 月 30 日，岳阳县东洞庭湖为禁渔期、禁渔区。2016 年 3 月 24 日 23 时许，在汤某、彭某等 6 人的授意下，万某等人前往岳阳县东洞庭湖麻拐石水域捕捞螺蛳。3 月 25 日凌晨 2 时许，万某等人停止捕捞，根据汤某、彭某的指示，先后携带捕捞的螺蛳前往北门船厂码头。3 月 25 日 6 时许，万某等人被岳阳县渔政局执法大队查获，其捕捞的螺蛳重约 7.6 吨，所有渔获物由岳阳县渔政局执法大队现场放生。岳阳县人民检察院以汤某等 12 人犯非法捕捞水产品罪提起公诉。

【裁判结果】

湖南省岳阳县人民法院认为，汤某等 12 人违反《中华人民共和国渔业法》的规定，在禁渔期、禁渔区进行非法捕捞，情节严重，构成非法捕捞水产品罪，依法应予惩处。根据各人在共同犯罪中的作用、案发后的自首、坦白等情节，判决汤某、彭某等人犯非法捕捞水产品罪，分别处以二到五个月不等拘役；万某等人犯非法捕捞水产品罪，分别处以 3000 元至 5000 元不等的罚金。

【典型意义】

洞庭湖位于长江中下游荆江南岸，是我国五大淡水湖之一，也是我国重要的调蓄湖泊和生态湿地。近年来，洞庭湖水生生物多样性指数持续下降，多种珍稀物种濒临灭绝，洞庭湖的湖泊、湿地功能退化严重。为加强水生生物物种保护，洞庭湖每年都会设定禁渔期和禁渔区，但依然有不法分子在禁渔期、禁渔区内违法捕捞水产品。本案中，岳阳县东洞庭湖从2016年3月1日至6月30日全面禁渔，被告人汤某等人违反《中华人民共和国渔业法》的规定，在禁渔期、禁渔区非法捕捞，已构成非法捕捞水产品罪。捕捞的螺蛳是东洞庭湖生态环境的重要组成部分，对于净化水质、促进水藻生长、为鱼类提供食物、维持湖内生态系统的平衡起着重要作用。本案判决对引导沿岸渔民的捕捞行为，有效遏制非法捕捞，保护洞庭湖乃至长江中下游流域生物链的完整具有指导意义。

21. 尼某某吉非法收购、运输、出售珍贵、濒危野生动物制品案

(2017年12月4日发布)

【基本案情】

2016年12月2日，尼某某吉从桑培手中以每只8000元的价格购买了5只麝香，合计4万元。随后又从布恩手中以每只6000元的价格购买了5只麝香，合计3万元。10只麝香共计7万元。2016年12月5日尼某某吉携带10只麝香在玉树市相古村卡沙社设卡点被公安人员查获，当场缴获了10只麝香。经宁夏绿森源森林资源司法鉴定中心鉴定，案涉10只马麝，价值为7.5万元。青海省玉树市人民检察院以非法收购、运输、出售珍贵、濒危野生动物制品罪对尼某某吉提起公诉。

【裁判结果】

青海省玉树市人民法院一审认为，尼某某吉明知麝香为珍贵、濒危野生动物制品而予以购买交易的行为已触犯《中华人民共和国刑法》，构成非法收购、运输、出售珍贵、濒危野生动物制品罪。鉴于尼某某吉归案后能够如实交代自己的犯罪事实，认罪态度较好，确有悔罪表现，同时向公安机关提供了赃物来源的线索，为侦破案件提供了真实情况，属于立功表现，量刑时予以酌情从轻考虑。判处尼某某吉有期徒刑三年，缓刑四年，并处罚金3000元，对10只麝香予以没收。

【典型意义】

本案系青海省玉树藏族自治州玉树市人民法院生态法庭成立以来审理的首起环境资源刑事案件，对于加强三江源地区生态环境保护有着特殊意义。三江源地区被誉为长江上游生态安全屏障、“中华水塔”，是我国重要的生态功能区。鉴于三江源地区特殊的生态环境地位，人民法院要重点关注区域内环境污染和自然资源破坏案件，坚决打击采矿、砍伐、狩猎以及擅自采集国家和省级重点保护野生动植物等违法行为，促进三江源地区自然资源的持久保育和永续利用，筑牢国家生态安全屏障。麝是我国一级保护动物，也是世界濒危物种之一，麝香是一种极其稀缺的名贵药材。随着麝香市场价格日益昂贵，不法分子为获取暴利不断猎杀野生麝，我国的麝和天然麝香资源已处于极为严重稀缺的状态。“没有买卖就没有杀害”。社会各方都要充分关注濒危野生动物的保护，共同守护美丽家园。

22. 卓某走私珍贵动物案

（2019年3月2日发布）

【基本案情】

2015年7月，另案被告人李某文根据被告人卓某的指使携带两个行李箱，乘坐飞机抵达广州白云机场口岸，并选择无申报通道入境，未向海关申报任何物品。海关关员经查验，从李某文携带的行李箱内查获乌龟259只。经鉴定，上述乌龟分别为地龟科池龟属黑池龟12只、地龟科小棱背龟属印度泛棱背龟247只，均属于受《濒危野生动植物种国际贸易公约》附录I保护的珍贵动物，价值共计647.5万元。

【裁判结果】

广东省广州市中级人民法院一审认为，被告人卓某无视国家法律，逃避海关监管，指使他人走私国家禁止进出口的珍贵动物入境，其行为已构成走私珍贵动物罪，且情节特别严重。一审法院判决卓某犯走私珍贵动物罪，判处有期徒刑十二年，并处没收个人财产20万元。广东省高级人民法院二审维持一审判决。

【典型意义】

本案系走私《濒危野生动植物种国际贸易公约》附录所列珍贵动物的犯罪案件。生物多样性是人类生存和发展的必要条件，野生动植物种是生物多样性的重要组成部分。没有买卖，就没有杀戮。保护野生动植物是全人类的共同责任。我国作为《濒危野生动植物种国际贸易公约》的缔约国，积极履行公约规定的国际义务，严厉打击濒危物种走私违法犯罪行为。本案中，被告人卓某违反国家法律及海关法规，逃避海关监管，指使他人非法携带国家禁止进出口的珍贵动物入境。人民法院依法认定其犯罪情节特别严重，判处刑罚，彰显了人民法院依法严厉打击和遏制破坏野生动植物资源犯罪的坚定决心。本案的审理和判决对于教育警示社会公众树立法律意识，自觉保护生态环境尤其是野生动植物资源，具有较好的示范作用。

23. 梁某德、梁某明非法采矿案

（2018年6月4日发布）

【基本案情】

2013年下半年，被告人梁某德和温岭市箬横镇下山头村村委会商定，由梁某德出面以村委会的名义办理该村杨富庙矿场的边坡治理项目。2013年11月、2014年9月台州市国土资源局审批同意其开采建筑用石料共计27.31万吨。被告人梁某明受梁某德指使在该矿负责管理日常事务，所采宕碴矿销售给温岭市东海塘用于筑路。至案发，该矿场超越审批许可数量采矿，经浙江省国土资源厅鉴定，该治理工程采挖区界内采挖量合计415756吨（包括岩石381396吨，风化层19523吨，土体12209吨），界外采挖量合计829830吨（包括岩石814289吨，风化层9843吨，土体5698吨），两项共计1245586吨。扣除台州市国土资源局审批许可的27.31万吨建筑用石料及风化层、土体、建筑废料等，二被告人共非法采矿822585吨，价值13161360元。

【裁判结果】

浙江省温岭市人民法院一审认为，被告人梁某德、梁某明违反《中华人民共和国矿产资源法》的规定，未取得采矿许可证擅自采矿，情节特别严重。在共同犯罪中，梁某德起主要作用、系主犯，梁某明起次要、辅助作用，系从犯，依法可以从轻或减轻处罚。鉴于梁某明系从犯，归案后能如实供述其犯罪事实，且当庭自愿认罪，确有悔罪表现，决定对梁某明依法予以减轻处罚并适用缓刑。一审法院以非法采矿罪，判处梁某德有期徒刑四年六个月，并处罚金人民币35万元；判处梁某明有期徒刑二年，缓刑三年，并处罚金人民币15万元；对梁某德、梁某明的犯罪所得人民币13161360元，予以追缴没收，上缴国库。浙江省台州市中级人民法院二审维持原判。

【典型意义】

本案系非法采矿刑事案件。矿产资源是国家自然资源的重要组成部分，各地滥采、盗采矿产现象较为严重，对此类非法采矿的行为应予严惩。司法实践中，对于被告人非法采矿的数量及价值的认定往往成为案件审理的焦点。本案通过委托有资质的鉴定机构进行鉴定，较为合理地确定了非法采矿数量及价值，为准确量刑奠定了较好基础。本案在判处主犯有期徒刑四年六个月并处罚金的同时，追缴二被告人的犯罪所得1300余万元，有力地震慑了此类犯罪，维护了国家利益，对增强社会公众对矿产资源的保护意识和守法意识，促进自然资源的有序开发和合理利用有着积极的示范作用和现实意义。

24. 白某碧失火案

（2018 年 6 月 4 日发布）

【基本案情】

2016 年 3 月 1 日 14 时许，被告人白某碧与杨兵在宣汉县樊哙镇古凤村 2 组石渣湾干农活时，白某碧欲将树枝和杂草烧灰作肥，遂从杨兵处借来打火机点燃树枝和杂草，后由于风大引燃山林。白某碧和杨兵见状，边灭火边打电话报警，后在樊哙镇人民政府的组织下于当晚 11 时将山火扑灭。案发后，白某碧主动到公安机关投案自首。经林业工程技术人员现场勘验，本次火灾共造成了 17 户村民山林受损，过火面积 9.21 公顷，烧毁林木 5526 株（其中幼树 2210 株），蓄积 74.601 立方米。

【裁判结果】

四川省宣汉县人民法院一审认为，被告人白某碧过失引发火灾，并造成公民财产损失，危害了公共安全，应予惩处。案发后，白某碧能主动投案自首，并取得了受灾村民的谅解，可从轻处罚。一审法院以失火罪判处白某碧有期徒刑一年六个月，缓刑二年。一审判决已发生法律效力。

【典型意义】

本案系因野外焚烧树枝杂草引发的失火刑事案件。案发地位于西南地区的大巴山山区，由于山区群众法律意识淡薄，对森林火灾警惕性不高，防火观念不强，在林区农业耕作时常常野外用火焚烧秸秆、杂草等。与发生在城乡聚居区的失火案件不同，案发地森林资源丰富，珍稀野生动植物种类繁多，具有重要的生态价值和经济价值，一旦发生森林火灾，既威胁人民群众的生命财产安全，危害公共安全，又严重破坏森林资源和生态环境。本案判决警醒广大群众，不仅滥采滥伐、滥捕滥猎是破坏环境资源的违法行为，野外焚烧树枝、杂草等行为导致森林火灾也可能构成犯罪。本案的依法审理有利于促使广大群众提高森林防火、安全用火意识，自觉做好生态资源保护和护林防火工作，维护森林资源安全。

25. 安徽亚兰德新能源材料股份有限公司、吕某国等7人污染环境案

（2020年1月7日发布）

【基本案情】

被告单位安徽亚兰德新能源材料股份有限公司（以下简称亚兰德公司）系重点排污单位，被告人吕某国任公司法定代表人、董事长兼总经理，被告人丁某平等任公司副总经理。2007年，吕某国、丁某平商议在公司埋设暗管，将生产污水直接排放到长江，并由丁某平具体负责。2008年年初，丁某平安排公司人员埋设暗管，将产生的污水绕过污水处理总站通过暗管直接排放到长江。遇有环保监管部门检查，丁某平等提前通知被告人晋华杰等人通过操控暗管阀门、冲洗车间，帮助公司逃避环保检查。被告人王银芝、戚甫长作为公司环保专员，明知公司污水处理总站长期不工作，虚假制作总镍在线等数据，欺骗环保监管部门。亚兰德公司通过暗管排放污水中含有镍、钴等重金属污染物，属于有毒物质。2007年12月底至2017年5月期间，该公司废水违规外排量共计48.24万吨，超标排放废水量为37.63万吨，造成的生态环境损害数额量化结果为753万元。

【裁判结果】

安徽省芜湖市鸠江区人民法院一审认为，被告单位亚兰德公司通过暗管排放有毒物质，其行为已构成污染环境罪；被告人吕某国等人作为公司直接负责的主管人员和其他直接责任人员，亦应以污染环境罪追究刑事责任。鉴于亚兰德公司已支付生态环境修复及相关费用782.5万元，综合被

告单位和各被告人的犯罪事实、性质、情节和对社会危害程度，一审法院判决被告单位亚兰德公司犯污染环境罪，判处罚金400万元；被告人吕某国犯污染环境罪，判处有期徒刑二年六个月，并处罚金10万元；被告人丁某平等6人犯污染环境罪，判处有期徒刑二年三个月至九个月不等，并处罚金8万元至2万元不等。安徽省芜湖市中级人民法院二审裁定驳回上诉，维持原判。

【典型意义】

本案系通过暗管直接向长江违法排放有毒物质污染环境案件。亚兰德公司作为重点排污单位，为实现单位的犯罪意图，各被告人相互串通，将含镍、钴等重金属的废水偷排至长江，且提供虚假数据应付环保检查，属于严重污染环境行为。本案中，人民法院在依法认定亚兰德公司构成单位犯罪并处罚金的同时，对单位犯罪起决定、策划、指挥等作用的公司法定代表人、副总经理等主要负责人、高级管理人员，对安排工人偷排污水、应付检查的车间主任等分管负责人员，对制造虚假监测数据的环保专员等责任人员，依法分别追究刑事责任。本案判决明确实施污染环境犯罪行为的排污企业在支付生态环境修复及相关费用后仍须承担相应刑事责任，单位犯罪中直接负责的主管人员亦须依法承担刑事责任，充分彰显从严惩治环境污染犯罪的决心，有力威慑违法排污单位并对相关从业人员具有教育警示作用。

26. 姚某友等14人污染环境案

（2020年1月7日发布）

【基本案情】

被告人姚某友、竺某强等人为谋取非法利益，成立桐乡市疏洁环保技术服务有限公司（以下简称疏洁公司），从事非法处置工业污泥业务。法定代表人姚某友负责联系污泥来源、倾卸地点，监事竺某强参与联系倾卸地点。2015年3月至6月间，姚某友在未办理跨省转移工业污泥手续的情况下，单独或伙同竺某强等联系被告人翟某合、蒋某华等人收购工业污泥共计5540吨，经被告人田某玉等人联系从浙江省桐乡市等地运至江苏省阜宁县、泗洪县、海安县的窑厂、砂石厂及坑塘等地，在未采取任何防止污染措施的情况下进行倾卸、丢弃，造成环境污染，致公私财产损失共计286万余元。经检测，涉案工业污泥中含汞、铬、砷等毒害性重金属。

【裁判结果】

江苏省宿迁市宿城区人民法院一审认为，被告人姚某友等人为谋取非法利益，注册成立仅有技术咨询性质的疏洁公司，未经依法办理跨省运输转移审批手续，将收集的含有毒害性物质的工业固体废物，以低价交给不具备处置能力且未正常生产的砖瓦厂等企业，擅自倾卸、丢弃在厂区及其周边土地，导致污染环境后果发生；被告人蒋某华等人明知姚某友等人及其设立的疏洁公司无能力处置工业固体废物，为谋取私利赚取差价，将含有毒害性物质的工业固体废物提供给该公司并放任该批工业固体废物转移至省外倾卸、丢弃；被告人田某玉等人明知涉案工业固体废物含有毒害性物质，为获取不当利益，仍积极帮助联系、提供场地及人员实施倾卸丢弃行为、参与运输，其行为均已构成污染环境罪。一审法院判决被告人姚某友犯污染环境罪，判处有期徒刑五年六个月，并处罚金10万元；被告人竺某强等13人犯污染环境罪，判处有期徒刑三年六个月至有期徒刑一年缓刑一年六个月不等，并处罚金；判决禁止被告人田某玉等人在缓刑考验期内从事排放、倾倒、处置污染物等相关活动。

【典型意义】

本案系跨省倾倒工业污泥污染环境案件。近年来，跨省非法倾倒固体废物案件时有发生，环境风险日益凸显。工业污泥中的汞、砷、铬等重金属及其化合物，大多具有致癌、致畸、致突变作用，在环境中具有富集性且难以降解，若不经过正规处置随处堆放，不仅严重损害生态环境，更可能直接危及人体健康甚至生命安全。故法律对工业固体废物的收集、贮存、运输、利用、处置尤其是对跨省转移、处置，均有严格规定。本案中，被告人姚某友等14人为谋取非法利益，分别作为工业固体废物的接收人、介绍人、运输人、非法处置人，上下协作相互结合形成利益链条，涉案人数多、范围广、数量大，对长江经济带相关区域生态环境和人体健康造成严重危害，应从重追究其刑事责任。2019年2月最高人民法院、最高人民检察院、公安部、司法部、生态环境部印发的《关于办理环境污染刑事案件有关问题座谈会纪要》明确规定，对于在长江经济带区域跨省市排放、倾倒、处置有放射性的废物、含传染病病原体的废物、有毒物质或者其他有害物质的环境污染犯罪行为，可以从重处罚，进一步彰显坚持最严格制度、最严密法治，依法打击固体废物非法经营地下产业链条，服务保障长江经济带高质量发展的决心。

27. 王某凡等4人污染环境案

（2020年1月7日发布）

【基本案情】

被告人王某凡系重庆昆仑化工有限公司（以下简称昆仑公司）法定代表人、董事长兼总经理，被告人胡某系公司安全环保部部长，被告人白某系公司设备能源部部长，被告人邓某全系公司基建部工人。为减少企业污染治理成本，王某凡指使白某等人修建暗管、设置阀门连接至应急池、观察井，并与长江直接连接。2015年4月至8月14日，昆仑公司在未通过环境影响评价的情况下生产对酮，将产生的废液通过事先埋放的暗管排放到公司应急池，并多次在黑夜或下雨时打开应急池阀门，将池中废液直排长江。2015年8月14日晚，邓某全打开应急池阀门排放废液时，被公安机关查获。经监测，当日排放废液中含有毒物质硝基苯类、总氰化物、锰分别超标1690倍、30倍、58.5倍。案发后，昆仑公司立即停止生产，办理生产对酮手续，编制污染治理方案，对生产线进行升级改造。王某凡等4人购买价值18.6万元的苗木捐赠给公司所在地村委会。

【裁判结果】

重庆市渝北区人民法院一审认为，被告人王某凡等4人违反国家规定，通过暗管排放有毒物质，且排放的污染物中重金属锰超过国家标准10倍以上，严重污染环境，其行为均构成污染环境罪。鉴于案发后昆仑公司立即停止生产、积极整改，投入资金改造升级排污设备，有效解决排污问题；4被告人具有自首情节，积极采取有效措施防止污染并自愿购买苗木、修复生态、弥补损失，悔罪表现较好，一审法院判决被告人王某凡等4人犯污染环境罪，判处有期徒刑一年至七个月不等，并处罚金10万元至2万元不等。

【典型意义】

本案系企业未经环境影响评价进行生产并通过暗管偷排污水案件。王某凡等4被告人通过修建暗管，利用黑夜或雨天将生产的废液经应急池、观察井后直接排入长江，偷排手段极其隐蔽。人民法院基于公诉机关的指控，依法认定被告人王某凡等4人构成污染环境罪并适用监禁刑，同时，考虑到案发后昆仑公司能够主动对生产线进行升级改造并办理相关手续和许可，王某凡等4人购买苗木捐赠当地村委会，积极修复生态，具有悔罪表现，在量刑上予以从轻处罚，充分彰显宽严相济刑事政策以及修复性司法理念，对于推动排污企业自觉承担生态环境保护社会责任以及采用绿色生产方式，具有典型示范意义。

28. 湖北瑞锶科技有限公司、王某文等 4 人污染环境案

（2020 年 1 月 7 日发布）

【基本案情】

2016 年，被告单位湖北瑞锶科技有限公司（以下简称瑞锶公司）甲磺胺项目在未通过环保验收的情况下正式投产。瑞锶公司未按环境影响报告书及批复要求新建预处理设施、未对已有污水处理站进行改造升级，亦未对甲磺胺项目主要污染物重金属铜进行监测。2016 年至 2017 年 8 月，由于原污水处理站无法有效处理双甘膦和甲磺胺生产混合废水，被告人王某炳在瑞锶公司法定代表人王某文的授意下，通过连接软管方式将生产混合废水直接排入总排污口，经涵管流入徐家溪后汇入长江。经环保监管部门检测，瑞锶公司污水处理站氧化反应池水样中总铜超标 178. 6 倍。自 2015 年年底至 2017 年 8 月 20 日，瑞锶公司共生产双甘膦 3646. 60 吨、甲磺胺 362. 83 吨，产生大量含铜废水并直接排放。此外，被告人王某文等人未按照国家法律和环评要求将瑞锶公司产生危险废物（HW49）活性炭废渣送至有资质危废处理单位进行处理，而由工人将活性炭废渣倾倒至公司锅炉房煤场与燃煤混合后焚烧，共非法倾倒、处置活性炭废渣 17. 41 吨。

【裁判结果】

湖北省宜昌市三峡坝区人民法院一审认为，被告单位瑞锶公司违反国家规定，超过国家污染物排放标准 178. 6 倍排放含铜污染物，非法倾倒、处置危险废物活性炭废渣 17. 41 吨，严重污染环境，其行为构成污染环境

罪。被告人王某文等人为单位直接负责的主管人员，授意或默许违规排放、倾倒、处置有毒物质，被告人王某炳为单位直接责任人员，违规排放有毒物质，其行为均构成污染环境罪。一审法院判决被告单位瑞锶公司犯污染环境罪，判处罚金 100 万元；被告人王某文等 4 人犯污染环境罪，分别被判处有期徒刑一年至十个月不等，单处或并处罚金 10 万元至 3 万元不等。

【典型意义】

《中华人民共和国环境保护法》第四十一条规定了建设项目防治污染设施“三同时”制度。《中华人民共和国环境影响评价法》第十六条规定，国家对建设项目的环境影响评价实行分类管理制度。“三同时”制度与环境影响评价制度紧密相关，是贯彻预防为主原则的重要法律制度。本案中，被告单位瑞锶公司在未通过环评验收的情况下进行生产，无视环境影响报告书及批复要求，未新建预处理设施，亦未对已有污水处理站进行改造升级，将含重金属铜的废水通过暗管直接排入长江支流徐家溪后汇入长江，严重污染环境，必须承担相应的刑事责任；相关责任人授意或默许违规排放、倾倒、处置有毒物质，直接造成长江水体污染，亦应被追究刑事责任。本案的审理和判决，有助于强化排污企业及单位主管人员的环保责任意识，在追求经济效益的同时，严格遵守“三同时”和环境影响评价等制度，切实将环境保护责任落到实处。

29. 成都益正环卫工程有限公司、成都晨光亚克力塑胶有限公司，吕某体等16人污染环境案

（2020年1月7日发布）

【基本案情】

2017年9月至12月，被告单位成都益正环卫工程有限公司（以下简称益正环卫公司）在无危险废物经营许可证的情况下，经公司负责人吕某体决定，从被告单位成都晨光亚克力塑胶有限公司（以下简称晨光亚克力公司）等处承接危险废物处置业务，并安排公司员工肖某等人伙同蔡某利用罐车将危险废物运至四川省成都市，直接排入城市污水井内，共计非法处置危险废物443.69吨。危险废物沿污水管网进入青白江后汇入长江，造成下游水体污染，青白江水业有限公司地表水生产停产172小时，截至案发造成直接经济损失100余万元。在案件审理中，晨光亚克力公司、部分被告人与成都市生态环境局达成赔偿协议，主动进行生态环境损害赔偿，共缴纳生态环境损害赔偿金350万余元。

【裁判结果】

四川省彭州市人民法院一审认为，被告单位益正环卫公司、晨光亚克力公司，被告人吕某体等16人违反国家规定，非法处置危险废物，严重污染环境，均构成污染环境罪，且系共同犯罪，应按照各自在共同犯罪中的地位作用、参与处置危险废物的数量承担责任。一审法院判决被告单位益

正环卫公司犯污染环境罪，判处罚金 120 万元；被告单位晨光亚克力公司犯污染环境罪，判处罚金 80 万元；被告人吕某体等 16 人犯污染环境罪，判处有期徒刑五年至有期徒刑一年四个月不等，并处罚金 20 万元至 4 万元不等。四川省成都市中级人民法院二审裁定驳回上诉，维持原判。

【典型意义】

本案系最高人民检察院、公安部、生态环境部联合挂牌督办的长江流域污染环境案件之一，社会关注度高。益正环卫公司在无危险废物经营许可证的情况下，接收危险废物后集中直排至城市污水井，共非法处置危险废物 400 余吨，造成水业公司地表水生产停产 172 小时及直接经济损失 100 余万元，污染后果特别严重。人民法院坚持最严格的生态环境保护制度，对居间介绍、非法委托、非法处置等犯罪链条各环节参与人员均依法严惩，形成对破坏生态环境犯罪行为的有效震慑。同时在案件审理过程中，推动晨光亚克力公司、部分被告人与生态环境行政主管部门达成赔偿协议，晨光亚克力公司、部分被告人主动缴纳生态环境损害赔偿金，对污染企业和责任人自觉承担生态环境损害赔偿责任起到了促进作用，实现了法律效果和社会效果的有机统一。

30. 廖某云等3人污染环境案

（2020年1月7日发布）

【基本案情】

2006年以来，被告人廖某云、廖某翠夫妇未办理生产经营手续，非法在湖南省蓝山县开办选矿厂，雇请工人洗选硫铁矿、铅锌矿。2015年上半年，廖某云将选矿厂交由被告人廖昌业代为管理。廖某云经营选矿厂洗选矿期间，直接将含有铅、砷、锰等重金属的废水、废渣存放于沉淀池内，未采取有效防渗、防漏措施，造成周边土壤与水环境污染，严重影响周边群众生产生活。经环保监管部门查处后仍不予改正，直至2017年4月蓝山县人民政府组织相关职能部门强制拆除选矿厂。经检测，该厂提取的样品中含铅、锌、砷、锰等重金属，均为有毒有害物质。经评估，污染行为造成环境损失65.56万元，估算土壤及水修复费用合计3063万元。案发后廖某云积极采取补救措施修复生态环境，被污染环境已部分得到了恢复治理。

【裁判结果】

湖南省蓝山县人民法院一审认为，被告人廖某云等3人未办理相关手续即开办和代为管理选矿厂，违反国家规定排放有毒物质，严重污染环境，均构成污染环境罪，且后果特别严重。鉴于3被告人均能如实供述犯罪事实，且自愿认罪，积极采取补救措施修复生态环境，具有悔罪表现，一审法院判决被告人廖某云等3人犯污染环境罪，判处有期徒刑四年至有期徒刑一年不等，并处罚金10万元至5万元不等。湖南省永州市中级人民法院二审裁定驳回上诉，维持原判。

【典型意义】

湖南省蓝山县地处湘江源头，湘江是长江的八大支流之一。被告人廖某云等 3 人自 2006 年以来，未办理任何生产手续，非法开办选矿厂加工硫铁矿和铅锌矿，直接将含有铅、砷、锰等重金属的废水、废渣存放于沉淀池内，且未采取防渗、防漏措施，导致周边土壤与水环境受到严重污染。涉案选矿厂自 2006 年开始营业到 2017 年被政府强制拆除，非法排污达 11 年之久，其间经环保监管等相关部门查处后仍不予改正。人民法院综合认定污染后果特别严重，依法对 3 被告人判处刑罚，体现了对屡罚不改的污染者依法从重惩处的司法政策。本案的审理和判决有助于发挥刑罚威慑力，震慑潜在犯罪者，也有助于教育和引导相关从业者依法依规开展生产经营活动，增强社会公众的守法意识和环境保护意识。

31. 浙江晋巨化工有限公司、吴某富等8人污染环境案

(2020年5月8日发布)

【基本案情】

2017年12月，被告单位浙江晋巨化工有限公司（以下简称晋巨公司）将其硫酸厂产生的污泥渣拌入矿渣去湿，产生混合固体废物。被告人潘某刚系晋巨公司分管安全环保工作部副总经理，经环保部门约谈后，未采取整改措施。被告人吴某富系该公司安全环保部主管，将上述固体废物交由无资质的被告人黄某土等人处置。2018年1月，被告人黄某土、刘某友将2327.48吨混合固体废物运至浙江省江山市露天堆放。2018年2月至3月，刘某友等人将相关固体废物共计1924.48吨从浙江省衢州市运往福建省浦城县堆放、倾倒、填埋。后经应急处置，挖掘清运受污染泥土混合物共计4819.36吨，上述行为造成应急处置、监测、评估等各项费用损失共计307余万元。上述行为系2018年3月9日案发，环保部门经调查取证后，于2018年3月20日移送公安机关。

【裁判结果】

福建省浦城县人民法院一审认为，被告单位晋巨公司将固体废物交由无资质人处置；被告人黄某土、刘某友将固体废物露天堆放，渗滤液铜和镉含量超出国家污染物排放标准10倍以上，严重污染环境；被告人刘某友等人跨省运输、处置固体废物，导致公私财产损失100万元以上，后果特别严重，均已构成污染环境罪。被告人吴某富系晋巨公司单位犯罪的直接

责任人员，依法应承担相应的刑事责任。一审法院以污染环境罪判处晋巨公司罚金 55 万元；判处吴某富等 8 人有期徒刑三年六个月以下不等，并处罚金；以国有公司人员失职罪判处潘某刚有期徒刑一年八个月，缓刑二年。

【典型意义】

本案系跨省非法运输、倾倒固体废物的污染环境刑事案件。近年来，逃避本地监管查处，跨省转移危险废物犯罪高发频发，甚至形成犯罪利益链条。本案的审理是行政执法与刑事司法相互衔接的有效实践。人民法院在本案中，依法加强与人民检察院、公安机关、环境保护主管部门之间的协调联动，形成打击生态环境违法犯罪的合力。同时，注重运用财产刑，加大对环境污染犯罪的经济制裁力度，提高跨界转移污染物的违法成本。本案开庭审理时，邀请了省、市、县检察院、公安机关和生态环境局等 40 余人旁听，取得良好的社会效果。

32. 田某芳、阮某华、吴某顺污染环境案

(2020 年 5 月 8 日发布)

【基本案情】

2017 年 9 月，原贵州双元铝业公司环保科科长被告人田某芳，在明知被告人阮某华无处置危险废物资质的情况下，让其帮忙处置一批废阴极块。2017 年 10 月，被告人阮某华雇车辆将上述固体废物 1298. 28 吨运至贵阳市花溪区董家堰村，卖给回收废旧物资的被告人吴某顺。后发生退货事宜，应阮某华要求，吴某顺将该批固体废物中的 1000 余吨运至贵阳市修文县龙场镇军民村，并于次日雇人将剩余固体废物倾倒。据检测、评估，花溪区董家堰村固体废物堆放地地表水洼水体内氟化物严重超标，被遗留、倾倒危险废物处置、场地生态环境修复、送检化验、后期跟踪检测费用为 379. 60 万元。

【裁判结果】

贵州省清镇市人民法院一审认为，被告人田某芳、阮某华、吴某顺任意处置含有危险废物的工业废物 1000 余吨，造成生态环境损害达 379. 6 万元，后果特别严重。鉴于各被告人均系初犯，归案后自愿认罪认罚，并积极支付生态环境损害费用以减轻犯罪后果，依法从轻处罚。以污染环境罪判处被告人田某芳、阮某华、吴某顺有期徒刑三年至二年不等，并适用缓刑，并处罚金 5 万元至 2 万元不等。禁止被告人田某芳在缓刑考验期内从事与环境保护相关的活动；禁止被告人阮某华在缓刑考验期内从事废旧物资回收的经营活动。

【典型意义】

本案系对污染环境犯罪被告人适用环境保护禁止令的刑事案件。任何单位和个人均应按照国家的规定排放、倾倒或者处置危险废物等有毒有害物质，维护生态环境安全。本案被告人田某芳、阮某华系在从事环境保护、废旧物资回收经营的活动中实施严重污染环境的犯罪行为，有违法律规定和行业规范。人民法院充分利用刑事禁止令等法律强制措施，禁止二被告人在缓刑考验期内再从事环境保护、废旧物资回收经营等相关活动，对于防范化解风险，防止被告人在缓刑期内再次污染环境、破坏生态，具有重要的实践意义。

33. 田某蓉、罗某等18人走私废物案

（2020年5月8日发布）

【基本案情】

自2016年始，被告人田某蓉夫妇在缅甸小勐拉设立站点收购废塑料、废金属等物品，联系、安排被告人罗某等人驾驶空货车出入境，装运其经简单清洗加工后的废物拉至指定地点，然后联系、安排边民通过边境小道将废物走私运输至境内，再驳装到罗某等人货车上，最后由罗某等人将上述废物送给国内买家进行销售牟利。经查证，田某蓉、罗某等人走私、运输、倒运、购买废塑料913.40吨、废金属122.70吨、废电瓶2.47吨。

【裁判结果】

云南省西双版纳州中级人民法院一审认为，被告人田某蓉、罗某等人违反海关法规，逃避海关监管，将境外1038.57吨固体废物运输进境，从事倒运、购买等行为，情节特别严重，构成走私废物罪。判处被告人田某蓉、罗某等人有期徒刑九年至一年不等，并处罚金60万元至2万元不等。

【典型意义】

本案系跨越国边境走私废物案件。2018年1月起，中国全面禁止“洋垃圾”入境，大力推进固体废物进口管理制度改革，成效显著。但仍有部分企业、个人为谋取非法利益不惜铤而走险，“洋垃圾”非法入境问题时有发生。本案犯罪地点位于我国西双版纳州边境区域，被告人采取更为隐蔽的家庭小作坊式站点，通过边境小道违法走私固体废物入境后倒运、贩

卖，增加了监管难度。人民法院充分利用刑罚手段，严厉打击走私、运输、倒卖“洋垃圾”等犯罪行为，彰显了将“洋垃圾”拒于国门之外的决心和力度，有利于强化国家固体废物进口管理制度，防治固体废物污染，促进国内固体废物无害化、资源化利用，有效维护国家生态环境安全和人民群众生命健康安全。

34. 赵某锐、谭某洪走私珍贵动物制品案

（2020年5月8日发布）

【基本案情】

2017年，被告人赵某锐在墨西哥购买鱼鳔后，欲通过不向海关申报的方式偷运入境。2018年1月，赵某锐找通晓西班牙语的被告人谭某洪帮助携带鱼鳔回国，并提供报酬。2018年1月22日，赵某锐将其购买的63个鱼鳔放入谭某洪行李箱内，二人乘坐航班回国，入境时被海关查获。经鉴定核算，上述鱼鳔系加利福尼亚湾石首鱼的鱼鳔，价值共计40.32万元。

【裁判结果】

广西壮族自治区桂林市中级人民法院一审认为，被告人赵某锐、谭某洪违反海关法规，逃避海关监管，共同走私国家禁止进出口的珍贵动物制品，其行为均已构成走私珍贵动物制品罪。被告人赵某锐起主要作用，是主犯；谭某洪起次要作用，是从犯。以走私珍贵动物制品罪判处被告人赵某锐有期徒刑五年，并处罚金5万元；判处被告人谭某洪有期徒刑二年，并处罚金3万元。

【典型意义】

本案系走私《濒危野生动植物种国际贸易公约》附录I所列野生动物制品的刑事案件，也系国家海关总署督办的走私珍贵动物制品案件。加利福尼亚湾石首鱼系墨西哥加利福尼亚湾特有的鱼种，构成生物多样性的重要组成部分。近年来，因广被猎杀而濒危。本案中，人民法院依法认定案

涉鱼鳔同时构成我国国家一级保护水生野生动物制品，彰显了积极履行国际公约义务，严厉打击濒危物种走私违法犯罪的决心。本案判决，对于惩治震慑犯罪分子，教育警示社会公众，自觉保护生态环境尤其是野生动植物资源，具有良好的示范作用。

35. 全某兰等 6 人非法收购、运输、出售珍贵、濒危野生动物案

(2020 年 5 月 8 日发布)

【基本案情】

2017 年 1 月至 2018 年 3 月，被告人全某兰、周某财先后多次非法收购穿山甲 35 只，出售给被告人李某琼、林某甲等人共 31 只穿山甲，违法所得 19.09 万元。被告人李某琼将从全某兰、周某财处购得的穿山甲出售给被告人陈某林等人共 6 只，违法所得 4.60 万元。2017 年 10 月至 2018 年 3 月，被告人华某福帮全某兰、周某财非法运输穿山甲 9 次共 9 只，得运费 3700 余元。

【裁判结果】

湖南省石门县人民法院一审认为，被告人全某兰等 6 人违反国家野生动物保护法规，非法收购、运输、出售国家重点保护的珍贵、濒危野生动物穿山甲，已构成非法收购、运输、出售珍贵、濒危野生动物罪。以非法收购、出售珍贵、濒危野生动物罪分别判处被告人全某兰、周某财、李某琼有期徒刑十一年、十年六个月、三年，并处罚金。以非法运输珍贵、濒危野生动物罪判处被告人华某福有期徒刑五年，并处罚金。以非法收购珍贵、濒危野生动物罪分别判处被告人林某甲、陈某林有期徒刑二年六个月、二年，施以缓刑，并处罚金。湖南省常德市中级人民法院二审维持原判。

【典型意义】

本案系非法收购、运输、出售珍贵、濒危野生动物的刑事案件。穿山甲是我国二级保护野生动物，也是世界濒危物种之一。本案判决通过严惩破坏野生动物资源犯罪，充分发挥刑罚的惩治和教育功能，引导社会公众树立自觉保护野生动物及其栖息地的意识，共同守护人与自然和谐共处的地球家园。全国人民代表大会常务委员会于 2020 年 2 月 24 日作出《关于全面禁止非法野生动物交易、革除滥食野生动物陋习、切实保障人民群众生命健康安全的决定》，全面禁止和惩治非法野生动物交易行为，维护生物安全和生态安全。

36. 罗某桂、邱某妹、周某军非法捕捞水产品案

（2020 年 5 月 8 日发布）

【基本案情】

2017 年 6 月，被告人罗某桂、邱某妹，因犯非法捕捞水产品罪，被判处拘役五个月，缓刑六个月。2019 年 9 月，被告人罗某桂、邱某妹为主，被告人周某军协助，两次在湖南西洞庭湖国家级自然保护区坡头轮渡附近水域，采取电捕鱼方式捕鱼共 800 公斤。

【裁判结果】

湖南省汉寿县人民法院一审认为，被告人罗某桂、邱某妹、周某军违反保护水产资源法规，在禁渔区使用禁用的方法捕捞水产品，情节严重，其行为构成非法捕捞水产品罪。以非法捕捞水产品罪分别判处罗某桂有期徒刑七个月、邱某妹有期徒刑六个月、周某军拘役一个月。湖南省常德市中级人民法院二审维持原判。

【典型意义】

本案系非法捕捞水产品刑事案件。湖南西洞庭湖国家级自然保护区，是国际重要湿地、东亚候鸟重要越冬地和长江生物多样性保护的重要节点。近年来，虽然渔民上岸政策全面实施，但仍有少数人因利益驱使，在禁渔区以禁止方式非法捕捞水产品。本案被告人罗某桂、邱某妹作为主犯，系在非法捕捞水产品罪缓刑考验期限期满后，再次非法捕捞水产品，无悔罪表现。人民法院严格贯彻宽严相济、罚当其罪原则，判处被告人实刑，对引导沿岸渔民的捕捞行为，维护湿地生态系统平衡具有重要意义。

37. 张某长非法采伐国家重点保护植物案

（2020年5月8日发布）

【基本案情】

2017年3月初，被告人张某长以400元的价格购买重庆市梁平区明达镇某园场内的红豆杉1株。后，张某长上山采挖并雇请他人将该株红豆杉搬运并栽种在自家花园内。3月19日，张某长采挖重庆市梁平区竹山镇猎神村某处的红豆杉1株，过程中被发现。当日，张某长被公安机关抓获归案。案涉2株红豆杉均已死亡。经鉴定，案涉2株红豆杉系国家一级重点保护野生植物。

【裁判结果】

重庆市万州区人民法院一审认为，张某长违反《中华人民共和国野生植物保护条例》等规定，非法采挖2株野生红豆杉，移植或准备移植至自家花园，构成非法采伐国家重点保护植物罪。以非法采伐国家重点保护植物罪判处张某长有期徒刑三年三个月，并处罚金2万元。重庆市第二中级人民法院二审认为，二审中，张某长主动申请并积极履行生态修复协议约定的修山抚育和补植复绿义务，主动缴纳罚金2万元，认罪、悔罪态度较好，可以从轻处罚。以非法采伐国家重点保护植物罪改判张长久有期徒刑三年，缓刑三年，并处罚金2万元。

【典型意义】

本案系非法采伐国家重点保护植物的刑事案件。案涉红豆杉是我国国家一级重点保护植物，具有重要的科学、经济和观赏价值，属于《中华人民共和国刑法》第三百四十四条规定的“珍贵树木或者国家重点保护的其他植物”。2020 年 3 月 21 日起施行的《最高人民法院、最高人民检察院关于适用〈中华人民共和国刑法〉第三百四十四条有关问题的批复》第三条规定：“对于非法移栽珍贵树木或者国家重点保护的其他植物，依法应当追究刑事责任的，依照刑法第三百四十四条的规定，以非法采伐国家重点保护植物罪定罪处罚。鉴于移栽在社会危害程度上与砍伐存在一定差异，对非法移栽珍贵树木或者国家重点保护的其他植物的行为，在认定是否构成犯罪以及裁量刑罚时，应当考虑植物的珍贵程度、移栽目的、移栽手段、移栽数量、对生态环境的损害程度等情节，综合评估社会危害性，确保罪责刑相适应。”本案判决发生于上述批复施行之前，人民法院综合全案，以非法采伐国家重点保护植物罪改判被告人有期徒刑三年，缓刑三年，并处罚金，对正确理解上述批复，规范采挖、移栽珍贵野生植物的行为定性，具有重要的指导意义。同时，对警示引导社会公众树立法律意识，杜绝非法采挖、移栽珍贵野生植物，保护生物多样性，具有较好的教育示范作用。

38. 伍某华等15人盗伐林木、滥伐林木、故意毁坏财物、妨害作证、强迫交易案

（2020年5月8日发布）

【基本案情】

2003年至2018年，被告人伍某华纠集被告人伍某威、周某春，并与被告人江某等人，形成垄断林业资源、称霸乡村山场、扰乱市场秩序的恶势力犯罪团伙。该团伙成员多次结伙实施故意毁坏财物、盗伐林木、滥伐林木、强迫交易、妨害作证等一系列犯罪行为，共计盗伐林木117.07立方米、滥伐林木2541.39立方米、故意毁坏林木256.04立方米。此外，团伙成员伍某威还在团伙外分别伙同被告人伍某春等人盗伐林木115.56立方米、滥伐林木37.05立方米、故意毁坏林木12.75立方米。

【裁判结果】

福建省武夷山市人民法院一审认为，被告人伍某华等人应定性为恶势力犯罪团伙。伍某华系主犯，以盗伐林木罪、滥伐林木罪、故意毁坏财物罪、强迫交易罪、妨害作证罪，数罪并罚，判处有期徒刑二十年，并处罚金25万元。案涉的其他14名被告人亦被分别以不同罪名，判处有期徒刑十年至六个月不等，并处罚金5.5万元至0.5万元不等。福建省南平市中级人民法院二审，对周某春的部分犯罪、江某福的量刑处理和胡某才的执行方式作出改判，对其他原审被告人的定罪量刑，予以维持。

【典型意义】

本案系在武夷山国家公园园区内盗伐、滥伐林木的刑事案件。武夷山国家公园是我国唯一一个既是世界人与生物圈保护区，又是世界文化和自然双遗产地的风景名胜区，属全国主体功能区规划中的禁止开发区域，已纳入全国生态保护红线区域管控范围。近年来，福建武夷山茶叶的经济效益凸显，少数人为了私利铤而走险。本案就是一起典型的以“毁林种茶”严重破坏生态资源方式来达到敛财目的的恶势力团伙犯罪案，各被告人多次结伙实施毁坏、盗伐、滥伐国有或集体林木的违法犯罪行为，先后破坏林地 600 余亩、林木蓄积量达 3100 立方米，影响极为恶劣。人民法院统筹运用刑事责任和经济制裁手段，用最严格司法保护武夷山国家公园的森林资源和生态环境。

39. 彭某强、彭某平、吴某光非法采矿案

(2020年5月8日发布)

【基本案情】

2014年4月至2017年6月，被告人彭某强、彭某平等人在未取得采矿许可证的情况，采用毁损河堤、农用地等方式非法采砂。2017年4月，湘乡市水利局责令其停止违法行为。2017年6月，湘乡市国土局责令其十五日内自行平整被破坏的农田，恢复种植条件。彭某强、彭某平等人均未理睬。2017年10月，彭某强拉拢案涉河段新石村负责人被告人吴某光非法采砂。被告人吴某光在政府查处砂场时，多次给彭某强通风报信。非法采矿期间，被告人彭某强、彭某平等人获利125万元。被告人彭某强、吴某光采掘砂石价值32.54万元，非法占用农用地5.96亩，造成其中4.89亩农田无法恢复，毁损河堤恢复原状工程价格经评估为177.29万元。

【裁判结果】

湖南省湘乡市人民法院一审认为，被告人彭某强、彭某平、吴某光违反《中华人民共和国矿产资源管理法》的规定，未取得采矿许可证擅自采矿，其中被告人彭某强、彭某平情节特别严重，被告人吴某光情节严重，均构成非法采矿罪。判处被告人彭某强、彭某平、吴某光有期徒刑七年至一年五个月不等，并处罚金20万元至5万元不等。

【典型意义】

本案系对非法开采矿产资源的行为人追究刑事责任的案件。打击非法

采矿违法犯罪行为是加大重点行业领域治乱力度，全面规范矿产资源管理秩序的必然要求，也是防范化解私挖滥采各类风险，维护安全稳定社会大局的重要举措。被告人彭某强、彭某平等不仅无证开采、破坏性开采，且在有关部门多次制止，责令拆除挖砂设备、修复损坏河堤的情况下，仍置若罔闻，甚至为逃避查处拉拢基层组织负责人入伙，长期非法开采砂石，给国家矿产资源和生态环境造成严重破坏。人民法院充分发挥刑事审判职能作用，有力地震慑了犯罪，维护了国家和集体利益，对促进矿产资源的有序开发和合理利用具有积极的示范作用。

40. 福州市源顺石材有限公司、黄某游非法占用农用地案

(2020 年 5 月 8 日发布)

【基本案情】

2012、2013 年及 2017 年 4 月至 5 月间，被告单位福州市源顺石材有限公司（以下简称源顺公司）、被告人黄某游未经林业主管部门审批，擅自在闽侯县鸿尾乡大模村“际岭”山场占用林地 138.51 亩，用作超范围采矿、石料加工区等。案发后，源顺公司根据司法机关的要求向闽侯县南屿镇政府缴交生态修复款 62.33 万元，聘请专家编制了矿区及周边生态环境恢复治理方案，并依方案开展相应生态修复工作。同时，黄某游自愿承诺在位于闽江湿地公园的闽江水资源生态保护司法示范点暨生态司法保护宣传长廊进行异地特色苗木公益修复，与专业园林公司签订合同，种植指定树木 150 棵，承诺管护一年，确保成活。被害方闽侯县鸿尾乡大模村村民委员会及鸿尾农场出具谅解书。

【裁判结果】

福建省闽侯县人民法院一审认为，被告单位源顺公司、被告人黄某游违反国家林业管理法规，未经审批占用农用地 138.51 亩，其行为已构成非法占用农用地罪。鉴于被告单位、被告人黄某游有自首情节，积极进行生态修复，依法从轻处罚。以非法占用农用地罪判处被告单位源顺公司罚金 40 万元，判处被告人黄某游有期徒刑二年九个月，缓刑四年，并处罚金 20 万元；责令被告人黄某游在闽江湿地公园的闽江水资源生态保护司法示范

点进行异地公益修复种植指定规格的特色苗木 150 棵。

【典型意义】

本案系非法占用农用地的刑事案件。林地、耕地等农用地是重要的土地资源。本案中，源顺公司及其法定代表人黄某游未经审批擅自占用林地堆放矿石渣土，对农用地用途及其周边生态环境造成破坏。人民法院在审理中，注重惩治犯罪和生态环境治理修复的有机结合，将生态环境修复义务的履行纳入量刑情节，有效融合了生态司法的警示教育、环境治理和法治宣传等诸多功能，取得了良好的法律效果和社会效果。

41. 户某军、李某强等6人盗掘古文化遗址、古墓葬案

(2020年6月5日发布)

【基本案情】

2016年9月至2017年7月间，被告人户某军、李某强等6人在安阳市殷都区梅园庄北街等多处地方实施盗掘行为。其中，在殷都区梅园庄北街盗挖出两个青铜戈，后被李某强以3000元的价格出售。经国家文物出境鉴定河南站鉴定，该系列盗掘行为破坏了殷墟遗址的商代文化层，盗掘位置分别位于全国重点文物保护单位殷墟遗址保护区的重点保护区、一般保护区、建设控制地带。

【裁判结果】

河南省安阳市中级人民法院一审认为，户某军、李某强等6人盗掘全国重点文物保护单位保护区范围内的古文化遗址、古墓葬，其行为构成盗掘古文化遗址、古墓葬罪。一审法院判决户某军、李某强等6人犯盗掘古文化遗址、古墓葬罪，判处有期徒刑十五年至十二年不等，均剥夺政治权利二年，并处罚金20万元至15万元不等。

【典型意义】

黄河文化是中华文明的重要组成部分，黄河流域分布着大量的古文化遗址和古墓葬群。其中，殷墟遗址被列入世界文化遗产名录，具有重要的保护价值。包括古文化遗址在内的人文遗迹在文化、科学、历史、美学、

教育、环境等方面都具有极高价值，是环境保护不可分割的组成部分。本案判决体现了人民法院严厉打击破坏古文化遗址和古墓葬行为，保护、传承、弘扬黄河文化的政策导向，对提高公众文物保护意识具有教育指引作用。

42. 熊某辉等3人非法猎捕珍贵野生动物案

（2020年9月25日发布）

【基本案情】

2017年3月25日，被告人熊某辉、杜某、江某波携带渔网、鱼竿等工具至长江干流丰都河段龙洞湾水域，捕获2只白鲢鱼和1条胭脂鱼幼鱼，并造成胭脂鱼死亡。3人所使用的刺网网目尺寸为6厘米，违反重庆市关于长江干流和嘉陵江、乌江水域网目尺寸不得小于8厘米的相关规定。经鉴定，胭脂鱼属国家二级保护野生动物。重庆市涪陵区人民检察院以熊某辉等3人犯非法猎捕珍贵野生动物罪、非法捕捞水产品罪提起公诉。

【裁判结果】

重庆市涪陵区人民法院一审认为，被告人熊某辉等3人违反保护水产资源法规，在禁渔期、禁渔区内采用禁用方法捕捞水产品，情节严重。3被告人捕获的胭脂鱼，系国家重点保护的珍贵野生动物，构成非法猎捕珍贵野生动物罪和非法捕捞水产品罪的竞合，应择一重罪处罚。一审法院以非法猎捕珍贵野生动物罪判决被告人熊某等3人有期徒刑六个月，并处罚金2000元。重庆市第三中级人民法院二审维持原判。

【典型意义】

本案系在长江干流非法猎捕珍贵野生动物引发的刑事案件。胭脂鱼是我国特有的淡水珍贵濒危物种，具有重要的经济和文化、社会、生态价值。被告人在禁渔期和禁渔区内使用禁用的网目小于规定尺寸的刺网捕捞，情节严重；非法捕获的水生动物中包括国家二级保护野生动物胭脂鱼的幼鱼，并造成该幼鱼死亡的后果。人民法院依法择一重罪，以非法猎捕珍贵野生动物罪定罪量刑，体现了严厉打击“绝户网”和非法捕捞珍贵、濒危水生野生动物违法犯罪行为的司法导向，有力维护长江水域的生态平衡和生物多样性。

43. 毛某彩等13人非法捕捞水产品案

（2020年9月25日发布）

【基本案情】

2019年8月，被告人毛某彩、毛某法、毛某国合伙购买快艇收购螺蛳。2019年9月7日，毛某法、毛某彩驾驶快艇现场指挥，被告人毛某根和石某屏、毛某芳和毛某霞、毛某长和毛某连、朱某勇和朱某青、张某元、王某孝分别驾驶6条吊杆式捕捞渔船，前往鄱阳湖水域捕捞螺蛳，并运至码头装船。经现场称重，被告人毛某彩等13人非法捕捞的渔获物净重29882斤。江西省鄱阳县人检察院以毛某彩等13人犯非法捕捞水产品罪提起公诉。

【裁判结果】

江西省鄱阳县人民法院一审认为，被告人毛某彩等13人违反保护水产资源法规，使用禁用工具非法捕捞水产品，情节严重，构成非法捕捞水产品罪，且系共同犯罪。鉴于毛某彩、毛某法等人具有自首情节、认罪态度良好，毛某根、王某孝有犯罪前科等情形，一审法院以非法捕捞水产品罪，分别判处被告人毛某彩、毛某法拘役五个月、缓刑十个月，判处被告人毛某国拘役五个月、王某孝拘役四个月，判处被告人毛某芳等人罚金1.5万元至6000元不等。一审判决已发生法律效力。

【典型意义】

本案系在鄱阳湖非法捕捞螺蛳引发的刑事案件。鄱阳湖系长江中下游主要支流之一，对调节长江水位、改善气候、维护生态平衡具有重要作用。近年来，餐饮行业多以“野生江鲜”等为噱头宣传营销螺蛳。本案被告人为追求非法利益，形成固定团伙，驾驶快艇、渔船在禁渔期内使用禁用的吊杆式机动渔具大量捕捞螺蛳，严重破坏鄱阳湖区生物资源和生态系统。本案判决有助于依法严惩非法过度捕捞水产品等违法犯罪行为，引导社会公众增强水生野生动物保护意识，加强“舌尖上的禁捕”源头治理，缓解长江流域重点水域生物资源衰退危机。

44. 赵某春等6人非法采矿案

(2021年2月25日发布)

【基本案情】

2013年春节后，被告人赵某春与被告人赵某喜共谋，由赵某春负责在长江镇江段采砂，赵某喜以小船每船1500元、大船每船2400元的价格予以收购。2013年3月至2014年1月间，赵某春在未办理河道采砂许可证的情况下，雇请被告人李某海、李某祥在长江镇江段119号黑浮下游锚地附近水域使用吸砂船将江砂直接吸到赵某喜货船。赵某喜雇请被告人赵某龙、徐某金等将江砂运输至其事先联系好的砂库予以销售。经鉴定，赵某春、赵某喜、李某海、李某祥非法采砂38万余吨，造成国家矿产资源破坏价值152万余元。赵某龙参与非法采砂22万余吨，价值90万余元；徐某金参与非法采砂15万余吨，价值62万余元。

【裁判结果】

江苏省镇江市京口区人民法院一审认为，被告人赵某春、赵某喜等6人违反《中华人民共和国矿产资源法》的规定，未取得采矿许可证非法采矿，情节特别严重，均已构成非法采矿罪，分别判处赵某春、赵某喜有期徒刑三年六个月，并处罚金20万元；李某海、李某祥有期徒刑六个月，缓刑一年，罚金2万元；赵某龙罚金1.8万元、徐某金罚金1.6万元；追缴被告人违法所得，并没收吸砂船。江苏省镇江市中级人民法院二审维持一审判决。

【典型意义】

本案系在长江河道非法采砂引发的刑事案件。长江河道砂石资源具有维持河道潜流、稳定河道形态、提供生物栖息地、过滤河流水质等重要功能。非法采砂行为不仅导致国家矿产资源的流失，还严重影响长江航道和防洪堤坝安全，危害社会公共利益。本案中，人民法院加大对非法采砂犯罪行为的惩处力度，对6名被告人依法予以严惩，斩断“盗采、运输、销售”一条龙犯罪产业链条，有力震慑了非法采砂行为，彰显了人民法院用最严格制度最严密法治保护长江流域生态环境、维护沿岸人民群众的生命财产安全的坚强决心。

45. 张某建等 11 人盗掘古墓葬案

（2021 年 6 月 4 日发布）

【基本案情】

2013 年 11 月至 2016 年 6 月，张某建等 11 人形成盗掘古墓葬团伙，先后多次在山西省临汾市襄汾县陶寺乡陶寺村北等地盗掘古墓葬 14 座，所出土文物包括青铜鼎、青铜簋、青铜编钟、青铜鬲、青铜匜、青铜鱼片、青铜方盘等，上述文物倒卖后共获利 834 万余元。经鉴定，上述被盗墓葬系东周时期墓葬，均属具有历史、艺术、科学价值的古墓葬。

【裁判结果】

山西省临汾市中级人民法院一审认为，被告人张某建等 11 人违反国家文物保护法规，盗掘具有历史、艺术、科学价值的古墓葬，其行为均已构成盗掘古墓葬罪。其中，被告人张某建在盗墓活动中，策划预谋、安排分工，发挥组织、领导作用，依法应系主犯；被告人段某杰、张某斌既组织预谋又积极参与，在共同犯罪中起主要作用，依法应系主犯；被告人闫某峰、郭某强探墓、盗墓并监督“出货”，系作用较小的主犯；被告人张某东等 6 人系从犯。一审法院以盗掘古墓葬罪判决被告人张某建等 11 人有期徒刑十五年至一年六个月不等，并处罚金 15 万元至 1 万元不等。山西省高级人民法院二审维持原判。

【典型意义】

本案系黄河流域陶寺遗址发生的盗掘古墓葬刑事案件。黄河是中华民族的母亲河，黄河文化是中华文明的重要组成部分，是中华民族的根和魂。陶寺遗址位于山西省襄汾县陶寺村南，是黄河中游地区以龙山文化陶寺类型为主的遗址，是华夏文明的源头之一。案涉襄汾县陶寺北古墓葬群被确定为全国重点文物保护单位，具有巨大的历史、艺术、科学价值。人民法院结合案涉盗掘行为造成的客观危害后果，在法定刑幅度内，依法予以从重处罚，体现了严惩重处，推进黄河文化遗产系统保护的坚定决心，对保护、传承、弘扬黄河文化，延续历史文脉，坚定文化自信具有重要意义。

46. 德清明禾保温材料有限公司、祁某明污染环境案

（2021 年 6 月 4 日发布）

【基本案情】

被告单位德清明禾保温材料有限公司（以下简称明禾公司）成立于 2017 年 3 月 8 日，主要从事聚氨酯硬泡组合聚醚保温材料的生产，以及聚氨酯保温材料、化工原料（除危险化学品及易制毒化学品）、塑料材料、建筑材料批发零售。法定代表人为被告人祁某明。2017 年 8 月至 2019 年 6 月，被告人祁某明在明知三氯一氟甲烷系受控消耗臭氧层物质，且被明令禁止用于生产使用的情况下，仍向他人购买，并用于被告单位明禾公司生产聚氨酯硬泡组合聚醚保温材料。其间，被告单位明禾公司共计购买三氯一氟甲烷 849.50 吨。经核算，被告单位明禾公司在使用三氯一氟甲烷生产过程中，造成三氯一氟甲烷废气排放 3049.70 千克。

【裁判结果】

浙江省德清县人民法院一审认为，被告单位明禾公司违反国家规定，使用三氯一氟甲烷用于生产保温材料并出售，严重污染环境，其行为已构成污染环境罪。被告人祁某明作为被告单位法定代表人，明知三氯一氟甲烷禁止用于生产，主动购入用于公司生产保温材料并销售，造成环境严重污染，亦应当以污染环境罪追究刑事责任。一审法院以污染环境罪，判处被告单位明禾公司罚金 70 万元，判处被告人祁某明有期徒刑十个月，并处罚金 5 万元。该案一审判决已发生法律效力。

【典型意义】

本案系全国首例因违法使用受控消耗臭氧层物质（ODS）被判处实刑的污染环境刑事案件。三氯一氟甲烷（俗称氟利昂）为受控消耗臭氧层物质，属于污染大气的有害物质。我国是《保护臭氧层维也纳公约》和《关于消耗臭氧层物质的蒙特利尔议定书》的缔约国之一，一贯高度重视国际环境公约履约工作，于2010年9月27日即发布《中国受控消耗臭氧层物质清单》，其中三氯一氟甲烷作为第一类全氯氟烃，被全面禁止使用。本案的正确审理和判决，明确表明人民法院严厉打击消耗臭氧层物质违法行为的“零容忍”态度，对聚氨酯泡沫等相关行业和社会公众具有良好的惩戒、警示和教育作用，体现了司法机关坚定维护全球臭氧层保护成果，推动构建人类命运共同体的责任担当。

47. 刘某龙、张某君等15人盗伐林木案

（2021年11月25日发布）

【基本案情】

2016年5月至2017年9月，被告人刘某龙、张某君等15人在位于子午岭腹地的连家砭林区内实施盗伐柏树、盗挖柏树根牟利等犯罪行为。被告人刘某龙、王某喜先后盗伐66棵柏树，合立木材积为9.7709立方米；被告人张某君等8人先后盗挖柏树根40次，价值共计116.36万元；被告人袁某平帮助转移他人盗窃的柏树根11次，价值共计32.04万元；被告人丁某保、齐某云先后购买他人盗挖的柏树根7次，价值共计20.04万元。

【裁判结果】

甘肃省子午岭林区法院一审认为，被告人刘某龙、张某君等15人的行为分别构成盗伐林木罪、盗窃罪以及掩饰、隐瞒犯罪所得罪等，分别被判处有期徒刑六个月到八年及缓刑一年到三年六个月不等，并处罚金2000元到3万元不等。一审判决后，各被告人没有提起上诉。

【典型意义】

本案系盗伐林木引发的一起严重破坏生物资源和水土资源的刑事案件。子午岭被誉为黄土高原上的天然物种“基因库”，子午岭林区是黄土高原中部最大的天然次生林区，是黄河流域重要水源涵养和水土保持林区，该区域的森林资源对于稳定黄河水质和水量，保持水土稳定和维护生

物多样性具有重要意义。盗伐林木是严重破坏林区生态资源的犯罪行为，本案的公开审理，有力地打击了破坏林区资源的犯罪行为，严厉惩治犯罪分子，亦增强了公众对林区生态环境重要性的认识，激发公众保护林区生态环境资源的责任感。

48. 马某文非法收购、运输、出售珍贵、濒危野生动物制品案

(2021 年 11 月 25 日发布)

【基本案情】

2018 年 7 月，被告人马某文报案称自己的出租屋被盗，因所述被盗物品疑似珍贵、濒危野生动物及其制品，公安机关在马某文住所搜出众多野生动物制品，在盗窃马某文住处的犯罪嫌疑人手中亦缴获众多野生动物制品。经鉴定，涉案野生动物制品中除有证据证明系被告人马某文合法购买的马鹿鹿鞭 7 根、马鹿鹿茸 5 支外，另有其非法购买所得的熊掌 16 个、鹿鞭 6 根、鹿筋 52 个、鹿尾巴 7 个、麝香 7 个、雪豹皮 1 张、鹿角 1 个、盘羊头 1 个、鹿肉 1 小袋、狼头 2 个等野生动物制品，涉案野生动物制品价值总计 665090 元。

【裁判结果】

青海省玉树市人民法院一审认为，被告人马某文违反国家关于野生动物资源保护的规定，明知雪豹、白唇鹿、林麝、马鹿、盘羊、棕熊为国家重点保护野生动物，而进行收购、运输、出售的行为构成非法收购、运输、出售珍贵、濒危野生动物制品罪，判处被告人马某文有期徒刑十年，并处罚金人民币 2 万元。涉案野生动物制品除被告人合法购买的部分依法予以返还外，其余野生动物制品依法予以没收。一审判决后，被告人没有提起上诉。

【典型意义】

本案系非法收购、运输、出售珍贵、濒危野生动物制品引发的刑事案件。没有买卖就没有杀戮。三江源地区作为青藏高原腹地，野生动物资源丰富多样，违法经营野生动物资源的行为时有发生，也因为非法交易利益的驱使，猎捕杀害珍贵、濒危野生动物的行为频繁发生，危及了野生动物资源的生物多样性和生态系统的平衡稳定。本案所涉野生动物种类多、价值大，案件的审理对三江源地区违法经营野生动物资源的行为形成震慑，彰显了法院严惩非法野生动物及其制品交易的决心，为维护生物多样性和生态平衡，推进生态文明建设提供了有力的司法保障。

49. 陈某强、董某师等盗掘古墓葬案

（2021 年 11 月 25 日发布）

【基本案情】

2017 年 8 月到 2018 年 4 月，被告人陈某强、董某师等人在山西省芮城县实施盗掘古墓葬行为，被盗墓葬位于全国重点文物保护单位古魏城遗址保护范围内。被告人陈某强、董某师等盗挖出青铜鼎、青铜盨、青铜禾、青铜盘、青铜器及青铜器配件 20 余件，其中一件青铜禾以 40 万元的价格出售，一件青铜盘以 22 万元的价格出售。经山西省文物交流中心鉴定，被盗墓葬均系两周时期墓葬，墓葬被盗造成原墓葬结构的毁坏和遗存物的缺失，对两周历史文化的研究造成不可弥补的损失。涉案青铜盘已被追缴，经山西省文物鉴定站鉴定为一级文物。被告人陈某强和董某师因涉嫌盗掘古墓葬罪被网上追逃期间，被告人陈某卫等人明知陈某强、董某师涉嫌犯罪，还将俩人送至四川，以期逃避司法机关追究。

【裁判结果】

山西省芮城县人民法院一审认为，被告人陈某强、董某师未经文物主管部门批准，多次伙同他人私自挖掘全国重点文物保护单位古魏城遗址保护范围内的古墓葬，造成原墓葬结构的毁坏和遗存文物的缺失，二被告人行为构成盗掘古墓葬罪。一审法院判决被告人陈某强、董某师犯盗掘古墓葬罪，分别处有期徒刑十二年九个月和十三年，并处罚金人民币 20 万元，对二被告人违法所得 14 万元予以追缴。被告人陈某卫等人的行为均构成窝藏罪，分别被判处有期徒刑六个月到拘役缓刑不等。山西省运城市中级人

民法院二审维持原判。

【典型意义】

本案系盗掘古墓葬刑事案件。案涉被盗墓葬位于山西芮城的古魏城遗址保护范围内，属于黄河流域文化遗址群。遗址内分布着大量的西周晚期到春秋早期的古文化遗址和古墓葬群，是黄河流域古魏国地域文化历史的见证，具有重要保护价值。本案判决结合案涉盗掘墓葬的保护等级、盗掘的次数、盗掘文物的等级，以及盗掘行为对原墓葬结构的毁坏和遗存文物缺失的危害后果，依法从重严处罚，体现了人民法院严厉打击破坏古文化遗址和古墓葬行为的决心，以及推进黄河文化遗产系统保护、传承的司法导向。同时，本案严厉惩处帮助盗墓者逃避法律责任的人员，对提高社会公众的文物保护意识，具有教育指引作用。

50. 买某强等6人污染环境案

（2021年11月25日发布）

【基本案情】

2019年1月4日，被告人买某强安排被告人尚某锋、贾某立、王某光、高某明在被告人杨某利位于河南省孟州市南庄镇染色作坊内对羊皮染色加工中加入铬粉，将产生的废水未经处理直接排入桑坡村内公共排水沟。被告人杨某利明知其羊皮染色作坊不具备处置铬液条件，仍将其作坊租给买某强用于羊皮染色加工，并收取费用。经鉴定，杨某利染色作坊车间外排口所排废水中铬含量23.1mg/L、超过国家标准3倍以上，属于严重污染环境。

【裁判结果】

河南省孟州市人民法院一审认为，被告人买某强等6人违反国家规定，对外排放废水总含铬量超过国家标准3倍以上，严重污染环境，构成污染环境罪。因被告人买某强、尚某锋、杨某利从事的活动对环境具有直接的危害，对被告人宣告禁止令，禁止其在缓刑考验期内从事与排污有关的经营活动。一审法院以污染环境罪分别判处被告人买某强等人有期徒刑十个月、缓刑一年至有期徒刑七个月、缓刑一年不等，并处罚金；禁止被告人买某强、尚某锋、杨某利在缓刑考验期内从事排污有关的经营活动。一审判决后，各被告人没有提起上诉。

【典型意义】

本案系污染环境刑事案件。孟州市是黄河千里长堤“左岸0公里”的起点，也是黄河流出山区进入平原的第一市。孟州市南庄镇是亚洲最大的羊皮加工生产基地，由于生产工艺的特殊性要求，当地存在较大水污染风险，对黄河流域孟州段的水体保护构成严重威胁。本案对污染环境犯罪被告人依法适用了环境保护禁止令，禁止3被告人在缓刑考验期内从事排污有关的经营活动，将生态环境保护的阶段提至事前，体现了环境资源审判落实预防为主的原则，避免了生态环境损害的再次发生。

第二部分　民事案例

51. 聂某等149户辛庄村村民与平顶山天安煤业股份有限公司五矿等水污染责任纠纷案

（2014年7月3日发布）

【基本案情】

自2003年6月起，聂某等149户辛庄村村民因本村井水达不到饮用水的标准，而到附近村庄取水。聂某等人以平顶山天安煤业股份有限公司五矿（以下简称五矿）、平顶山天安煤业股份有限公司六矿（以下简称六矿）、中平能化医疗集团总医院（以下简称总医院）排放的污水将地下水污染，造成井水不能饮用为由提起诉讼，请求判令3被告赔偿异地取水的误工损失等共计212.4万元。

【裁判结果】

河南省平顶山市新华区人民法院一审认为，3被告排放生产、生活污水污染了辛庄村井水，导致聂某等149户村民无法饮用而到别处取水，对此产生的误工损失，3被告应承担民事责任，判决3被告共同承担赔偿责任。双方不服上诉至平顶山市中级人民法院。二审庭审中，鉴定人员出庭接受质询，证明即便3被告排放的是达标污水，也肯定会含有一定的污染因子，五矿、六矿职工及家属排放的生活污水与五矿、六矿排放的生产污水只能按主次责任划分。二审法院依据鉴定报告及专家意见，结合二审查明的生产污水与生活污水对损害发生所起的主次作用以及五矿、六矿职工及其家属所排生活污水约占致损生活污水总排量的60%等事实，认定3被告对因其排放生产污水造成的本案误工损失共同承担40%的赔偿责任；五矿、六矿就其职工及家属排放生活污水造成的其余60%误工损失共同承担60%的赔偿责任。二审法院于2011年7月作出判决，判令五矿、六矿、总医院因排放生产污水共同赔偿聂某等人误工费17.65万元，五矿、六矿因其职工及其家属排放生活污水共同赔偿聂某等人误工费15.89万元。

【典型意义】

本案系多方排污导致地下水污染，危害饮用水水源，严重威胁聂某等人的身心健康。被告的生产、生活污水排入地下，且不能举证证明其排污行为与聂某等人的损害之间不存在因果关系，一审、二审法院认定3被告污染环境，应当承担民事责任并无不当。根据《中华人民共和国侵权责任法》第六十五条和第六十六条的规定，污染者应对其污染行为造成的损害承担无过错责任，即使3被告排放的污染物达标，造成损害的，仍不能免除其民事责任。涉案地下水污染系多个责任主体、多个排污行为叠加所致，二审法院根据鉴定报告和专家意见，厘清了不同排污行为产生的主次责任以及被告承担责任的比例划分，进而作出了相应判决。

52. 上海市松江区叶榭镇人民政府与蒋某祥等水污染责任纠纷案

（2014 年 7 月 3 日发布）

【基本案情】

浩盟车料（上海）有限公司（以下简称浩盟公司）、上海日新热镀锌有限公司（以下简称日新公司）与上海佳余化工有限公司（以下简称佳余公司）存在盐酸买卖关系，并委托佳余公司处理废酸。佳余公司委托未取得危险废物经营许可证的蒋某祥从上述两公司运输和处理废酸。2011 年 2 月至 3 月间，蒋某祥多次指派其雇请的驾驶员董某振将从三公司收集的共计 6 车废酸倾倒至叶榭镇叶兴路红先河桥南侧的雨水井中，导致废酸经雨水井流入红先河，造成严重污染。污染事故发生后，上海市松江区叶榭镇人民政府（以下简称叶榭镇政府）为治理污染，拨款并委托松江区叶榭水务管理站对污染河道进行治理。经审计确认红先河河道污染治理工程款、清理管道污染淤泥工程款、土地征用及迁移补偿费、勘察设计费、合同公证及工程质量监理费、审计费等合计 887266 元。因本次污染事故，蒋某祥、董某振分别被判处有期徒刑二年和一年三个月，佳余公司、浩盟公司、日新公司分别被上海市环境保护局罚款 46 万元、16 万元、16 万元。叶榭镇政府提起诉讼，请求判令蒋某祥、董某振、佳余公司、浩盟公司、日新公司连带赔偿经济损失 887266 元。

【裁判结果】

上海市松江区人民法院一审认为，本案中叶榭镇政府作为被污染河道的主管单位，有权对污染河道进行治理，也有权作为原告提起诉讼。蒋某祥以营利为目的，在未取得危险废物经营许可证的情况下，指派其雇员将废酸倾倒至叶榭镇政府境内通向红先河的雨水井中，造成严重污染，应当承担民事赔偿责任。董某振盲目听从蒋某祥的指派，故意将废酸倒入雨水井中导致红先河严重污染，应当与其雇主蒋某祥承担连带赔偿责任。佳余公司、浩盟公司、日新公司在生产过程中所产生的废酸属于危险废物，应向当地环境保护行政主管部门申报，并移交到有相应资质的单位进行处理。但上述三公司均未办理法定手续，擅自处理废酸，与此后红先河严重污染有直接的因果关系，对本次污染事故具有重大过错，理应与蒋某祥承担连带赔偿责任，综合三公司运出并倾倒的废酸数量及佳余公司在本次事故中所起作用等因素，酌情确定各自对损害后果承担的赔偿责任比例。一审法院于 2012 年 6 月作出判决，判令蒋某祥赔偿叶榭镇政府各项经济损失 887266 元，董某振承担连带赔偿责任；佳余公司、浩盟公司、日新公司分别对蒋某祥应当赔偿的款项承担 20%、65%、15%的连带赔偿责任。

【典型意义】

危险废物不但严重威胁人体健康，也会对人类赖以生存的生态环境造成巨大破坏，必须依法进行申报和处理。本案中，蒋某祥在未取得危险废物经营许可证的情况下擅自倾倒废酸，致使红先河严重污染，应承担全部赔偿责任。董某振作为蒋某祥雇请的驾驶员，对未经处理的废酸倾倒至雨水井可能造成的危害后果应当具有预见能力，但其盲目听从蒋某祥的指派，故意将废酸倒入雨水井中，应与蒋某祥承担连带赔偿责任。佳余公司、浩盟公司与日新公司未办理法定手续，擅自将废酸交由不具备资质的个人运输并排放，应根据各自违法处理危险废物的数量以及对事故发生所起作用等因素按份额与蒋某祥共同承担责任。虽然环境保护行政主管部门已对上述三公司进行了行政罚款，蒋某祥、董某振也被处以刑罚，但均不能免除或减轻其民事赔偿责任。刑事责任、行政责任、民事责任三种责任方式的综合运用，提高了污染者的违法成本，并对潜在的污染者形成有效震慑，达到了防治危险废物污染的目的。

53. 梁某南诉华润水泥（上思）有限公司水污染责任纠纷案

(2015年12月29日发布)

【基本案情】

2011年10月5日，上思县水产畜牧兽医局接到梁某南报告，梁某南所承包的下走水库因华润水泥（上思）有限公司（以下简称华润公司）所属华润水泥厂所排入的污水污染致使大批鱼类死亡。该局与县环境监测大队、思阳镇政府等单位组成联合调查组多次前往现场调查，调查报告显示，下走水库水质发黄混浊，水库周围靠近岸边的水面及其他水面出现死鱼；华润水泥厂的排水沟有水泥、煤炭等粉灰不断排入水库。上思县渔政管理站出具的《现场检查（勘验）笔录》记载，华润水泥厂位于水库上游，有水沟直接排到水库。上思县水产畜牧兽医局会同思阳镇政府、六银村、龙怀村及华润公司等单位到现场勘察，发现库中鱼类基本死亡。梁某南提起诉讼，主张华润公司承担侵权责任。经法院委托鉴定确认，梁某南的鱼类损失为11万余元。

【裁判结果】

广西壮族自治区上思县人民法院一审认为，华润公司有污染源进入梁某南的养殖水库，其水库中鱼类基本死亡。上思县水产畜牧兽医局出具的调查报告，是在联合调查组三次现场勘察、对周边群众进行询问后形成的，并无违法情形，调查报告得出下走水库鱼类死亡与华润公司排污有因果关系的结论，应予采信。华润公司存在污染侵权行为，其所举证据并不足以证明其行为与损害之间没有因果关系，故其应承担环境污染的侵权责任，赔偿下走水库鱼类死亡的损失。一审法院判令华润公司赔偿梁某南经济损失 11 万余元。广西壮族自治区防城港市中级人民法院二审维持了一审判决。

【典型意义】

环境污染具有易逝性、扩散性，污染事件发生后，必须尽快收集、固定相关证据。环境保护行政主管部门依职权或应当事人申请对污染者、污染物、排污设备，环境介质等进行查封、扣押、记录、检测、处罚，形成的行政文书有助于人民法院准确认定案件事实。本案污染事故发生后，政府相关部门及时介入，成立联合调查组，出具调查报告，固定、保全证据，为受案法院准确认定案件事实奠定良好基础。受案法院根据调查报告等，认定华润公司有污染行为，梁某南承包的水库确有鱼类死亡的损害事实存在，水库鱼类死亡与华润公司排污有因果关系，本案对促进行政、司法联动，发挥行政文书的证明作用，解决环境侵权案件的举证难问题具有示范作用。《最高人民法院关于审理环境侵权责任纠纷案件适用法律若干问题的解释》第十条规定："负有环境保护监督管理职责的部门或者其委托的机构出具的环境污染事件调查报告、检验报告、检测报告、评估报告或者监测数据等，经当事人质证，可以作为认定案件事实的根据。"这进一步肯定了本案的做法。

54. 周某诉荆门市明祥物流有限公司、重庆铁发遂渝高速公路有限公司水污染责任纠纷案

（2015 年 12 月 29 日发布）

【基本案情】

2012 年 2 月 20 日，荆门市明祥物流有限公司（以下简称明祥物流公司）所有的油罐运输车，在重庆铁发遂渝高速公路有限公司（以下简称遂渝高速公司）管理的成渝环线高速公路发生意外事故，所载变压器油泄漏。事故发生后，遂渝高速公司及时处理交通事故，撒沙处理油污路段。经铜梁县环境保护局现场勘验，长约 1 公里、宽约 10 米的路面被泄漏的变压器油污染。泄漏的变压器油顺着高速公路边坡流入高速公路下方雨水沟，经涵洞流入周某承包的鱼塘，鱼塘水面有大面积油层漂浮。经铜梁县环境监测站监测，鱼塘挥发酚、石油类浓度均超标。经鉴定，周某损失鱼类经济价值为 35 万余元。周某提起诉讼，要求明祥物流公司、遂渝高速公司承担侵权责任，赔偿其损失。

【裁判结果】

重庆市渝北区人民法院一审认为，明祥物流公司运输车辆在遂渝高速公司管理的成渝环线高速公路发生意外事故，变压器油泄露，导致周某承包的鱼塘中鱼类死亡，明祥物流公司应当承担侵权责任。遂渝高速公司作为事故路段的管理者，应充分了解其控制、管理路产的周边情况，在交通

事故导致变压器油大量泄漏并可能导致水污染事件的情况下，应当及时启动应急预案并采取有效措施，控制污染源，防止损害的扩大。遂渝高速公司在事故发生后仅应急处理路面交通情况，并未对该路段周围油污进行清理，致使油污流入周某承包的鱼塘造成进一步损害，应根据其过错程度承担次要的赔偿责任。遂判令明祥物流公司承担70%的赔偿责任，遂渝高速公司承担30%的赔偿责任。重庆市第一中级人民法院二审维持了一审判决。

【典型意义】

本案系在高速公路发生意外事故导致的环境污染及财产损害责任纠纷。随着我国高速公路的延伸和行驶车辆的增多，高速公路及两侧区域的生态环境保护问题日益突出。高速公路及其沿线的环境保护，不仅仅是环境保护行政主管部门的责任，更需要车辆所有人与使用人、高速公路建设单位与运营单位等方面的共同参与。本案中，遂渝高速公司虽然不是污染事故的肇事者，但在高速公路意外事故造成或者可能造成水污染事件的情况下，其理应依法采取有效措施予以处置，并向有关主管部门报告。遂渝高速公司没有履行上述义务，造成损失扩大，应当承担相应的赔偿责任。本案判决对于高速公路的运营、管理单位提高认识，完善机制，履行环境保护义务具有规范、引导作用。

55. 镇江市自来水公司诉韩国开发银行投资公司水污染损害赔偿案

(2017 年 12 月 4 日发布)

【基本案情】

2012 年 2 月 2 日 13 时，FC 轮（所有人为韩国开发银行投资公司）靠泊江苏镇江某化工码头后开始卸货。2 月 3 日 19 时，镇江市自来水公司检测出自来水厂出水中挥发酚浓度超过标准值 9.4 倍。随后，镇江市自来水公司采取了相关应急措施。2 月 6 日至 2 月 15 日，镇江海事局先后对 FC 轮的船长、大副以及其他船员进行调查。镇江海事局作出《调查报告》称：FC 轮因违反操作规程、设备存在缺陷等原因导致在卸货作业过程中有约 44 吨苯酚通过该轮的水下排放管路直接排出了舷外造成长江水体污染。镇江市自来水公司起诉至武汉海事法院，要求韩国开发银行投资公司赔偿损失。

【裁判结果】

武汉海事法院一审认为，FC 轮因违反操作规程、设备存在缺陷等导致在卸载作业过程中有约 44 吨苯酚直接排出舷外，造成长江水体污染，判决韩国开发银行投资公司赔偿镇江市自来水公司经济损失。韩国开发银行投资公司不服，提起上诉。湖北省高级人民法院二审维持一审判决认定的事实及赔偿金额、利息，仅改判该项赔偿款从韩国开发银行投资公司设立的海事赔偿责任限制基金中受偿。

【典型意义】

长江水道被誉为“黄金水道”，但长江上港口、码头众多，通航船舶不计其数，其中，涉危险化学品码头和船舶数量多，分布广，发生危险化学品泄漏的风险持续加大，有的直接威胁长江水体和沿江地区饮用水的水质安全。人民法院要加强对港口、码头使用过程中引发的水污染案件以及船舶排放、泄漏、倾倒油类、污水或者其他有害物质造成水域污染案件的审理，保护长江水域生态环境安全。本案为船舶污染案件，存在涉外因素、社会关注度高、公众反映强烈。FC轮在卸载苯酚过程中，因违反操作规程、设备存在缺陷等原因导致约44吨苯酚直接排出舷外，造成长江水体污染，人民法院依法判决韩国开发银行投资公司承担赔偿责任，维护了长江水域生态环境安全及长江沿岸人民群众的生命健康权益。

56. 韩某春与中国石油天然气股份有限公司吉林油田分公司水污染责任纠纷案

(2019 年 3 月 2 日发布)

【基本案情】

韩某春与宝石村委会于 1997 年签订《承包草沟子合同书》后，取得案涉鱼塘的承包经营权，从事渔业养殖。2010 年 9 月 9 日，中国石油天然气股份有限公司吉林油田分公司（以下简称中石油吉林分公司）位于韩某春鱼塘约一公里的大—119 号油井发生泄漏，泄漏的部分原油随洪水下泄流进韩某春的鱼塘。中石油吉林分公司于 9 月 14 日至 9 月 19 日在污染现场进行了清理油污作业。大安市渔政渔港监督管理站委托环境监测站作出的水质监测报告表明，鱼塘石油含量严重超标，水质环境不适合渔业养殖。韩某春请求法院判令中石油吉林分公司赔偿 3015040.36 元经济损失，包括 2010 年养鱼损失、2011 年未养鱼损失、鱼塘围坝修复及注水排污费用。

【裁判结果】

吉林省白城市中级人民法院一审认为，本案应适用一般侵权归责原则，韩某春未能证明损害事实及因果关系的存在，故判决驳回其诉讼请求。吉林省高级人民法院二审认为，韩某春未能证明三次注水排污事实的发生，未能证明鱼塘围坝修复费用、2011 年未养鱼损失与中石油吉林分公司污染行为之间的因果关系，故仅改判支持其 2010 年养鱼损失 1058796.25 元。最高人民法院再审认为，本案系因原油泄漏使鱼塘遭受污染引发的环境污染侵权责任纠纷。韩某春举证证明了中石油吉林分公司存在污染行为，鱼塘因污染而遭受损害的事实及原油污染与损害之间具有关联性，完成了举证责任；中石油吉林分公司未能证明其排污行为与韩某春所受损害之间不存在因果关系，应承担相应的损害赔偿责任。排放污染物行为，不限于积极的投放或导入污染物质的行为，还包括伴随企业生产活动的消极污染行为。中石油吉林分公司是案涉废弃油井的所有者，无论是否因其过错导致废弃油井原油泄漏流入韩某春的鱼塘，其均应对污染行为造成的损失承担侵权损害赔偿责任。洪水系本案污染事件发生的重要媒介以及造成韩某春2010年养鱼损失的重要原因，可以作为中石油吉林分公司减轻责任的考虑因素。综合本案情况，改判中石油吉林分公司赔偿韩某春经济损失1678391.25元。

【典型意义】

本案系因原油泄漏致使农村鱼塘遭受污染引发的环境污染损害责任纠纷。司法服务保障农业农村污染治理攻坚战是司法服务保障污染防治攻坚战的重要组成部分，也是司法服务保障乡村振兴战略的重要任务，对于依法解决农业农村突出生态环境问题具有重要意义。本案重申了此类案件双方当事人的举证责任，明确了排放污染物行为不限于积极的投放或导入污染物质的行为，还包括伴随企业生产活动的消极污染行为，并对多种因素造成侵权结果的规则进行了探索。本案的正确审理，体现了环境司法协调平衡保障民生与发展经济之间的关系，既保护了被侵权人的合法权益，体现了对农业水产健康养殖的司法保障，同时也对督促石油企业履行更高的注意义务具有一定的指引作用。

57. 邓某迎诉广西永凯糖纸有限责任公司等6企业通海水域污染损害责任纠纷案

（2017年6月22日发布）

【基本案情】

2012年4月29日至5月25日，广西横县郁江六景至飞龙河段连续发生多起网箱养殖鱼类死亡事故，邓某迎是遭受死鱼事故的养殖户之一。事故河段是横县人民政府为保护重点流域水质和饮用水源安全而划定的禁止网箱养殖水域，邓某迎未持有合法有效的《水域滩涂养殖许可证》。死鱼事件发生后，当地渔业管理部门和环境保护主管部门对死鱼原因开展调查，认为溶解氧偏低是主要原因。邓某迎认为广西永凯糖纸有限责任公司（以下简称永凯公司）等6企业所在的河岸位置均属其养殖河段的上游，且其排污管都是通向郁江，其排污行为直接造成郁江六景至飞龙河段溶解氧过低，从而导致其网箱鱼大量死亡，诉请法院判令6家企业连带赔偿其经济损失、人工费114786元、饲料鱼苗成本302500元，并共同承担本案的诉讼费用。

【裁判结果】

北海海事法院一审认为，邓某迎已经举证证明永凯公司、祈顺公司和华鸿公司均排放了可能造成其养殖鱼缺氧致死的污染物，并且该污染物到达了损害发生地，而永凯公司、祈顺公司和华鸿公司未能举证证明其污染行为与邓某迎的死鱼损害不存在因果关系，故应认定永凯公司、祈顺公司和华鸿公司的排污行为与邓某迎的养殖损失存在因果关系。邓某迎在死鱼事故发生时未依法取得养殖证，并不享有使用水域从事养殖生产的权利，其养殖收益不具有合法性，故养殖鱼价值构成中的利润部分及养殖人工费不受法律保护，但其购买的鱼苗、饲养鱼类必要的饲料等成本性投入属于合法民事利益，应当受到法律的保护。对于邓某迎可受法律保护的养殖损失，强降雨导致各种污染源汇入郁江所输出的有机污染物与损害后果的原因力比例为75%，沿江生产企业正常排放生产废水所输出的有机污染物与损害后果的原因力比例为25%。对于生产企业排污所造成的邓某迎养殖成本损失23056.13元，永凯公司、祈顺公司和华鸿公司应平均承担赔偿责任。广西壮族自治区高级人民法院二审认为，一审判决认定永凯公司、祈顺公司、华鸿公司的排污行为与邓某迎养殖的鱼类死亡有因果关系正确。一审法院以行政部门记载的死鱼数据为依据，综合鱼种类、数量、鱼苗市场价格等各方面实际因素，对邓某迎购买鱼苗的损失进行合理计算，对购买饲料的成本根据养殖惯例进行酌定，尊重客观事实且公平合理。邓某迎未经相关行政主管部门许可使用全民所有的水域，对其非法占有水域进行养殖而取得的不正当收益损失部分法律不予保护，对其具体实施非法养殖行为所投入的人工费亦不应支持，但其购买的鱼苗、饲料、鱼药等生产成本并无非法性，仍属于合法的民事权益，应予以保护。根据南宁市环保局的报告，从造成死鱼河段溶解氧降低的有机污染物的来源构成来看，沿江生产企业正常排放的生产废水为输出耗氧有机物的来源之一，还存在另外三方面的污染源，一审确定排污企业对邓某迎可受法律保护的养殖损失应承担25%的责任比例有事实和法律依据。二审判决驳回上诉，维持原判。

【典型意义】

本案系网箱养殖鱼死亡事件引发的环境污染损害责任诉讼。本案被诉排污企业较多，水体污染来源多样，甄别侵权责任主体及判定各主体责任比例是审理的难点。一审、二审法院依法适用环境污染侵权的无过错责任原则，认定被告企业的排污虽未超过国家和地方的污染物排放标准，但并不能直接免除其责任；正确分配举证责任，由原告对存在侵权行为、损害以及侵权行为与损害之间有一定关联性承担举证责任，被告对法律规定的不承担责任或者减轻责任的情形及其行为与损害之间不存在因果关系承担举证责任；准确认定责任比例，在数个企业分别排放污水，造成流域性溶解氧急剧下降的情况下，每个企业的污染行为都不足以造成全部损害，难以确定各自责任大小，判定平均承担赔偿责任。本案原告系无证在政府划定的禁止网箱养殖水域进行生产的养殖户，其主张的损失应否支持是本案审理的另一难点。一审、二审法院正确处理行政管理和保护合法民事权益的关系，对原告的损失进行细化定性，对不正当收益损失部分及其具体实施非法养殖行为所投入的人工费不予支持，对其购买鱼苗、饲料、鱼药等生产成本的损失赔偿请求予以支持。本案审理思路清晰，对水污染案件的审理具有一定示范意义。

58. 曲某全诉山东富海实业股份有限公司大气污染责任纠纷案

（2015 年 12 月 29 日发布）

【基本案情】

1995 年，曲某全承包一处集体土地种植樱桃。2001 年，山东富海实业股份有限公司（以下简称富海公司）迁至曲某全樱桃园毗邻处从事铝产品生产加工。2009 年 4 月，曲某全提起诉讼，请求富海公司停止排放废气，赔偿其损失 501 万余元。为证明其主张，曲某全提交了烟台市牟平区公证处勘验笔录、烟台市农产品质量检测中心出具的樱桃叶片氟含量检测报告等证据。后经双方共同选定和取样，一审法院委托山东省农业科学院中心实验室对樱桃叶片的氟化物含量予以检测，检测报告表明：距离富海公司厂区越近，樱桃叶片氟化物含量越高。富海公司提供樱桃树叶氟含量检测报告、厂区大气氟化物含量检测报告、烟台市牟平区气象局出具的 2008 年 2 月至 2009 年 5 月的气候情况等证据，拟证明其不存在排污行为，曲某全樱桃园受到损害系气候原因所致。

【裁判结果】

山东省烟台市中级人民法院一审判令富海公司停止排放氟化物，赔偿曲某全损失 204 万余元。曲某全、富海公司均不服提起上诉。山东省高级人民法院二审判令富海公司赔偿曲某全 224 万余元。富海公司不服，向最高人民法院申请再审。

最高人民法院审查认为，曲某全提交的公证勘验笔录和检测报告，与相关科普资料、国家标准以及一审法院委托专业机构出具的检测报告等证据相互印证，足以证明曲某全的樱桃园受到损害，富海公司排污，排污与损害之间具有关联性，已完成举证证明责任。富海公司作为侵权人，其提交的樱桃树叶氟化物含量检测报告中距离厂区越近浓度越低的结论有悖常识；厂区大气氟化物含量检测报告系2010年5月7日作出，与本案待证事实不具有关联性；天气原因亦不能否定排污行为与损害之间的因果关系。考虑到确实存在天气恶劣等影响樱桃生产的原因，二审法院酌情判令富海公司对曲某全的损失承担70%的赔偿责任，认定事实和适用法律均无不当。

【典型意义】

《最高人民法院关于审理环境侵权责任纠纷案件适用法律若干问题的解释》第六条规定，被侵权人根据《中华人民共和国侵权责任法》第六十五条规定请求赔偿的，应当提供污染者排放了污染物、被侵权人的损害、污染者排放的污染物或者其次生污染物与损害之间具有关联性的证明材料。本案判决作出于上述司法解释之前，在适用《中华人民共和国侵权责任法》第六十六条因果关系举证责任倒置原则的同时，要求被侵权人就污染行为与损害结果之间具有关联性负举证证明责任，对于细化被侵权人和污染者之间的举证责任分配，平衡双方利益具有典型意义，体现了审判实践在推进法律规则形成、探寻符合法律价值解决途径中的努力和贡献。同时，本案判决运用科普资料、国家标准以及专业机构的鉴定报告等作出事实认定，综合过错程度和原因力的大小合理划分责任范围，在事实查明方法和法律适用的逻辑、论证等方面提供了示范。

59. 江西星光现代生态农业发展有限公司诉江西鹰鹏化工有限公司大气污染责任纠纷案

(2017年6月22日发布)

【基本案情】

2014年6月，江西星光现代生态农业发展有限公司（以下简称鹰鹏公司）在生产中因故导致生产废气泄漏，致使江西鹰鹏化工有限公司（以下简称星光公司）苗木叶面受损，星光公司根据资产评估报告自行按比例计算损失为3742600.1元，据此诉请判令鹰鹏公司赔偿苗木损失。

【裁判结果】

江西省赣州市中级人民法院一审认为，鹰鹏公司作为侵权人应当承担侵权责任，赔偿星光公司因此造成的损失，星光公司根据资产评估报告自行按比例计算损失为3742600.1元，因其委托资产评估机构所作的资产价格评估不属损失鉴定，评估报告亦未对其苗木损失作出鉴定意见，不能达到其证明损失数额的证明目的，故参照当地林业部门的建议补偿标准，结合星光公司受损苗木面积、品种、树龄等本案实际情况，判令酌定由鹰鹏公司向星光公司赔偿损失共计16万元。江西省高级人民法院二审认为，涉案资产评估报告可信程度较高，该评估报告虽未直接给出星光公司的受损价值金额，但根据该评估报告确定的资产评估价值，结合会昌县林业局出具的《关于江西会昌县鹰鹏公司废气污染林业苗木受害情况调查报告》，可以计算出星光公司的受损价值金额，会昌县林业局《2014 年鹰鹏污染事故林业苗木受损情况调查登记表》中载明了星光公司因案涉污染事故而受损苗木的树种、苗龄、面积、株数、受害程度（分轻度、中度、重度三个等级）等具体信息，评估机构的《苗木资产评估明细表》对应《2014 年鹰鹏污染事故林业苗木受损情况调查登记表》中载明的受损苗木的树种作出了单项评估价值，两者相结合并扣除必然发生的税费和交易成本，可以计算出星光公司的受损总值为 1363217.29 元，据此改判由鹰鹏公司赔偿星光公司因废气污染造成的苗木损失 1363217.29 元。鹰鹏公司不服二审判决，向最高人民法院申请再审。最高人民法院认为，二审判决根据有资质机构作出的资产评估报告，以受损苗木的总资产价值 7492147 元为基础，酌定扣减涉案苗木的实际交易成本和税费，并参照林业局评估报告中苗木受损等级划分标准，取 75%、35%、15%三个较低数值作为重度、中度、轻度三种损害程度的计算比值，得出星光公司苗木损失为 1363217.29 元，该计算方法公允、客观，事实依据充分。最高人民法院裁定驳回了鹰鹏公司的再审申请。

【典型意义】

本案系环境民事侵权案件，人民法院在能动计算环境侵权损失数额方面进行了积极有益的探索。环境侵权诉讼具有举证难、损失鉴定难的特点，在环境侵权行为和损害已经实际发生，但受害人难以举证证明损失具体数额的情况下，法官应当注重适度发挥职权作用，根据已有证据进行认定，以救济受害人的合法权益，倒逼污染者强化环境保护意识，预防环境损害的发生。本案是在两次委托鉴定未果的情况下，二审法院根据评估机构的评估报告、林业部门的调查材料，秉持平衡双方当事人利益的理念确认星光公司受损金额，具有公平合理性。

60. 李某能诉海南海石实业有限公司粉尘污染责任纠纷案

(2015年12月29日发布)

【基本案情】

海南海石实业有限公司（以下简称海石公司）未经依法批准，自2010年起租赁集体土地建设灰沙环保砖厂，所建厂房位于李某能羊圈及屋舍西面隔壁。李某能认为海石公司生产经营排放的石灰粉尘、烧锅炉产生的蒸汽、废烟及设备噪声等造成了山羊和种植的波萝蜜树叶损害，遂向法院提起诉讼，请求判令海石公司停止侵害，停止石灰粉碎和烧锅炉生产作业，赔偿其波萝蜜树叶及林下草地失去草料价值所致损失以及其身体健康损害、水井污染和孕羊流产等损失共计5.3万元。

【裁判结果】

海南省海口市琼山区人民法院受理案件后，指导李某能委托法律援助律师，并免去其需预交的案件受理费用。承办法官及时赴现场查勘、拍摄固定海石公司污染行为的有关证据，向环境保护、国土主管部门调取海石公司未办理环境影响评价、违法占地及排污等证据。考虑到损害鉴定费用高、周期长，而本案基本事实清楚，法律关系明晰，为依法妥善解决纠纷，一审法院在明确案件基本事实的基础上，明之以法、晓之以理，促成李某能、海石公司自愿达成调解协议，由海石公司一次性赔偿李某能损失5.3万元，并于签收调解书时当场支付赔偿款。调解书生效后，一审法院向环境保护主管部门发出司法建议，以监督海石公司限期整改，消除污染，防止后续环境损害行为的发生。

【典型意义】

调解是贯穿民事诉讼的基本原则。在环境侵权案件审理过程中，人民法院应当统筹社会力量，健全完善调解机制，推动形成防范化解社会矛盾的整体合力，充分发挥司法在环境资源纠纷多元化解决机制中的引领、推动和保障作用。本案受案法院在查明事实、分清是非的基础上，积极探寻当事人个人利益与生态环境保护的根本利益的交汇点，在依法保障个人合法权益，促成李某能与海石公司达成和解的同时，注重环境治理、修复，向环境保护主管部门发出司法建议，促进了司法与行政执法的有机衔接，共同强化对生态环境的保护力度。此外，受案法院依法免除原告应预交的诉讼费用，指导原告委托法律援助律师，将法律援助与司法救助对接，引导当事人依法理性表达诉求、维护环境权益的做法，亦值得肯定。

61. 东莞市沙田镇人民政府诉李某明固体废物污染责任纠纷案

(2019年3月2日发布)

【基本案情】

生效刑事判决认定，2016年3至5月，李某明违反国家规定向沙田镇泥洲村倾倒了约60车600吨重金属超标的电镀废料，严重污染环境，其行为已构成污染环境罪。2016年7至9月，东莞市沙田镇人民政府（以下简称沙田镇政府）先后两次委托检测机构对污染项目进行检测，分别支出检测费用17500元、31650元。2016年8至9月，东莞市环境保护局召开专家咨询会，沙田镇政府为此支付专家评审费13800元。沙田镇政府委托有关企业处理电镀废料共支出2941000元。2016年12月，经对案涉被污染地再次检测，确认重金属含量已符合环保要求，暂无须进行生态修复，沙田镇政府为此支付检测费用19200元。沙田镇政府委托法律服务所代理本案，支付法律服务费39957元。

【裁判结果】

广东省东莞市第二人民法院一审认为，沙田镇政府为清理沙田镇泥洲村渡口边的固体废物支出检测费用68350元、专家评审费13800元、污泥处理费2941000元，以上合计3023150元。沙田镇政府系委托具有资质的公司或个人来处理对应事务，并提交了资质文件、合同以及付款单据予以证明。李某明倾倒的固体废物数量占沙田镇政府已处理的固体废物总量的25.6%，故李某明按照比例应承担的损失数额为773926.4元。沙田镇政府为本案支出的法律服务费亦应由李某明承担。沙田镇政府对于侵权行为的发生及其损害结果均不存在过错。一审法院判决李某明向沙田镇政府赔偿电镀废料处理费、检测费、专家评审费 773926.4 元，法律服务费 39957 元。广东省东莞市中级人民法院二审判决李某明向沙田镇政府赔偿电镀废料处理费、检测费、专家评审费 773926.4 元。

【典型意义】

本案系固体废物污染责任纠纷。生态环境是人民群众健康生活的重要因素，也是需要刑事和民事法律共同保护的重要法益。生效刑事判决审理查明的事实，在无相反证据足以推翻的情况下，可以作为民事案件认定事实的根据。本案审理法院正确适用《中华人民共和国环境保护法》，在依法惩治污染环境罪的同时，对于沙田镇政府处理环境污染产生的损失依法予以支持，体现了“谁污染，谁治理”的原则，全面反映了污染环境犯罪成本，起到了很好的震慑作用。本案对于责任的划分，特别是对地方政府是否存在监管漏洞、处理环境污染是否及时的审查判断，也起到了一定的规范、指引作用。本案的审理和判决对于教育企业和个人依法生产、督促政府部门加强监管有着较好的推动和示范作用。

62. 姜某波与荆某噪声污染责任纠纷案

(2014 年 7 月 3 日发布)

【基本案情】

2009 年起荆某租用谷某的房屋和院落，此院落与姜某波住所前后相邻，仅一墙之隔。荆某在租用的院落里对钢铁制品进行切割作业，产生的噪声使姜某波不堪忍受。姜某波先后向村委会及当地环境保护行政主管部门反映，但问题仍未得到解决，遂提起诉讼，请求判令荆某停止侵害，排除妨碍，将产生噪声污染及粉尘污染的铜铁制品搬离与姜某波相邻的院落，赔偿其精神损失 8000 元。

【裁判结果】

乌鲁木齐市米东区人民法院一审判令荆某立即停止侵权、排除妨害，将产生噪声的钢铁制品搬离与姜某波相邻的院落，并赔偿姜某波精神损害抚慰金 2000 元。荆某不服，上诉至乌鲁木齐市中级人民法院。该院二审认为，钢铁制品在装卸、运送或者加工过程中产生的声音超出一般公众普遍可忍受的程度。本案中，荆某院落与姜某波居所一墙相隔，荆某在院落中放置工具、加工材料时所产生的声音势必能传入其他居民的居室内，已成为干扰周围居民生活的环境噪声。噪声污染对人体健康可能造成损害，是为公众普遍认可的，姜某波称其因噪声无法休息导致精神受到伤害符合日常生活经验法则，应推定属实。荆某否认噪声污染给姜某波造成了实际损害，应举证证明，但荆某不能举出其院落中发出的噪声对姜某波的身体健康未产生损害的证据。一审判决根据荆某加工钢铁制品产生噪声的时间、两家距离的远近、噪声的大小酌情支持2000元精神损害抚慰金并无不当。二审法院于2012年7月作出判决，驳回上诉，维持原判。

【典型意义】

在工业生产、建筑施工、交通运输和社会生活中产生的严重噪声污染，侵害人们安宁生活、工作和学习的权利，导致人们身心健康受损。本案中，荆某在装卸、运送、加工钢铁制品过程中产生的噪声，超过了一般人可容忍的程度，严重干扰了周边人群的正常生活，应承担停止侵害、排除妨碍及赔偿损失的民事责任。噪声污染给受害人身心健康造成的损害具有持续性和隐蔽性等特点，受害人的症状往往不明显且暂时无法用精确的计量方法反映。二审判决适用日常生活经验法则及事实推定规则，认为钢铁制品加工、搬卸的噪声会比较严重地影响相邻院落居民正常的生活和休息，符合一般人的认知规律，而且噪声污染对身心健康造成损害，也是为公众普遍认可的。在荆某未举出反证证明其产生的噪声未对姜某波产生损害的情况下，即使姜某波尚未出现明显症状，其生活受到噪声侵扰而导致精神损害的事实也是客观存在的。二审法院系结合荆某加工钢铁制品产生噪声的时间、双方距离的远近、噪声的大小，酌情作出了由荆某赔偿姜某波精神损害抚慰金2000元的判决。

63. 沈某俊诉机械工业第一设计研究院噪声污染责任纠纷案

（2015 年 12 月 29 日发布）

【基本案情】

沈某俊系机械工业第一设计研究院（以下简称机械设计院）退休工程师，住该院宿舍。为增加院内暖气管道输送压力，机械设计院在沈某俊的住宅东墙外侧安装了增压泵。2014 年，沈某俊认为增压泵影响其休息向法院提起诉讼。后双方达成和解，沈某俊撤回起诉，机械设计院将增压泵移至沈某俊住宅东墙外热交换站的东侧。2015 年，沈某俊又以增压泵影响其睡眠、住宅需要零噪声为由，再次诉至法院，要求判令机械设计院停止侵害，拆除产生噪声的增压泵，赔偿其精神损害费 1 万元。根据沈某俊的申请，法院委托蚌埠市环境监测站对增压泵进行监测，结果显示沈某俊居住卧室室内噪声所有指标均未超过规定的限值。

【裁判结果】

安徽省蚌埠市禹会区人民法院一审认为，经监测，增压泵作为被测主要声源，在正常连续工作时，沈某俊居住卧室室内噪声所有指标均未超过规定的限值。沈某俊关于增压泵在夜间必须是零噪声的诉讼主张没有法律依据。一审法院判决驳回沈某俊的诉讼请求。安徽省蚌埠市中级人民法院二审维持了一审判决。

【典型意义】

《中华人民共和国环境噪声污染防治法》第二条规定，环境噪声污染是指所产生的环境噪声超过国家规定的环境噪声排放标准，并干扰他人正常生活、工作和学习的现象。与一般环境侵权适用无过错责任原则不同，环境噪声侵权行为人的主观上要有过错，其外观须具有超过国家规定的噪声排放标准的违法性，才承担噪声污染侵权责任。因此，是否超过国家规定的环境噪声排放标准，是判断排放行为是否构成噪声污染侵权的依据。经委托鉴定，在增压泵正常工作过程中，沈某俊居住卧室室内噪声并未超过国家规定标准，不构成噪声污染，机械设计院不承担噪声污染侵权责任。本案判决有利于指引公众在依法保障其合法权益的同时，承担一定范围和限度内的容忍义务，平衡各方利益，促进邻里和睦，共同提升生活质量。

64. 袁某威诉广州嘉富房地产发展有限公司噪声污染责任纠纷案

（2015 年 12 月 29 日发布）

【基本案情】

袁某威购买了广州嘉富房地产发展有限公司（以下简称嘉富公司）开发的商品房。2014 年 2 月，袁某威委托中国科学院广州化学研究所测试分析中心对其居住的房屋进行环境质量监测。该中心作出的环境监测报告显示袁某威卧室夜间的噪声值超过了《民用建筑隔声设计规范》（GB 50118—2010）规定的噪声最高限值标准。袁某威认为住宅电梯临近其房屋，电梯设备直接设置在与其住房客厅共用墙之上，且未作任何隔音处理，致使电梯存在噪声污染，向法院提起诉讼，要求判令嘉富公司承担侵权责任。嘉富公司主张案涉电梯质量合格，住宅设计和电梯设计、电梯安装均符合国家规定并经政府部门验收合格，故其不应承担侵权责任。

【裁判结果】

广东省广州市越秀区人民法院一审认为，嘉富公司主张案涉电梯在设计、建筑、安装均符合国家相关部门的规定并经验收合格才投入使用，且电梯每年均进行年检并达标，但这只能证明电梯能够安全运行。袁某威购买的房屋经监测噪声值超过国家规定标准，构成了噪声污染。嘉富公司提供的证据不足以证明其对涉案房屋超标噪声不承担责任或者存在减轻责任的情形。一审法院判令嘉富公司 60 日内对案涉电梯采取相应的隔声降噪措施，使袁某威居住的房屋的噪声达到《民用建筑隔声设计规范》（GB

50118—2010）规定的噪声最高限值以下；逾期未达标准，按每日 100 元对袁某威进行补偿；支付袁某威精神抚慰金 1 万元。广东省广州市中级人民法院二审维持了一审判决。

【典型意义】

电梯是民用建筑的一部分，电梯的设计、建设与安装均应当接受《民用建筑隔声设计规范》（GB 50118—2010）的调整。经过监测，涉案电梯的噪声值已经超过国家标准，构成噪声污染。根据《中华人民共和国侵权责任法》第六十六条规定，嘉富公司要对其行为与损害不存在因果关系或者减轻责任的情形承担举证证明责任。在嘉富公司未能提供证据证明袁某威对涉案电梯噪声超标存在过错或故意，亦不能证明噪声超标系第三人、不可抗力、正当防卫或紧急避险等原因造成，其不存在法律规定的不承担责任或者减轻责任的情形，应承担相应的侵权责任。本案的审理结果具有很好的警示作用，尤其是生产经营者要在机械设备的设计、建造、安装及日常运营过程中，关注噪声是否达标，自觉承担应有的环境保护社会责任。

65. 吴某金诉中铁五局（集团）有限公司、中铁五局集团路桥工程有限责任公司噪声污染责任纠纷案

（2015年12月29日发布）

【基本案情】

在中铁五局（集团）有限公司（以下简称中铁五局）、中铁五局集团路桥工程有限责任公司（以下简称路桥公司）施工期间，距离施工现场约20米至30米的吴某金养殖场出现蛋鸡大量死亡、生产软蛋和畸形蛋等情况。吴某金聘请三位动物医学和兽医方面的专家到养殖场进行探查，认为蛋鸡不是因为疫病死亡，而是在突然炮声或长期噪声影响下受到惊吓，卵子进入腹腔内形成腹膜炎所致。吴某金提起诉讼，请求中铁五局、路桥公司赔偿损失150万余元。

【裁判结果】

贵州省清镇市人民法院一审认为：吴某金养殖场蛋鸡的损失与中铁五局、路桥公司施工产生的噪声之间具有因果关系，中铁五局、路桥公司应承担相应的侵权责任。按照举证责任分配规则，吴某金应证明其具体损失数额。虽然吴某金所举证据无法证明其所受损失的具体数额，但中铁五局、路桥公司对于施工中产生的噪声造成吴某金损失的事实不持异议，表示愿意承担赔偿责任。但在此情况下，一审法院依据公平原则，借助养殖手册、专家证人所提供的基础数据，建立计算模型，计算出吴某金所受损

失并判令中铁五局、路桥公司赔偿35万余元。贵州省贵阳市中级人民法院二审肯定了一审法院以养殖手册及专家意见确定本案实际损失的做法，终审判令中铁五局、路桥公司赔偿吴某金45万余元。

【典型意义】

环境损害数额的确定，往往需要通过技术手段鉴定。但在鉴定困难、鉴定成本过高或不宜进行鉴定的情况下，人民法院可以参考专家意见，结合案件具体案情，依正当程序合理确定损失数额。本案中，吴某金能够证明其开办养鸡场在先，二被告施工行为在后，在二被告施工期间其养殖的蛋鸡出现异常死亡，并提交专家论证报告及其自行记载的蛋鸡死亡数量，但是难以举证证明损害的具体数额。在此情况下，受案法院并没有机械地因吴某金证据不足，判决驳回其诉讼请求，而是充分考虑噪声污染的特殊性，在认定蛋鸡受损系与二被告施工噪声存在因果关系的基础上，通知专家就本案蛋鸡损失等专业性问题出庭作证，充分运用专家证言、养殖手册等确定蛋鸡损失基础数据，并在专家的帮助下建立蛋鸡损失计算模型，得出损失数额并判决支持了吴某金部分诉请，在确定环境损害数额问题上作了有益尝试。

66. 陈某荣等诉南宁振宁开发有限责任公司噪声污染损害赔偿纠纷案

（2018 年 6 月 4 日发布）

【基本案情】

陈某荣、梁某红于 2007 年 3 月购买了南宁振宁开发有限责任公司（以下简称振宁公司）开发的振宁阳光康城 3 号楼 A 单元 501 号房。该楼房地下一层为车库和水泵房等。陈某荣、梁某红、陈某称，自 2008 年 9 月入住以来，一直受到水泵运转发出的噪声影响，导致陈某荣左耳听力下降，为此多次到医院治疗。2009 年 8 月 31 日，陈某荣委托南宁市环境保护监测站在案涉房屋卧室对水泵噪声进行监测，结论为：501 号房主卧室昼间实测值为 42.1 分贝、夜间实测值为 38.2 分贝。为此，振宁公司对案涉楼房地下一层的水泵房采取了更换水泵等减噪措施。陈某荣等仍感到噪声未消除，遂再次委托监测，结论为：501 号房卧室夜间实测值为 40.9 分贝。此后，振宁公司未再对案涉水泵采取整改措施。陈某荣等 3 人提起诉讼，请求振宁公司赔偿医疗费及后续治疗费、精神抚慰金、噪声检测费、专项维修资金、房屋购置税、房屋办证费；按市场价回收案涉房屋，并支付搬迁费。

【裁判结果】

广西壮族自治区南宁市西乡塘区人民法院一审认为，振宁公司作为开发商，应确保其设置的水泵噪声符合环保要求。案涉房屋卧室的水泵噪声夜间值高于《社会生活环境噪声排放标准》规定的限值，构成环境噪声污染，陈某荣等 3 人主张的侵权事实成立。因案涉水泵噪声未能根本解决，一审法院判决：振宁公司按市场价格回购案涉房屋，并向陈某荣等 3 人赔偿搬迁费、医疗费等费用。南宁市中级人民法院二审认为，振宁公司作为开发商及案涉水泵安装地点的选定者，应确保其所选定的水泵设置位置不对业主产生噪声干扰，并有对水泵采取隔音防噪措施的义务，且该义务不能简单通过房屋买卖而转移给业主。虽然《社会生活环境噪声排放标准》的适用范围为营业性文化娱乐场所、商业经营活动，但既然上述活动中对周围环境（含住宅环境）排放的噪声超过规定限值即构成噪声污染，根据《中华人民共和国环境噪声污染防治法》第二条的规定，案涉水泵运转声音干扰他人正常生活、工作和学习并超过国家规定的环境噪声排放标准时，亦构成噪声污染。经监测，案涉房屋卧室水泵运转所产生的噪声夜间高于《社会生活环境噪声排放标准》规定的卧室夜间噪声限值，亦高于同期《住宅设计规范》规定的住宅卧室夜间噪声标准，构成噪声污染。因振宁公司未能证明其已完全尽到隔音降噪义务或案涉水泵噪声污染系水泵自身单方原因造成，其对案涉水泵噪声给陈某荣等 3 人造成的损害依法应承担赔偿责任。因案涉水泵噪声未能根本解决，二审法院判决：振宁公司按市场价格回购案涉房屋，并承担相应赔偿责任。

【典型意义】

本案系商品房住宅楼内水泵噪声污染造成损害的新类型环境污染侵权纠纷。法院充分考虑住宅楼内水泵噪声污染的特殊性，基于振宁公司是开发商及案涉水泵安装地点的选定者的事实，认定其对水泵的安装有采取隔音防噪措施的义务，且该义务不能转移给业主。本案判决基于目前缺乏住宅楼内水泵运行噪声标准的现实情况，参照适用《社会生活环境噪声排放标准》，认定住宅楼内水泵运转声音干扰他人正常工作和生活并超过国家规定的环境噪声排放标准的，构成噪声污染，具有合理性。在振宁公司经整改仍无法解决水泵噪声污染的情况下，本案判决振宁公司回购案涉房屋并赔偿相应损失，对于维护人民群众宁静生活的权益，警示和督促房地产开发企业关注噪声问题，自觉承担生态环境保护社会责任，具有较好的示范引导作用。

67. 重庆市长寿区龙河镇盐井村1组与蒙城县利超运输有限公司等环境污染责任纠纷案

(2014年7月3日发布)

【基本案情】

2010年7月6日，李某驾驶杨某文所有的牵引车与濮阳市汽车运输公司（以下简称濮阳公司）所有的重型罐式货车尾随相撞发生交通事故，造成杨某文死亡、财产毁损，罐式货车所载的一甲胺溶液发生泄漏，产生环境污染。李某承担此次事故的全部责任，濮阳公司的驾驶员不承担责任。上述牵引车系挂靠蒙城县利超运输有限公司（以下简称利超公司）、新余市广诚汽车运输有限责任公司（以下简称广诚公司）经营。此次交通事故泄露一甲胺溶液5.34吨，对当地鱼塘、农田造成污染。后政府职能部门对被污染的鱼塘和农田损失情况进行了实地测查，确认了相关损失。重庆市长寿区龙河镇盐井村1组（以下简称盐井村1组）提起诉讼，请求判令利超公司、广诚公司、李某芳等（杨某文遗属）、濮阳公司连带赔偿因环境污染造成的财产损失7500元。

【裁判结果】

重庆市长寿区人民法院一审认为，根据《中华人民共和国侵权责任法》第六十八条之规定，环境污染者即使因第三人的过错造成他人损失，也不能免责，故濮阳公司应当承担环境污染的损害赔偿责任，其在赔偿后有权向有过错的其他责任人进行追偿。杨某文一方在交通事故中负有全部责任，对于盐井村1组遭受的环境污染损害具有过错，也应承担赔偿责任。现杨某文已经死亡，该债务发生在杨某文与李某芳婚姻关系存续期间，故李某芳应当对该债务承担连带责任，杨爱芹等杨某文的继承人应在继承杨某文遗产的范围内承担赔偿责任。杨某文所有的车辆，挂靠在利超公司、广诚公司名下，故该两公司应当承担补充赔偿责任。李某系杨某文雇请的驾驶员，其在从事雇请活动中造成他人损害的，依法应由雇主对外承担侵权责任。事故发生后，政府职能部门作出的损失情况统计表应予采纳。被告对污染行为与损害之间不存在因果关系未予举证证明，故对其辩解不予采信。一审法院于2011年12月作出判决，判令由濮阳公司、李某芳赔偿盐井村1组损失7500元；利超公司、广诚公司承担补充赔偿责任；杨爱芹等继承人在继承杨某文遗产的范围内对前述债务承担清偿责任；驳回盐井村1组对李某的诉讼请求。

【典型意义】

本案系因交通事故导致有毒化学物质泄漏引起的环境污染责任纠纷，涉及不同法律关系的多方当事人。濮阳公司因第三人杨某文方的过错造成了环境污染，被侵权人依法可以向污染者请求赔偿，也可以向第三人请求赔偿。本案中，盐井村1组同时以濮阳公司、杨某文方为被告提起诉讼，一审法院予以受理并依法认定两被告应各自承担相应的责任，合法有据。污染者依法应对其污染行为造成的损害承担无过错责任，故濮阳公司不得以第三人过错造成损害为由拒绝赔偿，且该公司未能举证证明其行为与损害结果之间不存在因果关系，濮阳公司应当承担赔偿责任。濮阳公司赔偿后，有权向第三人追偿。因杨某文方的过错发生交通事故，其过错行为与盐井村1组遭受的环境污染损害具有直接的因果关系，杨某文方也应承担赔偿责任。

68. 张某健等 1721 人与福建省（屏南）榕屏化工有限公司环境污染责任纠纷案

（2014 年 7 月 3 日发布）

【基本案情】

福建省（屏南）榕屏化工有限公司（以下简称榕屏公司）自 1995 年投产后，对周边地区陆续造成污染，排放的废水、废气、废渣，对环境和人体造成严重损害。特别是排放的氯气，造成大片树林、竹林、果树、庄稼枯死，鱼虾不能生存。对此，有现场勘验报告和当地乡人民政府出具的《屏城乡溪坪村受榕屏公司污染情况》佐证，江西惠普会计师事务所据此提出了损失计算标准。张某健等 1721 人提起诉讼，请求判令榕屏公司立即停止侵害，赔偿农作物及竹、木等损失，清除厂内及后山废渣。

【裁判结果】

福建省宁德市中级人民法院一审认为，榕屏公司虽主张排放达标，但不能证明排放不会造成损害，应推定因果关系存在，侵权责任成立。张某健等 1721 人从 1995 年榕屏公司投产后、山地陆续出现毛竹等死亡时，就陆续向有关部门反映，诉讼时效并未超过。一审判决，榕屏公司立即停止侵害，清除厂内和后山工业废渣，并赔偿山场林木、果树、毛竹和农作物等部分损失。双方不服上诉至福建省高级人民法院。该院二审认为，污染物排放标准不是确定排污单位是否承担侵权赔偿责任的界限，榕屏公司未能提供证据证明其废气排放、废渣堆放与张某健等 1721 人的农作物受损没有因果关系，应承担举证不能的责任。二审法院于 2005 年 11 月 16 日作出判决，维持一审判决关于榕屏公司立即停止侵害的判项，判令榕屏公司赔偿山场林木、果树、毛竹和农作物等损失 68.42 万元，在限期内对厂内及后山的含铬废渣进行清理，并按规范进行处置，对原后山的堆场进行封场。

【典型意义】

环境污染责任的构成要件包括污染者有污染环境的行为、受害人有损害、污染者污染环境的行为与受害人的损害之间有因果关系。其中，因果关系的认定是环境污染责任纠纷中的重要问题。鉴于环境污染侵权具有致害途径复杂多样、损害证明科学技术性强以及多因一果现象频发等特性，《中华人民共和国侵权责任法》第六十六条规定环境污染侵权实行因果关系的举证责任倒置，将污染行为与损害之间不存在因果关系的举证义务加于污染者，其举证不能时，则推定因果关系成立，从而认定环境污染责任成立，保护受害人的合法权益。此外，环境污染责任系无过错责任，污染者有污染行为并造成损害的，除其举证证明存在法律规定的不承担责任或者减轻责任的情形外，均应承担侵权责任，不得以排污达标为由提出抗辩、减免责任。再者，在认定环境污染责任成立的前提下，准确界定损害赔偿的范围，涉及化学、生物、地理等专业知识，福建省宁德市中级人民法院经双方当事人同意委托专业人员进行现场勘验，并依据具备资产评估资格的会计师事务所提出的损失计算标准，认定赔偿数额，具有一定的指导意义。

69. 倪某龙诉丹东海洋红风力发电有限责任公司环境污染侵权纠纷案

（2017 年 6 月 22 日发布）

【基本案情】

倪某龙于 1993 年建温室养殖场养殖中华鳖。2000 年 3 月，丹东海洋红风力发电有限责任公司（以下简称海洋红公司）在倪某龙养殖场周边村落建成大规模风力发电机组，其中两组发电机位于养殖场附近。一组位于养殖场东南约 100 米处，另一组位于养殖场西北 400 米至 500 米处。2000 年 9 月后倪某龙养殖的中华鳖大量死亡。2001 年 7 月 25 日，倪某龙自行委托监测站针对海洋红公司对倪某龙中华鳖生产影响进行了论证，结论为：风力发电机叶轮转动投影及噪声扰乱改变了温室大棚中中华鳖所需的安静生活环境，而且这种惊扰正值中华鳖繁殖、发育和生长期间，导致了一系列不良后果。倪某龙针对所致损失，又委托评估鉴定，意见为损失总计 1637966 元。辽宁省丹东市中级人民法院委托渔业生态监测中心针对“丹东海洋红风力发电厂对室内养殖中华鳖生长影响”进行现场实验鉴定，渔业生态监测中心出具鉴定报告，意见为：实验现场的噪声、电磁辐射以及转动的阴影，不会对中华鳖的存活和生长造成影响。农业部渔业局资源环保处出具证明材料认为：渔业生态监测中心“关于风车的噪声、电磁辐射、转动阴影等因素对中华鳖的存活和生活影响的实验鉴定”已超出该局核发的《渔业污染事故调查鉴定资格证书》的业务范围。农业部渔业局针对一审法院就相关问题的咨询函答复：“渔业生态监测中心持有我局颁发的《渔业污染事故调查鉴定资格证书》（甲级），具有渔业污染事故调查资格。”倪某龙诉请海洋红公司赔偿其养殖的中华鳖损失1637966元。

【裁判结果】

辽宁省东港市人民法院一审认为，因环境污染引起的损害赔偿诉讼，由加害人就法律规定的免责事由及行为与损害结果之间不存在因果关系承担举证责任。渔业生态监测中心作出的鉴定报告意见为：“实验现场的噪声、电磁辐射以及转动的阴影，不会对中华鳖的存活和生长造成影响。”倪某龙虽对此提出异议，但农业部渔业局已复函证实渔业生态监测中心具有渔业污染事故调查资格，故对该鉴定报告内容予以采信，判决驳回倪某龙的诉讼请求。二审法院维持一审判决。辽宁省高级人民法院再审认为，根据《最高人民法院关于民事诉讼证据的若干规定》第四条规定，因环境污染引起的损害赔偿诉讼，由加害人就法律规定的免责事由及行为与损害结果之间不存在因果关系承担举证责任。本案存在发生损害的事实，且海洋红公司客观上实施风力发电所产生的噪声、光影及电磁可能会形成环境污染，海洋红公司应当就倪某龙饲养的中华鳖死亡与其实施的风力发电行为之间不存在因果关系承担举证责任。渔业生态监测中心虽作出鉴定意见认为现场的噪声、电磁辐射以及转动的阴影，不会对中华鳖的存活和生长造成影响。但农业部渔业局资源环保处答复认为，渔业生态监测中心“关于风车的噪声、电磁辐射、转动阴影等因素对中华鳖的存活和生活影响的实验鉴定”已经超出核发的《渔业污染事故调查鉴定资格证书》的业务范围。农业部渔业局虽答复称，渔业生态监测中心具有渔业污染事故鉴定资质，但并未对本案噪声、电磁辐射、转动阴影等因素对中华鳖的影响是否系渔业生态监测中心的鉴定范围作出实质性答复。本案应当认定渔业生态监测中心不具有涉及本案环境污染因素的鉴定资质。案涉环境污染损害纠纷，是基于风力发电产生的噪声、光影及电磁造成的新类型环境污染，不属于一般意义上的渔业水域污染，仅具有渔业污染鉴定资质的机构所出具的鉴定意见不能作为定案的依据。中华鳖属于对噪声及光影敏感生物，而本案中风力发电机最近一组机组距离养殖场仅100米，不符合相关规范要求。《辽宁省风力发电厂生态建设管理暂行办法》可以印证中华鳖死亡与风力发电机所产生的噪声、转动阴影、电磁辐射等因素具有一定因果关系。本案海洋红公司未完成中华鳖死亡与其实施的风力发电行为之间不存在因果关系的举证证明责任，应承担相应的民事责任。辽宁省高级人民法院再审判决撤销一审、二审判决，改判海洋红公司承担本案损失的80%民事责任，赔偿倪某龙经济损失1310327.8元。

【典型意义】

本案系因风力发电产生的噪声、光影及电磁造成损害的新类型环境污染侵权纠纷。噪声是风力发电厂典型的污染因素。光影的影响，虽未明确作为环境污染的类别，但与光污染类似，且相关研究表明风力发电厂光影的规律性变化和晃动可能对居民和敏感生物产生影响，是可致污染的重要因素。关于电磁波污染，由于风力发电的原理即在于利用风力使得叶片带动磁场转动，由磁场能量转化为电能，在此过程中会产生磁场或电磁波的负面影响，也是已知的可能污染源。本案再审法院根据案件系风力发电厂噪声、光影及电磁致损的新类型污染的特点，综合相关部门就鉴定资质出具的证据，对于鉴定机构的鉴定资质进行了审查判断，未予采信鉴定意见，同时依据风力发电机组与养殖场的距离、风力发电厂生态建设相关规范文件，结合中华鳖的习性，认定了风力发电产生的噪声、光影及电磁与中华鳖的死亡具有一定的因果关系，体现了环境资源审判中对于专业性问题审查判断的特殊性，对于准确认定污染行为和损害的因果关系具有一定示范意义。

70. 重庆市长寿区珍心鲜农业开发有限公司诉中盐重庆长寿盐化有限公司、四川盐业地质钻井大队环境污染责任纠纷案

(2018年6月4日发布)

【基本案情】

中盐重庆长寿盐化有限公司（以下简称中盐长寿公司）系生产销售工业盐及其化工产品的公司，其所有的矿井包括长平一井、长平二井、长平三井。中盐长寿公司与四川盐业地质钻井大队（以下简称四川钻井大队）签订合同，约定由四川钻井大队负责长平三井钻井施工，施工过程中产生的含盐特征污水给距离约30米的重庆市长寿区珍心鲜农业开发有限公司（以下简称珍心鲜农业公司）农业基地造成污染。经长寿区人民政府主持调解，珍心鲜农业公司与四川钻井大队签订《协议书》，约定四川钻井大队一次性支付珍心鲜农业公司50万元补偿款。2012年4月至5月，因四川钻井大队处理、填埋钻井产生的污染物措施不当以及下雨等原因，致使包括珍心鲜农业公司在内的数家农业基地受到污染。中盐长寿公司所有的长平二井位于珍心鲜农业公司农业基地西北侧约100米。2012年4月，长平二井配套管道发生泄漏，亦导致包括珍心鲜农业公司在内的农业基地受到污染。有关部门先后多次组织调解，并对土地污染情况、损害程度、损害费用等进行鉴定和评估。鉴定意见认定环境污染损害包括财产损失和污染修复所需费用两部分，珍心鲜农业公司财产损失为27.67万元，污染修复所需费用为9.848万元。珍心鲜农业公司提起诉讼，要求停止侵害、恢

复原状、赔偿农产品损失、土壤修复期间损失等费用。

【裁判结果】

重庆市渝北区人民法院一审认为，中盐长寿公司、四川钻井大队分别实施了环境污染行为，导致包含珍心鲜农业公司在内的农业基地受到含盐特征污染物的污染。中盐长寿公司、四川钻井大队的侵权行为在主观上并不具有关联性与意思联络，应当根据《中华人民共和国侵权责任法》第十一条的规定承担连带责任。重庆市第一中级人民法院二审认为，中盐长寿公司、四川钻井大队分别实施了侵权行为，但主观上无侵权意思联络，虽然无法详细区分各自排放污染物数量及污染范围，但单就两污染源各自的侵权行为尚不足以造成本案全部损害。根据《中华人民共和国侵权责任法》第十二条的规定，应由中盐长寿公司、四川钻井大队各自承担相应的责任。根据鉴定报告，结合长平三井位于案涉农业基地西侧约 30 米，长平二井位于案涉农业基地西北侧约 100 米，且长平三井共发生过两次污染事实，可判断两个污染源中长平三井的原因力较大，长平二井的原因力较小。二审法院酌定长平三井的原因力为 60%，长平二井的原因力为 40%。二审改判中盐长寿公司、四川钻井大队恢复珍心鲜农业公司被污染土地原状，如逾期未采取恢复措施，则分别按照 40%、60% 比例支付修复费用，并按比例赔偿珍心鲜农业公司土壤修复期间的损失及农产品减产损失。

【典型意义】

本案系无意思联络数人环境侵权案件。在存在无意思联络多个污染行为导致同一损害后果的情况下，分析各污染行为与损害后果的原因力大小是审理的难点。本案中，两处污染源、先后三次污染行为排放的污染物在受损土壤中渗透、迁移、扩散，共同结合造成同一不可分的损害后果，由此可推知单一污染行为尚不足以造成本案全部损害后果，应适用《中华人民共和国侵权责任法》第十二条，由各侵权人承担按份赔偿责任。本案判决结合受污染地域区位、受损环境检测数据、自然科学知识进行分析，合理确定污染行为所占原因力的大小，对于此类环境侵权案件的审理具有较好的示范作用。因环境污染不仅会导致被侵权人的财产损失，也会直接对环境造成不良影响，本案在判令侵权人赔偿损失的同时判决其承担生态环境修复责任，体现了环境侵权救济中以修复生态环境为中心的司法理念，具有较好的示范意义。

71. 贵州泰蘋河生态养殖开发有限公司诉贵州华锦铝业有限公司财产损害赔偿案

(2017 年 12 月 4 日发布)

【基本案情】

贵州泰蘋河生态养殖开发有限公司（以下简称泰蘋河公司）是一家主要从事鲟鱼养殖的企业，从戈家寨大沟取水。贵州华锦铝业有限公司（以下简称华锦公司）于 2014 年 10 月在戈家寨水库上游河段筑坝取水。由于华锦公司筑坝拦水，下游河道水量减少，导致泰蘋河公司养殖的鲟鱼在 4 月 21 日至 23 日因严重缺水缺氧大量窒息死亡。泰蘋河公司主张，华锦公司从事工程建设，明知对原有供水水源有不利影响，应当采取相应的补救措施。华锦公司在未通知下游用水户做好应对准备的情况下，擅自蓄水断水，造成泰蘋河公司养殖的鲟鱼缺氧窒息大量死亡。泰蘋河公司诉至法院，主张华锦公司承担赔偿责任。

【裁判结果】

贵州省清镇市人民法院一审认为，河流生态流量可以保证河流所需的自净扩散能力，维持水生生态系统平衡，保证库区养殖业所需的水质水量。我国虽然没有关于河流生态流量的法律规定，但实践中有此要求，例如，水电站最小下泄流量就是保障河流生态流量的措施。华锦公司未办理取水行政许可及环境影响评价，擅自修建拦截坝取水，未保障必要的生态下泄流量，导致下游水量减少，养殖场进水减少，鲟鱼窒息死亡。故泰蘋河公司养殖的鲟鱼死亡与华锦公司蓄水之间存在因果关系，判决华锦公司赔偿泰蘋河公司经济损失757158.6元。华锦公司不服，提起上诉。贵州省贵阳市中级人民法院二审判决驳回上诉，维持原判。

【典型意义】

长江流域蕴藏着十分丰富的水资源，依法审理水资源开发利用案件，促进水资源可持续利用是人民法院环境资源审判的重要职责。本案系水资源开发利用过程中产生的侵权纠纷，涉及水资源利用中生态流量的保障和控制。河流生态流量具有重要价值，上游地区用水户在水资源开发和利用过程中，要保障河流生态流量，不能损害下游地区供水、通航、灌溉、养殖等生态流量受益方的合法权益，从而保障全流域水生生态系统基本功能的正常运转。本案中，作为主要从事鲟鱼养殖的泰蘋河公司与华锦公司均系戈家寨水库的需水方，均应依照法律规定取水、用水、排水。华锦公司在上游取水用水时未办理取水行政许可和环境影响评价，擅自修建拦截坝取水，未保障必要的生态下泄流量，损害了下游用水户的合法权益，导致损害事实的发生，依法应当承担赔偿责任。本案肯定了生态流量的重要价值，维护了生态流量受益方的合法权益，对于人民法院审理水资源开发利用案件具有指导意义。

72. 云和县土岩岗头庵叶腊石矿与国网浙江省电力公司矿产压覆侵权纠纷案

（2016年7月12日发布）

【基本案情】

2004年12月29日，云和县土岩岗头庵叶腊石矿（以下简称云和县叶腊石矿）取得叶腊石采矿权。2013年3月18日，浙北—福州特高压交流输变电工程获得国家发展和改革委员会的核准批复。2013年4月26日，国网浙江省电力公司将浙北—福州特高压交流工程线路工程发包给案外人施工。2014年8月20日，云和县叶腊石矿到案涉线路工程项目部反映，浙北—福州1000kV交流输电线路第5R67号桩及第5R66—5R68号桩之间的电线跨越其矿区。经核实，该输电线路路径确与云和县叶蜡石矿矿区范围存在冲突。2014年12月26日，浙北—福州案涉特高压交流输变电工程正式投运。云和县叶腊石矿以其不能正常爆破采矿为由提起诉讼，请求判令国网浙江省电力公司立即拆除建立在其采矿区域内的输电线路。

【裁判结果】

浙江省云和县人民法院一审认为，浙北—福州特高压交流输变电工程系经国家发展和改革委员会依法核准批复、依法建设的国家重点工程，投资巨大且已竣工并正式投入运营，如拆除将会给国家利益、社会公共利益造成重大损失，故对云和县叶腊石矿的诉讼请求不予支持。云和县叶腊石矿如认为国网浙江省电力公司架设电线给其造成损失，可另行协商或者通过诉讼途径解决。浙江省丽水市中级人民法院二审认为，即使国网浙江省电力公司建设支桩和架设电线的行为构成对云和县叶腊石矿采矿权的妨害，但考虑到案涉工程在满足福建与浙江联网送电需要及提高华东电网供电可靠性方面发挥的重要作用，且该工程投资巨大并已正式投入运营，如拆除，必将对浙江省电力供应造成重大影响，电力供应不仅涉及叶腊石矿的经济利益，更涉及社会公共利益。二审法院判决驳回上诉，维持原判。

【典型意义】

在建设铁路、工厂、水库、输油管道、输电线路和各种大型建筑物或者建筑群之前，建设单位须向省级国土资源主管部门了解拟建工程所在地区的矿产资源分布和开采情况。非经国务院授权的部门批准，不得压覆重要矿床。矿床压覆人未经审批评估、与矿业权人签订补偿协议、办理矿产资源储量登记等法定程序，在采矿权人矿区范围内建设工程，压覆矿产资源，侵害了矿业权人的合法利益。但就侵权责任的承担方式而言，应综合考虑输电线路等国家重点建设工程关涉国家利益和社会公共利益，投资巨大并已投入运营等因素，不宜径行判令拆除。在矿业权人仅请求排除妨碍的情形下，人民法院应予以充分释明，告知其可另行主张适当的责任方式，兼顾国家利益、社会公共利益和矿业权人的合法权益，适应国家产业政策与社会经济发展需要。

73. 孙某贤等3人与玄某军探矿权权属纠纷案

(2016年7月12日发布)

【基本案情】

孙某贤等3人于2004年投资承包奈曼旗青龙山镇向阳所村林地，承包期15年，用于开发铁矿。孙某贤等3人委托玄某军办理勘查许可证，并将委托勘查合同书、林地承包合同书、存款证明、探矿权申请登记书等相关资料及办证资金114万元交付玄某军。2005年12月28日，经内蒙古自治区国土资源厅批准，通辽市国土资源局对奈曼旗青龙山镇向阳所村一带铁矿普查探矿权实行挂牌出让，并予以公告。玄某军将办证资料上孙某贤的名字篡改成自己的名字，并私刻“辽宁省第四地质大队”的公章伪造勘查合同，用孙某贤等3人交给他的办证资金，以奈曼旗北方建筑公司（该公司法定代表人为玄某军）名义竞标，将勘查许可证办至玄某军名下；2006年2月13日，内蒙古自治区国土资源厅向玄某军颁发了《矿产资源勘查许可证》。孙某贤等3人提起诉讼，请求：确认案涉《矿产资源勘查许可证》归孙某贤等3人所有。

【裁判结果】

内蒙古自治区通辽市中级人民法院一审认为，玄某军利用孙某贤等3人提供的资金及办证所需资料，篡改名头、制作虚假申报材料，以欺骗手段取得勘查许可证，侵犯了孙某贤等3人的探矿申请权，遂判决案涉《矿产资源勘查许可证》上设立的探矿权为孙某贤等3人所有。内蒙古自治区高级人民法院二审认为，孙某贤等3人主张玄某军采取伪造资料等方式取得案涉勘查许可权，其应向国土资源主管部门反映情况，由主管部门查清事实后采取措施，也可以依法向人民法院提起行政诉讼，请求撤销玄某军取得的勘查许可证。孙某贤等3人提起的诉讼，不属于民事诉讼范围。二审法院裁定撤销一审判决，驳回孙某贤等3人的起诉。最高人民法院经再审审查认为，探矿权的取得须经国土资源主管部门的许可，此种行政许可具有赋权性质，属行政机关管理职能。在探矿权须经行政许可方能设立、变更或者撤销的情况下，孙某贤等3人请求确认案涉《矿产资源勘查许可证》归其所有，不符合法律规定的民事诉讼受案范围，二审法院裁定驳回起诉，并无不当。

【典型意义】

矿业权兼具民事物权属性和行政许可特性。矿业权的权利行使和救济关涉行政权和司法权的职责分工。探矿权的取得须经国土资源主管部门许可，矿产资源勘查许可证的登记、变更等属于国土资源主管部门的行政管理职能。委托人委托他人办理勘查许可证，受托人未忠实履行受托义务，采取欺诈的手段，将勘查许可证办理在自己名下，委托人直接提起民事诉讼，请求确认勘查许可证归其所有，是权利救济渠道的不当选择，人民法院裁定驳回起诉是对行政机关行政管理职能的尊重，准确把握了司法权介入的法定边界。本案情形下，委托人可以利害关系人身份向国土资源主管部门提出撤销申请，并请求对探矿权的归属依法作出处理；也可以依法提起行政诉讼，请求人民法院对国土资源主管部门的具体行政行为进行审查；还可以依据合同向受托人主张违约责任或者民事损害赔偿，实现权利被侵害后的法律救济。

74. 傅某其与仙游县社硎乡人民政府采矿权纠纷案

（2016年7月12日发布）

【基本案情】

2003年1月16日，仙游县社硎乡人民政府（以下简称社硎乡政府）与傅某其签订合同，约定由傅某其开发仙游县社硎乡塔林顶伊利石矿山。合同签订后，傅某其依约投资道路等设施并实施探矿行为。2005年1月24日，仙游县政府批准挂牌出让案涉矿山采矿权。2007年7月，仙游县政府将案涉矿山列入禁采范围。傅某其未能依法取得案涉矿山的采矿许可证。傅某其提起诉讼，请求社硎乡政府赔偿损失，并支付投资款在资金占用期间的利息。

【裁判结果】

福建省莆田市中级人民法院一审查明傅某其实际投资款1533561元，判令社硎乡政府承担50%的赔偿责任。福建省高级人民法院二审认为，社硎乡政府明知自己无权出让辖区内矿产资源，未经有权机关审批以签订承包合同的方式将案涉矿山交由傅某其开发，所签合同应为无效。案涉矿山已被列为禁采区，不具备办理合法审批手续的可能，由此产生的法律后果应依傅某其投入资产性质分类处理。其中，押金属于社硎乡政府因合同收取的保证金，应直接返还；所修公路位于社硎乡政府辖区范围，属于其获益部分，应按照实际支出折价补偿；其余投资属于履行合同受到的损失，应按照过错比例承担民事赔偿责任。遂判令社硎乡政府返还傅某其押金和修路支出费用共计670712元，对傅某其862849元投资损失承担80%的赔偿责任。

【典型意义】

矿产资源归国家所有，国家对矿产资源的勘查、开采实施严格的许可证管理制度。矿业权的出让应由县级以上国土资源主管部门根据法定权限依法进行，乡级政府并非适格的矿业权出让主体。在不拥有颁发矿山勘查、采矿许可证权利的情况下，乡级政府签订合同擅自将国家所有的矿产资源交由他人勘查、开采，不仅严重侵害国家对矿产资源的所有权，造成矿业权税费流失，而且极易造成矿产资源的乱采滥挖，甚至导致环境污染、生态破坏。对此类合同应给予否定性法律评价。人民法院应在认定合同无效的前提下，区别返还财产和赔偿损失等不同责任方式，在维护矿产资源国家所有权的同时，综合考虑过错因素，保护当事人的合法利益和矿业权流转市场的交易秩序。

75. 王某龙与刘某波采矿权转让合同纠纷案

（2014年7月3日发布）

【基本案情】

2007年8月27日，王某龙以兴隆县龙思敏大理石厂的名义与刘某波订立了矿山转让合同，该合同约定王某龙将兴隆县龙思敏大理石厂作价305万元转让给刘某波。合同还对付款期限、违约责任等内容进行了约定。合同签订后，刘某波共支付转让款等款项共计133.5万元。刘某波修建了矿路及部分厂房，但未对该大理石矿进行开采。后王某龙以刘某波未足额付款为由提起诉讼请求判令解除矿山转让合同，刘某波返还矿山并给付违约金76万元。刘某波提起反诉请求判令王某龙继续履行合同并赔偿损失108.8万元。

【裁判结果】

河北省承德市中级人民法院一审判决驳回双方的诉讼请求。双方不服上诉至河北省高级人民法院。该院二审认为，王某龙和刘某波均认可本案转让合同的标的物为大理石矿及相应采矿权，双方所签矿山转让合同已成立，但属于依照法律规定应到相关部门办理批准手续才能生效的合同。由于合同对移交矿山手续等约定不明，双方对合同未能履行均负有责任。对于按照法律、行政法规的规定须经批准或者登记才能生效的合同，双方当事人均应积极履行各自的义务，促使合同生效，以维护交易各方的合法权益。二审法院于2011年2月作出判决，判令王某龙、刘某波按照各自义务向有关部门提交相关资料，申请办理转让兴隆县龙思敏大理石矿的批准手续。王某龙仍不服，向最高人民法院申请再审，最高人民法院裁定驳回再审申请。

【典型意义】

矿产资源是人类生存和经济社会可持续发展的重要物质基础。采矿权的转让审批，是国家规范采矿权有序流转，实现矿产资源科学保护、合理开发的重要制度。采矿权转让未经审批的，转让合同尚未发生法律效力。二审法院在审理本案过程中严格依照法律规定，认定转让合同因未经审批而未生效，并判令双方按照各自义务办理采矿权转让报批手续，积极促使合同生效，维护了采矿权市场交易秩序，也符合合同法鼓励交易、创造财富的原则。

76. 陈某全与确山县团山矿业开发有限公司采矿权转让合同纠纷案

（2016年7月12日发布）

【基本案情】

2014年1月15日，陈某全与确山县团山矿业开发有限公司（以下简称团山公司）签订采矿权转让协议，约定团山公司将其采矿权作价360万元转让给陈某全，并积极配合陈某全办理采矿许可证。合同签订后，陈某全依约付清了全部款项。2014年2月15日，团山公司委托陈某全向河南省国土资源厅办理采矿许可证延期手续，并于2014年7月21日办理完毕。嗣后，团山公司拒绝配合陈某全办理采矿权转让的批准、登记手续。陈某全提起诉讼，请求确认采矿权转让协议有效，由团山公司配合陈某全办理采矿权转让手续。

【裁判结果】

河南省确山县人民法院一审认为，采矿权转让协议合法有效，由陈某全办理采矿权转让相关手续。河南省驻马店市中级人民法院二审认为，陈某全与团山公司就案涉采矿权转让意思表示一致，均在转让协议上签字，该协议已成立。根据国务院《探矿权采矿权转让管理办法》的规定，采矿权转让应报请国土资源主管部门审批，转让合同自批准之日起生效。案涉采矿权转让协议成立后，双方当事人在协议中约定的报批义务条款即具有法律效力，团山公司未依约办理报批手续，有违诚实信用原则。根据《最高人民法院关于适用〈中华人民共和国合同法〉若干问题的解释（二）》

第八条的规定，人民法院可根据案件具体情况和相对人的请求，判决相对人自己办理有关手续。二审法院判决采矿权转让协议成立，由陈某全办理采矿权转让相关手续。

【典型意义】

对矿业权的转让进行审批，是国家规范矿业权有序流转，实现矿产资源科学保护、合理开发的重要制度。矿业权转让合同未经国土资源主管部门批准并办理矿业权变更登记手续，不发生矿业权物权变动的效力，但应确认转让合同中的报批义务条款自合同成立时起即具有法律效力，报批义务人应依约履行。在转让合同不具有法定无效情形且报批义务具备履行条件的情况下，相对人有权请求报批义务人履行报批义务；人民法院依据案件事实和相对人的请求，也可以判决由相对人自行办理报批手续。允许相对人自行办理报批手续既符合诚实信用和鼓励交易的原则，也有利于平衡双方当事人的利益。

77. 四川省宝兴县大坪大理石矿与李某采矿权承包合同纠纷案

（2016 年 7 月 12 日发布）

【基本案情】

四川省宝兴县大坪大理石矿（以下简称宝兴大坪矿）具备合法有效的采矿许可证及相关证照。2009 年 9 月 22 日，宝兴大坪矿与李某签订《协议书》，约定：宝兴大坪矿提供合法采矿手续，提供采矿现场和电力设施、公路、炸药库房等基础设施；矿区新增林地、公路合作期满后归宝兴大坪矿所有；李某向宝兴大坪矿支付固定数额的费用，享有生产经营自主权，自行组织生产、营销的人员，承担工资费用，照章纳税；如宝兴大坪矿违约，应赔偿李某所有投入的费用。李某按约提供前期投资并进行开采。宝兴大坪矿提起诉讼，请求确认《协议书》无效，李某停止生产并退场、返还矿山及相关设备设施。

【裁判结果】

四川省雅安市中级人民法院一审认为，《协议书》系以承包方式转让采矿权的合同，应为无效。四川省高级人民法院二审认为，采矿权转让是将采矿权全部权益进行转让，并且要变更采矿权的主体。而《协议书》约定，宝兴大坪矿具备有效的采矿许可证及相关法律规定的证照，负责在法律规定和允许的情况下提供一切合法采矿手续，提供采矿现场和电力设施、公路、炸药库房等基础设施，采矿权的主体不发生变化。在实际履行过程中，对外关系上亦均是以宝兴大坪矿的名义进行。李某向宝兴大坪矿支付固定数额的费用，自行组织生产、营销人员，承担工资费用，照章纳税；享有生产经营自主权，均符合承包合同的特点，应认定为采矿权承包合同。虽然《协议书》约定李某的经营期限与宝兴大坪矿现有的采矿许可期限大体一致，但依照相关法律法规规定，宝兴大坪矿在期满后可申请续期。《协议书》只是合同双方当事人之间权利义务关系的内部约定，不以转让采矿权为合同目的，不违反法律、行政法规的强制性规定，应为有效。二审法院撤销一审判决，驳回了宝兴大坪矿的诉讼请求。

【典型意义】

我国矿产资源相关法律、行政法规禁止以承包形式转让采矿权。实践中，应区分以承包形式转让采矿权和采矿权承包两种流转方式的不同。当事人签订采矿权承包合同，约定发包人放弃对矿山的管理，除收取固定费用或者收益外不再履行作为采矿权人的全部法定义务，亦不再承担任何法律责任的，应认定为以承包形式转让采矿权。若当事人签订采矿权承包合同，同意他人与之共同进行采掘活动或者将开采权中所包含的经营管理权赋予他人，但采矿权的权利主体不发生变更，发包人作为采矿权人不退出矿山管理，继续履行采矿权人的法定义务、承担相应法律责任的，在不违反法律、行政法规强制性规定的情况下，应依法确认其效力。

78. 郎某春与彭某辉、南华县星辉矿业有限公司采矿权合作合同纠纷案

（2016 年 7 月 12 日发布）

【基本案情】

2009 年，南华县星辉矿业有限公司（以下简称星辉公司）取得南华县兔街长梁子干龙潭锰矿采矿许可证。2010 年 5 月 23 日，星辉公司法定代表人彭某辉与郎某春签订合作协议，约定双方合作开发案涉锰矿，项目日常开发由郎某春成立专门机构实施。合同签订后，郎某春共计支付彭某辉 323 万元，并实施了采矿行为。2011 年，国土资源主管部门因案涉锰矿存在漂移现象，向星辉公司发出《停止采矿通知书》。星辉公司虽提交了变更矿区范围的材料，但因其采矿权许可证遗失致变更手续办理未果。郎某春未能再继续实施开采行为。彭某辉认可郎某春支付的 323 万元用于矿山修路、挖洞、盖工棚及架电工程等。郎某春提起诉讼，请求确认合作协议未生效，彭某辉返还合作款及占用期间的利息，彭某辉、星辉公司承担连带责任。

【裁判结果】

云南省楚雄彝族自治州中级人民法院一审认为，彭某辉无权以个人名义就星辉公司采矿权对外与他人签订合同，合作协议约定由郎某春出资并成立专门机构实施采矿行为，构成采矿权的变相转让，协议应为无效，彭某辉、星辉公司应连带返还郎某春 323 万元。云南省高级人民法院二审认为，合作协议主体应为星辉公司和郎某春；根据合同约定内容和实际履行

情况，星辉公司对矿山经营的财务监督、项目实施等依然进行管理，星辉公司的采矿权主体资格并没有因双方签订合作协议而改变，不构成变相转让采矿权，但星辉公司根本违约导致郎某春合同目的不能实现，遂判决解除合作协议并由星辉公司返还郎某春323万元。最高人民法院经再审审查认为，二审法院为避免当事人诉累，在认定合作协议合法有效、无继续履行可能以及郎某春对矿山投资建设的设施归星辉公司所有的前提下，结合郎某春的诉讼请求，判令解除合作协议，由星辉公司返还郎某春323万元合作款，并无不当。

【典型意义】

矿业权合作合同履行中，矿业权人未放弃矿山经营管理，继续履行其法定义务并承担相应法律责任，矿业权主体并未发生变更的，不构成矿业权变相转让，合作合同不受自国土资源主管部门批准之日起生效的法律限制。当事人以未办理审批手续为由请求确认合作合同无效或者未生效的，人民法院不予支持。矿业权民事纠纷案件中，合同效力之争较为常见，尤其在当事人主张和人民法院认定不一致的情况下，人民法院应根据诉讼经济和利益平衡原则，结合具体案件事实和诉讼请求，准确界定合同性质、正确评价合同效力。

79. 新疆临钢资源投资股份有限公司与四川金核矿业有限公司特殊区域合作勘查合同纠纷案

（2016 年 7 月 12 日发布）

【基本案情】

2011 年 10 月 10 日，新疆临钢资源投资股份有限公司（以下简称临钢公司）与四川金核矿业有限公司（以下简称金核公司）签订《合作勘查开发协议》，约定：临钢公司补偿金核公司 3500 万元后，双方共同设立项目公司，并在符合条件时将金核公司探矿权过户至项目公司名下。2011 年 10 月 25 日，临钢公司向金核公司实际支付 3500 万元。2013 年 11 月 22 日，临钢公司以合作勘查作业区位于新疆塔什库尔干野生动物自然保护区为由通知解除合同，金核公司回函拒绝。金核公司提起诉讼，请求确认临钢公司解除合同行为无效；确认《合作勘查开发协议》有效。临钢公司反诉请求解除《合作勘查开发协议》，金核公司返还合作补偿款 3500 万元并赔偿损失。

【裁判结果】

新疆维吾尔自治区高级人民法院一审判决临钢公司解除合同行为无效，双方继续履行《合作勘查开发协议》，驳回临钢公司的反诉请求。最高人民法院二审认为，案涉探矿权位于新疆塔什库尔干野生动物自然保护区范围内，该自然保护区设立在先，金核公司的探矿权取得在后，基于

《合作勘查开发协议》约定，双方当事人均知道或者应当知道在自然保护区内不允许进行矿产资源的勘探和开发。该协议违反了《自然保护区条例》的禁止性规定，如果认定协议有效并继续履行，将对自然环境和生态造成严重破坏，损害环境公共利益。故协议依法应属无效，金核公司收取的3500万元合作补偿款应予返还。临钢公司主张的损失，部分由金核公司折价补偿，部分由临钢公司自行承担或者在项目公司清算时另行解决。二审法院撤销一审判决，予以改判。

【典型意义】

在自然保护区、风景名胜区、重点生态功能区、生态环境敏感区和脆弱区等特殊区域内，环境保护与经济发展之间的矛盾较为突出。人民法院审理、执行相关案件，要依据国家和省级国土空间主体功能区规划，充分考虑各类功能区的不同功能定位，确定不同的处理思路。对于优化开发区域尤其是重点开发区域发生的环境资源纠纷，可以更多地考虑合理利用环境容量发展经济的需要，对于限制开发和禁止开发区域，尤其是在划定生态保护红线地区发生的环境资源纠纷，则要贯彻最严格的保护措施。针对上述特殊区域签订的勘查、开采矿产资源合同，即使已经得到国土资源主管部门批准，人民法院仍应对合同效力进行特别审查，若合同违反法律、行政法规的强制性规定，损害环境公共利益的，应依法认定无效。

80. 薛某懿等4人与西藏国能矿业发展有限公司、西藏龙辉矿业有限公司股权转让合同纠纷案

(2016年7月12日发布)

【基本案情】

2013年7月12日，西藏国能矿业发展有限公司（以下简称国能公司）与薛某懿、薛某蛟签订《合作协议》，约定薛某懿、薛某蛟将持有的矿山企业西藏龙辉矿业有限公司（以下简称龙辉公司）全部股权转让给国能公司。合作协议签订后，国能公司支付了部分款项，并对龙辉公司的资质及财务证照等进行了交接，但未办理股权转让工商变更登记手续。11月28日，薛某懿、薛某蛟以龙辉公司营业执照丢失为由，申请补发，并于次日将已转让给国能公司的股权再次转让给王某生、薛某琦。国能公司提起诉讼，请求确认国能公司与薛某懿、薛某蛟签订的《合作协议》合法有效并继续履行，薛某懿、薛某蛟为其办理股权变更工商登记手续；确认薛某懿、薛某蛟与王某生、薛某琦签订的转让合同无效。薛某懿、薛某蛟反诉请求国能公司返还相关证照，并支付因《合作协议》未生效给其造成的经济损失。

【裁判结果】

西藏自治区高级人民法院一审确认《合作协议》有效，由国能公司向薛某懿、薛某蛟支付剩余股权转让价款，薛某懿、薛某蛟及龙辉公司于国

能公司支付完剩余股权转让价款后配合办理股权变更工商登记手续；确认薛某懿、薛某蛟与王某生、薛某琦签订的转让合同无效。最高人民法院二审认为，《合作协议》及转让合同的性质应为股权转让，而非矿业权转让；矿山企业股权转让协议不属于法律、行政法规规定须办理批准、登记等手续才生效的合同，《合作协议》依法成立并生效。薛某懿、薛某蛟以欺诈手段和超低对价再次转让股权，王如云、薛某琦受让股权不符合善意取得条件，应为无效。《合作协议》应继续履行。二审法院判决驳回上诉，维持原判。

【典型意义】

股权与矿业权是不同的民事权利，其性质、内容及适用的法律应有所区别。矿山企业的股权属社员权，由股东享有，受公司法调整。矿山企业的股权转让导致股东变化，不当然导致矿业权主体变更，不构成以合法的矿山企业股权转让之形式，逃避行政监管，实现实质上非法的矿业权转让目的的，不宜认定为变相的矿业权转让，径行判令无效。若股权转让合同中同时约定了矿业权转让、矿业权人变更等实质性内容，则应根据矿业权转让的法律法规认定该部分内容的效力。

81. 山西京海公司等诉莱芜钢铁集团莱芜矿业有限公司股权转让纠纷案

(2018年6月4日发布)

【基本案情】

2010年10月30日，山西京海公司等三企业与莱芜钢铁集团莱芜矿业有限公司（以下简称莱芜矿业公司）签订《转让合同》，约定山西京海公司等在尽可能短的时间内完成矿业权整合，并注册成立新公司，作为完成整合后的唯一矿业权人；莱芜矿业公司受让持有矿业权的新公司全部资产。合同签订后，山西京海公司等将矿山和实物资产全部交予莱芜矿业公司。此后，山西京海公司等将矿业权整合方案上报审批。2012年5月29日，莱芜矿业公司提出终止《转让合同》。2012年6月5日，山西京海公司等回函声明不存在违约情况，拒绝接管财产。此后，双方多次函件往来。2012年8月15日，莱芜矿业公司发出通知，要求山西京海公司等派员接管所有资产，返还预付款等。2014年9月1日，新矿业权人丰镇京海公司取得全部整合范围的矿业权。2014年9月11日，山西京海公司函告莱芜矿业公司，要求莱芜矿业公司派员办理丰镇京海公司的全部股权转让手续。山西京海公司等向法院提起诉讼，请求莱芜矿业公司继续履行合同、支付剩余价款，配合将丰镇京海公司的全部股权变更登记至莱芜矿业公司，并赔偿拒绝履行合同的利息损失。莱芜矿业公司提出反诉，请求确认《转让合同》已解除，山西京海公司等连带返还预付款。

【裁判结果】

内蒙古自治区高级人民法院一审认为，本案性质为股权转让纠纷。山西京海公司等最终完成资源整合，不存在违约行为，莱芜矿业公司提出解除合同的行为不发生效力，合同应继续履行。遂判决莱芜矿业公司继续履行《转让合同》，支付剩余合同价款，配合将丰镇京海公司的全部股权变更登记至莱芜矿业公司。最高人民法院二审认为，矿业权登记在矿山法人企业名下，成为法人财产。虽然矿山法人股权转让可能造成公司资产架构、实际控制人等方面的变动，对矿业权的行使产生影响，但基于公司法人人格独立原则，公司股权转让与公司持有的矿业权转让性质不同，两者在交易主体、交易标的、审批程序、适用法律等方面均存在差别。山西京海公司等将矿业权和实物资产交付莱芜矿业公司，将完成整合后的矿业权划转到丰镇京海公司名下，其与莱芜矿业公司基于合同约定发生的是丰镇京海公司股权转让的法律关系，依法不需行政审批。合同解除权的行使应以符合约定或者法定解除条件为前提，即提出解除合同的一方当事人应以拥有约定解除权或者法定解除权为前提。莱芜矿业公司不具备约定或者法定合同解除权，其关于山西京海公司等未在法定期限三个月内提起异议之诉，解除合同通知当然发生效力的主张不能成立。山西京海公司曾催告莱芜矿业公司协助办理股权变更手续，莱芜矿业公司不予配合，致使股权变更约定未能履行，不利后果应由莱芜矿业公司承担。最高人民法院二审维持原判。

【典型意义】

本案系矿产资源整合过程中矿山法人企业股权转让引发的纠纷，如何准确认定合同性质是审理此类案件的重点和难点。本案中，转让人已将案涉矿业权登记在约定的目标公司名下，其与受让人之间基于合同约定发生的是新矿业权人股权转让的法律关系。矿业权人股权转让与矿业权转让性质不同，在不变更矿业权主体、不发生采矿权和探矿权权属变更的情况下，不宜将股权转让行为视同变相的矿业权转让行为。同时，本案判决明确合同解除权的行使应符合合同约定的解除条件或者法定的解除条件，对于依法确定解除合同通知效力，防止合同解除权的滥用、保护诚信履约方亦具有积极意义。

82. 黄某均与遵义市大林弯采矿厂、苏某昌合伙纠纷案

(2016年7月12日发布)

【基本案情】

大林弯采矿厂原系苏某昌的个人独资企业，于2003年7月31日办理采矿许可证、营业执照。2003年12月20日，黄某均与苏某昌签订合伙协议，约定苏某昌提供采矿许可证、营业执照等开采手续，由黄某均自行投资在现有采区内对4号井进行开采，自负盈亏、自行承担矿洞安全责任。嗣后，大林弯采矿厂性质虽由个人独资企业变更为合伙企业，合伙人亦多次发生变更，但黄某均一直使用大林弯采矿厂的采矿许可证、营业执照从事4号井的开采活动，并交纳办证费、资料费、治安费等共计108120元。2008年8月1日，大林弯采矿厂因违法转让采矿权被国土资源主管部门处罚。2009年6月8日，大林弯采矿厂因无安全生产许可证被安全生产监督管理部门责令停止开采、限期整改。大林弯采矿厂未对4号井进行技改，致黄某均不能继续开采。黄某均提起诉讼，请求判令大林弯采矿厂赔偿损失220万元。

【裁判结果】

贵州省遵义市红花岗区人民法院一审判决驳回黄某均的诉讼请求。贵州省遵义市中级人民法院二审认为，黄某均与苏某昌签订合伙协议，在大林弯采矿厂采矿许可开采区域内独立从事采矿活动，未到相关行政主管部门进行审批和变更登记，违反国家关于矿产资源开发利用和保护的审批规

定，损害国家关于矿产资源的管理秩序。大林弯采矿厂变更登记为合伙企业后，也未将黄某均登记为合伙人。上述行为实为挂靠采矿，合伙协议应为无效，大林弯采矿厂对此具有较大过错。二审法院判决大林弯采矿厂赔偿黄某均损失 136620 元。

【典型意义】

矿产资源具有不可再生性。为保护和合理开发矿产资源，取得采矿许可证的企业必须严格遵守矿产资源开发利用的法律法规。矿业权人与他人签订合伙协议，但并无实际合伙经营的事实，实施采矿行为一方交纳挂靠费用，以矿业权人名义自行投资、自负盈亏、自担责任，独立从事矿产资源开采活动，以达到逃避行政监管的非法目的的，合伙协议应认定无效。矿业权人受到行政处罚，不影响其承担民事责任。人民法院在厘清当事人过错的基础上，根据过错大小确定各方当事人的民事责任，对规范矿业权人依法行使采矿权，维护矿产资源流转秩序具有积极意义。

83. 资中县鸿基矿业公司、何某华与吕某鸿劳务承包合同纠纷案

（2016年7月12日发布）

【基本案情】

资中县鸿基矿业公司（以下简称鸿基公司）系何某华一人投资的有限公司。2009年4月30日，吕某鸿与鸿基公司签订《矿山开采劳务承包合同》，约定了开采方式、单价、双方的权利义务以及违约责任等。合同履行中，鸿基公司向吕某鸿书面承诺，按合同约定定期结算并支付相关款项，如不支付导致吕某鸿因资金原因被迫停工，造成的损失由鸿基公司负责。2010年2月25日，因吕某鸿开采行为给矿区村民造成损失，由鸿基公司垫付48418元。鸿基公司提起诉讼，请求判令确认《矿山开采劳务承包合同》无效，吕某鸿赔偿损失668418元。吕某鸿亦提起诉讼，请求判令鸿基公司、何某华连带赔偿损失4635558.67元。上述两案合并审理，分案判决。

【裁判结果】

四川省资中县人民法院一审认为，《矿山开采劳务承包合同》构成矿业权变相转让，应为无效，判令吕某鸿给付鸿基公司48418元，鸿基公司、何某华连带给付吕某鸿劳务费及赔偿损失1682770.98元。四川省内江市中级人民法院二审认为，鸿基公司与吕某鸿签订《矿山开采劳务承包合同》，将矿山的开采劳务承包给吕某鸿，仅是采矿劳务的承包，并不属于以承包形式擅自转让采矿权，合同应为合法有效，双方均应按照合同约定履行义

务。双方的权利义务虽已于2010年7月29日终止，但并不影响根据合同进行清算和根据履行情况要求赔偿损失等。二审法院判决吕某鸿给付鸿基公司93418元，鸿基公司、何某华连带给付吕某鸿劳务费及赔偿损失309235.66元。

【典型意义】

劳务承包在矿山企业的生产经营中大量存在，恰当认定承包合同的性质和效力有利于稳定交易秩序和维护交易安全。采矿权人将采矿任务发包给承包人完成，向承包人给付一定的劳务报酬，享有承包人的劳务成果的，其性质应认定为劳务承包合同。矿产资源勘查、开采的劳务承包不发生采矿权人主体的变更，不属于以承包形式转让采矿权，不受合同须经国土资源主管部门批准始生效的法律规制，在不违反法律、行政法规强制性规定的情况下，合同应确认合法有效。

84. 赵某喜、周某红与赵某春买卖合同纠纷案

(2017年12月4日发布)

【基本案情】

赵某喜与周某红夫妻二人雇请赵某龙、徐某金驾驶船只停靠在赵某春位于镇江市内的长江采砂点，赵某春用吸砂船吸出江砂直接放置在赵某龙、徐某金驾驶的船上，卖给赵某喜、周某红。2014年5月8日，赵某喜与赵某春对2012年至2014年的砂款进行结算，扣除已付款项后，赵某喜向赵某春支付了20700元。赵某春认为赵某喜、周某红尚欠其砂款380000元未付，并多次向赵某喜、周某红催要，而赵某喜、周某红以双方之间的款项已结清为由，拒绝支付。赵某春将赵某喜、周某红起诉至法院，要求给付砂款。

【裁判结果】

江苏省南京市栖霞区人民法院一审认为，国家对长江采砂实行许可证制度，赵某春无采砂许可证，在长江中用吸砂船非法采砂，转卖给周某红、赵某喜，其行为违反了《长江河道采砂管理条例》第九条的规定，侵害了国家对自然资源的所有权。依照《中华人民共和国民法通则》及《中华人民共和国物权法》的相关规定，判决驳回赵某春对赵某喜、周某红的诉讼请求，并作出处罚决定，对赵某春的违法所得予以收缴。赵某喜、周某红不服，上诉至江苏省南京市中级人民法院。南京市中级人民法院二审认为，赵某春与赵某喜、周某红的行为属于非法采砂行为，该买卖纠纷不

属于人民法院民事诉讼的管辖范围，且本案所涉非法采砂行为已涉嫌刑事犯罪，应移交刑事侦查机关进行侦查，并根据侦查情况作出处理，故撤销一审判决和处罚决定书，驳回赵某春的起诉。宣判后，二审法院依据《最高人民法院关于在审理经济纠纷案涉及经济犯罪嫌疑若干问题的规定》第十一条的规定，将此案移送至江苏省镇江市公安局立案侦查。

【典型意义】

长江江砂属于国家所有，《长江河道采砂管理条例》明确规定国家对长江采砂实行许可证制度，但长江中下游部分地区非法采砂的情况时有发生，不仅侵害了国家对自然资源的所有权，也严重影响长江航道通行，破坏了长江河道生态环境。因此，必须严厉打击河道非法采砂，切实保障长江水域水运安全。按照《最高人民法院关于审理非法采矿、破坏性采矿刑事案件具体应用法律若干问题的解释》第三条的规定，对于非法采砂行为，应充分考虑生态环境的破坏程度，依法以非法采矿罪进行处罚。一审法院将本案作为民事案件进行审理，忽略了本案刑事违法性的本质，二审法院准确认定案件性质，认为本案并不属于民事诉讼管辖范围，所涉非法采砂行为涉嫌刑事犯罪，并将案件移送公安机关立案侦查，适用法律正确，对于打击河道非法采砂起到了威慑作用。

85. 富启建材有限公司诉姚某刚等确认合同无效纠纷案

（2017年12月4日发布）

【基本案情】

2013年5月28日，宜宾县喜捷镇自然村征服组与姚某刚签订《农村集体土地租赁合同》，由姚某刚租赁征服组菜喜码头公路边河道侧喜捷码头至岷江船厂所有土地。合同签订后，姚某刚一直未使用租赁场地。2015年9月15日，姚某刚与富启建材有限公司（以下简称富启公司）签订《农村集体土地租赁（转租）合同》，将租赁土地转租给富启公司。双方约定租赁用途为砂石堆放、加工生产及转运，租金120万元。富启公司实际支付首期租金80万元。因征服组村民阻挠富启公司生产加工，富启公司向法院提出诉讼，请求确认富启公司与姚某刚之间签订的《农村集体土地租赁（转租）合同》无效；姚某刚返还富启公司已支付的租金并赔偿损失。案件审理中，宜宾县水务局出具《关于老喜捷段河道管理范围的说明》，主要内容为：老喜捷段河道的管理范围内有农户的责任承包地（集体土地），如村社或者农户能够提供相应的土地承包手续，应认定为集体土地，如没有相应的土地承包手续，应视为习惯性耕种，土地属性为国有河滩地，属国家所有。宜宾县国土资源局出具复函称，征服组菜喜码头公路边河道侧“喜捷码头至岷江船厂所有土地”未办理土地登记。

【裁判结果】

四川省宜宾市翠屏区人民法院一审认为，本案诉争土地为宜宾县喜捷镇自然村征服组菜喜码头公路边河道侧喜捷码头至岷江船厂所有土地，该区域位于岷江河道侧，且已被洪水淹没大部分。根据《中华人民共和国物权法》第四十八条规定，森林、山岭、草原、荒地、滩涂等自然资源，属于国家所有，但法律规定属于集体所有的除外。结合宜宾县水务局出具的说明及宜宾县国土资源局出具的复函，该区域属于滩涂性质，系国家所有的自然资源，因此征服组将该地块出租给姚某刚，姚某刚又转租给富启公司的行为应属无效。遂判决富启公司与姚某刚签订的《农村集体土地租赁（转租）合同》无效；姚某刚返还富启公司租金 80 万元。宜宾市中级人民法院二审维持原判。

【典型意义】

江河湖泊的滩涂具有重要的通航生态功能和水域岸线生态功能，不能乱占滥用。作为本案租赁物的土地位于长江主要支流岷江河道侧，系国有性质的滩涂，附近村民在河道枯水期对滩涂“习惯使用”，只要对自然资源保护与生态环境不构成危害，有关部门往往并不严加禁止，但如果将滩涂用于破坏生态和污染环境的生产经营活动，威胁防洪、供水和生态安全，则为法律所不容许。富启公司通过转租形式“租赁”本案滩涂后，进行砂石粉碎加工活动，产生大量噪声、粉尘污染，对水域环境和安全造成危害。人民法院确认争议土地的性质为国有滩涂，属国家所有的自然资源，任何单位和个人不得侵占和破坏，判决双方当事人以国有滩涂为标的的合同无效，制止了在国有滩涂上进行的生产经营活动，保护了国有自然资源，维护了岷江河道水域岸线生态功能和河道通航功能。

86. 贵州省清镇市流长苗族乡人民政府诉黄某发等确认合同无效纠纷案

(2018年6月4日发布)

【基本案情】

2009年2月15日，贵州省清镇市人民政府颁发林权证，确定清镇市流长苗族乡（以下简称流长乡）对冒井村木叶高坡115.4亩防护林林地、森林或林木享有所有权和使用权。2013年12月6日，流长乡政府与黄某发签订《贵州省清镇市流长苗族乡木叶高坡林场经营权转包合同》，约定“流长乡政府将前述林地、林木发包给黄某发从事农业项目（特色经果林）种植生产经营，转包经营权期限为65年，转包价格20万元”。黄某发与王某合伙共同经营，将转包林地中约14亩用于栽种折耳根，其余大部分用于栽种天麻。2016年2月5日，王某将部分林木卖与周某，周某砍伐林木78株，被林业部门处以罚款并被责令补种林木。2017年1月9日，流长乡政府向法院提起诉讼，请求确认其与黄某发签订的林场经营权转包合同无效，黄某发、王某返还林场。黄某发、王某提起反诉，请求判令流长乡政府返还转包费20万元及资金占用损失138493.13元，补偿损失753644元。

【裁判结果】

贵州省清镇市人民法院一审认为，流长乡政府与黄某发签订合同，约定将作为防护林的木叶高坡林场转包与黄某发从事农业项目种植生产经营，将防护林的用途更改为商品林，违反了《中华人民共和国森林法》第十五条第三款的强制性规定，依法应认定为无效合同。流长乡政府主张该合同无效的诉讼请求依法应予支持。流长乡政府与黄某发签订合同后，从黄某发处取得的转包款扣除已经履行的部分后应当返还。黄某发因该合同取得案涉林地使用权应当返还流长乡政府。鉴于黄某发、王某在该地上栽种的经济作物尚未收获，综合考虑生态保护与当事人损失之间的关系，以及黄某发、王某栽种的经济作物收获问题，酌定返还期限为2017年12月31日前。黄某发、王某在返还之前应当对林地内的植被妥善保护，在收获天麻和折耳根作物时应当采取最有利于生态保护的收获方法，流长乡政府应当对此进行监督。流长乡政府与黄某发所签合同无效，流长乡政府作为国家机关，对相关法律规定的掌握程度明显高于黄某发，确定流长乡政府对合同无效承担70%的过错责任，黄某发承担30%的过错责任。一审法院判决：确认案涉转包合同无效，黄某发、王某返还防护林，流长乡政府返还转包款并赔偿70%资金占用损失和经济损失。一审判决已发生法律效力。

【典型意义】

本案系林地转包合同纠纷。依据《中华人民共和国森林法》第十五条的规定，除用材林、经济林、薪炭林及其林地使用权、采伐迹地、火烧迹地的林地使用权，国务院规定的其他森林、林木和其他林地使用权可以依法转让或者作价入股外，其他森林、林木和林地使用权不得转让。本案中，合同当事人约定转包防护林林木、林地，将防护林地用于从事农业项目种植生产经营，更改了防护林的性质。本案判决认定转包合同违反法律的强制性规定，既符合《中华人民共和国森林法》“发挥森林蓄水保土、调节气候、改善环境和提供林产品的作用”的立法目的，亦符合《中华人民共和国森林法》关于防护林为“以防护为主要目的的森林、林木和灌木丛”的分类界定，对于同类案件认定林木、林地发包、承包、转包等合同的法律效力具有参考意义。本案判决在认定合同无效的同时，考虑到案涉林地已栽种经济作物的实际情况，判令承包人收获后返还，在返还林地前对林地内的植被妥善保护，在收获时应当采取最有利于生态保护的收获方法，兼顾了保护当事人利益与保护生态环境的关系，对处理类似案件具有较好的借鉴意义。

87. 孟某、李某福诉云南铜业房地产开发有限公司相邻采光、日照纠纷案

(2020 年 5 月 8 日发布)

【基本案情】

孟某、李某福系案涉房屋的共有权人。云南铜业房地产开发有限公司（以下简称铜业公司）于 2011 年 8 月取得案涉地块土地使用权，在该地块上建设楼盘。孟某、李某福诉至法院，请求铜业公司赔偿因建盖楼盘，侵害其通风、采光、日照时间而造成的损失。一审审理中，经鉴定确认，案涉建设行为对鉴定对象通风无影响；对日照、采光有影响，该影响不符合《城市居住区规划设计规范》（GB J50180—93）、《住宅设计规范》（GB 50096—2011）、《民用建筑设计通则》（GB 50352—2005）和《昆明市城乡规划管理技术规定》（2016 版）的要求。

【裁判结果】

云南省昆明市盘龙区人民法院一审认为，在建筑物相邻关系制度中，判断是否构成采光、日照妨碍，应以是否违反国家有关工程建设标准为依据。鉴定意见显示，案涉建设行为对鉴定对象通风无影响，对鉴定对象采光、日照有影响。一审判决，铜业公司赔偿孟某、李某福采光、日照损失 16.50 万元，并支付鉴定费 5500 元。云南省昆明市中级人民法院二审维持原判。

【典型意义】

本案系相邻关系中日照、采光侵权纠纷案件。在土地之上建造建筑物，是土地的所有权人或者使用权人利用土地实现土地效益最为通常的形式，但日照、采光和通风，也是人类需要共同分享的资源。我国《中华人民共和国物权法》中规定，建造建筑物，不得违反国家有关工程建设标准，妨碍相邻建筑物的通风、采光和日照。本案判决按照鉴定意见，以是否违反国家有关工程建设标准为判断依据，认定铜业公司的日照、采光、通风妨碍行为是否超出必要容忍限度，符合法律规定和有利生产、方便生活、团结互助、公平合理原则，有助于相邻不动产权利人之间的利益平衡，促进社会和谐安宁。

88. 孟某玉诉天津东南新城城市建设投资有限公司噪声污染责任纠纷案

（2020年5月8日发布）

【基本案情】

2015年10月，孟某玉购买天津东南新城城市建设投资有限公司（以下简称东南新城公司）开发建设的住宅楼一楼住宅一套。因东南新城公司设置于该住宅楼下的地下供热管道及供热泵存在噪声，孟某玉自2015年12月1日起在外租房居住。天津市津南区环境监察支队对案涉房屋进行了噪声检测。检测报告显示，案涉房屋夜间室内噪声等效声级值（Leq）为：主卧37.8，小卧37.0，次卧33.6，客厅39.1。孟某玉诉至法院，要求判令东南新城公司消除侵害，并赔偿其在外租房费用6.6万元。

【裁判结果】

天津市津南区人民法院一审认为，东南新城公司作为房地产开发企业，未能依照《住宅设计规范》（GB 50096—1999）的相关规定对公共用电机房进行隔声减震处理，造成案涉房屋噪声排放标准高于《社会生活环境噪声排放标准》（GB 22337—2008）规定的排放限值，应对由此造成的噪声污染承担责任。一审法院判决，东南新城公司在5个月的期间内对案涉供热设备及管道进行降噪改造达到《社会生活环境噪声排放标准》规定的标准，并赔偿孟某玉租房费用损失2.75万元。天津市第二中级人民法院二审维持原判。

【典型意义】

本案系商品房住宅楼内地下供热管道及供热泵噪声污染纠纷案件。本案参照《社会生活环境噪声排放标准》，认定住宅楼内供热管道、供热泵持续发出噪声，干扰居民正常生活并超过国家规定的环境噪声排放标准，构成噪声污染，具有妥当性和合理性。本案判决东南新城公司进行降噪改造并赔偿相应损失，同时考虑改造措施及住房人居住需求，限定明确的改造期限，有利于裁判结果的有效执行，督促房地产开发企业自觉承担消除住宅噪声污染的社会责任，维护人民群众宁静生活的权益。

89. 兰坪三江铜业有限责任公司诉兰坪汇集矿业有限公司财产损害赔偿纠纷案

(2020年5月8日发布)

【基本案情】

2016年6月，兰坪县营盘镇清水河发生泥石流灾害。兰坪县国土资源局形成《兰坪县国土资源局关于上报兰坪县营盘镇清水河“6·07”泥石流灾害调查的报告》（以下简称调查报告），认定兰坪三江铜业有限责任公司（以下简称三江铜业公司）直接经济损失为233.91万元。调查报告同时指出，本次泥石流灾害主要为强降雨引发，兰坪汇集矿业有限公司（以下简称汇集公司）大板登铜矿矿区生产弃渣处置不当是加剧地质灾害灾损形成的直接因素，灾损各方应共同委托具有资质条件的技术单位开展专项调查工作，经责任认定后按照责任大小协商解决。因协商未果，三江铜业公司诉至法院，要求汇集公司赔偿其经济损失233.91万元。

【裁判结果】

云南省兰坪白族普米族自治县人民法院一审认为，调查报告证明，案涉泥石流灾害与汇集公司大板登铜矿矿区生产弃渣处置不当之间存在因果关系，汇集公司未提供证据证明其存在免责事由或者其行为与损害结果不存在因果关系，应承担环境侵权责任。三江铜业公司本身亦存在一定的过错。鉴于各方未进行责任认定，亦不同意进行灾损司法鉴定，依据调查报告统计的灾损数据，结合财产折旧情况，确认三江铜业公司损失为222.2万元。根据双方过错程度，确定汇集公司承担50%的赔偿责任。一审判决，汇集公司赔偿三江铜业公司财产损失 111.1 万元。云南省怒江傈僳族自治州中级人民法院二审调整折旧比例，确定三江铜业公司损失数额为 141.25 万元，改判汇集公司赔偿三江铜业公司财产损失 70.62 万元。

【典型意义】

本案为环境污染事件引发的财产损害赔偿案件。根据《最高人民法院关于审理环境侵权责任纠纷案件适用法律若干问题的解释》第十条的规定，负有环境保护监督管理职责的国土部门出具的环境污染事件调查报告可以作为认定案件事实的根据。本案中，行政机关出具的调查报告对案涉泥石流灾害的成因、财产损失以及责任认定均有相关表述。人民法院结合双方当事人举证情况，依法采信调查报告作出事实认定，并综合过错程度和原因力的大小合理划分责任范围，在事实查明方法和法律适用的逻辑、论证等方面对类案审理提供了示范。

90. 连州市连州镇龙咀村村民委员会湟白水村民小组诉连南瑶族自治县市政局环境污染责任纠纷案

(2020年5月8日发布)

【基本案情】

2007年10月，连州市连州镇龙咀村村民委员会湟白水村村民小组(以下简称湟白水村民小组）等与连南瑶族自治县市政局（以下简称连南市政局）签订《租赁荒地协议书》约定，连南市政局租赁湟白水村民小组的荒地建造垃圾处理场，如因垃圾填埋场造成污染，湟白水村民小组有权要求连南市政局做好环保工作，待处理好方可继续进行工作。此后，连南市政局运送大量垃圾至上述垃圾填埋场直接倾倒，导致所涉地块土壤和地下水资源污染。湟白水村民小组诉至法院，请求解除《租赁荒地协议书》，消除污染，恢复原状，赔偿损失17.21万元。一审审理中，湟白水村民小组提交村民小组会议决议，提出由连南市政局一次性赔偿8万元了结此事。

【裁判结果】

广东省连州市人民法院一审认为，连南市政局租用湟白水村民小组土地后，将大量垃圾直接倾倒到案涉垃圾填埋场，构成环境侵权。鉴于案涉垃圾填埋场对湟白水村民小组的土地、饮用水等造成的污染损害结果将会在相当长的时期内存在，结合连南市政局已投入整治，湟白水村民小组铺设水管管道入户、解决食用饮水，以及湟白水村民小组诉讼中自愿要求连南市政局一次性赔偿 8 万元了结此事等情况，一审判决连南市政局赔偿 8 万元给湟白水村民小组。广东省清远市中级人民法院二审维持原判。

【典型意义】

本案系涉农村土壤及地下水污染的环境污染责任纠纷案件。近年来，生活垃圾处理问题日益凸显，“垃圾围城”现象不仅严重影响城市生活，也是造成农村污染的重要因素之一。本案中，连南市政局租用湟白水村民小组农村荒地建造垃圾填埋场，本应严格遵循垃圾填埋场相关建设标准以及管理规程，却将生活垃圾直接倾倒堆放，造成农村土壤及地下水污染，严重影响了村民生产生活。案涉垃圾填埋场的污染问题成为中央环保督导组的督办案件。本案依法判决连南市政局承担环境侵权责任，对于规范垃圾填埋场的建设和管理行为，防范农村生态环境污染破坏，推动美丽乡村建设具有积极的示范意义。

91. 中山市围垦有限公司与苏某新等5人、中山市慈航农业投资有限公司土壤污染责任纠纷案

（2020年5月8日发布）

【基本案情】

中山市围垦有限公司（以下简称围垦公司）系案涉地块土地使用权人。2015年3月，围垦公司将案涉地块租赁给中山市慈航农业投资有限公司（以下简称慈航公司）经营使用。2016年6月，慈航公司擅自将上述地块转租给苏某新填土。2016年8月，经万某均介绍，胡某勇分两次将李某祥经营的洗水场内的废弃物运输至苏某新处用于上述填土工程。胡某栋亦参与了上述运输行为。2017年7月，中山市环境科学学会针对上述污染行为提起环境公益诉讼。广东省广州市中级人民法院2018年9月作出生效民事判决，判令李某祥等5人、慈航公司共同赔偿生态环境受到损害至恢复原状期间服务功能损失费用205.21万元，修复案涉地块（原为水塘）水质至地表水第Ⅲ类标准、土壤第Ⅲ类标准。围垦公司于本案诉至法院，请求苏某新等5人、慈航公司连带清偿因委托第三方清运、处理案涉违法倾倒的固体废物以及打井钻探取样、检测支付的费用共计102.87万元，并恢复案涉污染土地原状、实施案涉土地的土壤修复、周边生态环境修复和周边水体的净化处理。

【裁判结果】

广东省中山市第一人民法院一审认为，围垦公司作为案涉土地使用权

人，可就案涉土地污染受到的人身、财产损害提起民事诉讼并就其实际损害获得赔偿。但围垦公司关于请求苏某新等 5 人、慈航公司连带清偿因委托第三方清运、处理案涉违法倾倒的固体废物以及打井钻探取样、检测支付的费用等诉讼请求，证据不足，不予支持；关于案涉污染土地恢复原状、土壤及周边环境修复的诉讼请求，已包含在另案环境公益诉讼判决范围内。一审判决驳回围垦公司的诉讼请求。广东省中山市中级人民法院二审维持原判。

【典型意义】

本案系土壤（水）污染责任纠纷案件。其典型性在于，针对同一污染行为，环境公益诉讼和私益诉讼之间应如何衔接。《最高人民法院关于适用〈中华人民共和国民事诉讼法〉的解释》第二百八十八条规定：“人民法院受理公益诉讼案件，不影响同一侵权行为的受害人根据民事诉讼法第一百一十九条规定提起诉讼。”本案中，围垦公司作为案涉地块的土地使用权人，有权就其因案涉地块污染受到的人身、财产损害提起诉讼。但应就其主张承担举证证明责任，举证不能的，应承担不利法律后果。同时，受害人在私益诉讼中亦可就与其人身、财产合法权益保护密切相关的生态环境修复提出主张。本案系因公益诉讼另案生效判决在先，该案已委托专业机构对环境损害进行鉴定评估，确定了生态环境损害费用和污染治理的可行性修复方案，受害人亦应受该案生效判决既判力约束，故对其已在公益诉讼生效判决范围之内的诉讼请求，不再重复支持。本案的正确审理，对厘清环境公益诉讼和私益诉讼之间的关系，引导当事人进行合理化诉讼安排，具有示范意义。

92. 上海晟敏投资集团有限公司与普罗旺斯船东2008-1有限公司、法国达飞轮船有限公司、罗克韦尔航运有限公司船舶污染损害责任纠纷案

（2020年5月8日发布）

【基本案情】

2013年3月，普罗旺斯船东2008-1有限公司（以下简称普罗旺斯公司）所有并由法国达飞轮船有限公司（以下简称达飞公司）光船租赁的“达飞佛罗里达”轮与罗克韦尔航运有限公司（以下简称罗克韦尔公司）所有的“舟山”轮发生碰撞，致使“达飞佛罗里达”轮泄漏燃油共计613.28吨。上海海事行政主管部门组织包括上海晟敏投资集团有限公司（以下简称晟敏公司）在内的各清污单位进行清污作业。另案生效法律文书认定，“达飞佛罗里达”轮与“舟山”轮对案涉碰撞事故各承担50%的责任。准许罗克韦尔公司设立非人身伤亡海事赔偿责任限制基金，普罗旺斯公司、达飞公司设立海事赔偿责任限制基金，晟敏公司在债权登记期间就案涉费用申请债权登记并得以准许。晟敏公司诉至法院，请求普罗旺斯公司、达飞公司、罗克韦尔公司连带支付应急处置费2299.53万元及利息。

【裁判结果】

宁波海事法院一审认为，晟敏公司对碰撞事故引发的污染损害进行防污清污措施，有权向责任方主张由此产生的合理费用。综合全案证据材

料，确认该合理费用数额为923.4万元。普罗旺斯公司、达飞公司分别为漏油船舶的所有人和登记光船承租人，应承担上述费用。罗克韦尔公司并非漏油船舶，不应承担连带责任。一审判决晟敏公司对普罗旺斯公司、达飞公司享有防污清污费923.4万元的债权，其就上述债权可参与普罗旺斯公司、达飞公司为案涉碰撞事故设立的非人身伤亡海事赔偿责任限制基金分配。浙江省高级人民法院二审维持原判。最高人民法院再审认为，原审确认的船舶使用费、作业人员费用标准过低，应予调整。除本金外，晟敏公司主张的防污清污费利息亦应支持。罗克韦尔公司系具有过错的第三人，应当按照其50%过错承担赔偿责任。最高人民法院改判普罗旺斯公司、达飞公司支付防污清污费人民币1580.46万元（含已预付费用人民币757.72万元）及利息；罗克韦尔公司支付防污清污费人民币790.23万元及利息。

【典型意义】

本案系船舶污染损害责任纠纷。近年来，船舶碰撞产生的燃油泄漏事件是造成海洋污染的重要原因，污染后果往往特别严重。传统“谁漏油，谁负责”的观点难以保障海洋生态环境的治理修复。本案判决，依法适用国际公约、国内法和司法解释，认定碰撞船舶所有人作为有过错的第三人亦应承担赔偿责任，全面反映了对污染者与第三人实行无过错责任原则、过错责任原则的基本内涵，即原则上污染者负全责，另有过错者相应负责。本案的审理对于厘清船舶污染损害责任纠纷中的责任主体、责任份额及责任承担方式，为具有海上船舶溢油清除服务等资质的第三方公司参与海洋污染治理提供了司法支持，具有积极的示范意义。

93. 黑龙江省讷河市通江街道五一村村民委员会诉苏某祥农村土地承包合同纠纷案

（2020 年 5 月 8 日发布）

【基本案情】

2006 年 3 月，黑龙江省讷河市通江街道五一村村民委员会（以下简称五一村委会）与苏某祥签订一份《草原承包合同书》，将草原 104 亩发包给苏某祥，期限 30 年，收取承包费 7020 元。2007 年 2 月 6 日，经行政主管部门批准，黑龙江省讷河市雨亭国家湿地公园被列为国家城市湿地公园，苏某祥承包的草原包含在内。2019 年 2 月 1 日，讷河市自然资源局对五一村委会下发通知，要求其将包含湿地的发包合同解除、迁出承包户，恢复土地原始地貌，做好湿地环境保护。五一村委会诉至法院，要求解除《草原承包合同书》，苏某祥迁出湿地。

【裁判结果】

黑龙江省讷河市人民法院一审认为，《草原承包合同书》合法有效，合同履行过程中，因案涉地块被划归为国家湿地公园范围内，客观情况发生了当事人在订立合同时无法预见的、非不可抗力造成的不属于商业风险的重大变化，合同目的不能实现，应予解除。五一村委会应将剩余期限的承包费退还给苏某祥。苏某祥应迁出湿地，其因迁出湿地受有损失的，可另行主张。一审判决，解除《草原承包合同书》，五一村委会退还苏某祥土地承包费 2250 元，苏某祥迁出湿地。黑龙江省齐齐哈尔市中级人民法院二审维持原判。

【典型意义】

本案系草原承包合同纠纷。国家湿地公园是以保护湿地生态系统、合理利用湿地资源、开展湿地宣传教育和科学研究为目的，按照有关规定予以保护和管理的特定区域，具有显著的生态、文化、美学和生物多样性价值。根据《国家湿地公园管理办法》第十九条的规定，禁止在湿地公园内擅自放牧、捕捞、取土、取水、排污、放生。案涉《草原承包合同书》所涉草地被划入国家湿地公园范围，继续履行将违反法律规定，破坏湿地及其生态功能。人民法院在确认合同解除、发包人退还剩余承包费、承包人迁出湿地的同时，释明承包人因此受到损失的，可另行主张，兼顾了当事人合法利益与生态环境保护的关系，对类案审理具有较好的借鉴意义。

94. 江西省地质工程（集团）公司青海分公司、江西省地质工程（集团）公司诉青海江源煤炭开发有限公司合同纠纷案

（2020年5月8日发布）

【基本案情】

青海江源煤炭开发有限公司（以下简称江源煤炭公司）的采矿许可证上所载矿区面积是0.18平方公里，但其与江西省地质工程（集团）公司青海分公司（以下简称江西地质青海分公司）签订的勘探合同中，委托江西地质青海分公司勘探矿区外围12.2平方公里的煤炭资源量。后因江源煤炭公司未依约支付工程款，双方成讼。

【裁判结果】

青海省高级人民法院一审认为，江源煤炭公司在未取得野马滩探矿权的情况下擅自发包，对导致案涉合同无效及由此造成的损失负有主要过错。江西地质青海分公司明知江源煤炭公司未取得探矿权，在签订勘探合同后实施探矿行为，对案涉合同无效及由此造成的损失亦有过错。江西地质青海分公司实际给付的施工费用已超出其应承担的责任部分，驳回双方当事人的诉讼请求。最高人民法院二审认为，江源煤炭公司对约定勘探的矿区范围并未取得探矿权，案涉勘探合同约定的探矿行为违反法律、行政法规的强制性规定，应认定无效，双方对此均存在过错。一审法院在计算具体施工费用上存在认定事实不当，改判支持了江源煤炭公司部分施工

费用。

【典型意义】

本案系对未取得探矿权的矿区范围进行勘探引发的工程款结算纠纷。根据我国现有矿产资源法律、法规规定，勘查矿产资源须经申请并取得探矿权。对于未取得探矿权的矿区范围进行勘探的行为属于无证探矿行为，案涉勘探合同约定的外围勘探面积约 12.20 平方公里，明显超过国家所规定的合理采矿权扩区范围，即“采矿权扩区范围原则上限于原采矿权深部及周边零星分散且不宜单独另设采矿权的资源”，应为无效。双方当事人应根据过错大小依法各自承担相应责任，但勘探方的实际施工费用应予以保障。本案重申了违反法律、行政法规强制性规定的合同应认定为无效，对于规范矿产资源勘探行为具有指引作用。

95. 中节能科技投资有限公司诉四川省煤焦化集团有限公司、四川省威远建业集团有限公司及罗某明服务合同纠纷案

（2020 年 5 月 8 日发布）

【基本案情】

2011 年 12 月、2012 年 3 月，中节能科技投资有限公司（以下简称中节能公司）与四川省煤焦化集团有限公司（以下简称煤焦化公司）分别签订《干熄焦项目节能服务合同》《发电项目节能服务合同》，约定中节能公司负责资金筹集、工程设计、设备采购、土建施工、设备安装及调试，为煤焦化公司建设一套干熄焦系统，以及汽轮发电站和配套循环水站，并在合同期结束后无偿转让建设项目所有权，煤焦化公司依约支付节能效益分享款。2012 年 12 月，四川省威远建业集团有限公司（以下简称建业公司）、罗炎明与中节能公司签订《保证合同》，为《干熄焦项目节能服务合同》提供担保。合同签订后，案涉节能项目已竣工投产，双方亦确认 2014 年 4 月 30 日为项目节能效益分享起始日，但煤焦化公司未依约支付款项。中节能公司诉至法院，请求煤焦化公司向其支付节能效益分享款、逾期支付该款项产生的违约金及其他费用合计 19949.39 万元，建业公司、罗某明依约承担连带责任。

【裁判结果】

北京市第一中级人民法院一审认为，《干熄焦项目节能服务合同》《发

电项目节能服务合同》合法有效，应予遵守。煤焦化公司未依约支付节能效益分享款，构成违约。且其未支付到期价款金额，已明显超出合同全部价款的五分之一，应支付全部剩余款项。中节能公司依据《保证合同》要求建业公司、罗某明承担连带保证责任，合法有据。一审判决，煤焦化公司向中节能公司支付《干熄焦项目节能服务合同》项下节能效益分享款13823.90万元及相应违约金和其他费用，建业公司、罗某明承担相应担保责任。煤焦化公司向中节能公司支付《发电项目节能服务合同》项下节能效益分享款3046.40万元及相应违约金。北京市高级人民法院二审维持原判。

【典型意义】

本案系节能服务合同纠纷，属新类型环境资源案件。煤焦化企业传统上属于重点污染企业，在推进生态文明建设、实现经济高质量发展中负有升级转型重任。本案中，煤焦化公司与合同能源管理专业公司签订节能服务合同，引进资金进行项目改造，升级改进生产工艺，促进节能减排的模式，可资推广。本案判决依法支持合同能源管理方关于节能效益分享款的诉请，对于推进形成成熟、规范的合同能源管理市场，促进节能减排具有积极意义。

96. 山东省生态环境厅诉山东道一新能源科技有限公司合同纠纷案

(2020 年 5 月 8 日发布)

【基本案情】

2016 年 3 月，山东道一新能源科技有限公司（以下简称道一公司）非法倾倒危险废物，对生态环境造成了严重损害。山东省人民政府指定山东省生态环境厅为具体工作部门，开展生态环境损害赔偿索赔工作。2017 年 7 月，山东省生态环境厅与道一公司签订《山东道一新能源科技有限公司非法倾倒危险废物事件生态环境损害赔偿合同书》（以下简称《赔偿合同书》），约定道一公司赔偿 229.03 万元。2017 年 8 月，道一公司支付赔偿款 70 万元后，剩余两期赔偿款均未按约支付。山东省生态环境厅诉至法院，要求道一公司继续履行《赔偿合同书》，承担逾期付款违约金和其他费用。

【裁判结果】

山东省济南市历下区人民法院一审认为，《赔偿合同书》合法有效。道一公司应按约支付赔偿款及后评估费用等。一审判决，道一公司支付山东省生态环境厅赔偿款本金 159.03 万元及相应违约金和评估费用。

【典型意义】

本案系赔偿义务人不履行生态环境损害赔偿协议引发的合同纠纷案件。根据《最高人民法院关于审理生态环境损害赔偿案件的若干规定（试行）》的规定，省级、市地级人民政府及其指定的相关部门，可与造成生态环境损害的自然人、法人或者其他组织经磋商达成生态环境损害赔偿协议。一方当事人拒绝履行或者未全部履行生态环境损害赔偿协议的，既可经由司法确认程序赋予强制执行效力，也可由另一方当事人提起违约之诉予以解决。本案判决道一公司未支付全部生态环境损害赔偿款，构成违约，应向山东省生态环境厅承担违约责任，有力保障了生态环境损害赔偿协议的有效履行和生态环境修复工作的切实开展，是人民法院在司法确认程序之外，依法追究损害生态环境行为人赔偿责任的又一路径。

97. 义马市朝阳志峰养殖厂诉河南省义马市联创化工有限责任公司水污染责任纠纷案

(2020 年 6 月 5 日发布)

【基本案情】

义马市朝阳志峰养殖厂（以下简称志峰养殖厂）是 2017 年 6 月经工商登记注册的个体工商户，经营范围为鸡饲养、养殖淡水鱼。该养殖厂毗邻黄河支流涧河，鱼塘用水系涧河渗入。2018 年 2 月，河南省义马市联创化工有限责任公司（以下简称联创化工公司）向涧河上游水域倾倒工业废水，导致位于涧河下游的志峰养殖厂中养鱼塘、钓鱼塘水质均被污染，所饲养鱼苗全部死亡。志峰养殖厂诉至法院，请求判令联创化工公司赔偿其鱼塘死鱼损失、钓鱼经营损失、养鸡损失并承担修复鱼塘、养鸡环境修复责任及环境修复费用等。

【裁判结果】

河南省义马市人民法院一审认为，联创化工公司向涧河水体排放污染物的行为以及志峰养殖厂所养殖鱼死亡的事实均可认定，且志峰养殖厂养殖鱼水体位于联创化工公司向涧河排污的下游段，具有一定关联性，应由联创化工公司就其排污行为与志峰养殖厂养殖鱼死亡之间不存在因果关系承担举证责任。联创化工公司未能举证证明其排污行为与志峰养殖厂养殖鱼死亡之间不存在因果关系，故联创化工公司作为环境污染者，依法应对志峰养殖厂承担侵权责任。一审法院依据鉴定意见，判决联创化工公司赔偿志峰养殖厂养鱼塘及钓鱼塘损失 89600 元及律师费，承担环境修复费用 24400 元。

【典型意义】

本案系上游排污引发下游损害的典型水污染纠纷案件。环境侵权纠纷的原告需就污染行为和损害后果之间存在关联性承担初步举证责任。本案中，人民法院基于被告和原告在地理位置上具有上下游关系，认定关联性成立并将因果关系不存在的举证责任转移给被告承担，系对环境侵权因果关系举证责任分配规则的正确适用。同时，本案裁判明确了受害人在私益诉讼中亦可就与其人身、财产合法权益保护密切相关的生态环境修复提出主张，该修复费用必须用于修复生态环境。本案的正确审理，落实了损害担责原则，对于在私益诉讼中如何处理好与维护生态环境公共利益的衔接关系亦具有示范作用。

第三部分 行政案例

98. 佛山市三英精细材料有限公司诉佛山市顺德区人民政府环保行政处罚案

(2014 年 12 月 19 日发布)

【基本案情】

2011 年 12 月 2 日，佛山市顺德区环境运输和城市管理局（以下简称区环运局）以佛山市三英精细材料有限公司（以下简称三英公司）在生产过程中排放废气的臭气浓度超标为由，对该公司作出限期治理决定书，要求 2012 年 1 月 31 日前完成排放臭气浓度治理达到《恶臭污染物排放标准》的要求，并经区环运局验收合格；逾期未申请验收或未完成限期治理任务，将按规定责令停业、关闭；要求该公司分析臭气浓度超标排放原因，制定限期治理达标计划以及落实各项污染防治措施，确保污染物达标排放。

2012 年 2 月 9 日，三英公司向区环运局申请治理验收。顺德区环境保护监测站受区环运局委托，于同年 4 月 26 日、6 月 28 日对该公司进行臭气排放监测，两次监测报告均显示臭气浓度未达标。区环运局遂于 2012 年 8 月 29 日组织验收组现场检查并对法定代表人进行调查询问，告知该公司验收结果：存在未提交限期治理方案、废气处理技术不能确保无组织废气达标排放、排放废气的臭气浓度超标、使用的燃油不符合环保要求等四个方面的问题，未通过限期治理验收。

2013 年 1 月 11 日，顺德区人民政府作出行政处罚告知书，同年 3 月 18 日经听证后作出行政处罚决定书，决定三英公司自收到行政处罚决定书之日起停业、关闭。该公司不服提起行政诉讼，请求法院撤销上述行政处罚决定书。

【裁判结果】

广东省佛山市中级人民法院一审认为，三英公司对顺德区人民政府作出处罚决定的职权依据及行政程序并无异议。原告认为上述两次臭气排放监测的采样点与频次不符合法定要求，未能排除其他干扰因素，故监测报告的结论不能作为定案依据。经查，顺德区环境保护监测站具有废气污染物检测的法定资质，该监测站两次臭气采样点即监测位置为三英公司厂界敏感点，符合《恶臭污染物排放标准》及国家环境保护总局《关于恶臭物无组织排放检测问题的复函》规定。原告认为臭气监测采样点的设置不合法的主张于法无据，其亦未提供充分证据证明上述臭气监测采样点存在其他干扰因素。至于采样频次问题，该监测站两次臭气监测均采用了 4 次×3 点的监测频次并取其中最大测定值，但频次间隔不足 2 小时，存在一定瑕疵。但该瑕疵不足以推翻监测报告结论的正确性。由于原告在限期治理期限届满后，经两次监测臭气排放浓度仍未达到《恶臭污染物排放标准》的要求，且存在其他相关环保问题，经区环运局报请顺德区人民政府依照《广东省珠江三角洲大气污染防治办法》有关规定对原告作出停业、关闭的行政处罚决定，认定事实清楚，证据充分，适用法律正确，遂判决驳回原告诉讼请求。原告上诉后，广东省高级人民法院二审判决驳回上诉，维持原判。

【典型意义】

当前，环境污染成为群众严重关切的社会问题。治理污染要从源头抓起，本案中行政机关对排污不达标企业提出限期治理要求，仍未达标的，依法作出责令停产、关闭的处罚，于法有据。人民法院在审理此类行政案件中，一方面要依法审查行政机关的执法职权、执法依据和执法程序，另一方面对于废气污染物监测报告等专业性判断和专家证据，也要从证据审查角度给予充分尊重，对合法形成的证据予以采信。人民法院对环境保护管理机关严格处罚污染物排放不达标企业的合法行政行为，依法予以坚决支持。

99. 广东省海丰县海丽国际高尔夫球场有限公司诉国家海洋局环保行政处罚案

(2014 年 12 月 19 日发布)

【基本案情】

广东省海丰县海丽国际高尔夫球场有限公司（以下简称海丽公司）与海丰县人民政府（以下简称海丰县政府）签订合同约定“征地范围南边的临海沙滩及向外延伸一公里海面给予乙方作为该项目建设旅游的配套设施”。海丽公司在海丰县后门镇红源管区海丽国际高尔夫球场五星级酒店以南海域进行涉案弧形护堤的建设。2009 年 3 月 9 日，涉案弧形护堤部分形成。2010 年 3 月 19 日，海监部门在执法检查中发现该公司未取得海域使用权证擅自建设涉案弧形护堤，涉嫌违反《中华人民共和国海域使用管理法》第三条的规定。经逐级上报，国家海洋局立案审查。2011 年 3 月，南海勘察中心受海监部门委托作出《汕尾市海丰县海丽国际高尔夫球场海岸线弧形护堤工程海域使用填海面积测量技术报告》，指出涉案弧形护堤填海形成非透水构筑物（堤坝），面积为 0.1228 公顷。

2011 年 6 月 2 日，国家海洋局作出行政处罚听证告知书，告知海丽公司拟对其作出的处罚及事实和法律依据，经组织召开听证会，同年 12 月 14 日作出第 12 号行政处罚决定：认定海丽公司在未经有权机关批准的情况下，自 2010 年 3 月中旬进行涉案弧形护堤工程建设，以在海中直接堆筑碎石的方式进行填海活动，至 2010 年 11 月 17 日技术单位测量之日，填成弧形护堤面积为 0.1228 公顷。据此，依据《中华人民共和国海域使用管理法》有关规定和《财政部、国家海洋局关于加强海域使用金征收管理的通知》，责令该公司退还非法占用的海域，恢复海域原状，并处非法占用海域期间内该海域面积应缴纳的海域使用金 15 倍的罚款人民币 82.89 万元。该公司不服，申请行政复议。国家海洋局于 2012 年 5 月 30 日作出行政复议决定认为：第 12 号处罚决定关于海丽公司自 2010 年 3 月中旬进行涉案弧形护堤建设的认定与海监部门航空照片显示涉案弧形护堤 2009 年已存在的情况不一致，系认定事实不清，决定撤销第 12 号处罚决定。其后，国家海洋局经履行听证告知、举行听证会等程序，于 2012 年 7 月 25 日作出海监七处罚（2012）003 号行政处罚决定书，指出证据显示 2009 年 3 月 9 日涉案弧形护堤已部分形成，至 2010 年 11 月 17 日海监机构委托技术单位进行现场测量之日，该弧形护堤非法占用海域的面积为 0.1228 公顷；处罚依据与具体内容与上述 12 号处罚决定相同。海丽公司不服，提起行政诉讼，请求法院撤销海监七处罚（2012）003 号行政处罚决定书。

【裁判结果】

北京市第一中级人民法院一审认为，《国家海域使用管理暂行规定》《广东省海域使用管理规定》等有关规定明确了任何单位或个人实施填海等占用海域的行为均必须依法取得海域使用权，海洋行政主管部门颁发的海域使用权证书是当事人合法使用海域的凭证。本案中，海丽公司未经批准合法取得海域使用权，填海建设弧形护堤的行为，属于《中华人民共和国海域使用管理法》第四十二条所指未经批准非法占用海域进行填海活动的情形，被诉处罚决定中的该部分认定证据充分，定性准确。海丽公司关于涉案弧形护堤并非建设于海域范围，故国家海洋局无管辖权的诉讼理由，缺乏事实依据，其关于海丰县政府与其签订的合同可以作为其取得海域使用权证明的诉讼理由，缺乏法律依据，遂判决驳回该公司的诉讼请求。海丽公司上诉后，北京市高级人民法院判决驳回上诉，维持原判。

【典型意义】

本案中，人民法院通过发挥行政审判职能作用，有力地支持了海洋行政主管部门依法实施监督管理，切实保护海洋生态环境。党的十八届三中全会明确提出了完善自然资源监管体制，对海洋资源超载区域等实行限制性措施。海域属于国家所有，任何单位和个人在未依法取得有权机关颁发的海域使用权证书的情况下，不得侵占、买卖或者以其他形式非法转让海域，否则要受到相应的处罚。本案中，虽然海丰县政府与海丽公司签订了合同，允许其使用涉案海域，但依照《中华人民共和国海域使用管理法》等有关规定，该公司仍需依法向项目所在地县以上海洋行政主管部门提出申请，并按照《广东省海域使用管理规定》第十一条规定的批准权限逐级上报，由批准机关的同级海洋行政主管部门发给海域使用证。本案的处理对于厘清地方政府与海洋行政主管部门的法定职权，对于相关行政执法和司法实践有着积极示范意义。

100. 六安市金安区君宁机械厂诉六安市金安区环境保护局环保行政处罚案

（2014年12月19日发布）

【基本案情】

六安市金安区君宁机械厂（以下简称君宁机械厂）于2012年4月11日租用六安光华厂家属区房屋，安装机械设备从事铸铁金属件制造和金属制品加工制造，但未依法报批建设项目环境影响评价文件。该厂在生产过程中使用乳化液对工件进行润滑和降温，有废水、固体废物和噪声产生，但该厂除对固体废物进行简单的堆放收集外，对其他污染未做任何处理，也未建设相关的环境保护设施。该厂所在居民区居民多次上访反映其产生的噪声等污染严重影响群众正常生活。六安市金安区环境保护局（以下简称区环保局）经现场检查、调查取证、集体讨论等程序于2012年8月5日对该厂作出了行政处罚决定书以及限期补办决定书，责令君宁机械厂停止生产、限期补办环评手续，同时罚款5万元。该厂对此不服申请行政复议，经区人民政府复议后决定维持上述两个决定。该厂仍不服，以区环保局为被告提起行政诉讼，请求法院撤销上述两个决定。

【裁判结果】

安徽省六安市金安区人民法院一审认为，本案原告君宁机械厂在居民区从事机械加工生产，由此产生废水、固体废物及噪声等污染物，对周边环境及居民生活造成了一定影响，应当依法办理环评手续，并配套建设环境保护设施后，才能正式投入生产。但原告在未办理环评手续，也未建设配套环保设施情况下，从事机械加工生产，显已违反了上述法律规定。被告区环保局依法对其作出行政处罚决定和限期补办决定，符合法律规定，依法应予支持，遂判决驳回原告诉讼请求。

君宁机械厂上诉后，安徽省六安市中级人民法院二审认为，上诉人君宁机械厂作为个体工商户，经营范围经工商部门核准登记为“机械加工”。国家环境保护部2008年颁布的《建设项目环境影响评价分类管理目录》，明确将机械加工类纳入环境影响评价管理范围内。因此上诉人在投产前，理应先办理环境影响评价手续。区环保局基于举报在立案查处上诉人污染环境过程中，发现该厂未办理环境影响评价手续，根据相关法律法规的规定，在履行了法定程序后，依法作出责令其限期补办环评手续的决定，并无不妥。上诉人在加工生产过程中，确实存在排放污染的现象，且并未配套建设环保设施，对周边环境已造成一定影响，故被上诉人依照《建设项目环境保护管理条例》的规定，责令其停止生产并处以罚款5万元，于法有据。二审判决驳回上诉，维持原判。

【典型意义】

本案中，人民法院通过司法审查，支持环保机关针对废水、固体废物和噪声排放企业作出的合法处理决定，有力地维护人民群众的环境权益。本案中，涉案企业从事属于需要办理环境影响评价手续的行业，但在未取得任何环评手续的情况下，擅自在居民区内从事金属加工制造。而其生产过程中产生的噪声、排放的污染物又对周边居民的生活、学习造成一定影响。因此，环境保护部门依法对其进行行政处罚，并要求其限期整改，以合法正当的行政执法维护公民良好的居住生活环境，人民法院应当依法予以支持。

101. 泉州弘盛石业有限公司诉晋江市环境保护局环保行政管理案

（2014 年 12 月 19 日发布）

【基本案情】

晋江市环境保护局（以下简称市环保局）于 2012 年 7 月 5 日现场检查发现，泉州弘盛石业有限公司（以下简称弘盛公司）在从事石材加工生产过程中，存在需要配套建设的水污染防治设施和未经环境保护主管部门验收（合格）而投入生产情形，遂于同年 7 月 20 日作出行政处罚决定，责令该公司停止生产并罚款人民币 6 万元。弘盛公司认为市环保局向其核发过《排放污染物临时许可证》，明确其建设项目的污水排放已达到零排放标准，符合项目环境保护的要求，应视同验收合格，遂申请行政复议。泉州市环境保护局复议后，决定维持上述行政处罚决定。弘盛公司仍不服，以市环保局为被告提起行政诉讼，请求法院撤销该行政处罚决定。

【裁判结果】

福建省晋江市人民法院一审认为，原告弘盛公司作为石材加工企业，在生产过程中必然产生污水等污染物，必须建设水污染防治设施并经验收合格才能投产。被告市环保局对其核发《排放污染物临时许可证》，准许其临时排放污染物，并不能视同原告的水污染防治设施验收合格，不能免除水污染防治设施应当经过环境保护主管部门验收合格方可投产的义务。原告在《排放污染物临时许可证》已过期的情形下继续生产，且水污染防治设施仍未经环保部门验收合格，其行为不属于《中华人民共和国行政处罚法》第二十九条规定的不予处罚情形，且违法行为呈持续状态，行政处罚的追诉时效应从违法行为终了之日起计算。被告在作出行政处罚前，已依法作出行政处罚告知书并送达原告，告知原告所享有的权利，遂判决维持被告作出的行政处罚决定书。弘盛公司上诉后，福建省泉州市中级人民法院二审以相同理由判决驳回上诉，维持原判。

【典型意义】

本案中，人民法院通过判决的方式进一步明晰了环保机关核发《排放污染物临时许可证》，不能视同水污染防治设施已经验收合格。产生污水等污染物的排污企业，必须依法建设水污染防治设施并经环保机关验收合格后才能投入生产，否则环保机关有权依据《中华人民共和国水污染防治法》以及地方性法规等规范性文件对违法排污企业予以处罚。本案中，弘盛公司主张所领取的《排放污染物临时许可证》应视同水污染防治设施验收合格的理由不能成立，同时还存在《排放污染物临时许可证》已过期继续生产的情形，且该许可证允许其对外排放的污染物种类中不包括废水等。法院支持对其作出停止生产和罚款的行政处罚是正确的。此外，本案在法律适用上，结合污染物种类明确了对于废水的排放应适用《中华人民共和国水污染防治法》，而对于液态废物的排放则适用《中华人民共和国固体废物污染环境防治法》，具有直接指导环保机关行政执法和人民法院审理相关案件的实践意义。

102. 梦达驰汽车系统（苏州工业园区）有限公司诉苏州工业园区环境保护局环保行政处罚案

（2014 年 12 月 19 日发布）

【基本案情】

苏州市工业园区环境保护局（以下简称园区环保局）连续接到汀兰家园小区居民关于周围企业产生异味影响正常生活和健康的投诉，于 2013 年 9 月起对该小区周边企业废气排放情况集中排查整治，划定包括梦达驰汽车系统（苏州工业园区）有限公司（以下简称梦达驰公司）在内的 58 家企业作为检查对象。同年 9 月 30 日，园区环保局执法人员会同苏州市环境监察支队执法人员至梦达驰公司进行执法检查时，该公司保安以未办理来访预约为由拒绝执法人员进入现场检查。执法人员随即拨打 110 报警求助，在民警和执法人员的要求下，保安电话联系公司环保负责人后仍以未预约为由拒绝执法人员进入现场检查。园区环保局执法人员因受阻挠而认为丧失最佳检查时机，故未强行进入现场进行检查。2013 年 12 月 6 日，园区环保局向该公司邮寄送达了行政处罚事先告知书。在规定的期限内，该公司未向园区环保局提出陈述申辩意见。同年 12 月 20 日，园区环保局作出行政处罚决定，认定 2013 年 9 月 30 日园区环保局依法对梦达驰公司开展废气排放企业专项现场检查时，该公司拒绝其入内开展检查，违反《中华人民共和国大气污染防治法》关于“环境保护行政主管部门和其他监督管理部门有权对管辖范围内的排污单位进行现场检查，被检查单位必须如实反映情况，提供必要的资料”的规定，根据《中华人民共和国行政处罚法》《中华人民共和国大气污染防治法》的有关规定，对该公司处以罚款人民币4万元的行政处罚。梦达驰公司不服，提起行政诉讼，请求法院撤销该行政处罚决定。

【裁判结果】

江苏省苏州市姑苏区人民法院一审认为，国家环境保护行政机关依法实施环境保护执法检查，是法律赋予执法机关的权力和职责，原告梦达驰公司的内部管理规定不能对抗国家强制性法律规定。原告以公司管理规定为由阻碍、拒绝依法进行的行政执法行为，在公安民警到场介入的情况下，仍拒绝检查，其行为已构成拒绝执法检查。根据《中华人民共和国大气污染防治法》的相关规定，拒绝环境保护行政主管部门或者其他监督管理部门现场检查，环境保护行政主管部门或者法律规定的监督管理部门可以根据不同情节，责令停止违法行为，限期改正，给予警告或者处以5万元以下罚款，原告无正当理由拒绝被告的执法检查，事后也未及时采取补救、改正措施，其主观过错较大。被告对原告所作出的罚款在法定处罚幅度内，并无不当。故判决驳回原告的诉讼请求。一审宣判后，双方当事人均未上诉。

【典型意义】

本案中，人民法院通过行政审判切实维护了环保机关的法定检查权和行政执法权威，裁判结果无论对被处罚企业还是其他相关排污企业，都是一次有意义的警示教育。现场检查是环境保护行政部门收集证据、制止环境污染违法行为的重要程序和手段，被检查单位拒绝环境保护行政部门现场检查的行为，依法应予处罚。

103. 浦铁（青岛）钢材加工有限公司诉青岛市环境保护局环保行政处罚案

（2016年3月30日发布）

【基本案情】

2014年10月15日，青岛市环境保护局（以下简称市环保局）执法人员至浦铁（青岛）钢材加工有限公司（以下简称浦铁公司）现场检查，被该公司保安以未经公司负责人同意为由拒之门外。执法人员当场制作了现场检查笔录并向浦铁公司送达了环境违法行为协助调查告知书，要求其协助调查。其后，市环保局作出责令改正违法行为决定书，并在收到浦铁公司提交的《关于积极配合环保部门监督检查的整改措施》后，作出行政处罚决定，认定该公司违反了《中华人民共和国水污染防治法》第二十七条的规定，决定罚款1万元。浦铁公司不服诉至法院，请求撤销上述处罚决定。

【裁判结果】

山东省青岛市市南区人民法院一审认为，根据《中华人民共和国水污染防治法》第七十条规定，拒绝环保主管部门的监督检查，或者在接受监督检查时弄虚作假的，环保主管部门有权责令其改正，处1万元以上10万元以下罚款。原告浦铁公司保安以必须经过公司负责人同意为由，阻碍被告市环保局执法人员第一时间进厂检查，构成拒绝执法人员检查，违反了上述规定，应受到处罚。但鉴于原告事后积极整改，并提交整改措施，符合轻微标准，被告对其处以1万元罚款并无不当，遂判决驳回原告诉讼请求。一审宣判后，双方当事人均未上诉。

【典型意义】

本案是有关维护环保机关依法履职的典型案例。调查权是行政机关实施管理的一项基础性权力。对环保机关而言，只有切实履行法定调查职能，才可能及时发现和处理环境污染问题。许多环保类法律法规规定了环保机关此项职权，同时明确了被调查对象的协助义务。例如，《中华人民共和国水污染防治法》第二十七条规定环保部门有权对管辖范围内的排污单位进行现场检查，被检查单位应当如实反映情况，提供必要的资料；第七十条规定了具体罚则。本案中，市环保局依法履行法定的执法检查职责，具有强制性。浦铁公司作为钢材加工企业应当诚恳接受、配合环保部门的监督检查，不能拒绝或以公司内部管理规定为由对抗。市环保局结合浦铁公司随后递交报告、积极整改等情形，对该公司从轻处理，过罚相当，效果良好。

104. 威海阿科帝斯电子有限公司诉威海市环境保护局环保行政处罚案

（2016 年 3 月 30 日发布）

【基本案情】

2012 年 12 月，威海阿科帝斯电子有限公司（以下简称阿科帝斯公司）迁至山东省威海火炬高技术产业开发区（以下简称开发区）某厂房，该厂房原系某公司为汽车线束生产项目所建，该项目的环境影响评价文件已获威海市环境保护局（以下简称市环保局）批准。阿科帝斯公司迁入后开始生产打印机硒鼓等产品。2014 年，市环保局工作人员对该公司的生产现场进行检查，发现该企业未依法取得环保部门批准的环境影响评价文件而擅自投产。经依法履行相关程序后，市环保局作出责令立即停产停业、罚款人民币 12 万元的行政处罚决定。阿科帝斯公司不服，申请行政复议后复议机关维持该处罚决定。该公司诉至法院，请求撤销市环保局的上述处罚决定。

【裁判结果】

山东省威海市环翠区人民法院一审认为，根据《中华人民共和国环境影响评价法》第十六条、第二十四条、第二十五条之规定，建设项目环境影响评价文件经批准后，该项目性质、规模、地点、采用的生产工艺或者防治污染、防止生态破坏措施等发生重大变动的，建设单位应当重新报批环境影响评价文件；未经审查或者审查后未予批准的，不得开工建设。阿科帝斯公司搬迁后，其建设项目地点发生了变化，且其利用涉案厂房生产硒鼓等产品致使原建设项目的性质、采用的生产工艺等均发生重大变化，应重新报批环境影响评价文件，而该公司擅自投产违法事实清楚，遂判决维持被诉处罚决定。阿科帝斯公司上诉后，威海市中级人民法院判决驳回上诉，维持原判。

【典型意义】

本案是涉及如何看待迁址企业是否需要重新进行环境影响评价的典型案例。环境影响评价制度关乎周边群众生活环境安全和生产企业自身的可持续发展。当某一建设项目的性质、规模、地点等要素发生重大变动时，对周围环境的影响也相应变化，建设单位依法应当重新报批环境影响评价文件。本案中，虽然阿科帝斯公司在搬迁之前的原所在地进行过环评且符合相关标准，其搬迁后所租赁厂房此前也取得过汽车线束生产项目的环评批准文件，但由于前后厂址环境不同，项目性质、生产工艺以及对周边环境的影响都已变化，故该公司应依法重新报批环境影响评价文件。本案对引导企业依法履行环评义务，切实维护公众环境权益具有指导意义。一审所作的维持判决形成于《中华人民共和国行政诉讼法》修改前，现此类判决已变为驳回原告诉讼请求。

105. 临湘市壁山新农村养猪专业合作社诉临湘市环境保护局环保行政处罚案

（2016年3月30日发布）

【基本案情】

临湘市壁山新农村养猪专业合作社（以下简称新农村合作社）自2004年正式投入生猪养殖起，常年存栏量500头以上。在一直未办理环保审批手续、配套环保设施未经环保部门验收、未取得排污许可证的情况下，新农村合作社将部分生猪养殖产生的废渣、废水直接排放至团湾水库。2014年12月，临湘市环境保护局（以下简称市环保局）经现场调查、送达违法排放限期改正通知书、行政处罚听证告知书后，作出责令新农村合作社立即停止生产并处罚款5万元的行政处罚决定。但新农村合作社始终未停止违法排污。2015年1月，市环保局又作出责令停止排污决定。新农村合作社不服诉至法院，请求撤销上述行政处罚决定和责令停止排污决定。

【裁判结果】

湖南省临湘市人民法院一审认为，原告新农村合作社作为常年生猪存栏量500头以上的养殖场，在未进行环境影响评价，自建的污染防治配套设施未经环保部门验收合格的情况下直接进行养殖生产，导致废渣、废水直接排放，且未取得排污许可证，违反了《畜禽养殖污染防治管理办法》相关规定。被告市环保局依据《中华人民共和国环境保护法》《建设项目环境保护管理条例》等法律、法规授予的职权，就上述违法事实作出行政处罚决定书和责令停止排污决定，在处罚程序、处罚幅度方面并无不当。

遂判决驳回原告诉讼请求。新农村合作社上诉后，湖南省岳阳市中级人民法院判决驳回上诉，维持原判。

【典型意义】

本案是涉及农业养殖造成环境污染的典型案例。农业养殖在带动农村经济发展同时，也可能导致群众居住环境恶化。近年来因养殖污染引发的水源、土壤、空气污染等问题不容忽视。2016 年中央一号文件明确要求加快农业环境突出问题治理，加大污染防治力度。原国家环境保护总局《畜禽养殖污染防治管理办法》明确对畜禽养殖场排放的废渣、清洗畜禽体和饲养场地、器具产生的污水及恶臭等要实行污染防治，新建、改建和扩建畜禽养殖场必须依法进行环境影响评价，办理相关审批手续。本案中，新农村合作社明显违反上述规定，造成环境污染，市环保局作出的处罚决定和责令停止排污决定于法有据，人民法院应予大力支持。该案对保护农村群众生活环境具有一定示范意义。

106. 晋海家居用品（上海）有限公司诉上海市奉贤区城市管理行政执法局行政处罚案

（2016年3月30日发布）

【基本案情】

2013年12月，上海市奉贤区城市管理行政执法局（以下简称区城管局）在该区某镇河岸边发现一堆垃圾，其中有晋海家居用品（上海）有限公司（以下简称晋海公司）成品标示卡、塑料外包装袋等废弃物，遂当场制作现场检查笔录，拍照取证，并向该公司开具了责令改正通知书和谈话通知书，后再次核查现场发现有焚烧痕迹。经调查，晋海公司承认该处垃圾为其产生的生产垃圾，但并非其倾倒；后案外人岳某于2014年1月向区城管局承认曾向晋海公司收购废弃物，其丈夫此后将无价值的废弃物倾倒的事实。区城管局随后以留置送达方式向晋海公司送达行政处罚听证告知书，该公司未在法定期限内提出听证申请。同年2月，区城管局对晋海公司作出罚款4.5万元的行政处罚决定。晋海公司不服诉至法院，请求撤销上述处罚决定。

【裁判结果】

上海市奉贤区人民法院一审认为，依照《上海市市容环境卫生管理条例》第三十八条的规定，单位产生的废弃物，由单位负责收集、运输或者委托市容环卫作业服务单位收集、运输。废弃物的处置由市容环卫管理部门统一组织实施。原告晋海公司将废弃物（垃圾）擅自交给没有相应资质的人员处理，致使废弃物未得到有效处置，其行为违反了该条例的上述规定，被告区城管局据以处罚并无不当，遂判决驳回晋海公司的诉讼请求。该公司上诉后，上海市第一中级人民法院判决驳回上诉，维持原判。

【典型意义】

本案是有关查处生产企业未依法履行收集、运输废弃物义务的典型案例。城市生产、生活垃圾是困扰城市管理、污染人居环境、给居民生活带来较大影响的重要污染源，产生废弃物的企业应当严格履行收集、运输废弃物的法定义务，不可贪图省事而交由无资质的单位或者个人任意处置。有关部门须加强治理，及时处理各类违法行为。本案中，依照《上海市市容环境卫生管理条例》有关规定，应由市容环卫管理部门统一组织实施废弃物的处置，任何单位和个人不得自行处置；对于单位产生的废弃物的收集、运输，仅有自行负责收集、运输和委托市容环卫作业服务单位收集、运输两种方式。晋海公司未自行收集、运输涉案废弃物，亦未委托市容环卫作业服务单位收集、运输，而是将废弃物出售给案外人岳某，属于违反规定应受处罚行为。人民法院依法裁判支持正当的行政执法行为，对于保护城市环境具有导向意义。

107. 刘某生诉胶州市环境保护局环保行政处罚案

（2016年3月30日发布）

【基本案情】

2014年4月，胶州市环境保护局（以下简称市环保局）根据群众反映某村水塘出现死鱼现象，对刘某生建设经营的冷藏项目进行调查，发现其所建冷库生产面积为200平方米，该项目未经环保部门批准，需要配套建设的环境保护设施未建成，主体工程未经验收已正式投入生产或使用，违反了《建设项目环境保护管理条例》第十六条之规定；同时，经执法人员现场核实，该冷库正在更换制冷剂，处于停产状态，属减轻处罚情节。市环保局遂依据上述条例第二十八条，并参照《青岛市环境行政处罚裁量权细化量化标准》的相关规定，作出对刘某生罚款3万元的行政处罚决定。刘某生不服，申请行政复议后复议机关维持该处罚决定。刘某生诉至法院，请求撤销市环保局的上述处罚决定。

【裁判结果】

山东省胶州市人民法院一审认为，根据《建设项目环境保护管理条例》第十六条、第二十八条之规定，建设项目需要配套建设的环保设施未建成，主体工程正式投入生产或使用，可由环保主管部门责令停止生产或者使用，处10万元以下罚款。同时，参照《青岛市环境行政处罚裁量权细化量化标准》对违法行为“一般”与“较重”阶次的划分标准，因冷库生产面积达200平方米，系《建设项目环境保护分类管理名目》中应报批报告表类别，且因配套环保设施未建成，属于“较重”阶次，应处 6 万元罚款；但考虑到冷库正处于停产状态，符合“一般”阶次，故被告市环保局决定对原告刘某生罚款 3 万元并无不当，遂判决驳回原告诉讼请求。刘某生上诉后，山东省青岛市中级人民法院判决驳回上诉，维持原判。

【典型意义】

本案是涉及判断行政裁量权行使的合理性的典型案例。行政裁量事关行政机关在法定幅度、范围内如何正确行使职权，是依法行政的内在要求。随着法治政府建设步伐的加快，对行政裁量权的规制显得日益重要。行政裁量权行使得好，有助于行政执法人员更好地服务群众、优化管理，否则，裁量的随意与任性可能导致职权滥用、引发纠纷和矛盾。近年来，不少行政机关制定了详细的行政裁量标准，执法日趋规范，但徒法不足以自行，规定再严密也不可能囊括实践中的所有情形，也离不开执法人员结合具体情节的科学理解与准确适用。本案中，根据《建设项目环境保护管理条例》的有关规定，涉案冷库属于仓储类需报批环境影响报告表的项目，市环保局依据行政法规以及当地有关环保处罚裁量权量化标准，结合本案违法情节，特别在可酌处 6 万元罚款的幅度下，考虑到该冷库用于仓储土豆，有季节性因素且调查当时正处于停产状态，故本着从轻处罚原则罚款 3 万元，体现了对行政裁量权宽严相济的适度把握，有一定示范意义。

108. 李某军诉绍兴市上虞区环境保护局行政处罚案

（2018年6月4日发布）

【基本案情】

2014年6月9日，浙江省绍兴市上虞区人民政府办公室印发《上虞区畜禽养殖禁养区、限养区划分方案的通知》（以下简称《通知》），并于2014年7月1日在上虞区人民政府门户网站公布。《通知》第四部分划分区域（一）禁养区区域五为“省、绍兴市级（上虞段）及区级河道两侧200米”。2015年8月12日，绍兴市上虞区环境保护局（以下简称上虞区环保局）经现场踏勘认定李某军在禁止养殖区域内从事畜禽养殖活动，依法作出环境违法行为限期改正决定书，责令李某军于2015年8月21日前停止养殖行为。2015年8月25日，上虞区环保局再次检查时发现李某军仍在原区域从事养殖活动。2015年9月11日，上虞区环保局执法人员向李某军留置送达行政处罚事先告知书，责令其立即停止违法行为，并依照违法情形拟作出罚款人民币3000元的行政处罚。2015年9月29日，上虞区环保局作出虞环罚字（2015）176号行政处罚决定书并于2015年10月10日向李某军留置送达。李某军不服上述行政处罚向浙江省绍兴市上虞区人民法院提起行政诉讼，要求确认上虞区环保局作出的行政处罚决定违法并撤销，一并审查绍兴市上虞区人民政府办公室印发的《通知》的合法性。经浙江省绍兴市中级人民法院指定管辖，浙江省绍兴市越城区人民法院受理本案。

【裁判结果】

浙江省绍兴市越城区人民法院一审认为，行政规范性文件的司法审查和行政行为的合法性审查是本案审理重点。本案所涉《通知》由上虞区人民政府办公室制定，内容涉及不特定公民、法人或者其他组织的权利义务，在一定时期内可反复适用，且在相应行政区域内具有普遍约束力，系法律效力在行政规章以下政府文件，属于行政规范性文件。同时，李某军是对上虞区环保局作出的行政行为不服提起诉讼时一并提出审查，符合《中华人民共和国行政诉讼法》第五十三条第一款规定。从制定权限看，依据《浙江省水污染防治条例》第二十五条的规定，上虞区人民政府办公室具有划定本区域内畜禽养殖禁养区和限养区的合法权限。从制定内容来看，上虞区人民政府办公室从防治水污染，保护和改善环境，促进经济可持续发展角度考虑并依照法律、法规规定划定的禁止养殖区域符合上位法规定。从制定程序来看，上虞区人民政府办公室在《通知》起草过程中已公开征求有关基层单位的意见、经上虞区政府法制机构合法性审查并经制定机关负责人集体讨论决定，符合行政规范性文件制定的程序要求。李某军在禁止养殖区域内从事畜禽养殖活动，在上虞区环保局责令其停止违法行为后拒不停止违法行为且至今仍从事养殖活动的事实清楚。上虞区环保局认定李某军的养殖行为违反《浙江省畜禽养殖污染防治条例》第九条第一款，并依据该条例第二十条第一款作出行政处罚决定，证据确凿，适用法律、法规正确。一审法院判决：驳回李某军的诉讼请求。浙江省绍兴市中级人民法院二审维持原判。

【典型意义】

本案系行政相对人起诉时一并请求对规范性文件进行审查的行政诉讼案件。《中华人民共和国行政诉讼法》第五十三条规定："公民、法人或者其他组织认为行政行为所依据的国务院部门和地方人民政府及其部门制定的规范性文件不合法，在对行政行为提起诉讼时，可以一并请求对该规范性文件进行审查。前款规定的规范性文件不含规章。”司法实践中，由于法律对规范性文件的含义、制发主体、程序、权限以及审查内容、程度、标准等缺乏明确规定，需要统一审查标准。本案判决阐述了规范性文件的含义，并从文件制定权限、制定内容和制定程序三方面对该规范性文件的合法性问题进行充分的说理和论证，对于此类案件的审理具有较好的借鉴意义。

109. 海南桑德水务有限公司诉儋州市生态环境保护局环保行政处罚案

(2017 年 6 月 22 日发布)

【基本案情】

2013 年 6 月 5 日，海南省环境监测中心站出具琼环监字（2013）第 153 号《监测报告》（以下简称 153 号《监测报告》）。儋州市生态环境保护局（以下简称儋州环保局）根据该《监测报告》，认为海南桑德水务有限公司（以下简称桑德水务公司）涉嫌违法排放水污染物，于 2014 年 4 月 16 日拟对桑德水务公司作出行政处罚。桑德水务公司在法定期限内未提出陈述、申辩和听证的申请。同年 6 月 16 日，儋州环保局作出被诉儋土环资罚决字（2014）47 号行政处罚决定书（以下简称 47 号处罚决定），对桑德水务公司处以 2013 年 5 月应缴纳排污费二倍的罚款 177719 元。儋州市人民政府经复议后对 47 号处罚决定予以维持。桑德水务公司不服，遂诉至法院，请求撤销 47 号处罚决定。

【裁判结果】

海南省儋州市人民法院一审认为，儋州环保局作为儋州市环境保护工作的行政主管部门，具有对本辖区内违法排放水污染物的行为作出行政处罚的法定职权。根据《环境行政处罚办法》第三十四条规定，采样是本案监测的必经程序。但儋州环保局未能提供采样记录或采样过程等相关证据，无法证明其采样程序合法，进而无法证明送检样品的真实性，直接影响监测结果的真实性。因此，儋州环保局在没有收集确凿证据证实样品来源真实可靠的情况下，仅以海南省环境监测中心站出具的153号《监测报告》认定桑德水务公司超标排放废水，主要证据不足。儋州环保局于2014年6月16日同时分别对桑德水务公司2013年1月14日和5月22日超标排放行为给予二次处罚，程序违法。被诉47号处罚决定只给予桑德水务公司罚款，未责令桑德水务公司限期改正，行政处罚行为明显不当。一审法院判决撤销47号处罚决定，由儋州环保局承担诉讼费用。海南省第二中级人民法院二审认为，153号《监测报告》的合法性是审查本案被诉环保行政处罚事实认定是否清楚的基础。由于153号《监测报告》的取样程序违法，不能作为认定桑德水务公司存在环境违法行为事实的主要证据。而除153号《监测报告》外，儋州环保局没有进行相关调查，并且违反查处分离的规定，程序违法。47号处罚决定认定事实的主要证据不足，适用法律错误。二审法院判决驳回上诉，维持原判。

【典型意义】

本案系环保行政处罚纠纷，涉及对环保行政处罚行为所依据证据的审查认定，具有典型性和指导意义。近年来，各级环保行政执法部门加大了生态环境违法案件的行政执法力度，有效遏制了环境持续恶化的基本态势。但从法院审理环境行政处罚案件情况看，环保行政执法不同程度存在执法不规范，“重结果、轻程序”等问题。环保行政执法部门在环境监测过程中，应重视环境监测程序的合法性，特别是在涉及水污染的环保处罚案件中，被检测标本的取样是否合乎技术规范，直接影响该标本检测结果正确与否。因此，《环境行政处罚办法》专门对现场调查取样程序作了规定，要求制作取样记录或者将取样过程记入现场检查（勘察）笔录，并可以采取拍照、录像或者其他方式记录取样情况。由于儋州环保局在一审中未能提供取样记录或取样过程等相关证据，无法证明其取样程序的合法性，故法院认定153号《监测报告》不能作为认定桑德水务公司存在环境违法行为事实的主要证据，依法撤销处罚决定。本案判决体现了人民法院对环保行政执法行为的监督，对于推动环境保护行政主管部门规范行使行政处罚职权、促进依法行政具有积极作用。

110. 上海勤辉混凝土有限公司诉上海市奉贤区人民政府责令关闭行政决定案

（2016年3月30日发布）

【基本案情】

上海勤辉混凝土有限公司（以下简称勤辉公司）成立于2006年2月，位于黄浦江上游沿岸，经营范围包括混凝土生产、加工、销售。2010年3月，该公司住所地和实际生产经营地被划入上海市黄浦区上游饮用水水源二级保护区。2015年2月，上海市奉贤区人民政府（以下简称区政府）以勤辉公司在饮用水水源二级保护区内从事混凝土制品制造，生产过程中排放粉尘、噪声等污染物为由，根据《中华人民共和国水污染防治法》第五十九条第一款之规定，作出责令该公司关闭的决定。勤辉公司不服诉至法院，要求撤销上述决定。

【裁判结果】

上海市第一中级人民法院一审认为，原告勤辉公司从事的利用混凝土搅拌站生产、加工、销售混凝土的建设项目具有排放废气等污染物的特征，属于《中华人民共和国水污染防治法》第五十九条第一款规定的在二级饮用水水源保护区已建成排放污染物建设项目，被告区政府责令其关闭，事实认定清楚，适用法律正确，遂判决驳回原告诉讼请求。勤辉公司上诉后，上海市高级人民法院二审认为，勤辉公司从事的混凝土生产客观上存在粉尘排放，按照常理具有对水体产生影响的可能性，现有证据不能证明该粉尘排放确实没有对水体产生影响，区政府责令其关闭，于法有据，故判决驳回上诉，维持原判。

【典型意义】

本案是涉及饮用水水源保护的典型案例。饮用水安全与人民群众健康息息相关。近年来，饮用水水源安全问题备受社会关注，2008 年修订的《中华人民共和国水污染防治法》明确了国家建立饮用水水源保护区制度，规定禁止在饮用水水源二级保护区内新建、改建、扩建排放污染物的建设项目，已建成的排放污染物的建设项目，由县级以上人民政府责令拆除或者关闭。“十三五”规划中明确要求推进多污染综合防治和环境治理，实行联防联控和流域共治，深入实施大气、水、土壤污染防治行动计划。本案中，虽然涉案区域被划为二级水源保护区系在勤辉公司成立四年之后，但是该公司继续生产排放粉尘等污染物可能会对水体产生影响，故人民法院依法支持了区政府作出的责令关闭行政决定，有利于保护人民群众饮水安全。当然，区政府其后对因环保搬迁的企业应当依法给予合理补偿。

111. 岳西县美丽水电站诉岳西县环境保护局环境保护行政决定案

（2018 年 11 月 28 日发布）

【基本案情】

1994 年，国务院确定鹞落坪自然保护区为国家级自然保护区。2001 年，原国家环保总局批准了《国家级鹞落坪自然保护区总体规划（2001—2015）》。2005 年，岳西县美丽水电站在位于鹞落坪自然保护区核心区的包家乡鹞落坪村开工建设。2006 年岳西县水利局批复同意建设。2009 年岳西县环境保护局以美丽水电站位于自然保护区实验区为由，补办环评批准手续。2017 年安徽省第五环境保护督察组等先后对鹞落坪自然保护区内的违法建设进行督察，要求迅速查处。岳西县环境保护局经立案调查，认定美丽水电站是在设立国家级自然保护区后建设，机房、明渠和涵洞位于鹞落坪自然保护区的缓冲区，蓄水坝位于保护区的核心区。岳西县环境保护局作出岳环责停字（2017）15 号《责令停产整治决定书》，责令美丽水电站立即停止生产；作出岳环限拆字（2017）04 号《责令限期拆除设施设备通知书》，责令美丽水电站限期自行拆除电站上网断路器，移除主变压器。美丽水电站不服，诉至法院，请求撤销《责令停产整治决定书》，确认《责令限期拆除设施设备通知书》违法。

【裁判结果】

安徽省潜山县人民法院一审认为，美丽水电站在鹞落坪自然保护区的核心区和缓冲区建设水电站的行为违反《中华人民共和国自然保护区条例》规定，依法应予关闭、拆除。水电站建成后，虽然经过岳西县水利局补办了批准手续，但并不影响岳西县环境保护局对违法建设事实的认定。岳西县环境保护局依法享有行政执法权。一审法院判决驳回美丽水电站诉讼请求。安庆市中级人民法院二审维持原判。

【典型意义】

本案系在自然保护区内开发利用自然资源引发的行政案件。长江流域重点生态功能区、生态环境脆弱区及自然保护区较多，人民法院在审理上述区域的环境污染、生态破坏及自然资源开发利用案件时，需要坚持保护优先的理念，正确处理好生态环境保护和经济发展的关系，将构建生态功能保障基线、环境质量安全底线、自然资源利用上线三大红线作为重要因素加以考量，保障重点区域实现扩大环境容量和生态空间的重要目标。鹞落坪自然保护区内有大别山区现存面积最大的天然次生林，植物区系复杂，生态系统完整，在保护生物多样性及涵养水源方面具有极为重要的价值。鹞落坪自然保护区设立在先，美丽水电站建立时虽然取得了相关部门的批复，但该水电站机房建设在自然保护区的缓冲区，蓄水坝建设在保护区核心区，违反了《中华人民共和国自然保护区条例》的规定。人民法院支持行政机关依法行政，依法认定美丽水电站应予关闭和拆除，为保护长江流域自然保护区提供了坚强的司法后盾。

112. 动感酒吧诉武威市凉州区环境保护局环保行政命令案

(2014 年 12 月 19 日发布)

【基本案情】

武威市凉州区环境保护局（以下简称区环保局）接到其辖区陆羽茶楼对动感酒吧环境噪声污染的投诉后，组织环境检查执法人员和环境检测人员先后于 2012 年 11 月 23 日、12 月 20 日和 12 月 22 日 22 时零 5 分至 23 时零 5 分，对动感酒吧环境噪声及环境噪声污染防治情况实施了现场检查（勘查）和采样检测，其夜间场界 4 个检测点环境噪声排放值分别达到 58.9dB（A）、55.4dB（A）、52.9dB（A）、56.9dB（A），均超过国家《社会生活环境噪声排放标准》（GB 22337—2008）规定的环境噪声排放标准。区环保局于 2012 年 12 月 22 日制作了检测报告，认定动感酒吧夜间噪声达 58.9 分贝，超过国家规定的排放标准，其行为违反了《中华人民共和国环境噪声污染防治法》第四十三条第二款规定，并依据该法第五十九条规定，于 2013 年 1 月 18 日对动感酒吧作出责令改正违法行为决定书：责令其立即停止超标排放环境噪声的违法行为，限于 2013 年 2 月 28 日前，采取隔音降噪措施进行整改，并于 2013 年 2 月 28 日前将改正情况书面报告。动感酒吧于 2013 年 2 月 27 日向区环保局提交了防噪声处理报告及申请，证明其已整改，同时申请对整改后的噪声再次测试，区环保局未予答复，也未再组织测试；同年 4 月 17 日，动感酒吧就区环保局于 1 月 18 日作出的上述责令改正违法行为决定书向武威市环保局申请复议，复议机关以逾期为由不予受理。动感酒吧遂以区环保局为被告，诉请法院撤销上述责令改正违法行为决定书。

【裁判结果】

甘肃省武威市凉州区人民法院一审认为，被告区环保局执法主体资格、执法程序合法。被告的检测报告所适用的检测标准（《社会生活环境噪声排放标准》）与原告所述的检测标准（《标准声环境质量标准》）是法律规定的两个不同的标准，前者是适用于对营业性文化娱乐场所、商业经营活动中使用的向环境排放噪声的设备、设施的管理、评价与控制的排放标准，后者是适用于声环境质量评价与管理的环境质量标准。被告检测噪声的方式方法并不违背法律规定，其检测结果合法有效，遂判决维持被告作出的责令改正违法行为决定书。动感酒吧上诉后，甘肃省武威市中级人民法院二审认为，被上诉人在夜间经营期间环境噪声排放及环境噪声污染噪声已超过《社会生活环境噪声排放标准》规定限度，其行为违反了《中华人民共和国环境噪声污染防治法》第四十三条第二款“经营中的文化娱乐场所，其经营管理者必须采取有效措施，使其边界噪声不超过国家规定的环境噪声排放标准”的规定，原判认定事实清楚，适用法律准确，判决驳回上诉，维持原判。

【典型意义】

对于社会生活中经常发生的噪声扰民现象，环保机关针对群众投诉作出合法适度处理后引发的行政诉讼，人民法院应当依法给予支持。与民事审判处理特定侵权者、受害者之间民事行为及相关赔偿不同，行政审判通过监督环保机关履行保护环境职责，对合法行政行为给予支持，对违法行政行为监督纠正，有利于保护受污染群体的利益，促进人民群众生活环境的改善。本案重要意义还体现于，人民法院以裁判方式明确了噪声相关标准执法适用范围。由国家环境保护部、国家质量监督检验检疫总局 2008 年 10 月 1 日发布施行的《声环境质量标准》《社会生活环境噪声排放标准》《工业企业厂界环境噪声排放标准》，是环境检测、执法人员进行噪声监管的重要依据。前一项是环境质量标准，后两项是排放标准，它们的适用范围、检测方法及限值等均有不同，应根据检测对象及目的等因素作出正确选择。本案判决对《声环境质量标准》《社会生活环境噪声排放标准》的适用范围作了正确区分，对环保机关正确执法和人民法院审理类似行政案件具有示范作用。

113. 卢某等204人诉杭州市萧山区环境保护局环保行政许可案

(2014年12月19日发布)

【基本案情】

杭州萧山城市建设投资集团有限公司（以下简称城投公司，原审第三人）因涉案风情大道改造及南伸项目建设需要，委托浙江省工业环保设计研究院有限公司（以下简称省环保设计院）对该项目进行环境影响评价。在涉案环评报告书编制过程中，城投公司分别在建设项目所涉区域对案涉项目的基本情况及其对周边环境可能造成的影响、预防或减轻不良环境影响的对策和措施、环境影响评价结论要点等内容进行了两次公示。省环保设计院通过发放个人调查表和团体调查表的方式进行了公众调查。2012年4月20日，杭州市萧山区环境保护局（以下简称区环保局）与城投公司、省环保设计院和邀请的专家召开了涉案项目环境影响报告书技术评审会并形成评审意见。同年4月23日，区环保局在区办事服务中心大厅的公示栏内张贴案涉项目的《环保审批公示》。公示期间为2012年4月23日至同年5月7日，共10个工作日。公示内容主要为：涉案项目基本情况；涉案项目对环境可能造成的影响；预防或减轻不良环境影响的对策和措施；环境影响评价结论要点；建设单位、环评单位及审批单位的联系方式，并注明征求意见的方式是电话和信件。2012年5月29日，区环保局与城投公司、省环保设计院和邀请的专家召开案涉环评报告书（复审稿）技术复审评审会并形成复审意见。2012年6月，省环保设计院形成环评报告书的报批稿。同年6月28日，城投公司向区环保局报送该环评报告书及相关的申请材料，申请对该环评报告书予以批准。区环保局于同日作出《关于风情大道改造及南伸（金城路—湘湖路）工程环境影响报告书审查意见的函》（以下简称《审查意见函》），同意该项目在萧山规划许可的区域内实施。

卢红等 204 人称，其均为萧山区风情大道湘湖段“苏黎世小镇”和“奥兰多小镇”两小区的居民。因不服萧山区发展和改革局审批的风情大道改造及南伸（金城路—湘湖路）工程可行性研究报告，向杭州市发展和改革委员会提起行政复议。在复议期间，萧山区发展和改革局提供了区环保局的《审查意见函》作为其审批依据。该 204 人认为涉案项目的建设将对两个小区造成不利影响，区环保局的行政许可行为侵害其合法权益，遂以该局为被告提起行政诉讼，请求法院撤销上述《审查意见函》。

【裁判结果】

浙江省杭州市萧山区人民法院一审认为，根据《浙江省建设项目环境保护管理办法》（以下简称《办法》）第二十二条的规定，环保行政机关受理环境影响报告书审批申请后，除了依法需要保密的建设项目，仍需通过便于公众知晓的方式公开受理信息和环境影响报告书的查询方式以及公众享有的权利等事项，并征求公众意见，征求公众意见的期限不得少于 7 日。本案中，被告区环保局称其 2012 年 4 月 23 日受理第三人城投公司就案涉环评报告书提出的审批申请，而第三人委托评价单位省环保设计院编制的、用于申请被告批准的涉案环评报告书（报批稿）形成于 2012 年 6 月。因此，即使被告确实是 2012 年 4 月 23 日受理了第三人的申请，由于需要审批的环评报告书（报批稿）此时尚未编制完成，被告主张的受理行为亦不合法。被告在《承诺件受理通知书》中明确表示第三人向其申请环评审批的时间是 2012 年 6 月 28 日，而被告于同日即作出被诉《审查意见函》，对案涉环评报告书予以批准，其行为明显违反《办法》第二十二条关于环评审批行政机关在审批环节应进行公示和公众调查的相关规定，严重违反法定程序。据此，判决撤销被告作出《审查意见函》的具体行政行为。一审宣判后，各方当事人均未上诉。

【典型意义】

环保机关受理环境影响报告书审批申请的基本前提是该报告书已正式形成，且环保机关受理后应依法履行公开该报告书并征求公众意见的程序后，才可予以审批。人民法院要严格审查行政行为是否履行了法定程序和正当程序，是否充分尊重了当事人的知情权、表达权，如果认为行政行为存在程序违法或明显不当的，有权确认违法或予以撤销。近年来，有的地方政府和行政机关，为了加快城市化建设进程，不惜违反行政程序超常规审批某些建设项目，有的甚至以牺牲人民群众的环境权益为代价，造成不良的社会影响。只有严格依法依规，按程序办事，才能真正有利于促进城市环境改善和社会和谐安宁。本案中，区环保局存在明显的程序违法情形，其所主张的受理城投公司提出的环评报告书审批申请的时间，尚未形成正式报批稿；其在环评报告编制过程中所公示的《环保审批公示》，不能替代《办法》所要求环保机关在申请人正式报送环评报告及相关申请材料后对环境影响报告书进行公示和公众调查的程序和义务。法院基于其程序的严重违法，判决撤销了被诉行政行为，对于彰显程序公正和促进行政机关依法行政，具有很好的示范效应。

114. 夏某官等4人诉东台市环境保护局环评行政许可案

(2014年12月19日发布)

【基本案情】

夏某官等4人系江苏省东台市东台镇景范新村19幢的住户，其住宅与四季辉煌沐浴广场（原审第三人）上下相邻。四季辉煌沐浴广场为新建洗浴服务项目，在涉案地段承租了营业用房作为经营场地，项目投资250万元，其中环保投资25万元，先后于2013年2月25日就涉案建设项目报东台市东台镇人民政府审批，于2013年3月12日向东台市环境保护局（以下简称市环保局）提交了《建设项目环境影响申报（登记）表》，并根据该局有关须委托有资质的环评单位编制环境影响报告表的意见，委托东台市环境科学研究所编制相关报告表，其后送至该局进行审批。2013年4月1日，市环保局作出《关于对东台市东台镇四季辉煌沐浴广场洗浴服务项目环境影响报告表的审批意见》（以下简称《审批意见》），同意四季辉煌沐浴广场在景范新村17号楼及19号楼之间新建洗浴服务项目，并对该项目在运营过程中产生的废水、污水的处理、场界噪声对邻近声环境质量的影响及各类固体废物处置等提出了具体要求。夏某官等4人认为市环保局在没有召开座谈会、论证会以及征询公众意见的情况下，即作出《审批意见》，侵犯了其合法权益，故提起行政诉讼，请求法院撤销该《审批意见》。

【裁判结果】

江苏省东台市人民法院一审认为，被告市环保局具有对本辖区建设项目的环境影响报告表进行审批的职权。《中华人民共和国行政许可法》第四十七条规定："行政许可直接涉及申请人与他人之间重大利益关系的，行政机关在作出行政许可决定前，应当告知申请人、利害关系人享有要求听证的权利……"对何谓"重大利益关系"，我国现行法律、法规、规章以及司法解释虽无具体规定，但涉及民生利益的问题，不应排除在"重大利益关系"之外。本案原告夏某官等4人的住宅与第三人四季辉煌沐浴广场相邻。第三人新建的洗浴项目投入运营后所产生的潮湿及热、噪声污染等，不能排除对原告的生活造成重大影响的可能，被告在作出《审批意见》前应当告知4名原告享有听证的权利，其未告知即径行作出《审批意见》违反法定程序，遂判决撤销该《审批意见》。

四季辉煌沐浴广场上诉后，江苏省盐城市中级人民法院二审认为，《中华人民共和国环境影响评价法》第二十二条对建设项目环境影响评价文件的审批部门、审批权限和审批决定时限等问题作了明确规定，对审批部门行政许可的具体程序没有作出规定。但是，《中华人民共和国行政许可法》对行政许可的设定和实施程序提出明确要求。本案被诉行政行为属于涉及建设项目环境影响评价的行政许可行为，应当按照《中华人民共和国行政许可法》规定的程序进行审批。夏某官等4人作为与本案审批项目直接相邻的利害关系人，应当认定与审批项目存在重大利益关系。环保机关在审查和作出这类事关民生权益的行政许可时，应当告知夏某官等人享有陈述、申辩和听证的权利，并听取其意见。原审法院认定市环保局未履行告知听证义务，违反法定程序并无不当，故判决驳回上诉，维持原判。

【典型意义】

本案中，人民法院通过严格审慎的审查，分析了《中华人民共和国行政许可法》第四十七条有关是否存在"重大利益关系"以及听证程序的适用条件，最终撤销环保机关作出的被诉行政行为，保障了公民在环境管理领域的知情权、陈述权、申辩权和听证等权利，很大程度上彰显了程序正义和司法公正。本案是一起典型的体现公众参与原则的环保行政许可案件，同时也是一起与群众利益息息相关的民生案件，两审法院以环保机关所审批的洗浴项目与相邻群众存在重大利益关系，未告知陈述、申辩和听证的权利违反法定程序为由，撤销环保机关作出的《审批意见》，既有力地维护了相邻群众的合法权益，又强化了司法对行政权力的监督，对引导和规范环保机关的同类审批行为，促进公众参与环境行政许可的决策与监督，提高行政审批的程序意识，具有重要意义。

115. 张某燕等人诉江苏省环境保护厅环评行政许可案

（2016年3月30日发布）

【基本案情】

江苏省电力公司镇江供电公司（以下简称镇江供电公司）为建设110千伏双井变电站等一批工程，委托环评机构以工频电场、工频磁场、噪声及无线电干扰为评价因子编制了《环境影响报告表》。该报告表预测工程建成运行后对周边环境的影响程度符合国家标准。2009年11月，江苏省环境保护厅（以下简称省环保厅）在经过镇江市规划局出具《选址意见》、江苏省电力公司同意环评结论、镇江市环保局对《环境影响报告表》预审之后作出批复，同意镇江供电公司建设该批工程。张某燕、陈某湘、蔡某生3人不服诉至法院，主张所涉区域不宜建设变电站、环评方法不科学，建设项目不符合环评许可条件、环评许可违法，请求撤销省环保厅的上述批复。

【裁判结果】

江苏省南京市中级人民法院一审认为，被告省环保厅在其他部门出具意见基础上作出的涉案批复，符合《中华人民共和国环境影响评价法》第二十二条以及国家有关技术规范与政策规定，程序合法，遂判决驳回原告张某燕等3人的诉讼请求。张某燕等3人上诉后，江苏省高级人民法院二审认为，双井变电站系城市公用配套基础设施，根据《城市电力规划规范》规定，在符合条件的情况下可以在风景名胜区、自然保护区和人口稠密区等敏感区域建设此类项目。涉案工程污染物预测排放量和投入运行后的实际排放量均小于或明显小于排放限值，环评符合法定审批条件。110千伏变电站所产生的是极低频场，按世界卫生组织相关准则，极低频场对环境可能造成轻度环境影响，但影响有限且可控。故二审判决驳回上诉，维持原判。二审法院同时认为，虽然被诉环评行政许可行为合法适当，但环保部门应采取措施加强信息公开，督促镇江供电公司将相关电磁场监测显示屏置于更加醒目的位置，方便公众及时了解实时数据，保障其环境信息知情权。

【典型意义】

本案是涉及保障环保知情权、参与权的典型案例。变电站是现代城市不可或缺的基础设施，虽然世界卫生组织在有关准则中指出此类设施对环境造成的影响有限并且可控，但由于信息掌握不充分，公众很难准确判断电磁辐射对健康的影响，一些疑虑很容易引发对建设项目的抵触，从而产生“邻避”效应，形成纠纷。环保部门有必要在作出行政许可的同时完善信息公开沟通机制，便利公众充分了解建设项目的环境影响，有效参与环境保护，最大程度缓解“邻避”效应。本案中，法院没有止于就案办案，而是同时对行政机关提出保障公众知情权的明确要求。据悉，二审判决后，镇江供电公司已拆除电磁场监测显示屏外墙，此举有助于督促供电公司提高环境保护意识和电磁辐射污染防护水平。案件办理取得良好的社会效果。

116. 上海市黄浦区正文花园（二期）业主委员会、乾阳佳园业主委员会诉上海市环境保护管理局不服环评报告审批决定案

（2014 年 12 月 19 日发布）

【基本案情】

2012 年 5 月 14 日，上海市规划和国土资源管理局向国网上海市电力公司（以下简称电力公司）核发了 500kV 虹杨输变电工程《建设项目选址意见书》，明确了项目用地位置。一审原告正文花园（二期）小区、乾阳佳园小区毗邻虹杨变电站站址。同年 6 月 25 日，上海市环境保护管理局（以下简称市环保局）受理电力公司提出的《500kV 虹杨输变电工程环境影响报告书》（以下简称《环评报告》）审批申请，并在网上公示了受理信息。同日，市环保局委托上海市环境科学研究院开展该工程环评文件的技术评估。同年 7 月 5 日，上海市环境科学研究院向被告出具了技术评估报告，认为《环评报告》符合相关环保技术标准，评价结论总体可信。同年 7 月 17 日，市环保局组织召开专家咨询会，与会专家认为市环保局对公众反映问题的说明和处理符合有关规定；虹杨输变电项目对周边环境影响符合相关环保标准，项目不会影响周边居民的重大环境利益。同年 8 月 6 日，市环保局经审查认为，电力公司提交的《环评报告》符合相关要求，拟作出批准决定，遂在上海环境网就该工程拟批准情况进行公示。同年 10 月 22 日，市环保局作出《关于 500kV 虹杨输变电工程环境影响报告书的审批意见》，同意项目建设。上海市杨浦区正文花园（二期）业主委员会、

乾阳佳园业主委员会认为居民小区附近不应建高压变电站项目，被告不考虑建设项目对居民的实际影响而作出审批系违法，向环境保护部申请行政复议，复议机关维持审批决定后，向上海市黄浦区人民法院提起行政诉讼。

【裁判结果】

一审法院认为，被告受理电力公司申请后，就相关情况进行了公示，委托有关单位对《环评报告》进行了技术评估，并组织召开专家咨询会，在审查《环评报告》、技术评估报告等文件后，作出环评审批决定，履行了法定程序，但作出审批时间超过了法规规定时间，属程序瑕疵。《环评报告》的编制单位具有相应资质，《环评报告》依据相关编制标准对涉案建设项目的各项环保指标进行了评价，并据此得出环评结论，符合环评技术规范和法律规定的要求。

原告在诉讼中主张，被告审批过程中不应以专家咨询会替代听证会、论证会、座谈会等公众参与活动，电力公司在编制《环评报告》过程中，公众参与不符合法定要求。法院认为，被告在环评文件审批过程中的公众参与活动有专家咨询会意见、网上公示信息等证据证明，根据《环境影响评价公众参与暂行办法》规定，环评审批过程中环保部门可以通过咨询专家意见的方式开展公众参与，故被告的公众参与活动于法不悖。对于环评过程中的公众参与问题，《环评报告》中对180份调查问卷的发放和分布、公众参与信息公示等均有明确记载，并附录了公众意见采纳或不采纳的说明。因此，环评文件编制过程中公众参与活动的开展符合法律、法规的要求。据此，一审判决驳回原告诉讼请求。原告上诉后，上海市第二中级人民法院二审判决驳回上诉，维持原判。

【典型意义】

在环境保护行政案件中对公众参与程序的司法审查是重要环节。公众参与是实现人民权利的基本途径，是落实人民重要地位的重要体现，是民主决策和科学决策的重要保障。特别是环境保护问题与群众生活休戚相关，更应该加强对公众参与的监督。为推进和规范环境影响评价活动中的公众参与，2006 年国家环境保护总局发布了《环境影响评价公众参与暂行办法》，对公众参与的形式、内容等作出明确规定。人民法院审查环评报告审批行为，应严格依据相关规定进行审查。本案一审、二审法院均将公众参与作为审查重点，审理思路清晰，指导思想明确，所作出的判断和处理符合法律规定。

117. 常州德科化学有限公司诉原江苏省环境保护厅、原中华人民共和国环境保护部及光大常高新环保能源（常州）有限公司环境评价许可案

（2019 年 3 月 2 日发布）

【基本案情】

光大常高新环保能源（常州）有限公司（以下简称光大公司）拟在江苏省常州市投资兴建生活垃圾焚烧发电 BOT 项目。2014 年，光大公司向原江苏省环境保护厅（以下简称江苏省环保厅）报送《环境影响报告书》《技术评估意见》《预审意见》等材料，申请环境评价许可。江苏省环保厅受理后，先后发布受理情况及拟审批公告，并经审查作出同意项目建设的《批复》。常州德科化学有限公司（以下简称德科公司）作为案涉项目附近经营范围为化妆品添加剂制造的已处于停产状态的企业，不服该《批复》，向原中华人民共和国环境保护部（以下简称环境保护部）申请行政复议。环境保护部受理后，向江苏省环保厅发送《行政复议答复通知书》《行政复议申请书》等材料，并向原江苏省常州市环境保护局发送《委托现场勘验函》。环境保护部在收到《行政复议答复书》《现场调查情况报告》后，作出维持《批复》的《行政复议决定书》。

【裁判结果】

江苏省南京市中级人民法院一审认为，德科公司位于案涉项目附近，

其认为《批复》对生产经营有不利影响，有权提起行政诉讼，具有原告主体资格。案涉项目环评编制单位和技术评估单位均是具有甲级资质的独立法人，在《环境影响报告书》编制期间，充分保障了公众参与权。江苏省环保厅依据光大公司报送的《环境影响报告书》《技术评估意见》《预审意见》等材料，进行公示、发布公告，并根据反馈情况经审查后作出《批复》，并不违反相关规定。环境保护部作出的案涉行政复议行为亦符合《中华人民共和国行政复议法》及其实施条例的规定。一审法院判决驳回德科公司的诉讼请求。江苏省高级人民法院二审认为，江苏省环保厅在审批《环境影响报告书》时已经履行了对项目选址、环境影响等问题的审查职责，故判决维持一审判决。最高人民法院再审审查认为，德科公司并非案涉项目厂界周围的环境敏感保护目标，且当时处于停产状态，没有证据证明德科公司与光大公司之间就案涉环境保护行政许可存在重大利益关系。案涉项目环评过程中保障了公众参与权，江苏省环保厅在作出环境评价许可过程中履行了对项目选址、污染物排放总量平衡等问题的审查职责，亦未侵犯德科公司的权利。江苏省环保厅的环境评价许可行政行为、环境保护部的行政复议行为均符合相关法律、法规的规定。最高人民法院裁定驳回德科公司的再审申请。

【典型意义】

本案所涉项目系生活垃圾焚烧发电项目，对社会整体有益，但也可能对周围生态环境造成一定影响。此类项目周边的居民或者企业往往会对项目可能造成的负面影响心存担忧，不希望项目建在其附近，由此形成“邻避”困境。随着我国城市化和工业化进程，“邻避”问题越来越多，“邻避”冲突逐渐呈现频发多发趋势。本案的审理对于如何依法破解“邻避”困境提供了解决路径。即对于此类具有公共利益性质的建设项目，建设单位应履行信息公开义务，政府行政主管部门应严格履行监管职责，充分保障公众参与权，尽可能防止或者减轻项目对周围生态环境的影响；当地的公民、法人及其他组织则应依照法律规定行使公众参与权、维护自身合法环境权益。

118. 周某、张某波诉中华人民共和国环境保护部环评批复案

（2016年3月30日发布）

【基本案情】

2012年11月，中华人民共和国环境保护部（以下简称环保部）受理了京沈铁路客运专线（京冀）公司筹备组等单位提交的京沈高铁项目环境影响评价申请，并委托环保部环境工程评估中心（以下简称评估中心）进行技术评估。其后，环保部在其网站上公示了该项目环评文件，同时提供了环评报告书简本的链接。后评估中心经提出修改建议、现场踏勘、专家审查、复核等程序后作出技术评估报告并提交环保部。环保部在其网站公示了相关文件并根据利害关系人申请组织了听证会。2013年12月，环保部作出环评批复并在其网站上公示。周某、张某波的房屋位于该项目星火站至五环路段，其因噪声影响等理由不服上述批复，申请行政复议后复议机关维持该批复。周某、张某波诉至法院，请求撤销环保部的上述批复。

【裁判结果】

北京市第一中级人民法院一审认为，建设单位与评价单位采用张贴环评公告、在报纸及网站公示、发放公众参与调查表等方式征求了公众意见。被告环保部在受理环评申请后，亦在网站上公示相关信息并举行了听证会，被诉环评批复符合法定程序。评价单位根据《环境影响评价技术导则》要求，综合考虑评价范围内环境噪声现状等因素，认为涉案项目噪声防治未违反上述导则要求。被告根据《城市环境振动标准》并参考《环境

影响评价技术导则》的规定，认为涉案项目环境振动评价意见并无不当。遂判决驳回原告周某、张某波的诉讼请求。一审宣判后，双方当事人均未上诉。

【典型意义】

本案是涉及高铁项目环境影响评价许可的典型行政案件。京沈高铁是全国铁路“十二五”规划的重大建设项目，从一开始就备受社会关注。该项目环评内容大多涉及技术问题。本案中，人民法院着重对评价单位编制环评报告和行政许可的程序进行审查，充分保障了公众的参与权与知情权；对于环评内容则着重对环评采用的标准是否符合国家强制性规定，是否存在明显不合理等情形进行审查。对于环评涉及的专业性、技术性问题，则尊重行政机关基于专业性的裁量所作的判断与选择，既有力监督了行政机关依法行使职权，也准确把握了司法审查的范围和界限。

119. 罗某兰、游某等人诉丰都县水务局行政批复违法案

（2017 年 12 月 4 日发布）

【基本案情】

2009 至 2013 年间，经游某申请，丰都县水务局每年均为其经营的游某采砂场办理了期限为一年的河道采砂许可证。2010 年，罗某兰出资与游某合伙经营，并将采砂厂名称变更为丰都县羊鹿沟采砂场。2014 年，丰都县水务局收取了罗某兰申请办理采砂许可证的费用，但未向其交付 2014 年度的采砂许可证，仅允许其正常经营。2014 年 4 月，重庆市水利局作出行政处理决定书，认定罗某兰在丰都县羊鹿沟的砂石加工场属于在重庆长江三峡龙河流域湿地自然保护区范围内违规修建的房屋和砂石加工场，根据《重庆市河道管理条例》的规定，要求罗某兰限期报送工程建设方案及洪水影响评价报告，补办审批手续。随后，罗某兰向丰都县水务局递交了《丰都县羊鹿沟砂石加工场涉河建设方案及洪水影响评价报告》。2014 年 9 月 3 日，丰都县水务局作出丰都水务发（2014）94 号《关于丰都县羊鹿沟砂石加工场涉河建设方案的批复》，原则同意丰都县羊鹿沟砂石加工场建设工程，建议按基本建设程序到相关部门完善相关审批手续。2016 年 2 月，罗某兰再次向丰都县水务局申请办理采砂许可证时，丰都县水务局答复早在 2008 年丰都县人民政府的文件就已将罗某兰的经营场所及范围划为湿地自然保护区，禁止采砂，不予办证。罗某兰不服，诉至法院，请求确认丰都县水务局作出的丰都水务发（2014）94 号《关于丰都县羊鹿沟砂石加工场涉河建设方案的批复》违法。

【裁判结果】

重庆市涪陵区人民法院一审认为，根据《重庆市河道管理条例》第八条规定，丰都县水务局作为县级河道主管机关，具有对本行政区域河道管理范围内工程建设方案的审查职权。对罗某兰提交的《丰都县羊鹿沟砂石加工场涉河建设方案及洪水影响评价报告》，丰都县水务局依法应按照防洪要求进行审查，并作出批复。根据《中华人民共和国行政诉讼法》第三十四条规定，丰都县水务局未依法提供证明批复合法的事实证据，其作出的行政批复应视为没有证据，故依法撤销丰都县水务局作出的丰都水务发（2014）94 号《关于丰都县羊鹿沟砂石加工场涉河建设方案的批复》。

【典型意义】

三峡库区处于长江流域中上游，自然资源丰富且生态环境脆弱、不易修复，因此要合理开发利用水资源，加大对湿地生态系统的保护。本案系湿地资源开发许可过程中引发的行政案件，涉及对环保行政批复行为所依据证据的审查认定，具有典型性和指导意义。丰都县水务局作为湿地保护行政主管机关，具有许可公民申请采砂的行政职权，许可前的批复是针对建设工程是否影响河道行洪作出的行政审查。从查明事实看，丰都县水务局作出批复时不知道丰都县人民政府对丰都县林业局作出的丰都府（2008）194 号《关于同意建立重庆长江三峡龙河流域湿地自然保护区的批复》，导致其对湿地自然保护区范围不清楚。因丰都县水务局未依法提供证明批复合法的事实证据，其作出的行政批复应视为没有证据，依法应予撤销。本案反映出行政机关对湿地自然保护区的行政信息公开不规范，体现了人民法院对行政批复行为的监督，对于推动行政主管部门规范行使行政许可职权、促进依法行政具有积极作用。

120. 杨某先诉桑植县水利局水利行政协议及行政赔偿案

（2019年3月2日发布）

【基本案情】

桑植县水利局依据湖南省水利厅和桑植县人民政府的相关批复，委托拍卖机构对张家界市桑植县澧水干流、南、中、北源等河流河道砂石开采权进行公开拍卖。其间，张家界大鲵国家级自然保护区管理处（以下简称大鲵自然保护区管理处）函告桑植县水利局在自然保护区河段采砂行为涉嫌违法，要求终止对相关河段采砂权的拍卖。通过竞标，杨某先竞得刘家河花兰电站库区，在缴清100万元成交价及5万元拍卖佣金后与桑植县水利局签订了《张家界市桑植县刘家河花兰电站库区河段河道砂石开采权出让合同》（以下简称《出让合同》）。杨某先为履行合同修建公路一条，造采砂船两套（四艘），先后向银行贷款两笔。杨某先向桑植县水利局申请发放河道采砂许可证，桑植县水利局以杨某先未按要求提交资料为由未予办理。

【裁判结果】

湖南省桑植县人民法院一审认为，争议行政协议项下的采砂河段在实施拍卖和签订《出让合同》时已是国家级自然保护区范围，属于禁止采砂区域，大鲵自然保护区管理处在发现桑植县水利局的拍卖行为后，按照职责要求终止拍卖，桑植县水利局在未取得自然保护区主管部门批准的情况下不能继续实施出让行为。该河道采砂权有偿出让行为未经国务院授权的有关主管部门同意，桑植县水利局违反禁止性规定，实施拍卖出让，所签订的《出让合同》无效。双方当事人在签订《出让合同》后对采砂许可证的颁发产生误解，最终杨某先因不能提交完整申请材料、不符合颁证条件而未取得采砂许可证，《出让合同》没有实际履行与桑植县水利局在实施行政许可过程中未尽到公示告知职责有一定的关系。桑植县水利局的上述违法行为致使行政协议未能实际履行，造成的经济损失客观存在，应承担赔偿责任。一审法院判决确认案涉《出让合同》无效，桑植县水利局返还杨某先出让款并赔偿相关损失。湖南省张家界市中级人民法院二审维持一审判决。

【典型意义】

自然保护区是维护生态多样性，构建国家生态安全屏障，建设美丽中国的重要载体。自然保护区内环境保护与经济发展之间的矛盾较为突出，存在资源主管部门与自然保护区管理部门之间的职责衔接问题。现行法律对自然保护区实行最严格的保护措施，人民法院在审理相关案件时，应注意发挥环境资源司法的监督和预防功能，对涉及环境公共利益的合同效力依职权进行审查，通过依法认定合同无效，严禁任意改变自然生态空间用途的行为，防止不合理开发利用资源的行为损害生态环境。本案对在自然保护区签订的采矿权出让合同效力给予否定性评价，由出让人返还相对人出让款并赔偿损失，既是对相对人合法财产权利的保护，也是对行政机关、社会公众的一种政策宣示和行为引导，符合绿色发展和保障自然保护区生态文明安全的理念和要求。

121. 吴某诉江苏省环境保护厅不履行法定职责案

（2016年3月30日发布）

【基本案情】

2015年1月20日，吴某通过江苏省环境违法行为举报网上受理平台向江苏省环境保护厅（以下简称省环保厅）投诉，反映其住宅距离沿江高速公路18米，噪声白天达70分贝、夜晚达60分贝以上，其身体健康受到很大损害，要求履行对噪声的管理和监督义务。省环保厅收到投诉后，网上转交无锡市环保局办理，该局网上签收又转交江阴市环保局办理。2015年1月，江阴市环保局通过邮局给吴某寄出《信访事项不予受理告知书》称："你反映的噪音扰民问题已向江阴市法院提起诉讼，目前针对你的部分诉讼请求江阴市法院已作出予以支持的判决。按照《信访条例》规定，属于不予受理的第二类情况。"吴某不服诉至法院，请求判令省环保厅履行监督管理法定职责。

【裁判结果】

江苏省南京市中级人民法院一审认为，沿江高速公路涉案地段环保验收工作系被告省环保厅直接验收并公示的。被告在验收涉案工程时已经检测到该工程在夜间都有不同程度的超标，并称正在实施安装隔声窗等降噪措施，计划2006年6月完成，故对于该工程所产生的噪声扰民问题负有不可推卸的监督管理职责。被告对于原告吴某提出的履责要求，未采取切实措施，仅作为信访事项转交下级环保部门处理。原告诉请成立，法院予以支持。遂判决确认被告不履行环保行政管理职责行为违法；责令被告于判决生效之日起三十日内针对原告的投诉履行相应法定职责。一审判决后，双方当事人均未上诉。

【典型意义】

本案属于规范环保机关履行噪声污染监督管理职责的典型案例。近年来，不少地方因高速公路车流量增长迅猛，加之过去规划不当等原因，噪声污染问题日趋严重，群众不堪其扰、身心受损，需要有关部门以人为本，解民之忧，切实采取措施加强监督管理，确保居民生活环境符合相关降噪标准。特别是当不同部门职能交叉、界限不清时，相互间宜主动沟通，共同协调解决，不宜简单将群众关切与投诉问题归于信访，一推了之。本案中，人民法院通过调查，认定涉案高速公路环保验收工作系省环保厅所为，其对群众投诉的噪声污染问题负有不可推卸的监管职责，法院裁判有利于避免行政机关之间相互推诿，有利于督促责任主体尽快履责，有利于减少公众投诉无门或乱投诉现象，彰显了司法保障民生的正当性。

122. 宜宾县溪鸣河水力发电有限责任公司诉沐川县人民政府政府信息公开案

(2017 年 12 月 4 日发布)

【基本案情】

宜宾县溪鸣河水力发电有限责任公司（以下简称溪鸣河公司）系龙溪河流域光明电站业主。2015 年 11 月，溪鸣河公司向沐川县发改经信局多次提交关于要求公开溪鸣、福尔溪、箭板三电站初步设计、核准、施工许可、设计变更、验收等工程相关文件的申请。因沐川县发改经信局未予答复，溪鸣河公司于 2015 年 12 月 14 日以沐川县发改经信局为被申请人向沐川县人民政府提交行政复议申请书。2015 年 12 月 15 日，沐川县人民政府作出沐府复（2015）12 号《行政复议（不予受理）决定书》，对溪鸣河公司的复议申请不予受理。溪鸣河公司不服沐川县人民政府作出的行政复议决定，向人民法院提起行政诉讼。

【裁判结果】

四川省乐山市中级人民法院一审认为，溪鸣电站、福尔溪电站、光明电站、箭板电站是龙溪河流域开发规划中的 5、6、7、8 级电站。因此，溪鸣河公司主张溪鸣电站、福尔溪电站、箭板电站的水位标高、水资源利用、质量安全等与其所有的光明电站的生产密切相关，其理由成立。沐川县人民政府以溪鸣河公司与沐川县发改经信局的行政行为之间没有法律上利害关系，不具有行政复议申请人资格为由，对溪鸣河公司的复议申请决定不予受理，适用法律、法规错误，故判决撤销沐川县人民政府作出的沐府复（2015）12号《行政复议（不予受理）决定书》。由于沐川县人民政府尚未受理溪鸣河公司的复议申请，沐川县人民政府是否应当责令沐川县发改经信局向溪鸣河公司公开相关信息尚需其进一步处理，故对溪鸣河公司关于判决沐川县人民政府责令沐川县发改经信局向溪鸣河公司公开溪鸣、福尔溪、箭板三电站项目相关资料信息的诉讼请求，不予支持。

【典型意义】

长江中上游地区水利资源丰富，水力发电是水资源开发利用的重要方式之一。长江流域水资源是一种流域资源，它具有整体流动的自然属性，以流域为单元，水量水质、地上水地下水相互依存，上下游、左右岸、干支流的开发利用互为影响。本案涉及如何认识与对待流域水资源开发利用权益保护问题，具有不同于一般信息公开案件的特殊性。人民法院在审理该案过程中，准确把握纠纷的流域性实质和特征，对于主体之间不存在“财产毗邻”或者“行为直接互动”，而是因为水的流动性而形成的“间接法律关系”予以确认，认定“溪鸣河公司与沐川发改经信局的政府信息公开行为之间具有利害关系”，体现了运用司法手段保护长江流域生态环境、保障上下游之间不同主体合法权益的司法智慧，具有示范意义。

123. 苏某华诉博罗县人民政府划定禁养区范围通告案

（2014 年 12 月 19 日发布）

【基本案情】

2006 年年底，苏某华与广东省博罗县农业科技示范场签订了《承包土地合同书》，在涉案土地上经营养殖场，养殖猪苗，并先后领取了《税务登记证》《排放污染物许可证》《个体工商户营业执照》。2012 年 3 月 22 日，博罗县人民政府发布《关于将罗浮山国家级现代农业科技示范园划入禁养区范围的通告》（以下简称《通告》），要求此前禁养区内已有的畜禽养殖场（点）于当年 6 月 30 日前自行搬迁或清理，违者将依据有关法律、法规进行处理，直至关闭。

此后，博罗县环境保护局、畜牧局均以《通告》为由不予通过养殖场的排污许可证、动物防疫合格证的年审；博罗县国土资源局以养殖场未按规定申请办理用地手续，未取得博罗县人民政府批准同意擅自兴建畜禽养殖房为由，要求养殖场自行关闭并拆除畜禽养殖房，恢复土地原状；县住房和城乡建设局对养殖场发出了《行政处罚告知书》，以养殖场的建筑未取得建设工程规划许可证为由，拟给予限期拆除的处罚。苏某华对博罗县人民政府作出的上述《通告》不服，提起行政诉讼，请求法院判决撤销该《通告》。

【裁判结果】

广东省惠州市中级人民法院一审认为，根据《广东省环境保护条例》

《中华人民共和国畜牧法》有关规定，被告博罗县人民政府有权将其管辖的罗浮山国家级现代农业科技示范园划定为畜禽禁养区，且已将《通告》告知并送达有关畜禽养殖户，《通告》明确告知当事人应履行的义务。被告划定畜禽禁养区完全合乎法律规定，遂判决维持《通告》。

苏某华上诉后，广东省高级人民法院二审认为，罗浮山国家级现代农业科技示范园承担着农业科技推广的任务，需要严格的环境保护条件。科技示范园附近的河道连接着当地饮用水源地，在科技示范园内进行畜禽养殖有可能造成空气和水质污染。博罗县人民政府有权依据《中华人民共和国畜牧法》《畜禽养殖污染防治管理办法》《广东省环境保护条例》相关规定，根据环境保护的需要，将其管辖的罗浮山国家级现代农业科技示范园划定为畜禽禁养区。据此，二审判决维持原判，驳回上诉。

但二审法院同时认为，苏某华经营养殖场的行为发生在《通告》作出之前，已经依法领取了《税务登记证》《排放污染物许可证》《个体工商户营业执照》，其合法经营行为应当受到法律保护。根据《中华人民共和国行政许可法》第八条的规定，虽然博罗县人民政府有权根据环境保护这一公共利益的需要划定畜禽禁养区，但亦应当对因此遭受损失的苏某华依法给予补偿。博罗县人民政府发布《通告》要求养殖场自行搬迁或清理，未涉及对苏某华的任何补偿事宜显然不妥。环保、国土、住建等部门对苏某华及其养殖场作出行政处罚、不予年审等行为的依据均是《通告》，博罗县人民政府不能以此为由否定苏某华的合法经营行为。苏某华可依照《最高人民法院关于审理行政许可案件若干问题的规定》第十四条的规定，另行提出有关行政补偿的申请。

【典型意义】

本案中，人民法院在维护行政机关环境保护监管行为的同时，也注重利益的平衡，较好地诠释了环境行政管理活动中的信赖保护原则。虽然县级以上人民政府有权根据环境保护的需要，划定畜禽禁养区，严禁在畜禽禁养区内从事畜禽养殖业，也可要求已有的畜禽养殖场（点）自行搬迁或清理，即变更或撤回养殖户的生产经营许可，但与此同时，也应当考虑到在此之前合法经营的畜禽养殖户的利益保护问题，应根据《中华人民共和国行政许可法》第八条所体现的信赖保护原则精神，对行政许可因环境公共利益需要被变更或撤回而遭受损失的合法养殖户依法给予补偿。在环境行政管理活动中，政府及环保部门需注重公共利益与私人利益的平衡，不能只考虑环境保护的需要，忽视合法经营者的信赖利益。尤其要防止为了逃避补偿责任，有意找各种理由将合法的生产经营活动认定为“违法”的现象。本案由于原告并未提出行政补偿的诉讼请求，二审法院在维持被告《通告》的同时，明确指出被告未就补偿事宜作出处理，甚至以“事后”提出的原告行为不合法为由不予补偿，明显不当，并告知原告可另行提出补偿申请的法律救济途径，处理适当。

124. 资中县银山鸿展工业有限责任公司诉原内江市环境保护局环境保护行政处罚案

（2020 年 1 月 7 日发布）

【基本案情】

资中县银山鸿展工业有限责任公司（以下简称鸿展公司）位于长江支流沱江流域，是内江市废水国家重点监控企业及四川省水环境重点排污单位。2018 年 3 月 4 日，四川省岷、沱江流域水污染防治强化督查组会同内江市环境执法支队对鸿展公司进行现场检查时，发现该公司位于废水总排污口的在线监测设备未按每两小时一次开展自动取样监测采集数据，取样泵损坏已不能正常使用，固定采样管道不能采样，在线监测设备已不能实时监控排放废水水质情况，自动监控所测数据明显失真。经采样检测，当日化学需氧量、总磷的排放浓度分别超过排放限值 1.61 倍、1.05 倍。原内江市环境保护局经立案调查和听证程序，依法对鸿展公司作出罚款 70 万元的行政处罚决定。鸿展公司不服，提起行政诉讼，请求撤销该行政处罚决定。

【裁判结果】

四川省威远县人民法院一审认为，鸿展公司发现在线监测设备显示的化学需氧量超标、仪器无法采到水样后，未按规定及时通知运维人员检修、查找问题并向环境监管部门报告，对自动监测设备出现的异常情况持放任的态度，构成以不正常运行水污染防治设施等逃避监管的方式排放水污染物。原内江市环境保护局综合考量鸿展公司存在十二个月内连续实施环境违法行为的从重处罚情形，污染物排放浓度非一般性超标，以及该公司能够配合执法，超标排放行为尚未造成严重后果等因素，依照《中华人民共和国水污染防治法》第三十九条、第八十三条之规定，在法律规定的裁量范围内对鸿展公司作出罚款 70 万元的行政处罚决定，适用法律正确，过罚相当。一审法院判决驳回鸿展公司的诉讼请求。

【典型意义】

本案是排污企业因违反环境监测管理规定受到环保监管部门行政处罚引发的行政诉讼案件。环境监测是环境管理的“哨兵”“耳目”，是环境监管最重要的基础性和前沿性工作。排污者自我监测是环境监测体系的重要组成部分，是弥补政府监测机构和社会第三方监测力量不足的重要方式。本案中，鸿展公司作为重点监控企业，对企业污染物排放的自我监测履责不到位，对自我监测中存在的问题听之任之并造成污染排放超标。环保监管部门针对鸿展公司的处罚决定，坚持处罚与教育相结合，既考虑存在从重情节，在法律规定的幅度范围内从重处罚，同时也考虑违法行为人的配合执法表现、未造成严重后果等因素，没有顶格处罚，过罚相当。人民法院依法支持环保监管部门的严格执法和合理裁量行为，体现司法支持依法行政的力度和保护行政相对人合法权益的温度，有利于警示排污企业自我约束，诚实守信，严格执行自我监测规范和标准，不弄虚作假，确保监测过程规范和监测数据真实，同时自觉接受环保部门监管，共同促进长江流域水体质量和生态环境的有效改善。

125. 倪某纯诉天津市生态环境局不履行环境保护监督管理职责案

（2020 年 5 月 8 日发布）

【基本案情】

2004 年起，倪某纯在普利司通（天津）轮胎有限公司（以下简称普利司通公司）放射性岗位工作。2014 年，其被诊断为多发性骨髓瘤。2015 年 2 月至 6 月，倪某纯要求天津市生态环境局公开对普利司通公司无辐射安全许可证使用 PT 机的行为进行查处和日常监管记录等相关信息。天津市生态环境局于 2015 年 4 月对普利司通公司进行了处罚，但无 2004 年至 2013 年年底对普利司通公司 PT 机的日常监查记录。倪某纯提起行政诉讼，请求确认天津市生态环境局对普利司通公司未尽监督管理职责属行政不作为违法。

【裁判结果】

天津铁路运输法院一审认为，天津市生态环境局作为普利司通公司环境影响评价文件的审批部门，具有相应的监督检查职责，其在 2009 年普利司通公司申请射线装置环境影响报告的行政许可时，即应知道该企业有安装使用射线装置的计划，但直至 2015 年因倪某纯举报才对普利司通公司进行检查，在监督管理上存在疏漏。一审判决，确认天津市生态环境局自 2009 年至 2013 年年底未对普利司通公司射线装置的安全和防护工作履行法定监督管理职责的行为违法。北京市第四中级人民法院二审维持原判。

【典型意义】

本案系放射性污染中行政机关未尽监管职责引发的行政不作为案件。放射性污染会破坏生物机体，产生辐射致癌等方面的损害以及遗传效应等，对生态环境安全和人民群众生命健康危害极大。根据《放射性同位素与射线装置安全和防护条例》第四十六条的规定，县级以上人民政府环境保护主管部门和其他有关部门应当按照各自职责对生产、销售、使用放射性同位素和射线装置的单位进行监督检查。本案判决认定天津市生态环境局未就使用射线装置单位履行法定监督管理职责，构成行政不作为违法，对促进行政机关依法、及时、全面履行职责，加强对放射性物质的监管，切实保护人民群众生命健康权益具有积极意义。

126. 朱某琛诉安阳县环境保护局履行环境保护及信息公开法定职责案

（2020年5月8日发布）

【基本案情】

2018年7月，朱某琛通过生态环境部平台举报安阳县环境保护局辖区内上海玉瑞生物科技（安阳）药业有限公司存在违法排放问题。2018年8月，生态环境部全国生态环境投诉举报平台信息显示该举报已受理，结论为经现场检查，未发现有环境违法问题。2018年9月7日，朱某琛提交书面申请，请求公开前述举报案件相关环境信息等。9月20日，安阳县环境保护局作出答复，不予公开所申请信息。朱某琛提起行政诉讼，请求依法撤销安阳县环境保护局对所举报案件的处理结论及意见，重新调查和处理；依法公开相关环境信息。

【裁判结果】

河南省林州市人民法院一审认为，安阳县环境保护局在网络投诉举报平台作出的回复结论，没有证据或主要证据不足；以未提供自身生产、生活、科研等特殊需要为由，不予公开朱某琛申请公开的信息，适用法律错误。一审判决支持朱某琛申请公开相关环境信息等诉讼请求。

【典型意义】

本案系环境信息公开案件。生态环境保护公众参与原则的落实，需要健全生态环境保护信息强制性披露制度，保障人民群众的知情权、参与权和监督权。本案中，人民法院责令行政机关限期公开相关环境信息，符合上述原则，有助于提高行政机关生态环境保护工作的透明度，推进建设法治政府。2019 年 4 月修订的《政府信息公开条例》已经删除了“根据自身生产、生活、科研等特殊需要”的限制性规定。本案的典型意义还在于，相对人系通过生态环境部的网络平台举报涉事企业违法排放，本案判决将有助于完善公众监督、举报反馈机制和奖励机制，鼓励人民群众运用法律武器保护生态环境，形成崇尚生态文明、保护生态环境的社会氛围。

127. 海关总署（北京）国际旅行卫生保健中心（北京海关口岸门诊部）诉北京市海淀区生态环境局行政处罚及行政复议案

（2020年5月8日发布）

【基本案情】

2018年7月11日，北京市海淀区生态环境局（以下简称海淀区环境局）至海关总署（北京）国际旅行卫生保健中心（北京海关口岸门诊部）（以下简称国旅卫生保健中心）进行现场检查，发现该单位安装的水污染处理设施处于断电状态，医疗污水未经处理直接排放入市政管道。次日，海淀区环境局对国旅卫生保健中心的上述违法行为立案调查，并作出行政处罚决定。国旅卫生保健中心不服，提起行政复议。北京市海淀区人民政府（以下简称海淀区政府）作出行政复议决定，维持被诉处罚决定。国旅卫生保健中心不服，提起行政诉讼，请求撤销被诉处罚决定及被诉复议决定。

【裁判结果】

北京市海淀区人民法院一审认为，国旅卫生保健中心的医疗污水未经处理直接排放入市政管道，违反了《中华人民共和国水污染防治法》第三十九条的规定。海淀区环境局依法履行了立案、调查、听证等相关程序，对国旅卫生保健中心进行行政处罚，并无不当。海淀区政府的行政复议决定，亦符合法律规定。一审判决驳回国旅卫生保健中心的诉讼请求。北京市第一中级人民法院二审维持原判。

【典型意义】

本案系医疗污水未经处理直接排入市政管道引发的行政处罚案件。医疗废水具有特殊排放标准，其监管涉及《中华人民共和国水污染防治法》《中华人民共和国传染病防治法》《医疗废物管理条例》等法律法规。本案中，国旅卫生保健中心作为医疗机构，采取不正常运行水污染防治设施的方式，将医疗污水直接排放至市政管道，给民生安全造成恶劣影响。人民法院在法律法规竞合时，支持行政机关适用处罚较重的《中华人民共和国水污染防治法》进行处罚，符合法律适用原则，彰显了司法规范医疗废物处理，保障人民群众生命健康安全的力度。

128. 林某等51人诉龙岩市新罗生态环境局环境行政许可案

（2020年5月8日发布）

【基本案情】

龙岩华厦眼科医院有限公司（以下简称龙岩眼科医院）拟选址龙岩市新罗区丰华商城（以下简称丰华商城）1号楼一层、二层改造建设眼科医院，并委托环评机构编制环境影响报告书，申请环境影响评价许可。2017年6月，龙岩市新罗生态环境局（原龙岩市新罗区环境保护局，以下简称新罗生态环境局）公示受理该审批事项，从专家库随机抽取评审专家召开技术审查会，并于同年9月作出同意项目建设的批复。林某等51人系丰华商城的业主或经营者，向法院提起行政诉讼，请求撤销批复。

【裁判结果】

福建省龙岩市中级人民法院一审认为，丰华商城系以居住为主要功能，在此区域建设眼科医院应以编制环境影响报告书的形式进行全面的环境影响评价，龙岩眼科医院作为建设单位应依法征求丰华商城有关单位和居民的意见。龙岩眼科医院提供的《公众参与个人调查表》中公众参与材料内容不真实不可靠，新罗生态环境局未尽基本的审查注意义务，作出的批复主要证据不足。一审判决撤销批复。福建省高级人民法院二审维持原判。

【典型意义】

本案系在居民区建造医院进行环境影响评价的行政许可案件。近年来，“邻避”冲突呈现频发多发趋势。建设项目所在地公众对环境影响评价的参与，既是环境影响评价许可的重要依据，也是避免环境“邻避”纠纷的有效途径。该案正是由于建设单位环境影响报告书征求公众意见不实，政府行政主管部门许可环境影响评价亦未尽审查义务，导致当地居民提起群体性诉讼。本案中，人民法院依法撤销环境影响评价批复，有利于进一步督促行政机关严格履行环境监管职责，充分保障公众的环境知情权、参与权和监督权。

129. 珲春林业局诉珲春市牧业管理局草原行政登记案

（2020 年 5 月 8 日发布）

【基本案情】

案涉草地为岩山沟 247.50 公顷草原，位于吉林省珲春市板石镇湖龙村。1992 年 11 月，原国家林业部向珲春林业局颁发《国有林权证》，将包括案涉草原在内的林地交由其管理、占有、使用。1989 年 10 月，珲春林业局与珲春市政府签订《牧业用地委托经营书》，同年 12 月，与板石乡政府签订《牧业用地委托经营书》，并依据上述两份合同给珲春市板石镇湖龙村村民委员会（以下简称湖龙村村委会）颁发《草原证》，1996 年换发《牧业用地使用权证》。2008 年 6 月，珲春市牧业管理局（以下简称珲春牧业局）向湖龙村村委会颁发面积为 416.50 公顷（包含案涉争议草地）的《吉林省草原使用权证》，用地范围与 1996 年权证一致，使用期限 45 年。2005 年 7 月，《国务院办公厅关于发布河北柳江盆地地质遗迹等 17 处新建国家级自然保护区的通知》，将案涉岩山沟草地中 162 公顷纳入珲春东北虎国家级自然保护区范围。珲春林业局提起行政诉讼，请求依法撤销珲春牧业局颁发给湖龙村村委会的面积为 416.50 公顷的《吉林省草原使用权证》。

【裁判结果】

吉林省珲春市人民法院一审认为，珲春林业局作为案涉林地的合法经营权人，是本案适格原告。珲春牧业局为湖龙村村委会颁发《吉林省草原使用权证》的行为，是基于《牧业用地委托经营书》而实施的行政许可，因该经营书已于2004年11月终止，颁证行为无事实依据，程序违法。一审判决撤销上述草原使用权证。吉林省延边朝鲜族自治州中级人民法院二审维持原判。吉林省高级人民法院再审认为，珲春牧业局的颁证行为无事实依据，且案涉草地中162公顷已被纳入珲春东北虎国家级自然保护区范围，无论珲春牧业局颁证行为是否合法，依法都应予撤销，裁定驳回再审申请。

【典型意义】

本案系涉自然保护区的国有林地、草原的委托经营及确权登记纠纷。本案中，湖龙村村委会系基于委托经营合同对案涉草地享有经营使用权，其权利性质不同于依据家庭承包方式取得的土地使用权，不得依据政策或者法律规定径行延长期限。本案的典型意义还在于，案涉草地已被划入珲春东北虎国家级自然保护区范围。自然保护区是维护生态多样性，构建国家生态安全屏障，建设美丽中国的重要载体。现行法律对自然保护区实行最严格的保护措施，人民法院在审理相关案件时，应注意发挥环境资源行政审判的监督和预防功能，对涉及环境公共利益的行政许可进行审查。本案判决基于委托经营合同性质效力以及自然保护区生态环境保护的双重考量，对案涉行政机关颁证行为予以撤销，符合保障自然保护区生态文明安全的理念和要求。

130. 盐津白水江文运水产养殖专业合作社诉盐津县人民政府行政协议纠纷案

（2020年5月8日发布）

【基本案情】

2014年6月，盐津白水江文运水产养殖专业合作社（以下简称文运合作社）与盐津县人民政府签订《文运水产养殖招商引资合作协议》（以下简称《合作协议》），约定由文运合作社在白水江三级电站库区投资建设水产养殖项目。协议签订后，文运合作社于2017年2月填写《建设项目环境影响登记表》，完成环评备案。2018年8月，盐津县人民政府函告文运合作社，以案涉养殖行为不符合盐津生态功能县建设及相关环境保护政策等为由，解除《合作协议》。文运合作社提起行政诉讼，后经变更、增加诉讼请求，同意解除《合作协议》，但要求盐津县人民政府赔偿因履行协议造成的经济损失。经鉴定，文运合作社投入的硬件设施设备价值65.72万元。

【裁判结果】

云南省昭通市中级人民法院一审认为，本案双方签订的《合作协议》系行政协议，属于行政诉讼受案范围。盐津县人民政府依法有权单方解除《合作协议》，但应对文运合作社的投入损失予以补偿。一审判决，解除《合作协议》，盐津县人民政府补偿文运合作社因履行《合作协议》而投入的硬件设施设备损失65.72万元，鉴定费5万元，合计70.72万元。

【典型意义】

本案系行政协议案件。行政协议履行过程中，如因实现公共利益或者行政管理目标需要，或遇法律政策有重大调整时，行政机关依法享有单方变更、解除行政协议的权利，但因此造成相对人合法权益受损的，应当依法予以补偿。本案中，盐津县人民政府单方行使解除权，文运合作社后亦同意解除《合作协议》，具有法律依据，亦符合当地推行河长制、施行退渔还湖环境保护政策调整需要，有利于促进养殖地生态环境的系统保护。本案发生于《最高人民法院关于审理行政协议案件若干问题的规定》发布之前，但对协议性质的认定和判决结果符合上述司法解释规定精神。本案的判决，对正确认定行政协议性质，以及行政机关解除协议时对相对人合法权益的保护，具有积极的示范意义。

131. 云南得翔矿业有限责任公司诉镇康县人民政府地矿行政补偿案

(2020年5月8日发布)

【基本案情】

云南得翔矿业有限责任公司（以下简称得翔公司）系“镇康县麦地河铅锌矿详查”探矿权人，该探矿权最后一次延续的有效期为2010年6月28日至2012年6月28日。2011年8月，云南省发展和改革委员会批复同意镇康县中山河水库工程建设。得翔公司探矿权所涉项目位于上述水库的水源保护区范围内。镇康县人民政府先后两次函告得翔公司，勘察许可证到期后，不再申报延续登记。2014年6月，双方委托鉴定机构所对案涉探矿权进行评估，鉴定意见确定该探矿权价值3053.18万元。得翔公司提起行政诉讼，请求镇康县人民政府补偿其经济损失3053.18万元，勘探支出本息1363.42万元，2012年至2017年11月支出的员工工资86.05万元，鉴定费10万元。

【裁判结果】

云南省临沧市中级人民法院一审认为，镇康县人民政府函告取消水源区内所有矿业权，对得翔公司探矿权不再申报延期的行为，对得翔公司的权利义务产生实际影响，得翔公司有权提起行政补偿诉讼。得翔公司主张的补偿项目中，探矿权实现后的预期收益，不属于实际损失，不予支持；为勘探支付的勘探成本及利息、人工工资等损失，结合实际情况，酌情支持。一审判决，镇康县人民政府补偿得翔公司损失214.60万元。云南省高级人民法院二审维持原判。

【典型意义】

本案系因饮用水水源地退出探矿权引发的行政补偿案件。饮用水安全与人民群众生命健康息息相关。2017 年修正的《中华人民共和国水污染防治法》重申了饮用水水源保护区制度，禁止在饮用水水源二级保护区内新建、改建、扩建排放污染物的建设项目；已建成的排放污染物的建设项目，由县级以上人民政府责令拆除或者关闭。本案中，虽然得翔公司探矿权取得在先，但其有效期届满后，镇康县人民政府基于饮用水水源地保护需要不再申报延续登记，符合环境公共利益。人民法院依法支持行政机关不再延续探矿权期限决定，同时判令对得翔公司实际损失予以合理补偿，实现了保护人民群众公共饮水安全和探矿权人财产权益之间的平衡。

132. 甘肃兴国水电开发有限责任公司诉夏河县人民政府单方解除行政协议案

(2020 年 6 月 5 日发布)

【基本案情】

2007 年，夏河县人民政府（以下简称夏河县政府）与甘肃兴国水电开发有限责任公司（以下简称兴国公司）签订《夏河县王格尔塘水电站开发建设项目合同书》（以下简称水电站项目合同），约定由兴国公司在黄河一级支流大夏河开发建设王格尔塘水电站，总装机容量 13500 千瓦。兴国公司做了前期准备工作，但项目一直未进入开工建设阶段。2013 年 10 月颁布的《甘肃省甘南藏族自治州生态环境保护条例》（以下简称州条例）规定，自治州辖区内禁止开发建设 5 万千瓦及以下水电建设项目。2016 年 4 月，夏河县水务水电局通知兴国公司，决定禁止开发案涉水电站。同年 12 月，夏河县发展和改革局、水务水电局、原环境保护局、原国土资源局下发《关于禁止开发王格尔塘水电站的情况说明》，取消案涉水电站开发建设项目计划。2017 年 2 月，夏河县政府向兴国公司发函，收回与其签订的案涉水电站项目建设开发权，取消相关开发建设项目计划。兴国公司诉至甘肃矿区人民法院，请求确认夏河县政府解除案涉水电站项目合同的行为违法。

【裁判结果】

甘肃矿区人民法院一审认为，案涉水电站项目合同于 2007 年 6 月签订后，至 2013 年 10 月州条例颁布施行，兴国公司所做工作为项目建设的前期准备，项目并未进入开工建设阶段，故该项目建设开发应当受州条例约束。由于州条例的颁布施行使得水电站项目合同履行的法律基础丧失，夏河县政府依照州条例的规定，收回尚未实际开工建设的水电站项目建设开发权，取消相关项目计划，于法有据。一审法院判决驳回兴国公司确认夏河县政府解除水电站项目合同行为违法的诉讼请求。甘肃省高级人民法院二审维持一审判决。

【典型意义】

本案系行政协议履行过程中引发的行政案件。行政协议履行过程中，如因实现公共利益或者行政管理目标需要，或遇法律政策有重大调整时，行政机关依法享有单方变更、解除行政协议的权利，但因此造成相对人合法权益受损的，应当依法予以补偿。本案中，夏河县政府根据州条例的规定，结合水电站项目并未进入开工建设阶段的实际情况，单方解除水电站项目合同，是履行大夏河流域生态环境保护职能，维护公共利益的合法行为。人民法院依法支持夏河县政府决定，有利于规范黄河上游水电资源开发利用，有效保护黄河流域生态环境。

133. 欧某明诉重庆市铜梁区人民政府撤销行政行为案

(2020年2月25日发布)

【基本案情】

经重庆市人民政府批复同意，重庆市铜梁区人民政府（以下简称区政府）于2015年10月作出《关于涪江饮用水源保护区环境整治的通告》(以下简称被诉通告)。被诉通告按照经批复的方案划定了饮用水水源保护区范围，规定在二级保护区内禁止从事泊船、采砂、放养家禽、网箱养殖等活动；在一级保护区内，还须禁止从事水产养殖等行为；对违反被诉通告的单位或个人，由环保、农业、水务等相关职能部门根据有关规定予以处理。欧某明长期从事渔业养殖的水域被划入饮用水水源保护区，被禁止继续从事渔业养殖活动。欧某明认为被诉通告侵犯其合法权利，故诉至法院请求撤销该通告。

【裁判结果】

重庆市第一中级人民法院一审认为，区政府作出被诉通告的行政目的是防止饮用水水源污染，确保广大人民群众生产、生活用水安全，且程序并无违法之处，故被诉通告合法。欧某明虽曾依法获得从事渔业养殖的行政许可，但行政许可所依据的客观情况发生重大变化，为了公共利益需要，行政机关可依法变更或者撤回已经生效的行政许可，遂判决驳回欧某明的诉讼请求。重庆市高级人民法院二审维持一审判决。

【典型意义】

本案系饮用水水源地保护引发的行政诉讼。饮用水安全事关人民群众健康，国家为此建立饮用水水源保护区制度。《中华人民共和国长江保护法》亦规定，长江流域省级人民政府组织划定饮用水水源保护区，加强饮用水水源保护，保障饮用水安全。本案中，虽然欧某明曾获得从事渔业养殖的行政许可，但区政府基于饮用水水源地保护的实际需要作出被诉通告，进行饮用水水源保护区环境整治，符合环境公共利益。准予行政许可所依据的客观情况发生了重大变化，本案不属于行政权力擅自专断的违法情形。人民法院依法支持行政机关的整治举措，有力保障了饮用水水源地保护制度的功效实现。

134. 宣城市恒泰金属铸件有限公司诉宣城市宣州区人民政府未依法履行行政补偿职责案

（2020年2月25日发布）

【基本案情】

宣城市恒泰金属铸件有限公司（以下简称恒泰公司）位于安徽省宣城市宣州区黄渡乡杨林村，属扬子鳄国家级自然保护区范围内。宣城市宣州区人民政府（以下简称区政府）基于中央环保督察及“绿盾2018”专项督察反馈问题整改的工作要求，向恒泰公司发出限期拆除违法建筑公告，责令恒泰公司于2018年10月10日前将其在扬子鳄国家级自然保护区内的建筑物自行拆除并恢复土地原状；并向恒泰公司出具《承诺书》，就拆迁原则、存疑评估处理以及付款方式进行了承诺。恒泰公司自行拆除了建筑物后，黄渡乡政府向其支付补偿款400万元。因双方对剩余补偿数额有异议，区政府一直未支付剩余补偿款，恒泰公司提起行政诉讼。

【裁判结果】

安徽省宣城市中级人民法院一审认为，恒泰公司虽已取得经营、用地、建设等各项行政许可，但因公司位于扬子鳄国家级自然保护区范围内，区政府基于环保整改工作要求责令其停止生产经营活动、拆除不动产，并无不当。但对于恒泰公司的损失应依法予以补偿，区政府在向恒泰公司支付400万元补偿款后，以双方就剩余补偿数额不能达成一致为由一直未作补偿决定，系部分行政不作为。故判决责令区政府对恒泰公司作出补偿决定。

【典型意义】

本案系企业有序退出自然保护区引发的行政案件。长江流域生态系统类型多样，自然保护区众多。自然保护区是各种生态系统及生物物种的天然贮存库，对保护自然资源和生物多样性、维持生态平衡、促进国民经济可持续发展具有重要意义。本案中，人民法院依法支持区政府责令恒泰公司退出扬子鳄国家级自然保护区的行政行为，有利于保持完好的天然生态系统，切实维护长江流域的生态环境平衡。同时，人民法院判令区政府在依法作出正式评估报告后对恒泰公司实际损失予以合理补偿，有利于促进行政机关依法行政，实现生态环境保护与企业合法权益保护的平衡。

135. 丰都县东洋国电站诉彭水苗族土家族自治县水利局行政处罚案

(2021年6月4日发布)

【基本案情】

丰都县东洋国电站（以下简称东洋电站）的厂房建立在丰都县境内，主要向乌江支流的里头河流域取水，其取水口位于彭水苗族土家族自治县（以下简称彭水县）龙射镇七跃山自然保护区缓冲区内。东洋电站自投产运营以来一直未取得取水许可证而擅自取水。彭水县水利局经立案调查、组织听证、通知其限期更换取水口等程序，于2019年4月25日作出彭水罚（2019）第1号行政处罚决定书，对东洋电站作出立即停止水事违法行为、拆除取水设施并处罚款5万元的行政处罚决定。东洋电站不服，提起行政诉讼，请求撤销该行政处罚决定。

【裁判结果】

重庆市彭水县人民法院一审认为，彭水县水利局对东洋电站的取水行为具有管理职权，东洋电站未经批准长时间在自然保护区的缓冲区内取水，并在主管部门已责令其立即停止水事违法行为及限期拆除或者封闭取水工程设施后未予主动纠错，彭水县水利局据此对其处以行政处罚认定事实清楚，适用法律法规正确，符合法定程序。一审判决驳回东洋电站的诉讼请求。重庆市第四中级人民法院二审维持原判。

【典型意义】

本案系水电站在自然保护区缓冲区内无证取水受到行政处罚引发的行政诉讼案件。自然保护区系有代表性的自然生态系统、珍稀濒危野生动植物物种的天然集中分布区以及有特殊意义的自然遗迹等保护对象所在的区域。根据《中华人民共和国自然保护区条例》的规定，在自然保护区的缓冲区内不得建设任何生产设施。本案中，东洋电站将其取水口建立在自然保护区的缓冲区内，且在未取得取水许可证的情况下长期取水发电，给自然保护区的生态环境造成破坏。人民法院支持行政机关依法施以行政处罚，体现了对无证取水行为的否定性评价，以及保护自然保护区内自然环境和自然资源的司法力度。

136. 济南新时代家庭农场有限公司与济南市天桥区泺口街道办事处鹊山东社区居民委员会等确认合同无效纠纷案

(2021 年 11 月 25 日发布)

【基本案情】

2018 年 2 月，济南市天桥区泺口街道办事处鹊山东社区居民委员会(以下简称居委会)、济南市天桥区鹊华烟雨生态农业观光专业合作社（以下简称合作社）与济南新时代家庭农场有限公司（以下简称农场公司）签订土地承包经营合同，将合作社享有承包经营权的位于济南市天桥区鹊山东社区约 176 亩土地发包给农场公司，期限三十年，承包费每亩每年 1000 元整，农场公司修建 267 个生态农业大棚及配套用房，出租后向专业合作社按一个大棚支付 2000 元费用作为合作利益所得。合同签订后，合作社将涉案土地交付农场公司，农场公司遂在涉案土地上建设了混浆混水砖墙及钢架结构式大棚、砖混结构管理房。2018 年 5 月 24 日，济南黄河河务局执法部门向农场公司作出行政处罚决定，以农场公司在黄河河道管理范围内建设砖混结构管理房、对河道行洪造成影响为由，作出行政处罚。2019 年 1 月 9 日，农场公司诉至济南市天桥区人民法院，请求确认涉案土地承包经营合同无效，居委会、合作社返还其此前支付的租金 90 万元并赔偿其经济损失 80 万元。

【裁判结果】

山东省济南市天桥区人民法院一审判决：解除双方土地承包经营合

同；农场公司于判决生效后三十日内将承包土地恢复原状并返还合作社；居委会、合作社共同返还农场公司租金 45 万元，并赔偿农场公司损失 8.78 万元。济南市中级人民法院二审维持原判。山东省高级人民法院指令再审后，济南市中级人民法院再审判决：确认案涉土地承包经营合同无效，农场公司对土地恢复原状并予以返还，合作社以及居委会返还租金 80 万元，赔偿农场公司经济损失 8.78 万元。

【典型意义】

本案系因在黄河河道内土地上建设构筑物、建筑物导致土地承包经营合同无效的案件。为了保障黄河汛期河流的通畅，避免发生洪水泛滥，我国相关法律将黄河两岸的一定区域划为行洪区。《中华人民共和国防洪法》第二十二条第二款规定，禁止在河道、湖泊管理范围内建设妨害行洪的建筑物、构筑物，倾倒垃圾、渣土，从事影响河势稳定、危害河岸堤防安全和其他妨碍河道行洪的活动。案涉土地承包经营合同中的土地位于黄河河道管理范围内，当事人在合同中约定建设生态农业大棚及配套管理用房，并实际采用了混浆混水砖墙及钢架结构，违反了《中华人民共和国防洪法》上述禁止性规定。再审法院根据当时的《中华人民共和国合同法》第五十二条规定，对合同效力作出正确认定，并合理分担双方责任，对此类案件的处理具有良好的示范作用。

137. 灵宝豫翔水产养殖有限公司诉三门峡市城乡一体化示范区管理委员会、灵宝市大王镇人民政府强制拆除案

（2021 年 11 月 25 日发布）

【基本案情】

灵宝豫翔水产养殖有限公司（以下简称豫翔公司）在其水域滩涂养殖证核准的面积外自行扩建 100 余亩建设鱼塘，其所建鱼塘及附属设施位于河南省黄河湿地国家级自然保护区核心区或缓冲区内。养殖证到期后，灵宝市大王镇人民政府（以下简称大王镇政府）向豫翔公司发出整改通知，后又向豫翔公司送达拆除通知。三门峡市城乡一体化示范区农业农村工作办公室（系三门峡市城乡一体化示范区管理委员会的内设机构，以下简称农业农村工作办公室）亦两次向豫翔公司下发责令停止黄河湿地违法行为通知，并限期自行拆除其位于黄河湿地、河道范围内的违法建筑物、构筑物和其他设施。豫翔公司对该通知未提起行政复议或者行政诉讼。2019 年 5 月 26 日，三门峡市陕州区人民检察院向农业农村办公室发出检察建议，建议对豫翔公司的违法行为予以查处，保护黄河湿地安全。2019 年 5 月 29 日，在农业农村办公室工作人员在场、豫翔公司同意的情况下，大王镇政府委托有关人员对鱼塘进行贯通，清理建筑垃圾，恢复湿地。此后，豫翔公司提起行政诉讼，请求确认三门峡市城乡一体化示范区管理委员会及大王镇政府于 2019 年 5 月强制拆除豫翔公司养殖设施等财产的行为违法。

【裁判结果】

河南省三门峡市中级人民法院判决驳回豫翔公司诉讼请求后，豫翔公司不服提起上诉。河南省高级人民法院二审认为，豫翔公司在河南黄河湿地国家级自然保护区核心区、缓冲区内建设鱼塘及其附属设施，违反《中华人民共和国自然保护区条例》第三十二条、《河南省湿地保护条例》第二十五条的规定，其鱼塘及附属设施应予拆除。在责令整改、实施拆除行为的过程中，农业农村办公室、大王镇政府履行相关告知义务，保护其程序权利，并充分考虑豫翔公司的实际情况，最大限度地减少豫翔公司损失，所实施的拆除行为合法。遂判决驳回上诉，维持原判。

【典型意义】

本案系人民法院支持地方政府加强黄河湿地保护的典型案例。河南黄河湿地国家级自然保护区跨三门峡、洛阳、焦作三市和济源产城融合示范区，面积680平方公里，是黄河八个重要湿地之一，对该区域沿黄生态环境具有重要支撑作用。但长期以来，黄河湿地内仍存在违规进行乱占、乱建等违法行为，对黄河湿地的生态环境造成了严重破坏，亟须依法进行整治。本案的执法和诉讼过程，反映出行政机关、检察机关、审判机关发挥职能作用，协同配合，对黄河湿地内乱占、乱采、乱堆、乱建现象打出有力组合拳，取得了良好的法律效果和社会效果，为黄河流域生态环境持续提升提供了有力的司法保障。

第四部分 公益诉讼案例

138. 中华环保联合会、贵阳公众环境教育中心与贵阳市乌当区定扒造纸厂水污染责任纠纷案

（2014 年 7 月 3 日发布）

【基本案情】

贵阳市乌当区定扒造纸厂（以下简称定扒纸厂）自 2003 年起经常将生产废水偷偷排入南明河或超标排放锅炉废气，多次受到当地环境保护行政主管部门处罚。但定扒纸厂仍采取夜间偷排的方式逃避监管，向南明河排放污水。中华环保联合会、贵阳公众环境教育中心提起诉讼，请求判令定扒纸厂立即停排污水、消除危险并支付原告支出的合理费用。贵州省清镇市人民法院（以下简称清镇法院）受理案件的同时，即依原告申请采取了拍照、取样等证据保全措施，固定了证据，并裁定责令定扒纸厂立即停止排污。经清镇法院委托贵阳市环境中心监测站对定扒纸厂排放的废水取样检测，废水中氨氮含量等指标均严重超过国家允许的排放标准，其排污口下游的南明河水属劣五类水质。经原告申请，清镇法院协调由贵阳市两湖一库基金会从环境公益诉讼援助基金中先行垫付上述检测费用。清镇法院确定由一名审判员和两名环保专家担任人民陪审员共同组成合议庭。审理过程中，合议庭充分发挥专家作用，召开专家咨询委员会会议对被告的排污行为进行论证，依法采信了专家意见。清镇法院还针对其他几家纸厂

排污行为提出由环境保护行政主管部门对这些纸厂进行查处的司法建议，将南明河的污染问题一并解决。

【裁判结果】

清镇法院一审认为，定扒纸厂取得的排污许可证载明，其能够排放的污染物仅为二氧化硫、烟尘等，不包含废水。但定扒纸厂采取白天储存、夜间偷排的方式，利用溶洞向南明河排放严重超标工业废水，从直观上、实质上都对南明河产生了污染，严重危害了环境公共利益，故其应当承担侵权民事责任。清镇法院于2011年1月作出判决，判令定扒纸厂立即停止向南明河排放污水，消除对南明河产生的危害，并承担原告合理支出的律师费用及贵阳市两湖一库基金会垫付的检测费用。

【典型意义】

为加大环境司法保护力度，贵阳市积极探索环境保护案件集中管辖和“三审合一”的模式，即由清镇法院生态保护法庭负责审理贵阳市辖区内所有涉及环境保护的刑事、行政、民事一审案件。本案被告地处贵阳市乌当区，清镇法院系按照上述环境污染案件跨行政区域管辖的规定受理并审理本案。本案审理中，合议庭在受理案件的同时保全证据，及时采取先予执行措施，协助原告申请环保基金垫付评估、鉴定、分析检测费用，依法采信专家意见，邀请环保专家担任人民陪审员，进行了一系列有益的探索。清镇法院还注意与环境保护行政主管部门协调联动，及时采取措施制止被告及其他纸厂的排污行为，使南明河的生态环境得到改善。

139. 江苏省泰州市环保联合会诉泰兴锦汇化工有限公司等水污染民事公益诉讼案

(2017年3月7日发布)

【基本案情】

2012年1月至2013年2月，被告泰兴锦汇化工有限公司（以下简称锦汇公司）等6家企业将生产过程中产生的危险废物废盐酸、废硫酸总计2.5万余吨，以每吨20元至100元不等的价格，交给无危险废物处理资质的相关公司偷排进泰兴市如泰运河、泰州市高港区古马干河中，导致水体严重污染。泰州市环保联合会诉请法院判令6家被告企业赔偿环境修复费1.6亿余元、鉴定评估费用10万元。

【裁判结果】

江苏省泰州市中级人民法院一审认为，泰州市环保联合会作为依法成立的参与环境保护事业的非营利性社团组织，有权提起环境公益诉讼。6家被告企业将副产酸交给无处置资质和处置能力的公司，支付的款项远低于依法处理副产酸所需费用，导致大量副产酸未经处理倾倒入河，造成严重环境污染，应当赔偿损失并恢复生态环境。2万多吨副产酸倾倒入河必然造成严重环境污染，由于河水流动，即使倾倒地点的水质好转，并不意味着河流的生态环境已完全恢复，依然需要修复。在修复费用难以计算的情况下，应当以虚拟治理成本法计算生态环境修复费用。遂判决6家被告企业赔偿环境修复费用共计1.6亿余元，并承担鉴定评估费用10万元及诉讼费用。江苏省高级人民法院二审认为，泰州市环保联合会依法具备提起环境公益诉讼的原告资格，一审审判程序合法。6家被告企业处置副产酸的行为与造成古马干河、如泰运河环境污染损害结果之间存在因果关系。一审判决对赔偿数额的认定正确，修复费用计算方法适当，6家被告企业依法应当就其造成的环境污染损害承担侵权责任。二审判决维持一审法院关于6家被告企业赔偿环境修复费用共计1.6亿余元的判项，并对义务的履行方式进行了调整。如6家被告企业能够通过技术改造对副产酸进行循环利用，明显降低环境风险，且一年内没有因环境违法行为受到处罚的，其已支付的技术改造费用可经验收后在判令赔偿环境修复费用的40%额度内抵扣。6家被告企业中的3家在二审判决后积极履行了判决的全部内容。锦汇公司不服二审判决，向最高人民法院申请再审。最高人民法院认为，环境污染案件中，危险化学品和化工产品生产企业对其主营产品及副产品均需具有较高的注意义务，需要全面了解其主营产品和主营产品生产过程中产生的副产品是否具有高度危险性，是否会造成环境污染；需要使其主营产品的生产、出售、运输、储存和处置符合相关法律规定，亦需使其副产品的生产、出售、运输、储存和处置符合相关法律规定，避免对生态环境造成损害或者产生造成生态环境损害的重大风险。虽然河水具有流动性和自净能力，但在环境容量有限的前提下，向水体大量倾倒副产酸，必然对河流的水质、水体动植物、河床、河岸以及河流下游的生态环境造成严重破坏。如不及时修复，污染的累积必然会超出环境承载能力，最终造成不可逆转的环境损害。因此，不能以部分水域的水质得到恢复为由免除污染者应当承担的环境修复责任。最高人民法院最终裁定驳回了锦汇公司的再审申请。

【典型意义】

泰州水污染公益诉讼案被媒体称为“天价”环境公益诉讼案。该案由社会组织作为原告、检察机关支持起诉，参与主体特殊、涉案被告多，判赔金额大、探索创新多、借鉴价值高。一审法院正确认定泰州市环保联合会的主体资格，确认锦汇公司等6家公司主观上具有非法处置危险废物的故意，客观上造成了环境严重污染的结果，应该承担对环境污染进行修复的赔偿责任。同时，结合鉴定结论和专家证人意见认定环境修复费用，判令6家被告企业共计赔偿1.6亿余元环境修复费用。二审法院平衡企业良性发展与环境保护目标，创新了修复费用支付方式，鼓励企业加大技术改造力度，处理好全局利益与局部利益、长远利益与短期利益的关系，承担起企业环境保护主体责任和社会责任。最高人民法院肯定了二审法院创新修复费用支付方式的做法，鼓励企业积极开展技术创新和改造，促进区域生态环境质量改善。同时明确了危险化学品和化工产品生产企业在生产经营过程中应具有较高的注意义务，应承担更多的社会责任。对于河水这种具有流动性和自净能力的环境介质，确立了水污染环境修复责任的处理原则，即污染行为一旦发生，不因水环境的自净改善而影响污染者承担修复义务。本案对水污染案件的处理具有一定的示范意义。

140. 中华环保联合会诉宜春市中安实业有限公司等水污染公益诉讼案

(2018 年 11 月 28 日发布)

【基本案情】

宜春市中安实业有限公司（以下简称中安公司）经营的粗铟工厂无危险废物经营资质、未依法取得建设项目环境影响评价审批同意、未配套任何污染防治设施。中安公司与珊田公司签订协议，约定珊田公司为中安公司的粗铟生产提供资金支持，珊田公司派人参与中安公司的经营管理和业务购销，并约定了盈利分配比例。中安公司与沿江公司签订合同，沿江公司分 8 次非法向中安公司提供铅泥 291. 85 吨，珊田公司支付沿江公司用于非法采购危险废物款项 65 万元。博凯公司负责人杨某坚与中安公司签订合同，由博凯公司向中安公司提供机头灰、铅泥，进行非法提炼利用。博凯公司分 12 次向中安公司提供机头灰 149. 14 吨。龙天勇公司将机头灰与中安公司非法置换铅泥，分 17 次向中安公司提供机头灰 351. 29 吨。沿江公司、博凯公司、龙天勇公司向中安公司提供的危险废物共计 792. 28 吨。中安公司在生产过程中，将未经处理的含镉、铊、镍等重金属及砷的废液、废水，通过私设暗管的方式，直接排入袁河和仙女湖流域，造成新余市第三饮用水厂供水中断的特别重大环境突发事件。中华环保联合会起诉请求判令各被告立即停止违法转移、处置危险废物，向公众赔礼道歉；承担清除污染及环境应急处置费用 9263301 元；各被告对袁河、仙女湖流域的生态环境进行修复，并承担生态环境修复费用 21991610 元和生态环境修复期间服务功能的损失、监测费用等 9952443 元。

【裁判结果】

江西省新余市中级人民法院一审认为，中安公司通过私设暗管的方式向袁河偷排重金属污染物直接导致污染袁河、仙女湖流域生态环境事件，对环境侵权损害后果具有重大的过错；中安公司从事非法经营危险废物的资金来源于珊田公司，珊田公司对环境侵权损害后果具有一定的过错；龙天勇公司、博凯公司、沿江公司分别向中安公司非法提供危险废物，对环境侵权损害后果亦具有一定的过错。中安公司承担主要责任，珊田公司、龙天勇公司、博凯公司、沿江公司分别承担次要责任。判决各被告人立即停止违法转移、处置危险废物，向公众赔礼道歉；赔偿应急处置费用、应急监测费用及专家技术咨询费、评估费；承担生态环境修复费用及赔偿生态环境受到损害至恢复原状期间服务功能损失；承担合理的律师费。江西省高级人民法院二审维持原判。

【典型意义】

本案在数人环境侵权的责任认定方面进行了有益的探索。长江中下游江河湖泊众多，流域生态功能退化严重，接近30%的重要湖库处于富营养化状态，生态环境形势严峻。本案中，中安公司通过私设暗管的方式偷排重金属污染物直接导致袁河和仙女湖流域特别重大环境突发事件，系直接的污染者。中安公司从事非法经营危险废物的资金来源于珊田公司，龙天勇公司、博凯公司、沿江公司则分别向中安公司非法提供危险废物，均应当按照其过错承担相应的责任。人民法院根据污染环境、破坏生态的范围和程度、生态环境恢复的难易程度、侵权主体过错程度等因素，参考专家意见，将危险废物的绝对数量作为承担责任大小的依据，判决5家公司按比例承担责任，并在省级媒体向公众赔礼道歉，有效保障了重点区域的水环境保护和水生态修复。

141. 中华环境保护基金会诉凯发新泉水务（扬州）有限公司水污染公益诉讼案

（2018年11月28日发布）

【基本案情】

凯发新泉水务（扬州）有限公司（以下简称凯发新泉公司）位于江苏省扬州化学工业园区内，经营范围为污水处理厂的开发、经营，主要接纳处理化工园区内各企业的工业废水及农歌安置小区、青山镇的生活污水。因2015年12月22日至2016年4月14日间多次发生排水口废水污染物超标排放事件（排放的废水中化学需氧量和氨氮含量超标），仪征市环保局数次对凯发新泉公司进行行政处罚，凯发新泉公司按时缴纳了行政罚款。为解决废水超标排放问题，凯发新泉公司实施了临时加药应急方案及长效稳定方案，催化氧化处理工程和长江排水口改造工程经过建设方和施工方的内部验收，但未经过环保部门竣工验收批复。中华环境保护基金会起诉请求判令凯发新泉公司立即停止污染水环境的排放行为并消除水环境污染危险，赔偿超标排污所产生的水环境治理费用；向社会公众公开赔礼道歉。2017年7月5日，扬州化学工业园区管理委员会与凯发新泉公司解除扬州青山污水处理厂项目特许经营协议。

【裁判结果】

经江苏省扬州市中级人民法院主持调解，双方当事人达成调解协议：因特许经营协议已解除，停止污染水环境的生产、排放行为并消除水环境污染危险客观上已无必要，中华环境保护基金会同意撤回该项诉讼请求；

凯发新泉公司赔偿生态环境损害费用，用于扬州地区环境修复，确定第三方修复机构以及修复方案，修复机构及方案的确定需经扬州环境保护主管部门审核通过并报江苏省扬州市中级人民法院备案后实施，修复方案应在审核确定后一年内实施完毕，中华环境保护基金会有权监督修复方案的实施过程和效果；鉴于凯发新泉公司在超标排污发生后采取了诸多措施并取得良好效果，且当庭致歉并表示将继续积极推进环境修复工作，中华环保基金会予以谅解，凯发新泉公司应递交书面致歉信；律师费等费用由凯发新泉公司负担；双方再无其他争议。江苏省扬州市中级人民法院将调解协议内容进行了公告，公告期间内未有任何个人或单位提出异议。江苏省扬州市中级人民法院经审查认为，上述协议内容符合法律规定，不违反社会公共利益，予以确认。

【典型意义】

长三角地区沿江重化工企业高密度布局、人口密度大，人民法院需要通过服务和保障沿江化工污染整治、固体废物处置、城镇污水垃圾治理等生态环境保护专项行动，依法审理城市群工业污染案件和涉城镇污水、垃圾处理案件，实现法律效果、社会效果和生态效果的有机统一。本案中，凯发新泉公司作为工业废水、生活污水处理企业，本应自觉履行生态环境保护的主体责任，将环境保护要求纳入企业经营管理机制，积极开展技术创新和改造，将污水处理达标后才能排放进入长江水体。但该企业仍然多次发生排水口废水污染物超标排放的情况并受到行政处罚。公益诉讼案件受理后，工业园区管委会及时与污染企业解除了特许经营协议，避免了环境损害后果的进一步扩大。人民法院则充分发挥调解的纠纷解决功能，着眼环境利益最大化，确保污染者及时履行生态环境修复责任。

142. 湖南省益阳市环境与资源保护志愿者协会诉湖南林源纸业有限公司水污染公益诉讼案

（2018 年 11 月 28 日发布）

【基本案情】

湖南林源纸业有限公司（以下简称林源纸业公司）位于湖南省沅江市漉湖芦苇场，其生产过程中产生的废水经环保设施处理后通过草尾河排入洞庭湖。2016 年 10 月 17 日，林源纸业公司开始对污染处理设施进行升级改造。12 月 1 日，在修建曝气系统基建工程时，由于曝气池与厌氧池液位落差偏大致使隔离钢板出现裂缝，造成部分废水通过曝气池溢入未拆除完全的原漉湖纸厂废水排放管道进入草尾河。但林源纸业公司未立即采取停机、停产、限排等应急措施。12 月 4 日，曝气池与厌氧池之间的隔离钢板突然断裂，造成曝气池液位上涨，致使大量废水通过原漉湖纸厂废水排放管道直接进入草尾河，流入洞庭湖。同日，益阳市环境监察支队得到群众举报后进行现场勘查，在暗管进口、排污口取水样检测，报告显示排污口和暗管进口（未处理废水排放口）化学需氧量、悬浮物、总磷悬浮物均超标。林源纸业公司于当日采取了停产、停排的应急措施，并于 12 月 5 日将原漉湖纸厂废水排放管道拆除后用混凝土封堵。林源纸业公司为确保排放污染物稳定达标排放，于 2017 年 4 月启动新污水处理项目建设。湖南省益阳市环境与资源保护志愿者协会（以下简称益阳市环保协会）提起公益诉讼，请求判令林源纸业公司对污染的水环境要素进行修复，并承担生态环境修复费用（以司法鉴定为准）；承担污染检测检验费、评估鉴定费、差旅费、专家咨询费、案件受理费。

【裁判结果】

湖南省岳阳市君山区人民法院一审认为，林源纸业公司利用原漉湖纸厂废水排放管道超标排放工业废水至草尾河，流入洞庭湖。经检测，被告排放的废水中悬浮物、化学需氧量、总磷等严重超标，实质上已经对草尾河及洞庭湖造成污染，损害了社会公共利益。因此，被告的行为违反了《中华人民共和国水污染防治法》的规定，应当承担侵权民事责任，消除对草尾河及洞庭湖产生的危害，承担生态环境修复费用。关于非法超标排放的废水量的核定及生态环境修复费用的计算，考虑林源纸业公司超标排放、偷排系因污水处理设施技改时设施破损所致，且排污时间不长，加之事件发生后被告采取停产、停排的应急措施并启动新污水处理项目建设，综合考虑湖南省环境保护科学研究院的环境工程专家的意见，酌定本次事件造成的生态环境修复费用数额按偷排废水虚拟治理成本的4.5倍计算，判令林源纸业公司支付生态环境修复费用230924.61元；支付益阳市环保协会差旅费4075元；负担本案专家咨询费4000元。

【典型意义】

本案系人民法院跨行政区划审理的水污染公益诉讼案件。案涉污染行为发生地为益阳沅江，按照湖南省高级人民法院跨行政区划集中管辖环洞庭湖环境资源案件的安排，本案由岳阳市君山区法院洞庭湖环境资源法庭审理，是环境资源案件跨行政区划集中管辖的生动实践。一审法院邀请湖南环境保护科学研究院的工程专家以专家证人的形式出庭，就生态环境损害赔偿数额等专业问题出具意见，既有效提高了案件事实认定的客观性，又有效克服了环境资源审判鉴定难的瓶颈问题，对类案的处理具有一定借鉴意义。

143. 北京市朝阳区自然之友环境研究所诉山东金岭化工股份有限公司大气污染民事公益诉讼案

(2017 年 3 月 7 日发布)

【基本案情】

山东金岭化工股份有限公司（以下简称金岭公司）下属热电厂持续向大气超标排放污染物，并存在环保设施未经验收即投入生产、私自篡改监测数据等环境违法行为。2014 年至 2015 年间，多个环境保护主管部门先后对金岭公司进行了多次行政处罚，山东省环境保护厅责成其停产整改、限期建成脱硫脱硝设施，环境保护部对该公司进行过通报、督查。北京市朝阳区自然之友环境研究所（以下简称自然之友）诉请人民法院判令被告停止超标排污，消除所有不遵守环境保护法律法规行为对大气环境造成的危险；判令被告支付 2014 年 1 月 1 日起至被告停止侵害、消除危险期间所产生的大气环境治理费用，具体数额以专家意见或者鉴定意见为准等。

【裁判结果】

在山东省东营市中级人民法院审理本案期间，金岭公司纠正违法行为，全部实现达标排放，监测设备全部运行并通过了东营市环境保护局的验收。经法院主持调解，金岭公司自愿承担支付生态环境治理费 300 万元。为了保障社会公众的知情权，法院在双方当事人达成调解协议之后，依法公示调解协议内容，并在公告期间届满后，对调解协议内容是否损害社会公共利益进行了审查，确保调解符合公益诉讼目的，生态环境损害能够得到及时有效救济。本案调解书经双方当事人签收已发生法律效力。

【典型意义】

本案涉及公用事业单位超标排放的环境污染责任。金岭公司系热电企业，在生产过程中多次违法超标排放，对大气造成严重污染。诉讼中，金岭公司积极整改，停止侵害，实现达标排放，监测设备正常运行，使本案具备了调解的基础。法院依法确认该企业存在向大气超标排放污染物等违法事实，并依照《最高人民法院关于审理环境民事公益诉讼案件适用法律若干问题的解释》第二十五条规定，对调解协议内容进行公示，公告期间届满又对调解协议内容进行审查后出具调解书。本案对于督促公用事业单位在提供公共服务过程中履行环境保护责任，依法保障社会公众在环境公益诉讼案件调解程序中的知情权、参与权，作了有益的探索，具有良好的示范意义。

144. 常州市环境公益协会诉储某清、常州博世尔物资再生利用有限公司等土壤污染民事公益诉讼案

(2015年12月29日发布)

【基本案情】

2012年9月1日至2013年12月11日，储某清经常州市博世尔物资再生利用有限公司（以下简称博世尔公司）同意，使用该公司场地及设备，从事“含油滤渣”的处置经营活动。其间，无锡金科化工有限公司（以下简称金科公司）明知储某清不具备处置危险废物的资质，允许其使用危险废物经营许可证并以该公司名义从无锡翔悦石油制品有限公司（以下简称翔悦公司）、常州精炼石化有限公司（以下简称精炼公司）等处违规购置油泥、滤渣，提炼废润滑油进行销售牟利，造成博世尔公司场地及周边地区土壤受到严重污染。2014年7月18日，常州市环境公益协会提起诉讼，请求判令储某清、博世尔公司、金科公司、翔悦公司、精炼公司共同承担土壤污染损失的赔偿责任。

【裁判结果】

江苏省常州市中级人民法院受理后，组成由环境保护专家担任人民陪审员的合议庭审理本案，依照法定程序就环境污染损害情况委托鉴定，并出具三套生态环境修复方案，在受污染场地周边公示，以现场问卷形式收集公众意见，最终参考公众意见、结合案情确定了生态环境修复方案。法

院认为，储某清违反国家规定，借用金科公司的危险废物经营资质并以该公司名义，将从翔悦公司、精炼公司购买的油泥、滤渣进行非法处置，污染周边环境；博世尔公司明知储某清无危险废物经营许可证，为储某清持续实施环境污染行为提供了场所和便利，造成其场地内环境污染损害结果的发生；翔悦公司、精炼公司明知储某清行为违法，仍然违规将其生产经营过程中产生的危险废物交由储某清处置，未支付处置费用，还向储某清收取危险废物价款。5 被告之行为相互结合导致损害结果的发生，构成共同侵权，应当共同承担侵权责任。遂判令 5 被告向江苏省常州市生态环境法律保护公益金专用账户支付环境修复赔偿金 283 万余元。一审判决送达后，各方当事人均未上诉。判决生效后，一审法院组织检察机关、环境保护行政主管部门、鉴定机构以及案件当事人共同商定第三方托管方案，由第三方具体实施污染造成的生态环境治理和修复。

【典型意义】

环境侵权案件具有很强的专业性、技术性，对于污染物认定、损失评估、因果关系认定、环境生态修复方案等问题，通常需要从专业技术的角度作出评判。受案法院在审理过程中，邀请环境保护专家担任人民陪审员，委托专业机构进行鉴定评估，制作生态环境修复方案，很好地发挥了技术专家和专业机构的辅助与支持作用。此外，受案法院将土壤修复方案向社会公布、听取公众意见，保障了公众对环境修复工作的有效参与；引入第三方治理模式，通过市场化运作，将环境修复交由专业公司实施，既有利于解决判决执行的监管，也有利于提高污染治理效率。

145. 江苏省镇江市生态环境公益保护协会诉江苏优立光学眼镜公司固体废物污染民事公益诉讼案

(2017 年 3 月 7 日发布)

【基本案情】

江苏优立光学眼镜公司（以下简称优立公司）是江苏省丹阳市一家生产树脂眼镜镜片的企业。2006 年，丹阳市环境保护科技咨询服务中心作出的环境影响报告表认定，当地眼镜生产加工企业因树脂镜片磨边、修边工段产生的树脂玻璃质粉末废物为危险废物 HW13。2014 年 4 月至 7 月期间，优立公司将约 5.5 吨该类废物交给 3 名货车司机，倾倒于某拆迁空地，造成环境污染。丹阳市环境保护局对污染场地进行初步清理，将该废物连同被污染的土壤挖掘并予以保管。江苏省镇江市生态环境公益保护协会（以下简称镇江公益协会）提起诉讼，请求判令优立公司采取措施消除污染，承担固体废物暂存、前期清理以及验收合格的费用，或者赔偿因其环境污染所需的相关修复费用 234400 元。

【裁判结果】

江苏省镇江市中级人民法院一审经委托鉴定查明，案涉树脂玻璃质粉末废物不在《国家危险废物名录》之列，原环评报告将其评定为危险废物不符合法律规定，遂向丹阳市环境保护局、当地眼镜商会发出司法建议，建议依法重新评定该类固体废物的属性，准确定性。后经组织评定，确认该类废物不具有危险特性，可交由第三方综合利用或者以无害化焚烧等方式进行处置。一审法院根据评定报告再次提出司法建议，建议为该类废物建立集中收集处置体系。丹阳市眼镜商会采纳了该建议，参照固体废物相关环保管理要求，采取转移“五联单”的办法管理，并将该类废物运交垃圾发电厂焚烧发电。丹阳市环境保护局对新的评定报告予以认可，同意丹阳市眼镜商会提出的该类废物集中处置方案，并表示愿意监督优立公司依法处置剩余废物。一审法院遂判令优立公司在丹阳市环境保护局的监督下按照一般废物依法处置涉案废物。宣判后，双方均未上诉，一审判决已生效。

【典型意义】

本案涉及固体废物污染责任的认定问题。法院在案件审理中积极采取委托鉴定、调查等方式，依照《中华人民共和国固体废物污染环境防治法》的规定，依法确认案涉固体废物的属性，较好发挥了司法的能动作用。鉴于对该类废物属性的确定和管理，将影响当地眼镜产业数百家企业的生产模式，以及区域危险废物处置能力的调整，法院发出司法建议，推动和督促当地眼镜商会和环境保护主管部门依法纠正了长达十余年的行业误评，鼓励、支持地方政府和行业组织采取有利于保护环境的固体废物集中处置措施，破解了治理固体废物污染的难题，促进了清洁生产和循环经济发展，对于充分发挥环境公益诉讼推动公共政策形成的功能，具有较好的示范意义。

146. 中华环保联合会诉谭某洪、方某双环境污染民事公益诉讼案

(2017 年 6 月 22 日发布)

【基本案情】

2011 年 8 月，方某双将其承包的两个鱼塘转租给谭某洪。当年 9 月 1 日至 3 日，谭某洪向其中一个面积为 0.75 亩的鱼塘倾倒不明固体污泥 110 车。之后，方某双收回鱼塘，撒上石灰后继续养鱼。2011 年 9 月 14 日，广州市白云区环境保护局到上述被倾倒污泥的鱼塘进行现场检查取样。经检测，确认该鱼塘铜和锌超过相应限值。中华环保联合会诉请法院判令谭某洪、方某双共同修复鱼塘至污染损害发生前的状态和功能，或承担恢复鱼塘原状所需的环境污染处理费 4092432 元，广州市白云区人民检察院作为支持起诉人支持中华环保联合会提起诉讼。

【裁判结果】

广东省广州市白云区人民法院一审认为，中华环保联合会作为专门从事环境保护公益活动的全国性、非营利性社团组织，对危害社会公益的行为提起公益诉讼，为当地百姓消除环境污染损害，对其积极维护公共利益的行为予以赞许。双方对于谭某洪向涉案鱼塘倾倒不明固体污泥、造成环境污染的事实均无异议，对该侵权事实予以认定。只要污染源没有清理，重金属通过食物链的浓缩和富集会对鱼塘及周边环境形成持续的污染危害。方某双既未证明鱼塘倾倒污泥前已经受到污染，也未证明污染损害已经消除。遂判决谭某洪、方某双共同修复涉案鱼塘到本次污染损害发生之前的状态和功能；逾期未修复的，由环保部门指定具有专业清污资质的机

构代为修复，修复费用由谭某洪与方某双共同承担，并相互负连带责任。广东省广州市中级人民法院二审认为，中华环保联合会作为专门从事与环境相关活动的非营利性社会团体，依法有权对损害社会公共利益的行为提起环境民事公益诉讼；广州市白云区人民检察院作为国家法律监督机关，在社会公共利益遭受损害的情况下，支持中华环保联合会提起环境民事公益诉讼，具有合法性和正当性。谭某洪倾倒污泥的行为造成鱼塘污泥中的铜、锌重金属超标，损害了社会公共利益，构成环境污染侵权，其依法应承担相应的法律责任。本次污染的损害后果是由谭某洪倾倒污泥的行为和方某双出租鱼塘的行为直接结合所共同导致的，故二人构成共同侵权，应当承担连带责任。谭某洪直接倾倒污泥导致污染的发生，其对损害结果的发生起到主要作用；而方某双仅为倾倒污泥提供场所和便利，且在事后积极向村委会反映情况，配合村委会阻止了谭某洪的继续倾倒行为，其行为对损害结果的发生仅起到次要作用，故酌情确定谭某洪承担80%的责任，方某双承担20%的责任。修复鱼塘属于谭某洪和方某双履行生效法律文书所确定的行为义务，如果二人逾期未履行，应当由人民法院选定代为修复的机构，而非由环保部门指定。二审法院对谭某洪、方某双的责任分担以及代履行机构的选定等内容进行改判。

【典型意义】

本案系倾倒固体废物污染水体的环境民事公益诉讼案件。本案由社会组织作为原告、检察机关支持起诉，弥补了个体受害者难以应付专业性强、案情复杂的环境侵权诉讼的不足和环境公益救济主体的缺失，无论对个体权益还是对社会公共利益的保护都非常必要和及时。本案环境污染的后果是鱼塘污泥中的铜、锌重金属超标，侵权行为所侵害的环境权益是公众享有的无害水产品和清洁水环境的权益，虽然没有证据显示已有特定主体因此受到重金属的毒害，但是二审判决基于“超过最高容许含量的重金属会通过食物链进一步浓缩和富集，并最终毒害人体”的原理认定污染行为“造成损害”，符合环境污染损害的特点，对于审理固体废物污染案件具有一定示范意义。

147. 朱某茂、中华环保联合会与江阴港集装箱公司环境污染责任纠纷案

（2014年7月3日发布）

【基本案情】

2004年上半年，江阴港集装箱公司（以下简称集装箱公司）未经环境保护行政主管部门环境影响评价和建设行政主管部门立项审批，自行增设铁矿石（粉）货种接卸作业。在作业过程中，该公司采用露天接卸，造成了铁矿石粉尘直接侵入周边居民住宅；采用冲洗方式处理散落在港区路面和港口外道路上的红色粉尘，形成的污水直接排入周边河道和长江水域，并在河道中积淀，造成了周边环境大气污染、水污染，严重影响了周边地区空气质量、长江水质和附近居民的生活环境。虽经朱某茂等周边居民反映情况、江阴市人民政府召开协调会议，集装箱公司亦采取了整改措施，但仍未彻底消除污染现象。2009年7月6日，朱某茂作为周边居民代表与中华环保联合会共同提起诉讼，请求判令集装箱公司停止侵害，使港口周围的大气环境符合环境标准，排除妨碍；对铁矿粉冲洗进行处理，消除对饮用水源地和取水口产生的危险；将港口附近的下水道恢复原状，铁矿粉泥做无害化处理。江苏省无锡市中级人民法院（以下简称无锡中院）于受理本案的次日，进行了现场勘验，裁定责令被告立即停止污染侵害行为，并向无锡市人民政府法制办公室、江阴市人民政府发函，取得政府部门的配合和支持。无锡中院还召集听证，责成集装箱公司在案件审结前采取切实可行的方案和措施，迅速改善环境质量状态。集装箱公司据此再次采取整改措施，并在审理过程中提出调解申请。

【裁判结果】

无锡中院一审认为，集装箱公司自行增设铁矿石（粉）港口接卸作业，属违法行为，对周边大气环境和地表、水域造成了污染侵害，影响了周边居民的正常生活。鉴于集装箱公司在诉讼前已采取了一定的污染防治措施，在本案审理过程中又采取了一系列治理措施，并提出调解申请。经法院依法主持调解，双方当事人达成协议，由集装箱公司限期补办相关的行政许可审批手续，限期内未获得行政许可的，必须立即停止相关业务；在申办期内，必须做到无尘化装卸作业，不得向周边河流、水域排放任何影响水体质量的污染物，不得产生超过国家规定标准的噪声；每30天书面报告本协议履行情况，并附当地环境保护行政主管部门的环境监测报告。无锡中院于2009年9月出具民事调解书，对上述协议依法予以确认。

【典型意义】

本案兼具私益诉讼和公益诉讼的特点。朱某茂是居民代表，同时又是环境污染的受害者，其与中华环保联合会共同作为原告起诉后，无锡中院依法予以受理，对环境公益诉讼的原告主体资格问题进行了有益的探索和实践。鉴于环境污染具有不可逆性、地域广阔性、潜在受害人不确定性和社会公共利益受损的广泛性，无锡中院受理案件后，依职权进行现场勘验，针对正在实施的环境污染侵害行为，先行裁定污染者立即停止侵害，防止了损害扩大。无锡中院在审理本案的过程中，重视与政府相关部门的对接和联动，各司其职、各尽其责，正确处理了维权与维稳的关系，鼓励污染者积极采取防治措施，修复环境，对迅速治理环境污染起到了积极作用。

148. 中华环保联合会诉江苏江阴长泾梁平生猪专业合作社等养殖污染民事公益诉讼案

（2017 年 3 月 7 日发布）

【基本案情】

江苏江阴长泾梁平生猪专业合作社（以下简称梁平合作社）等与周边村庄相距较近，其生猪养殖项目建设未经环境影响评价、配套污染防治设施未经验收，就擅自投入生产，造成邻近村庄严重污染。中华环保联合会提起诉讼，请求法院判令梁平合作社等立即停止违法养猪、排污行为，并通过当地媒体向公众赔礼道歉；对养殖产生的粪便、沼液等进行无害化处理，排除污染环境的危险，并承担采取合理预防、处置措施而发生的费用；对污染的水及土壤等环境要素进行修复，并承担相应的生态环境修复费用；承担生态环境受到损害至恢复原状期间服务功能损失费用等。诉讼期间，梁平合作社停止了生猪养殖及排污侵害行为，向法院提交《环境修复报告》。江苏省无锡市中级人民法院组织双方进行了质证，并邀请专家到庭发表意见。专家认为，《环境修复报告》所提供的修复方案不能达到消除污染的目的。原、被告双方对专家意见均无异议，该院予以确认。经双方当事人同意，法院委托鉴定部门重新作出修复方案和监理方案。

【裁判结果】

江苏省无锡市中级人民法院一审认为，经双方当事人同意，法院委托专家在现场调研和勘验的基础上，针对案涉环境地形地貌、污染状况，并结合国家、地方地表水环境质量标准、江河湖泊水功能区划水质要求，作出的技术性修复方案程序合法，依据充分，应予以确认。被告应按照该修复方案对受污染的水、土壤等环境要素进行修复，并自觉接受监理单位的监督。遂判决梁平合作社等必须严格按照修复方案明确的土地复耕方案对涉案土壤进行修复，复耕标准达到国土资源主管部门复耕要求和农林主管部门农业生产条件符合性评价指标与要求；必须严格按照修复方案对涉案污染的水环境进行修复，水环境污染物浓度应降低到《地表水环境质量标准》（GB 3838—2002）V 类标准，并自觉接受监理单位的监督；在判决生效后一个月内向该院报告环境修复落实情况，法院将委托当地环境保护主管部门验收；如自行修复后经环境保护主管部门验收仍不能达到环境修复预期目标的，法院将委托第三方进行修复，由此产生的一切费用由梁平合作社等负担。宣判后，双方当事人均未提起上诉，一审判决已生效。

【典型意义】

“十三五”规划纲要提出，要开展农村人居环境整治行动，建设美丽宜居乡村。国家标准委下发的《美丽乡村建设指南》明确了农村畜禽研制厂污染排放、废弃物综合利用和畜禽无害化处理等的具体标准。法院在审理本案过程中，针对被告提交的《环境修复报告》组织双方当事人质证、并邀请专家出庭发表意见，充分发挥庭审功能，确保实现修复生态环境的诉讼目的。在当事人提交的《环境修复报告》不能实现修复目的的情形下，法院发挥能动作用，征得双方当事人同意委托专家另行出具修复方案、监理方案，确保污染预防、治理方案科学合理、切实可行。本案裁判在具体判项中引入相关国家标准，使被告履行义务更加全面具体，确保污染防治能够达到国家标准的质量和水平。本案对于人民法院发挥审判职能作用，支持保障美丽宜居乡村建设，发挥了良好的示范作用。

149. 北京市朝阳区自然之友环境研究所、福建省绿家园环境友好中心诉谢某锦等4人破坏林地民事公益诉讼案

（2015年12月29日发布）

【基本案情】

2008年7月29日，谢某锦等4人未经行政主管部门审批，擅自扩大采矿范围，采取从山顶往下剥山皮、将采矿产生的弃石往山下倾倒、在矿山塘口下方兴建工棚的方式，严重毁坏了28.33亩林地植被。2014年7月28日，谢某锦等人因犯非法占用农用地罪分别被判处刑罚。2015年1月1日，北京市朝阳区自然之友环境研究所（以下简称自然之友）、福建省绿家园环境友好中心（以下简称绿家园）提起诉讼，请求判令4被告承担在一定期限内恢复林地植被的责任，赔偿生态环境服务功能损失134万元；如不能在一定期限内恢复林地植被，则应赔偿生态环境修复费用110万余元；共同偿付原告为诉讼支出的评估费、律师费及其他合理费用。

【裁判结果】

福建省南平市中级人民法院一审认为，谢某锦等4人为采矿占用林地，不仅严重破坏了28.33亩林地的原有植被，还造成了林地植被受损至恢复原状期间生态服务功能的损失，依法应共同承担恢复林地植被、赔偿生态功能损失的侵权责任。遂判令谢某锦等4人在判决生效之日起五个月内恢复被破坏的28.33亩林地功能，在该林地上补种林木并抚育管护三年，如

不能在指定期限内恢复林地植被，则共同赔偿生态环境修复费用 110 万余元；共同赔偿生态环境服务功能损失 127 万元，用于原地或异地生态修复；共同支付原告支出的评估费、律师费、为诉讼支出的其他合理费用 16.5 万余元。福建省高级人民法院二审维持了一审判决。

【典型意义】

本案系 2014 年修订的《中华人民共和国环境保护法》实施后全国首例环境民事公益诉讼，涉及原告主体资格的审查、环境修复责任的承担以及生态环境服务功能损失的赔偿等问题。本案判决依照《中华人民共和国环境保护法》第五十八条和《最高人民法院关于审理环境民事公益诉讼案件适用法律若干问题的解释》的规定，确认了自然之友、绿家园作为公益诉讼原告的主体资格；以生态环境修复为着眼点，判令被告限期恢复被破坏林地功能，在该林地上补种林木并抚育管护三年，进而实现尽快恢复林地植被、修复生态环境的目的；首次通过判决明确支持了生态环境受到损害至恢复原状期间服务功能损失的赔偿请求，提高了破坏生态行为的违法成本，体现了保护生态环境的价值理念，判决具有很好的评价、指引和示范作用。

150. 中国生物多样性保护与绿色发展基金会诉深圳市速美环保有限公司、浙江淘宝网络有限公司大气污染责任纠纷案

(2020年5月8日发布)

【基本案情】

深圳市速美环保有限公司（以下简称速美公司）于2015年9月起在淘宝网销售汽车用品，主要销售产品为使机动车尾气年检蒙混过关的所谓“年检神器”产品，已售出3万余件，销售金额约为300万元。中国生物多样性保护与绿色发展基金会（以下简称绿发会）提起环境民事公益诉讼，请求判令：速美公司和浙江淘宝网络有限公司（以下简称淘宝公司）赔礼道歉；速美公司停止生产案涉非法产品；淘宝公司对速美公司停止提供第三方交易平台服务；二者以连带责任方式承担生态环境修复费用1.52亿元（具体数额以评估鉴定报告为准）及绿发会就诉讼所支付的相关费用。

【裁判结果】

浙江省杭州市中级人民法院一审认为，速美公司宣传产品能通过弄虚作假方式规避机动车年检，教唆或协助部分机动车主实施侵权行为，损害社会公共利益。淘宝公司已尽审查义务、及时采取删除措施，无须承担连带责任。鉴于环境污染事实客观存在，依据《最高人民法院关于审理环境民事公益诉讼案件适用法律若干问题的解释》，判决：速美公司在国家级

媒体上向社会公众道歉（内容需经法院审核）；速美公司向绿发会支付律师费、差旅费、相关工作人员必要开支等15万元，并赔偿大气污染环境修复费用350万元（款项专用于我国大气污染环境治理）。浙江省高级人民法院二审维持原判。

【典型意义】

本案系社会组织提起的涉大气污染环境民事公益诉讼案件，已入选2019年度中国十大影响性诉讼。本案中，速美公司销售使机动车尾气年检蒙混过关的所谓“年检神器”，造成不特定地区大气污染物的增加，导致环境污染，应承担环境侵权责任。人民法院在鉴定困难的情况下，结合污染破坏环境的范围和程度、生态环境的稀缺性、生态环境恢复的难易程度、防治污染设备的运行成本、被告因侵害行为所获得的利益及其过程、程度等因素，合理确定生态环境修复费用，符合《最高人民法院关于审理环境民事公益诉讼案件适用法律若干问题的解释》的规定。本案判决同时指出，淘宝公司作为信息平台服务提供商，应加强对网络平台信息的管理，建立行之有效的检索及监管制度。本案的审理，在生态环境修复费用的合理确定上，对类案处理具有指导意义，亦有利于在网络时代督促销售企业及网络平台确立应有的生态环境保护责任意识。

151. 中国生物多样性保护与绿色发展基金会诉贵州宏德置业有限公司相邻通行权纠纷案

（2020年5月8日发布）

【基本案情】

贵州宏德置业有限公司（以下简称宏德公司）修建乐湾国际房地产开发项目，项目配套建设高尔夫球场。该球场沿当地一条自然河流两岸建设，将河流圈入球场范围，且将球场周边封堵，妨碍当地群众生活自由通行及沿河游览观赏。中国生物多样性保护与绿色发展基金会（以下简称绿发会）提起环境民事公益诉讼，请求宏德公司立即停止侵害，消除危险，排除妨碍并赔礼道歉。本案审理过程中，宏德公司拆除了案涉区域围栏，委托第三方机构编制了《贵阳市乐湾国际开放空间规划》，对整个片区进行了统一规划，规划方案设计了公众自由通行通道，能够沿河观赏。

【裁判结果】

经贵州省清镇市人民法院主持调解，双方达成如下和解协议：绿发会尊重行政机关的处理意见，同意德宏公司按照行政机关要求完成整改；德宏公司按照行政机关审批的规划进行整改，保证案涉区域成为开放的公共空间。同时邀请绿发会或第三方组织对上述整改情况进行监督；绿发会放弃要求德宏公司在国家级媒体向全社会公开赔礼道歉的诉讼请求；德宏公司自愿承担绿发会因本次诉讼支出的差旅费、专家费、调查费、律师费等合理费用合计26万元；德宏公司自愿承担本案受理费5200元。上述调解协议已经依法公示、确认。

【典型意义】

本案系建设项目影响公众通行、游览、观赏等环境权益引发的民事公益诉讼案件。案涉项目系贵州省重点招商引资项目，在项目建设过程中虽存在不规范行为，但未构成根本性违法。人民法院组织双方达成和解协议，在力促建设单位进行整改保障公众环境权益的同时，利用环境司法手段保护营商环境，在企业经济发展和生态环境保护之间实现利益平衡，为改善投资环境、推动经济高质量发展发挥了积极作用。本案的受理，解决了对侵占公共资源行为的司法救济路径，保护了公众享受美好生活环境的权益，为环境公益诉讼范围的扩展提供了鲜活的司法案例。

152. 北京市朝阳区自然之友环境研究所诉现代汽车（中国）投资有限公司大气污染责任纠纷案

（2020年5月8日发布）

【基本案情】

北京市环境保护局经抽检，认定现代汽车（中国）投资有限公司（以下简称现代汽车）自2013年3月1日至2014年1月20日进口中国并在北京地区销售的全新胜达3.0车辆的排气污染数值排放超过京V标准的限值，并据此作出行政处罚决定。北京市朝阳区自然之友环境研究所（以下简称自然之友）提起本案诉讼。一审审理中，一审法院委托对案涉车辆超标排放的大气环境污染物对环境的影响及修复进行了鉴定。

【裁判结果】

经北京市第四中级人民法院主持，双方达成如下调解协议：现代汽车已经停止在北京地区销售不符合排放标准的全新胜达3.0车辆，已经通过技术改进等方式对所有在北京地区销售的不符合排放标准的全新胜达3.0车辆进行维修并达排放标准。现代汽车向信托受托人长安国际信托股份有限公司交付信托资金120万元，用于保护、修复大气环境，防治大气污染，支持环境公益事业；现代汽车就本案所涉及销售车辆不符合排放标准一事向社会公众致歉，并承诺支持环境公益事业等。上述调解协议已经依法公示、确认。

【典型意义】

本案系全国首例将慈善信托机制引入公益诉讼专项资金制度的环境民事公益诉讼案件。公益诉讼赔偿金的管理和使用，直接关系到公益诉讼目的的实现。本案中，在人民法院主持下，双方达成调解，以公益诉讼赔偿金为信托财产，设立专项慈善信托，借助信托机构的资金管理经验，充分发挥公益诉讼赔偿金的资金效用。由现代汽车出资修建充电桩从而间接实现保护大气环境的目的，亦进一步拓展了替代性修复的方式。同时，人民法院对该项信托设立由公益组织代表、环境专家、法学专家组成的信托决策委员会，作为信托监察人，切实保障信托资金真正用于“保护、修复大气环境，防治大气污染，支持环境公益事业”的目的，是对公益诉讼专项资金管理、使用和监督制度的有益探索。

153. 河南省环保联合会诉聊城东染化工有限公司环境污染公益诉讼纠纷案

(2020年6月5日发布)

【基本案情】

2015年3月至5月，聊城东染化工有限公司（以下简称东染化工公司）擅自将其生产过程中产生的废硫酸15车共计1000余吨，交给没有危险废物运输处置资质的陈某玲等8人进行非法处置，分别倾倒在南乐县近德固乡潴龙河（流入黄河支流马颊河），以及千口镇柴庄村北、清丰县韩村乡等7处河沟内。该废酸属于《国家危险废物名录》中“HW34废酸类”危险废物，对地表水和土壤环境造成严重损害，并直接造成周边群众的麦苗和林木枯死。河南省环保联合会提起民事公益诉讼，请求判令东染化工公司恢复原状或承担治理费用及已经发生的鉴定评估费、应急处置费等，并公开赔礼道歉。河南省濮阳市人民检察院依法支持起诉。

【裁判结果】

经河南省濮阳市中级人民法院（以下简称濮阳中院）主持调解，双方达成如下调解协议：（1）东染化工公司赔付环境修复治理费用600万元，第一期300万元已缴纳，第二期300万元于2019年1月1日前缴纳至濮阳中院指定账户。（2）东染化工公司法定代表人薛某林自愿承诺：薛某林面向社会开放其拥有的CN201720746317.9号“一种回收氟化氢的装置”实用新型专利，任何单位或个人均可以善意地实施该专利，该项承诺一经作出不可撤销。（3）东染化工公司在濮阳市级媒体上公开赔礼道歉。（4）东染化工公司支付河南省环保联合会律师费15万元。濮阳中院将调解协议内容依法进行了公告，公告期间内未有任何个人或单位提出异议。濮阳中院经审查认为，上述协议内容符合法律规定，不违反社会公共利益，予以确认。

【典型意义】

本案系社会组织起诉、由检察机关支持起诉的涉水和土壤污染环境民事公益诉讼案件。本案中，企业将生产出的废酸交给没有危险废物运输处置资质的个人非法倾倒至黄河流域多处河沟，对地表水和土壤环境造成严重损害，应承担环境侵权责任。人民法院组织双方达成和解协议，内容不仅包括企业承担环境修复治理费用、赔礼道歉等法律责任，企业的法定代表人还主动向社会开放了其拥有的环境保护方面实用新型专利。人民法院在依法支持社会组织环境公益诉权，确保污染者及时履行环境修复责任的同时，着眼环境利益最大化，积极创新审判执行方式，取得了良好的法律效果和社会效果。

154. 中华环境保护基金会诉中化重庆涪陵化工有限公司环境污染民事公益诉讼案

(2021 年 2 月 25 日发布)

【基本案情】

中化重庆涪陵化工有限公司（以下简称涪陵化工公司）将生产过程中产生的磷石膏直接堆放在长江边长达十八年，覆盖面积达 700 多亩，最深处达 125 米，造成当地生态环境损害严重，并对长江生态安全产生重大威胁。经媒体曝光后，涪陵化工公司立即制定环境问题整改处置方案，并报请重庆市环保监管部门批准。2017 年 1 月，中华环境保护基金会以涪陵化工公司超标排放污染物等行为违法，给当地环境带来极大破坏为由提起环境民事公益诉讼，请求判令涪陵化工公司立即停止环境侵害行为，赔偿相应的修复费用以及生态环境服务功能损失费或采取替代性修复方式。重庆市人民检察院第三分院依法支持起诉。

【裁判结果】

重庆市第三中级人民法院一审审理中，中华环境保护基金会与涪陵化工公司达成如下调解协议：一是涪陵化工公司承诺严格贯彻落实重庆市及当地环保主管部门批复同意的环境问题整改处置方案，在 2019 年 12 月 31 日前完成封场、覆土、复绿等环境整治工作；二是涪陵化工公司支付 803700.8 元，用于本案或者本地区大气环境、水环境修复或替代性修复等公益用途。一审法院经审查认为，上述协议内容符合法律规定，不违反社会公共利益，予以确认。在一审法院监督下，涪陵化工公司已完成调解书确定的各项义务。

【典型意义】

本案系长江边磷石膏尾矿库引发的环境污染民事公益诉讼。总磷是长江首要超标污染因子，磷石膏尾矿库通过渗滤液渗漏等方式污染土壤、地下水等，对长江构成巨大威胁。本案中，人民法院探索建立以法院为主导的案件执行机制，充分延伸环境资源审判职能，及时向有关单位发出司法建议，形成监督合力，确保涪陵化工公司按时按约履行调解书。同时，积极构建生态环境修复协调联动机制，邀请检察机关、环境资源行政主管部门共同制定生态环境修复评估标准，对修复工作进行联合巡检；邀请人大代表、政协委员对案件执行工作进行监督。本案的审判和执行过程创新完善环境民事公益诉讼案件执行机制，充分体现出人民法院在服务和保障长江流域生态文明建设中的主动担当作为。

155. 江苏省徐州市人民检察院诉徐州市鸿顺造纸有限公司水污染民事公益诉讼案

(2017年3月7日发布)

【基本案情】

徐州市鸿顺造纸有限公司（以下简称鸿顺公司）多次被环境保护主管机关查获以私设暗管方式向连通京杭运河的苏北堤河排放生产废水，废水的化学需氧量、氨氮、总磷等污染物指标均超标。江苏省徐州市铜山区环境保护局曾两次对鸿顺公司予以行政处罚。江苏省徐州市人民检察院作为公益诉讼人，于2015年12月28日向江苏省徐州市中级人民法院提起环境民事公益诉讼，请求判令鸿顺公司将被污染损害的苏北堤河环境恢复原状，并赔偿生态环境受到损害至恢复原状期间的服务功能损失；如鸿顺公司无法恢复原状，请求判令其以2600吨废水的生态环境修复费用26.91万元为基准，以该基准的3倍至5倍承担赔偿责任。

【裁判结果】

江苏省徐州市中级人民法院一审认为，鸿顺公司排放废水污染环境，应当承担环境污染责任。根据已查明的环境污染事实、鸿顺公司的主观过错程度、防治污染设备的运行成本、生态环境恢复的难易程度、生态环境的服务功能等因素，可酌情确定该公司应当承担的生态环境修复费用及生态环境受到损害至恢复原状期间的服务功能损失，遂判决鸿顺公司赔偿生态环境修复费用及服务功能损失共计105.82万元。宣判后，鸿顺公司以一审公益诉讼人江苏省徐州市人民检察院为被上诉人提起上诉。江苏省高级人民法院二审认为，污染物排放点的环境质量已经达标不能作为鸿顺公司拒绝承担生态环境修复费用的理由，一审判决以2.035倍作为以虚拟治理成本法计算生态环境修复费用的系数并无不当，以查明的鸿顺公司排放废水量的4倍计算生态环境修复费用具有事实和法律依据。二审判决驳回上诉，维持原判。

【典型意义】

该案是全国人大常委会授权检察机关试点提起公益诉讼以来人民法院依法受理的首批民事公益诉讼案件，也是人民法院审理的第一起检察机关试点提起公益诉讼的二审案件。一审法院注重司法公开，体现公众参与，合议庭由审判员和人民陪审员共同组成，庭审向社会公开并进行视频、文字同步直播。庭审时邀请专家辅助人就环境保护专业技术问题提出专家意见，较好地解决了环境资源案件科学性和公正性的衔接问题。该案尝试根据被告违法排污的主观过错程度、排污行为的隐蔽性以及环境损害后果等因素，合理确定带有一定惩罚性质的生态环境修复费用，加大污染企业违法成本，有助于从源头上遏制企业违法排污。二审法院依据《中华人民共和国民事诉讼法》《全国人民代表大会常务委员会关于授权最高人民检察院在部分地区开展公益诉讼试点工作的决定》审理检察机关提起公益诉讼的二审案件，对于完善该类案件二审程序规则起到了示范作用。

156. 山东省聊城市人民检察院诉路某太民事公益诉讼案

(2018 年 3 月 2 日发布)

【基本案情】

2014 年 12 月至 2015 年 10 月，路某太在未经相关部门审批且不具备清洗资质的情况下，使用强碱洗刷机油桶，并将未经无害化处理的强碱废液直接排入私自挖掘的渗坑内，对渗坑周边及地下土壤造成污染。淄博市周村区公安分局根据举报线索，并经对涉案地的排放液体取样鉴定，以路某太涉嫌污染环境罪将其逮捕，并移送检察机关提起公诉。2016 年 12 月 20 日，淄博市周村区人民法院以污染环境罪判决路某太承担刑事责任。

【诉前程序】

山东省淄博市人民检察院向淄博市民政局进行查询，根据《中华人民共和国环境保护法》相关法律规定，目前淄博市辖区内没有符合提起民事公益诉讼条件的公益组织，且无法律规定的机关提起民事公益诉讼。

【裁判结果】

2017 年 3 月 17 日，山东省聊城市人民检察院根据山东省人民检察院的指定，依法向山东省淄博市中级人民法院提起诉讼，请求依法判令路某太消除危险、恢复原状；若不能恢复原状，则应赔偿生态环境修复费用并承担鉴定费及相关损失。

山东省淄博市中级人民法院审理认为，路某太因环境污染犯罪行为造成涉案地环境污染，事实清楚，证据充分。山东省聊城市人民检察院要求路某太承担污染土壤治理及生态修复的相关费用，于法有据，判决路某太在本判决生效后十日内，将污染治理及生态修复费38400元支付至山东省生态环境损害赔偿资金账户。

【典型意义】

本案是针对自然人实施的环境违法行为提起的民事公益诉讼案件。个人环境侵权行为具有行为隐蔽、污染周期长、监管困难的特点，由检察机关提起公益诉讼十分必要。通过对污染者环境污染行为的司法处理，加大其违法成本，有利于警示与威慑潜在的环境污染行为人。本案充分考虑路某太作为自然人缺乏环境修复能力的客观事实，没有机械地判决其修复环境，而是依据环境保护主管部门对涉案地环境污染情况依法作出的生态修复实施意见，依法判令其支付生态修复资金到山东省生态环境损害赔偿资金账户，用于今后对涉案地的生态环境进行修复及补偿。本案的裁判结果既体现了法律对环境污染行为的有效惩治，又确保判决内容具有实际可执行性，具有一定示范意义。

157. 云南省普洱市人民检察院诉云南景谷矿冶有限公司民事公益诉讼案

（2018年3月2日发布）

【基本案情】

2015年3月7日20时，云南景谷矿冶有限公司（以下简称景谷公司）选冶厂8号料液输送管道发生断裂，导致硫酸铜料液通过排洪道泄漏，造成白象村村民委员会和民乐村村民委员会的部分农田、菜地被污染，并导致民乐镇部分河段鱼类死亡。景谷县环保局于2015年3月8日作出行政决定书，要求景谷公司停业整改，并于同年4月7日发出行政处罚决定书，对企业作出罚款16万元的行政处罚。

污染事故发生后，景谷公司与受害村民就污染造成的直接经济损失达成赔偿调解协议，景谷公司共计赔偿受害村民514928元。经景谷县环保局委托，云南德胜司法鉴定中心于2015年12月14日出具司法鉴定意见，认为此次环境污染损害数额量化结果为1358300元，其中包括：农田环境污染损害费用为528600元；生态环境损害修复费用为829700元。该鉴定数额不包含景谷公司通过调解协议赔偿受害村民的款项。景谷县环保局为此支出鉴定费400000元。

【诉前程序】

云南省普洱市人民检察院经向普洱市民政局、普洱市环境科学学会调查查明，在普洱市辖区内没有符合《中华人民共和国环境保护法》第五十八条规定具有诉讼主体资格的社会组织。普洱市民政局出具了情况说明，普洱市环境科学学会出具了证明。

【裁判结果】

云南省普洱市人民检察院向云南省普洱市中级人民法院提起诉讼，请求：（1）判令景谷公司赔偿生态环境损害修复费用 829700 元至普洱市财政局指定的账户；（2）判令景谷公司支付司法鉴定费 400000 元至景谷县环保局。

诉讼过程中，普洱市人民检察院与景谷公司自愿达成调解协议：（1）由景谷公司赔偿生态环境损害修复费用 829700 元至普洱市财政局指定的账户；（2）景谷公司支付司法鉴定费 400000 元至景谷县环保局；（3）案件受理费 15866 元，减半收取 7933 元，由景谷公司负担。人民法院将民事公益诉讼起诉书、调解协议在法院公告栏、《人民法院报》《普洱日报》进行了为期三十日的公告。公告期满后未收到任何意见或建议。人民法院经审查，认为调解协议不违反法律规定，不损害社会公共利益，遂于 2017 年 1 月 16 日出具民事调解书。调解书现已全部履行完毕。

【典型意义】

本案人民法院受理案件后，多次召开庭前会议，坚持案件审理以保护生态环境和资源为原则，以保护当地群众生产生活为重点，严格做到疑难问题及时讨论、新问题及时沟通，保证案件得到公平、合理、高效的审理。案件开庭审理时，邀请云南省相关检察机关及地方人大、政府、政协负责人进行了旁听，通过以案释法有力推动了当地政府依法行政，提升了公众的环保意识，取得了良好的社会效果。本案充分协调各方当事人，以修复环境为目的，以被告全额进行赔偿的调解方式结案，达到法律效果与社会效果的有机统一，为完善生态环境资源纠纷多元化解决机制提供了实践样本。

158. 浙江省开化县人民检察院诉衢州瑞力杰化工有限责任公司环境民事公益诉讼案

(2018 年 11 月 28 日发布)

【基本案情】

2005 年 8 月 2 日，衢州瑞力杰化工有限责任公司（以下简称瑞力杰公司）与开化县华埠镇新安村第一承包组签订土地租赁合同，租赁约两亩土地用于工业固体废物填埋，共填埋上百吨有机硅胶裂解产生的废渣、废活性炭等工业固体废物。2016 年 7 月，开化县环境保护局调查发现，表层土已被瑞力杰公司填埋的黑色固体废弃物污染，主要污染物为苯、甲苯。2016 年 11 月，开化县环境保护局对瑞力杰公司作出责令改正违法行为决定书，责令瑞力杰公司将填埋于新安村的危险废物交由有资质的单位处理。2016 年 12 月，瑞力杰公司委托有处置资质公司将该工业固废及感官上认为受污染的土壤全部挖出清运处理，共计 1735.8 吨。经对残留土壤进行检测，确认填埋在新安村的工业固废产生的渗滤液对填埋地的土壤和附近马金溪河流水生态环境以及地下水生态环境造成了损害。经采样监测，清理后的场地现场水潭中化学需氧量、氨氮、总磷、总氮浓度超标；马金溪下游化学需氧量、总氮超标。经对污染地块调查与风险评估，受污染地块土壤中苯含量超过人体健康可接受风险水平，需要修复。浙江省开化县人民检察院向浙江省衢州市中级人民法院提起环境民事公益诉讼，请求判令瑞力杰公司赔偿生态环境服务功能损失，支付修复生态环境费用，承担鉴定评估费等费用。经浙江省高级人民法院批准，浙江省衢州市中级人民法院裁定本案由浙江省开化县人民法院审理。

【裁判结果】

浙江省开化县人民法院一审认为，瑞力杰公司违规填埋工业固废，造成生态环境受到损害的事实清楚，应依法承担侵权的民事责任。综合考虑已查明的具体污染情节、被告的主观过错程度、污染环境的范围和程度、生态环境恢复的难易程度、生态环境的服务功能等因素，判决瑞力杰公司赔偿生态环境受到损害期间的服务功能损失，支付修复生态环境费用，承担鉴定评估费等费用。

【典型意义】

本案系因土地利用方式不当污染土壤并引发水污染的环境民事公益诉讼案件。人民法院通过依法审理土壤污染案件，强化土壤污染管控和修复，防止有毒有害污染物、危险化学品、危险废物等通过地下水循环系统进入长江干支流，彰显了山水林田湖草是生命共同体的基本理念。本案中，马金溪作为钱江源国家森林公园的重要水域，是开化县城市集中饮用水水源地。瑞力杰公司填埋工业固体废物产生渗滤液，对填埋地土壤和马金溪河流水生态环境以及地下水生态环境造成损害，对水源地水质产生不良影响。人民法院从长江流域生态系统的整体性着眼，综合考虑多种因素，依法判决瑞力杰公司承担环境侵权责任，赔偿生态环境受到损害期间的服务功能损失和生态环境修复费用，有效保障了饮用水水源地的水质安全。

159. 贵州省铜仁市人民检察院诉贵州玉屏湘盛化工有限公司、广东韶关沃鑫贸易有限公司土壤污染民事公益诉讼案

（2019 年 3 月 2 日发布）

【基本案情】

贵州玉屏湘盛化工有限公司（以下简称湘盛公司）、广东韶关沃鑫贸易有限公司（以下简称沃鑫公司）均未取得危险废物经营许可证。2010 年 5 月，两公司建立合作关系，沃鑫公司提供原料给湘盛公司加工，加工费为生产每吨硫酸 240 元，硫酸产品及废渣由沃鑫公司负责接收销售。2011 年 11 月 1 日，两公司签订《原料购销协议》，以湘盛公司名义对外向中金岭南丹霞冶炼厂购买硫精矿原料。2011 年 11 月 1 日至 2015 年 7 月 6 日，湘盛公司共取得硫精矿 66900 吨，用于生产硫酸。2015 年 3 月 30 日至 2018 年 3 月 30 日，湘盛公司整体承包给沃鑫公司独立经营，其间曾发生高温水管破裂事故，导致生产车间锅炉冷却水直接排入厂外河流。上述生产过程中，生产原材料和废渣淋溶水、生产废水流入厂区外，造成厂区外一号、二号区域土壤污染。经鉴定，一号区域为灌草地，重金属污染面积约达 3600 平方米，全部为重度污染。二号区域为农田，重金属污染面积达 39500 平方米，91%的土壤为重度污染，7%的土壤为中度污染，2%的土壤为轻度污染。污染地块的种植农作物重金属超标。县环境保护局于 2015 年、2016 年两次责令湘盛公司拆除排污暗管、改正违法行为，处以行政罚款。2016 年 9 月，湘盛公司及其法定代表人梁长训、沃鑫公司余某因犯污

染环境罪被追究刑事责任。2017 年 12 月，贵州省环境科学研究设计院出具《损害评估报告》，确认案涉土壤污染损害费用包括消除危险费用、污染修复、期间生态服务功能损失共计 639. 7 万元。

【裁判结果】

贵州省遵义市中级人民法院一审认为，湘盛公司、沃鑫公司均无危险废物经营许可证，不具备危险废物处理资质。两公司生产过程中实施了污染行为，案涉污染土壤中重金属与湘盛公司生产原料、废渣及排放废水中所含重金属成分相同，具有同源性，且污染土壤区域的重金属含量均远高于对照检测点，足以认定两公司排污行为与案涉土壤及地上农作物污染之间的因果关系。两公司先为合作，后为承包，主观上具有共同故意，客观上共同实施了污染行为，应承担连带责任。一审法院判决湘盛公司、沃鑫公司立即停止侵害，在对生产厂区进行综合整改及环境监控，未通过相关环保行政职能部门监督验收前，不得生产；对厂区留存全部原料及废渣进行彻底无污染清除，逾期则应当支付危险废物处置费 60. 3 万元，聘请第三方处置；对案涉土壤进行修复，逾期则支付修复费用 230 万元，聘请第三方修复；赔偿生态环境期间服务功能损失 127. 19 万元，承担本案鉴定费 38. 6 万元。

【典型意义】

本案是由检察机关提起的土壤污染民事公益诉讼案件。土壤是经济社会可持续发展的重要物质基础。尤其本案所涉二号区域用途为农用耕地，其上农作物及农产品的安全更是直接关系群众身体健康。本案审理法院依法启动鉴定程序对案涉专业问题作出技术判断，鉴定机构出具的评估报告同时提供了土壤污染的风险判定和具体修复方案，为推动后续土壤修复治理提供了专业技术支撑。本案审理法院还向县政府发出司法建议，建议通过征用程序改变二号区域的农用耕地用途，消除被污染土地继续种植农作物可能带来的人体健康风险。同时，突出保护农用耕地、基本农田的价值理念，将农用耕地用途改变导致农用耕地功能丧失纳入期间服务功能损失，建立了民事裁判与行政执法之间的衔接路径。本案的正确审理，为案涉土壤污染构建了“责任人修复+政府监管+人民法院强制执行+人民检察院监督”的全新复合治理路径，有力地推进了污染土壤的修复治理，确保实现农业生产环境安全，体现了司法保护公益的良好效果。

160. 被告人王某、王某平污染环境案，浙江省缙云县人民检察院诉被告缙云县南河电镀厂、王某等4人水污染民事公益诉讼案

（2020年1月7日发布）

【基本案情】

被告人王某系浙江省缙云县南河电镀厂（以下简称南河电镀厂）负责人。2018年5月23日下午，王某安排员工王某平，在晚上将该厂污水处理站内未经净化处理的工业废水通过暗管排放。当天21时起至24日凌晨3时，王某平按照王某指示，将厂房内应急池中含氰化物、铜、铬、镍等成分的约70吨工业废水通过暗管直接排放到厂区外好溪水域。经监测，排放污染物中铬含量超标3倍以上，镍、铜含量超标10倍以上。此外，2017年8月至2018年1月，王某为节约开支，以明显低于市场正常处置价格或明知他人不具备危险废物处理资质的情况下，将生产中产生的电镀废弃污泥交由他人处置，倾倒、堆放至福建省浦城县。经环保监管部门认定，倾倒、堆放于空地的泥状废弃物为危险废物，共1341.22吨。

在刑事案件审理过程中，浙江省缙云县人民检察院向浙江省丽水市中级人民法院提起水污染民事公益诉讼。经法院审理查明，南河电镀厂为王某、王某亮、胡某嵘3人合伙经营。2018年5月23日21时至24日3时，因前述污染事故造成好溪4300余亩水域受到污染，下游水域出现大量鱼类死亡，产生渔业资源恢复费用、生态损害鉴定评估费用等共314万余元。

【裁判结果】

浙江省缙云县人民法院一审认为，被告人王某、王某平通过暗管逃避监管的方式，排放含铬、镍、铜等重金属的污染物。王某违反国家规定，非法处置危险废物 1341.22 吨，后果特别严重。王某、王某平的行为均已构成污染环境罪。一审法院判决被告人王某犯污染环境罪，判处有期徒刑五年，并处罚金 13 万元；被告人王某平犯污染环境罪，判处有期徒刑一年六个月，并处罚金 1.5 万元。

就浙江省缙云县人民检察院提起的水污染民事公益诉讼一案，一审判决南河电镀厂赔偿渔业资源恢复费用、生态损害鉴定评估费用等共 314 万余元；南河电镀厂财产不足以支付的，由王某、王某亮、胡某嵘以其个人其他财产予以清偿；王某平承担连带清偿责任；南河电镀厂、王某平在省级媒体上公开赔礼道歉。

【典型意义】

本案系暗管偷排有毒有害水污染物以及跨省倾倒危险废物污染环境案件。生态环境是人民群众健康生活的重要因素，也是需要刑事和民事法律共同保护的重要法益。被告人因同一污染环境、破坏生态行为被追究刑事责任的，不影响其依法应承担的民事责任。本案中，人民法院统筹适用刑事和民事责任，在依法从严惩治王某、王某平污染环境罪的同时，依法判处南河电镀厂承担生态环境修复、损害赔偿和赔礼道歉等民事责任，并判令王某平承担连带责任，王某、王某亮和胡某嵘承担补充清偿责任，体现了损害担责及全面赔偿原则，实现惩治犯罪和保护生态、维护公益相统一。

161. 江苏省扬州市人民检察诉高某龙等 10 人环境民事公益诉讼案

(2020 年 9 月 25 日发布)

【基本案情】

2019 年年初，高某龙等 8 人在高邮湖、邵伯湖禁渔期内，使用电瓶、逆变器、电渔网等工具，多次采用快艇拉网方式电捕鱼，捕获渔获物 1.3 万余斤。李某宽明知非法捕捞仍利用工作之便违规开闸。王某早明知系非法捕捞渔获物仍予收购。高某龙、李某宽、王某早等 10 人因非法捕捞行为已被另案依法追究刑事责任。江苏省扬州市人民检察提起环境民事公益诉讼，请求判令高某龙等 10 人在国家级媒体公开赔礼道歉，并依法承担相应的生态环境损害赔偿责任。

【裁判结果】

江苏省南京市中级人民法院一审认为，高某龙等人作为电捕鱼组织实施者，组织策划或直接实施电捕行为，造成生态资源重大损害；李某宽作为协助者，其行为与生态资源损害结果之间有法律上的因果关系；王某早作为收购者，与高某龙形成固定的捕捞、销售、收购链条，均应在相应范围内承担赔偿责任。一审法院判令高某龙等人在国家级媒体公开赔礼道歉，并对非法捕捞、收购行为造成的生态资源损失、直接渔业资源损失分别或者连带承担 152.44 万元至 3.95 万元不等的赔偿责任，上述款项用于高邮湖、邵伯湖地区生态资源修复。一审判决已发生法律效力。

【典型意义】

本案系在长江流域国家级水产种质资源保护区非法捕捞水产品引发的环境民事公益诉讼。本案中，人民法院对从事或者协助非法捕捞、收购的全部当事人均课以法律责任，并在庭后开展增殖放流、集中销毁电鱼器具网具等多种活动，体现了人民法院严惩非法捕捞、销售、收购长江野生鱼类黑色产业链条的决心，有助于营造全社会保护长江流域生态环境的良好氛围。

162. 湖北省人民检察院武汉铁路运输分院诉阳新网湖生态种养殖有限公司通海水域污染民事公益诉讼案

（2021年2月25日发布）

【基本案情】

网湖大湖为网湖湿地自然保护区内的主要湖泊，并被湖北省人民政府列入第一批湖泊保护名录。阳新网湖生态种养殖有限公司（以下简称养殖公司）与黄石市网湖湿地自然保护区管理局签订合同，约定由其承包网湖大湖进行生态渔业养殖。2014年至2016年，养殖公司先后向网湖大湖违法投放磷肥约1000吨、氮肥约2000吨、有机肥约1000吨，豆渣、啤酒糟等约46000吨。网湖整体水质类别由2013年的Ⅲ类逐渐降至2016年的Ⅴ类，水质恶化，主要超标项目为总磷，水质呈中富营养状态级别。湖北省人民检察院指定武汉铁路运输分院提起民事公益诉讼。

【裁判结果】

武汉海事法院一审认为，网湖大湖水质总磷超标的损害后果，与养殖公司进行渔业养殖过程中违法过度投放肥料和饲料的行为具有直接的因果关系，养殖公司作为污染者，应承担侵权责任。故依据湖北省环境科学研究院生态环境损害司法鉴定中心出具的鉴定意见，判决养殖公司赔偿网湖大湖水体环境损害费1946776元，支付至阳新县财政局非税财政专户，用于网湖大湖水体的整体治理与恢复工作，并在市级以上新闻媒体向社会公开赔礼道歉。

【典型意义】

本案系渔业养殖引发的水污染纠纷案件。长江流域湿地、湖泊分布广泛，类型多样齐全，在维护淡水资源安全、生态安全等方面起着十分重要的作用。网湖湿地位于长江一级支流富水河下游，是东方白鹳、小天鹅等珍稀濒危动植物的栖息地，被专家誉为“湿地水禽遗传基因保存库”。本案中，养殖公司虽然依据合同享有在案涉区域进行生态渔业养殖的权利，但同时也负有不得投肥（粪）养殖、采取措施避免水体污染的义务。人民法院判决养殖公司承担的环境损害赔偿款用于网湖大湖水体的整体治理与恢复工作，为改善和恢复湖泊、湿地生态系统的质量和功能提供了有力司法保障。

163. 广东省广州市人民检察院诉广州市花都区卫洁垃圾综合处理厂、李某强固体废物污染民事公益诉讼案

（2021年6月4日发布）

【基本案情】

2007年1月开始，李某强担任广州市花都区卫洁垃圾综合处理厂（以下简称卫洁垃圾厂）的实际投资人及经营者。2007年5月，李某强代表卫洁垃圾厂与广州市花都区炭步镇三联竹湖经济合作社先后签订土地租用协议、合作种植树木合同及补充协议，租用竹湖大岭北约400亩土地合作种植树木，卫洁垃圾厂可运送经筛选的垃圾上山开坑填埋、覆盖后种树。后李某强组织工人将未经处理的垃圾、垃圾焚烧后产生的炉渣堆放在后山，时间长达十年。经检测，卫洁垃圾厂倾倒垃圾的方量为407390.1立方米，质量为24.78万吨。经鉴定，服务功能损失费用为1714.35万元。广州市花都区人民政府成立工作小组对垃圾场进行前期整治，工程费用约348.6万元。在整治处理阶段，当地政府以政府采购的方式委托中标企业联合体于2020年9月底前完成清理整治主要工作，于2020年12月20日前完成全部清理整治工作并通过验收，工程费用为10995.57万元。生态环境修复费用合计11344.19万元，监测、鉴定、勘测费用合计44.89万元。广东省广州市人民检察院提起民事公益诉讼，请求卫洁垃圾厂赔偿上述费用，其实际投资人李某强在企业对上述费用不能清偿时承担赔偿责任。

【裁判结果】

广东省广州市中级人民法院一审认为，作为经营生态保护和环境治理的卫洁垃圾厂受利益驱使，无视社会公共利益，恣意丢弃原生垃圾，造成生态环境在近十年时间里持续受损，受损的生态环境已无法在短期内恢复。一审判决卫洁垃圾厂支付案涉场地生态环境修复费用、服务功能损失费用、鉴定费及其他合理费用共计约 1.31 亿元，李某强对上述债务时承担补充清偿责任，卫洁垃圾厂、李某强在省级媒体上公开赔礼道歉。该案一审判决已经发生法律效力。

【典型意义】

本案系涉农村固体废物污染的环境民事公益诉讼案件。近年来，生活垃圾处理问题日益凸显，社会广泛关注。尤其是生活垃圾作为固体废弃物由于可运输、可填埋，其污染行为更具隐蔽性，难以被发现查处。本案中，行为人向农村土地大量倾倒未经处理的垃圾、垃圾焚烧后产生的炉渣，时间长达十年，对农村生态环境以及农产品安全造成严重危害，影响极其恶劣。人民法院判令垃圾厂除承担修复费用外，还承担服务功能损失、鉴定费和其他合理费用，其经营者亦要承担补充责任，为落实最严格制度最严密法治理念保护生态环境提供了司法范例。本案的处理还极大震慑了向农村偷运、偷埋生活垃圾行为，委托第三方机构进行清理整治工作的方式亦为解决农村面临的生态环境治理问题、贯彻绿色发展理念、服务乡村振兴提供了司法经验，也为进一步规范城市生活垃圾的处置，增强人民群众环保意识，为解决“垃圾围城”之困发出了司法警示。

164. 广西壮族自治区来宾市人民检察院诉佛山市泽田石油科技有限公司等72名被告环境污染民事公益诉讼案

(2021年6月4日发布)

【基本案情】

佛山市泽田石油科技有限公司（以下简称泽田公司）于2016年4月成立，原法定代表人黄某昌。同年10月变更为黄某顺，2019年5月又变更为黄某昌。自2016年起，经刘某义主动联系，泽田公司等4家企业明知刘某义无危险废物经营许可证，仍分别将废酸油渣交由其处置。刘某义安排柯某水、韦某文非法将危险废物运输至广西壮族自治区武宣县交由韦某榜非法贮存、处置。运输事宜系卓某祥等39名司机（所驾驶车辆分别挂靠在柳江县宏祥汽车运输有限公司等18家运输公司、物流公司）自“货车帮”平台获悉。梁某邦、韦某模为他人非法处置危险废物提供场地。上述人员因犯污染环境罪已被另案追究刑事责任。经鉴定，武宣县共有5个堆放点受到污染，废酸油渣重5681.18吨，污染土壤重917.68吨，共造成生态环境损害1941.56万元、鉴定评估费252.10万元。广西壮族自治区来宾市人民检察院提起民事公益诉讼，请求泽田公司等72名被告承担环境污染侵权责任。

【裁判结果】

广西壮族自治区来宾市中级人民法院一审认为，泽田公司等4家企业明知刘某义等人无危险废物处置资质仍将废酸油渣交由其处置，造成环境污染，应承担侵权责任。卓某祥等 39 名司机及其挂靠的 18 家运输公司、物流公司对所运输物质不知情，不构成侵权。一审判决相关主体对武宣县 5 个堆放点的损失承担连带赔偿责任，并明确了每一堆放点的具体数额。一审判决后，泽田公司、黄某昌、黄某顺不服，提起上诉。广西壮族自治区高级人民法院二审认为，4 家企业虽均有非法处置废酸油渣的行为，但相互之间并无共同意思联络，不能简单以共同侵权而全案适用连带责任。二审改判泽田公司等按照其侵权事实对各个堆放点的损失按份平担责任，刘某义等人承担连带责任。

【典型意义】

本案系跨省区倾倒固体危险废物污染环境所引发的环境损害民事公益诉讼。本案涉及 72 名被告，包括 4 家废酸油渣生产企业、5 名企业投资管理人员，4 名废酸油渣收集、贮存、利用和处置者，2 名提供场所便利者，39 名运输司机及挂靠的 18 家运输公司、物流公司，具有污染事件参与者众多、污染地点分散、环境污染损失重大等显著特点。人民法院深入剖析危险废物的生产者、提供者与危险废物的收集、贮存、利用、处置者以及堆放场地提供者的行为不同程度地交叉、结合，依法正确处理了数人环境侵权下的责任承担，对类似案件的处理具有较好的示范作用。本案二审由广西壮族自治区高级人民法院院长亲自担任审判长，新闻媒体高度关注，本案的审理起到了很好的法治宣传效果。

165. 江苏省南京市人民检察院诉王某林生态破坏民事公益诉讼案

(2021 年 6 月 4 日发布)

【基本案情】

2015 年至 2018 年，王某林违反国家管理矿产资源法律规定，在未取得采矿许可证的情况下，使用机械在南京市浦口区永宁镇老山林场原山林二矿老宕口内、北沿山大道建设施工红线外非法开采泥灰岩、泥页岩等合计 10 余万吨。江苏省南京市浦口区人民检察院以王某林等人的行为构成非法采矿罪向江苏省南京市玄武区人民法院提起公诉。江苏省南京市人民检察院提起本案生态破坏民事公益诉讼，诉请判令王某林承担生态破坏侵权责任，赔偿生态环境损害修复费用 189.31 万元以及事务性费用 40 万元，并提出了相应的修复方案。

【裁判结果】

江苏省南京市中级人民法院一审认为，环境和生物之间、生物和生物之间协同共生，相互影响、相互依存，形成动态的平衡。非法采矿对生态资源造成复合性危害，将直接导致开采区域的植被和土壤破坏，影响到林草蓄积、水土涵养，影响到鸟类和其他动物的栖息环境，造成生态系统的整体破坏及生物多样性的减少，最终影响到人类的生产生活和优美生态环境的实现。王某林违反《中华人民共和国矿产资源法》的规定，未取得采矿许可证即实施非法采矿行为，造成生态环境的破坏，应对生态环境损害后果承担赔偿责任。一审法院当庭宣判，王某林对其非法采矿造成的生态资源损失 189.31 万元承担赔偿责任，其中 149.84 万元用于南京市山林二矿生态修复工程及南京市浦口区永宁街道大桥林场路口地质灾害治理工程使用，39.47 万元用于上述地区生物多样性的恢复及保护使用，王某林承担损害评估等事务性费用 40 万元。该案一审判决已发生法律效力。

【典型意义】

本案是非法采矿引发的生态破坏民事公益诉讼案件。本案案发地部分位于长江沿线 10 公里宕口整治范围内，在长江沿岸非法露天采矿，不仅造成国家矿产资源损失，还必然造成开采区域生态环境破坏及生态要素损失。本案审理坚持系统思维，正确区分认定矿产资源损失和生态要素损失，深化了对生态环境系统破坏的认识；聚焦受损生态环境的损失构成及修复问题，正确区分赔偿款项的性质，将生物栖息地明确为重要的生态保护和修复目标，将属于改善受破坏的自然环境状况，恢复和维持生态环境要素正常生态功能发挥范畴的赔偿费用，用于侵权行为发生地生态修复工程及地质灾害治理工程使用；属于生物多样性受到影响的损失，纳入生物多样性恢复考量范畴，用于侵权行为发生地生物多样性的恢复及保护使用，全面体现生态环境要素的一体保护和系统修复，为长江生态环境系统保护发挥了积极作用，也为类似案件的办理提供了样本。本案于 2020 年 12 月 4 日第七个国家宪法日公开审理并当庭宣判，对引导公众树立正确的生态文明观，善待生态环境具有宣教引导意义。

166. 河南省濮阳市人民检察院诉山东巨野锦晨精细化工有限公司等环境民事公益诉讼案

(2021 年 11 月 25 日发布)

【基本案情】

2015 年 10 月至 2016 年 2 月，山东省巨野锦晨精细化工有限公司（以下简称巨野公司）与河南精众生物科技有限公司（以下简称精众公司）将生产过程中产生的工业含酸废水，交给没有处置资质的寇某汉、寇某伟等人，后寇某汉、寇某伟联系靳某建等人，将上述工业含酸废水通过靳某建所在的范县污水处理厂的暗管非法倾倒进河南省范县城市污水管网。经鉴定，工业含酸废水属于《国家危险废物名录》中“HW34 废酸类”危险废物。范县污水处理厂不具备处理上述工业含酸废水的能力，废水中的危险物质被排入黄河支流金堤河内，对金堤河造成严重污染。经河南生态环境损害司法鉴定中心评估，巨野公司非法倾倒的危险废物造成的地表水环境损害数额为 358 万余元、环境污染财产损害数额为 11 万余元、应急处置费为 89 万余元；精众公司非法倾倒的危险废物造成地表水环境损害数额为 175 万余元、环境污染财产损害数额为 5 万余元、应急处置费 43 万余元。

【裁判结果】

本案部分涉案主体因构成刑事犯罪，已经另案追究刑事责任。在本案审理过程中，经河南省濮阳市中级人民法院主持调解，各方当事人自愿达成了调解协议：(2) 巨野公司分两期先后支付治理费用459万余元和358万余元，精众公司分两期先后支付治理费用224万余元和175万余元；(2) 自调解书生效之日起两年内，如二被告能够通过技术改造对生产过程中产生的污水进行处理，明显降低环境风险，并经过第三方评估，两年内产生的污水均符合排放标准，且两年内没有因环境违法行为受到处罚的，其在协议生效后已支付的技术改造费用可以向河南省濮阳市人民检察院、河南省濮阳市中级人民法院申请抵扣第二期应支付款项，二被告所支付的技改费用等于或大于第二期应支付款项时，二被告不再支付第二期应支付费用；(3) 二被告购买环境污染责任保险的保费可向河南省濮阳市人民检察院、河南省濮阳市中级人民法院申请抵扣第二期应支付款项的相应数额；(4) 二被告在调解书生效之日起三十日内分别在国家级媒体上为其污染环境的行为向社会公众公开赔礼道歉。

【典型意义】

本案系检察机关针对跨省非法倾倒工业废水污染黄河主要支流，严重危害黄河流域水体安全的违法行为在刑事案件后，另行提起的环境民事公益诉讼案件。本案考虑到企业的实际困难，由被告分期支付赔偿款，先期支付一部分环境治理修复费用、财产损失及应急处置费用，并积极进行企业技术改造，提高企业防范环境污染事故的技术能力，用技改资金折抵第二期环境治理修复费用，不仅最大限度地修复生态环境，而且积极助力企业绿色转型。本案还探索了由涉事化工企业购买环境责任险折抵环境修复治理费用的责任承担方式。环境责任险目前并非化工企业强制购买的保险，购买此种保险，一旦发生环境污染事故，将大大增强化工企业修复生态环境的能力，最大限度维护生态环境安全。濮阳地处豫、鲁、冀三省交界，是全国重要的化工基地，被告的非法倾倒工业废水的行为污染了黄河的重要支流金堤河，有关人员被依法追究刑事责任后，检察机关又提起民事公益诉讼，实现了刑事打击与民事赔偿的有效衔接，确保被破坏的生态环境得到及时修复。

167. 江苏省连云港市连云区人民检察院诉尹某山等人非法捕捞水产品刑事附带民事诉讼案

(2017 年 6 月 22 日发布)

【基本案情】

2012 年 6 月初至 7 月 30 日，尹某山召集李某友、秦某、秦某涛、李某明、秦某波等人，在伏季休渔期间违规出海作业捕捞海产品，捕捞的海产品全部由尹某山收购。至 2012 年 7 月 30 日，尹某山收购上述另 5 人捕捞的水产品价值 828784 元。江苏省连云港市连云区人民检察院以上述 6 人犯非法捕捞水产品罪向江苏省连云港市连云区人民法院提起公诉，同时根据相关职能部门出具的修复方案，提起刑事附带民事诉讼，要求 6 人采取一定方式修复被其犯罪行为破坏的海洋生态环境。

【裁判结果】

江苏省连云港市连云区人民法院一审认为，尹某山召集李某友、秦某、秦某涛、李某明、秦某波等人违反保护水产资源法规，在禁渔期、禁渔区非法捕捞水产品，情节严重，6 人的行为均已构成非法捕捞水产品罪。6 人主动退缴部分违法所得，确有悔罪表现，还主动缴纳了海洋生态环境修复保证金，同意以实际行动修复被其犯罪行为损害的海洋生态环境，量刑时可酌情从轻处罚。6 人在禁渔期、禁渔区非法捕捞海产品的犯罪行为，影响海洋生物休养繁殖，给海洋渔业资源造成严重破坏。为了保护国家海洋渔业资源，改善被 6 人犯罪行为破坏的海洋生态环境，6 人应当根据《中华人民共和国侵权责任法》的规定，采取科学、合理的方式予以修复。

根据专业机构出具的修复意见，采取增殖放流的方式，放流中国对虾苗可以有效地进行修复。遂对6人分别判处一年至二年三个月不等的有期徒刑，部分适用缓刑，没收全部违法所得。同时判决6人以增殖放流1365万尾中国对虾苗的方式修复被其犯罪行为破坏的海洋生态环境。一审判决作出后，尹某山以一审量刑过重为由，上诉至江苏省连云港市中级人民法院，该院经审理后裁定驳回上诉，维持原判。

【典型意义】

本案系江苏省首例由检察机关提起刑事附带民事诉讼的环境资源刑事案件。本案在审判及执行方式上的探索创新，对环境资源案件审理具有较好的借鉴价值。一审法院在依法受理检察机关提起的刑事附带民事起诉后，查明案件事实并充分听取了各被告对修复方案的意见，将生态修复方案向社会公开，广泛征求公众的意见，在汇总、审查社会公众意见后，确认了相关职能部门出具的根据产出比1∶10增殖放流中国对虾苗的修复方案的科学性、合理性，开创了引导社会公众参与环境司法的新机制。本案对环境资源审判贯彻恢复性司法理念审理海洋生态环境破坏案件，引导社会公众参与审判具有较好的示范意义。

168. 湖南省岳阳楼区人民检察院诉何某强等非法杀害珍贵、濒危野生动物，非法狩猎刑事附带民事诉讼案

（2017年6月22日发布）

【基本案情】

2014年11月至2015年1月，何某强、钟某军在湖南省东洞庭湖国家级自然保护区收鱼时，与养鱼户及帮工人员方某华、龙某如、龙某明和涂某保、余某秋、张某海、任某平等人商定投毒杀害保护区内野生候鸟，由何某强提供农药并负责收购。此后，何某强等人先后多次在保护区内投毒杀害野生候鸟，均由何某强统一收购后贩卖给李某介绍的汪某平。2015年1月18日，何某强、钟某军先后从方某华及余六秋处收购了8袋共计63只候鸟，在岳阳市君山区壕坝码头被自然保护区管理局工作人员当场查获。经鉴定，上述63只候鸟均系中毒死亡；其中12只小天鹅及5只白琵鹭均属国家二级保护野生动物；其余苍鹭、赤麻鸭、赤颈鸭、斑嘴鸭、夜鹭等共计46只，均属国家“三有”保护野生动物。查获的63只野生候鸟核定价值为44617元。

湖南省岳阳楼区人民检察院以何某强等7人犯非法猎捕、杀害珍贵濒危野生动物罪，向湖南省岳阳市岳阳楼区人民法院提起公诉。岳阳市林业局提起刑事附带民事诉讼，请求7名被告人共同赔偿损失53553元，湖南省岳阳楼区人民检察院支持起诉。

【裁判结果】

湖南省岳阳市岳阳楼区人民法院一审认为：何某强伙同钟某军、方某华在湖南东洞庭湖国家级自然保护区内，采取投毒方式非法杀害国家二级保护动物小天鹅、白琵鹭及其他野生动物，李某帮助何某强购毒并全程负责对毒杀的野生候鸟进行销售，何某强、钟某军、方某华、李某的行为均已构成非法杀害珍贵、濒危野生动物罪，属情节特别严重。龙某如、龙某明、龙某在何某强的授意下，采取投毒方式，分别在国家级自然保护区内猎杀野生候鸟，破坏野生动物资源，情节严重，其行为均已构成非法狩猎罪。何某强、钟某军的犯罪行为同时触犯非法杀害珍贵、濒危野生动物罪和非法狩猎罪，应择一重罪以非法杀害珍贵、濒危野生动物罪定罪处罚。此外，因何某强等 7 人的犯罪行为破坏了国家野生动物资源，致使国家财产遭受损失，各方应承担赔偿责任。相应损失以涉案 63 只野生候鸟的核定价值认定为 44617 元，根据各人在犯罪过程中所起的具体作用进行分担，判决何某强、钟某军、方某华、李某犯非法杀害珍贵、濒危野生动物罪，判处有期徒刑六年至十二年不等，并处罚金。龙某如、龙某、龙某明犯非法狩猎罪，判处有期徒刑一年至二年不等，其中二人缓刑二年。由何某强等 7 人共同向岳阳市林业局赔偿损失 44617 元。

【典型意义】

本案系非法猎捕、杀害珍贵、濒危野生动物刑事附带民事诉讼案件。刑罚是环境治理的重要方式，面对日趋严峻的环境资源问题，运用刑罚手段惩治和防范环境资源犯罪，加大环境资源刑事司法保护力度，是维护生态环境的重要环节。本案发生于东洞庭湖国家级自然保护区内，在检察机关提起公诉的同时，由相关环境资源主管部门提起刑事附带民事诉讼、检察机关支持起诉，依法同时追究行为人刑事责任和民事责任，具有较高借鉴价值。一审法院在认定 7 名被告人均具有在自然保护区内投毒杀害野生候鸟的主观犯意前提下，正确区分各自的客观行为，根据主客观相一致原则对7名被告人分别以非法杀害珍贵、濒危野生动物罪和非法狩猎罪定罪；并根据共同犯罪理论区分主从犯，分别对七名被告人判处一年至十二年不等的有期徒刑，部分适用缓刑，既体现了从严惩治环境资源犯罪的基本价值取向，突出了环境法益的独立地位，又体现了宽严相济的刑事政策，充分发挥了刑法的威慑和教育功能。此外，本案不仅追究了被告人杀害野生候鸟的刑事责任，还追究了被告人因其犯罪行为给国家野生动物资源造成损失的民事赔偿责任，对环境资源刑事犯罪和民事赔偿案件的一并处理具有较好的示范意义。

169. 江苏省南京市鼓楼区人民检察院诉南京胜科水务有限公司、ZHENG XGENG（郑某庚）等 12 人污染环境刑事附带民事公益诉讼案

（2020 年 5 月 8 日发布）

【基本案情】

被告单位南京胜科水务有限公司（以下简称胜科公司）于 2003 年 5 月成立，经营范围为向南京化学工业园排污企业提供污水处理服务，系危险废物国家重点监控企业。被告人 ZHENG XGENG（郑某庚）系胜科公司总经理。2014 年 10 月至 2017 年 4 月，胜科公司多次采用修建暗管、篡改监测数据、无危险废物处理资质却接收其他单位化工染料类危险废物等方式，向长江违法排放高浓度废水共计 284583. 04 立方，污泥约 4362. 53 吨，危险废物 54. 06 吨。经鉴定，胜科公司的前述违法行为造成生态环境损害数额合计约 4. 7 亿元。江苏省南京市鼓楼区人民检察院于 2018 年 1 月提起公诉，指控被告单位胜科公司、被告人 ZHENG XENG（郑某庚）等 12 人犯污染环境罪，并作为公益诉讼起诉人于 2018 年 9 月提起刑事附带民事公益诉讼，请求判令被告胜科公司承担生态环境修复费用。

【裁判结果】

江苏省南京市玄武区人民法院一审认为，被告单位胜科公司违反国家规定，排放、处置有毒物质和其他有害物质，严重污染环境，后果特别严

重，其行为构成污染环境罪。被告人 ZHENG XGENG（郑某庚）系直接负责的主管人员，应以污染环境罪定罪处罚。以污染环境罪判处被告单位胜科公司罚金 5000 万元；判处被告人 ZHENG XGENG（郑某庚）等人有期徒刑六年至一年不等，并处罚金 200 万元至 5 万元不等。江苏省南京市中级人民法院二审维持原判。附带民事公益诉讼案件经江苏省南京市玄武区人民法院调解，江苏省南京市鼓楼区人民检察院与胜科公司、第三人胜科（中国）投资有限公司（以下简称胜科投资公司，系胜科公司控股股东）签署调解协议，确认胜科公司赔偿生态环境修复费用现金部分 2.37 亿元；胜科投资公司对前述款项承担连带责任，并完成替代性修复项目资金投入不少于 2.33 亿元。

【典型意义】

本案系污染环境刑事附带民事公益诉讼案件，亦系最高人民检察院、公安部、原环境保护部联合督办案件。本案中，人民法院依法严惩重罚污染环境犯罪，不仅对被告单位，而且对直接责任人员、分管负责人员以及篡改监测数据的共同犯罪人员，一并追究刑事责任。同时，高度重视对环境公共利益的有效保护，及时引导检察机关补充固定证据，建议公益诉讼起诉人根据新的事实增加诉讼请求，多次组织专家学者、环保行政部门人员论证调解方案，最终确认胜科公司赔偿生态环境修复费用现金部分 2.37 亿元，胜科投资公司对前述款项承担连带责任，并完成替代性修复项目资金投入不少于 2.33 亿元，用于环境治理、节能减排生态环保项目的新建、升级和提标改造。本案中，胜科投资公司系基于股东社会责任等考虑，主动加入附带民事公益诉讼案件的调解中并承担环境修复费用，为调解方案的执行提供了有力保障。本案的判决充分展示了依法从严惩治向长江等重点流域区域违法排污犯罪行为的司法政策，以及损害担责、全面赔偿的救济原则，在惩治、震慑环境污染犯罪，确保长江生态环境及时、有效恢复，促进企业进行绿色升级改造以及引导股东积极承担生态环境保护社会责任等方面，均具有重要的示范意义。

170. 江苏省东台市人民检察院诉施某华非法狩猎刑事附带民事公益案

(2020 年 5 月 8 日发布)

【基本案情】

2018 年 10 月 7 日至 22 日，被告人施某华非法猎捕野生鸟类 647 只。经鉴定，猎捕的鸟类中合计 646 只属于国家保护的有重要生态、科学、社会价值的陆生野生动物。一审审理中，江苏省东台市人民检察院提起附带民事公益诉讼，请求判令施某华赔偿因侵权造成的国家资源损失 19.38 万元，并在市级以上媒体公开赔礼道歉。

【裁判结果】

江苏省东台市人民法院一审认为，被告人施某华违反狩猎法规，在禁猎期非法狩猎野生动物，数量多达 646 只，种类多达 8 种，情节严重，其行为构成非法狩猎罪。其犯罪行为破坏了野生动物资源，损害了国家和社会公共利益。以非法狩猎罪判处被告人施某华有期徒刑八个月。判令施某华赔偿国家资源损失 19.38 万元；在盐城市级以上公开发行的报纸上发表赔礼道歉声明。

【典型意义】

本案系非法狩猎引发的刑事附带民事公益诉讼案件。案涉 646 只鸟类属于“三有”野生动物，是自然生态系统的固有组成部分，对维持生态平衡、促进生态系统物质循环具有重要作用。特别是，案涉猎捕地点位于黄海湿地范围内。黄海湿地是全球数百万迁徙候鸟的停歇地、换羽地和越冬地，已经被列入世界自然遗产名录。大量猎捕野生鸟类将会严重破坏黄海湿地的生物多样性，致使湿地生态失衡。本案中，人民法院依法以非法狩猎罪判处被告人实刑的同时，判决其赔偿国家资源损失并赔礼道歉，体现了司法保护生态环境公共利益的功能。同时，人民法院考虑本案被告人无业、家庭生活困难等情形，依法引导被告人以环境整治、林业看护等环境公益劳动的方式替代履行部分国家资源损失赔偿责任，体现了宽严相济的刑事政策和恢复性环境司法理念。

171. 四川省若尔盖县人民检察院诉甲某周盗伐林木刑事附带民事公益诉讼案

(2020 年 6 月 5 日发布)

【基本案情】

被告人甲某周为自建房屋申请砍伐木材 50 立方米。2018 年 7 月底，在尚未取得林木采伐许可证情况下，甲某周谎称已取得砍树指标，请人在崇尔乡列更山上砍伐云杉树木 39 棵、蓄积为 44.87 立方米。同年 9 月 10 日，甲某周主动到若尔盖县森林公安局投案，如实供述犯罪事实，后签署认罪认罚具结书。四川省若尔盖县人民检察院依法提起刑事附带民事公益诉讼。

【裁判结果】

四川省若尔盖县人民法院一审认为，甲某周在未取得林木采伐许可证的情况下，以非法占有为目的，擅自砍伐国家所有林木云杉，蓄积 44.87 立方米，数量巨大，已构成盗伐林木罪。鉴于甲某周构成自首，其盗伐林木目的是用于自建房且能认罪认罚，故对其减轻处罚。四川省若尔盖县人民检察院依法提起附带民事公益诉讼，主体适格，程序合法，对其公益诉讼请求予以支持。一审法院判决甲某周犯盗伐林木罪，判处有期徒刑二年、缓刑三年，并处罚金 2000 元；甲某周在判决生效后六个月内，补种云杉树 390 株。

【典型意义】

本案系盗伐林木引发的刑事附带民事公益诉讼案件。若尔盖县地处黄河上游，是重要的水源涵养区。该区域的森林资源具有保持水土、维护生物多样性等重要作用。通过案件审理，人民法院统筹运用刑事、民事责任方式，落实恢复性司法理念，在判决甲某周负刑事责任的同时承担补植复绿的生态环境修复责任，构建惩处和复绿并举的责任追究机制，对于有效树立“伐树要许可、毁树须担责”的生态保护意识，推动形成人与自然和谐共生的绿色生活方式，具有积极的促进作用。

172. 青海省玉树市人民检察院诉贡某某措等3人非法猎捕、杀害珍贵、濒危野生动物刑事附带民事公益诉讼案

（2020年6月5日发布）

【基本案情】

2017年12月间，被告人贡某某措等3人在玉树市仲达乡邦琼寺附近一山沟处用铁丝陷阱非法捕杀3只母马麝，并将尸体埋于现场附近。玉树市森林公安局民警接群众报案后将3人当场抓获。经鉴定，案涉野生动物马麝为国家一级重点保护动物，3只马麝整体价值为9万元。青海省玉树市人民检察院依法提起刑事附带民事公益诉讼。

【裁判结果】

青海省玉树市人民法院一审认为，贡某某措等3人的行为，构成非法猎捕、杀害珍贵、濒危野生动物罪。3名被告人的行为损害了社会公共利益，应承担因犯罪行为给国家野生动物资源造成的损失。一审法院判决贡某某措等3人犯非法猎捕、杀害珍贵、濒危野生动物罪，判处有期徒刑五年至三年六个月不等，并处罚金；判决3被告共同赔偿野生动物资源损失9万元，并公开向社会公众道歉。

【典型意义】

本案系非法猎捕、杀害珍贵、濒危野生动物引发的刑事附带民事公益

诉讼案件。保护珍贵、濒危野生动物对于保护生物多样性、维护生态系统平衡具有重要意义。三江源地区是黄河的发源地，生物多样性丰富，但同时也属于生态脆弱区。本案在严惩破坏野生动物资源犯罪的同时，依法判决赔偿国家经济损失并赔礼道歉，体现了司法保护生态环境公共利益的功能，对于全面禁止和惩治非法野生动物交易，引导社会公众树立自觉保护野生动物及其栖息地意识，维护国家生物安全和生态安全具有重要意义。

173. 云南省昆明市盘龙区人民检察院诉闵某、钱某礼非法捕捞水产品刑事附带民事公益诉讼案

(2020年9月25日发布)

【基本案情】

2017年10月1日夜，被告人闵某、钱某礼在滇池水域船房河使用电鱼器捕鱼，被当场查获电鱼器一套，渔获物鲫鱼14条、泥鳅67条。云南省昆明市盘龙区人民检察院以闵某、钱某礼犯非法捕捞水产品罪提起公诉，并提起附带民事公益诉讼，请求判令闵某、钱某礼承担相应生态环境损害赔偿责任。

【裁判结果】

云南省昆明市盘龙区人民法院一审认为，被告人闵某、钱某礼违反水产资源保护法规，在滇池禁渔期，在禁渔区内使用禁用的工具和方法非法捕捞，情节严重，构成非法捕捞水产品罪；其非法捕捞行为对生态环境造成破坏，依法应承担相应赔偿责任。一审法院分别判处被告人闵某、钱某礼罚金2000元；各向滇池水域增殖放流价值4000元的高背鲫鱼、花白鲢鱼及鳙鱼鱼苗，并通过新闻媒体公开赔礼道歉。一审判决已发生法律效力。

【典型意义】

本案系在滇池水域非法捕捞水产品引发的刑事附带民事公益诉讼案

件。滇池属长江上游金沙江水系，为国家级风景名胜区，具有重要的景观养护、湿地调节和气候改善等生态服务功能。被告人非法电鱼的区域属入滇河道，其行为影响滇池水域生物休养生息及鱼类产卵繁殖，破坏滇池水域生态环境。人民法院结合当事人违法犯罪情节轻微的事实，在适用财产刑、施以罚金的同时，采用增殖放流方式依法追究生态环境损害赔偿责任，有助于加大非法捕捞违法犯罪成本，促进受损水域生态环境修复治理，对类案审理具有一定的借鉴意义。

174. 贵州省毕节市七星关区人民检察院诉曾某飞等3人非法捕捞水产品刑事附带民事公益诉讼案

（2020年9月25日发布）

【基本案情】

2019年9月16日，被告人曾某飞等3人在贵州省毕节市七星关区大屯乡大河村赤水河水域，使用电击方式捕捞野生鱼类。经现场清点，3被告人共捕获河鱼205条，净重4.86斤。贵州省毕节市七星关区人民检察院以曾某飞等3人犯非法捕捞水产品罪提起公诉，并提起附带民事公益诉讼，请求判令曾某飞等3人在省级以上主流媒体公开赔礼道歉，赔偿国家因恢复受损水产资源所需费用9000元。本案案发后，被告人曾某飞等3人与检察院、当地农业农村局达成增殖放流生态补偿协议，自愿登报道歉和修复受损生态。

【裁判结果】

贵州省毕节市七星关区人民法院一审认为，被告人曾某飞等3人违反国家保护水产资源法规，共同实施故意犯罪，在禁渔区、禁渔期使用禁用的工具、方法捕捞水产品，情节严重，构成非法捕捞水产品罪；其行为影响自然生态平衡，造成渔业资源破坏，损害国家利益和社会公共利益，应当依法赔偿。一审法院依法判处曾某飞等3人各管制六个月，在省级以上主流媒体公开赔礼道歉，并赔偿恢复受损水产品资源修复所需费用9000

元。一审判决已发生法律效力。

【典型意义】

本案系在长江上游珍稀特有鱼类国家级自然保护区非法捕捞水产品引发的刑事附带民事公益诉讼案。本案所涉七星关区赤水河段，地处上述自然保护区实验区范围内。被告人在禁渔期内使用电鱼方式非法捕捞水产品，对自然保护区的渔业资源和生态环境造成严重破坏。人民法院在追究被告人刑事责任的同时，促进被告人与检察机关、行政执法机关签订生态补偿协议，探索创新“恢复性司法实践+社会化综合治理”的裁判执行机制，有力维护了长江上游珍稀特有鱼类及其栖息地生态环境安全。

175. 四川省崇州市人民检察院诉张某、汪某林非法捕捞水产品刑事附带民事公益诉讼案

（2020 年 9 月 25 日发布）

【基本案情】

2019 年 5 月 1 日，被告人张某、汪某林共谋至崇州市街子镇味江河水文站河段，采取电瓶连接逆变器的方式捕鱼，被现场查扣捕鱼工具和渔获物，包括鲫鱼、鲤鱼、白条鱼等 10 个品种共计 4.96 斤。经鉴定，上述捕捞行为造成渔业资源损失 6839.28 元和其他间接生态损害。四川省崇州市人民检察院以被告人张某、汪某林犯非法捕捞水产品罪提起公诉，并提起附带民事公益诉讼，请求判令张某、汪某林赔偿渔业资源损失费 6839.28 元，并承担本案渔业资源损失价值鉴定服务费 8000 元和公告费 1000 元。

【裁判结果】

四川省崇州市人民法院一审认为，被告人张某、汪某林在禁渔区、禁渔期使用禁用的工具、方法捕捞水产品，造成渔业资源损失，情节严重，构成非法捕捞水产品罪，属共同犯罪，其中张某为主犯，王某林为从犯；其二人的非法捕捞行为破坏了水域生态环境和生物多样性，应依法承担生态环境损害赔偿责任。鉴于二人系初犯，有悔罪表现，在庭前与当地生态环境保护中心签订参加社会实践活动协议，承诺参加一年六个月的社会实践活动。一审法院依法酌定从轻处罚，分别判处张某、汪某林有期徒刑，

并适用缓刑；连带赔偿渔业资源损失费、鉴定费、公告费共计 15839.28 元，没收扣押在案的捕鱼工具上缴国库。一审判决已发生法律效力。

【典型意义】

本案系在长江流域天然河流非法捕捞水产品引发的刑事附带民事公益诉讼案。被告人非法捕捞水产品，严重破坏天然河流的渔业资源和水文状况，应予惩治。人民法院参考专家意见，采取被告人参与社会实践公益活动以及将渔业资源损失费直接用于水域环境治理的方式，替代通常的增殖放流修复方式，拓展丰富了生态修复责任承担形式，有助于确保长江流域生态修复落到实处，促进惩罚犯罪与修复生态效果统一。

176. 湖南省岳阳市君山区人民检察院诉何某焕、孙某秋非法捕捞水产品刑事附带民事公益诉讼案

(2020 年 9 月 25 日发布)

【基本案情】

2018 年 3 月 27 日，被告人何某焕、孙某秋驾驶渔船至长江岳阳段君山银沙滩、孙梁洲附近水域非法捕捞，何某焕负责驾船、控制发电机设备，孙某秋负责使用电舀子电鱼、舀鱼，被当场查获非法捕捞渔获物 165.58 斤。湖南省岳阳市君山区人民检察院以何某焕、孙某秋犯非法捕捞水产品罪提起公诉，并提起附带民事公益诉讼，请求判令二人连带承担恢复原状和赔偿生态环境修复费用的民事责任。

【裁判结果】

湖南省岳阳市君山区人民法院一审认为，被告人何某焕、孙某秋违反保护水产资源法规，在禁渔期、禁渔区使用禁止使用的工具非法捕捞水产品，情节严重，构成非法捕捞水产品罪，其二人均系主犯；其非法捕捞行为损害作业范围内环境公共利益，应当连带承担生态环境损害赔偿责任。一审法院分别判处被告人何某焕、孙某秋拘役两个月，缓刑六个月，没收电捕鱼作案工具；责令其二人将 4762 元生态修复费用交付有关渔政部门购买幼鱼，投放于案发水域。一审判决已发生法律效力。

【典型意义】

本案系在洞庭湖水系非法捕捞水产品引发的刑事附带民事公益诉讼案件。被告人采用电捕鱼非法作业方式，严重影响作业范围内各类水生动物种群繁衍，破坏洞庭湖和长江流域水生物资源和水生态环境。本案系洞庭湖环境资源法庭挂牌成立以来集中管辖审理的第一起非法捕捞水产品案件。人民法院在追究当事人刑事责任的同时，判令其将生态修复费用交付渔政部门，由渔政部门购买幼鱼、代为履行增殖放流义务，创新生态环境损害赔偿责任执行方式，有利于促进司法机关与行政执法机关的协调联动，确保受损水生生物资源和水生态得到及时有效修复。

177. 湖北省宜昌市伍家岗区人民检察院诉李某九等8人非法捕捞水产品刑事附带民事公益诉讼案

（2020年9月25日发布）

【基本案情】

2017年10月，被告人李某九、陈某新、雷某华为实施电捕鱼，共同出资购买电捕鱼船舶一艘及相关设备，后李某九又邀约熊某孝入伙。此间，李某九邀约李某红等人参加非法捕捞，按次给付参与捕捞费用。2018年4月10日至6月4日，被告人李某九等8人多次在长江枝江段禁渔水域非法捕捞水产品共计5376.6斤，变卖渔获物得赃款25148元。经评估，被告人李某九等8人的非法捕捞行为造成成鱼潜在损失量约7976斤，幼鱼损失量约174万尾。湖北省宜昌市伍家岗区人民检察院以李某九等8人犯非法捕捞水产品罪提起公诉，并提起附带民事公益诉讼，请求李某九等8人投放成鱼7976斤、幼鱼174万尾以修复生态。一审审理中，李某九等人的亲属代为缴纳生态修复费用，用于放流成鱼、幼鱼。

【裁判结果】

湖北省宜昌市伍家岗区人民法院一审认为，被告人李某九等8人违反保护水产资源法律法规，在长江禁渔期、禁渔区内使用禁用方法捕捞水产品，情节严重，构成非法捕捞水产品罪。鉴于被告人李某九等人积极履行生态修复义务，依法可以酌情从轻处罚；其非法捕捞行为破坏了长江生态环境和渔业资源，应连带承担生态环境损害赔偿责任。一审法院分别判处被告人李某九等8人有期徒刑二年至六个月不等，退缴违法所得；就电捕鱼水域放流成鱼7976斤、幼鱼174万尾承担连带责任（已履行的放流部分予以扣减）。一审判决已发生法律效力。

【典型意义】

本案系在长江中上游非法捕捞水产品引发的刑事附带民事公益诉讼案件。本案所涉长江宜昌至枝江段，渔业资源丰富，是长江重要经济鱼类产卵场的主要分布江段。近年来“电毒炸”非法捕捞作业方式屡禁不止，导致该江段渔业资源不断衰退。本案系目前为止该江段内抓获的最大团伙电捕鱼案件，人民法院对8名被告人均被判处实刑，同时判令采用放流成鱼和幼鱼的方式对受损水体进行修复，并将生态修复义务履行情况纳入量刑情节，体现了人民法院注重生态系统修复的司法理念，有力保障了长江流域水生生物资源安全。

178. 上海铁路运输检察院诉邢某成非法猎捕、杀害珍贵、濒危野生动物刑事附带民事公益诉讼案

(2020 年 9 月 25 日发布)

【基本案情】

2019 年 8 月 6 日，被告人邢某成在未取得捕捞许可证的情况下，驾驶自购渔船，行驶至上海市崇明区佘山岛北面水域，拖网作业实施捕捞，捕获疑似中华鲟活体一条及花鲢、鲈鱼若干，后将上述渔获物放入冰柜。经鉴定，确认该疑似中华鲟死亡个体为中华鲟，系国家一级保护野生动物。上海铁路运输检察院以邢某成犯非法猎捕、杀害珍贵、濒危野生动物罪提起公诉，并提起附带民事公益诉讼，请求判令邢某成赔偿损失 4 万元，公开向社会公众赔礼道歉。

【裁判结果】

上海市崇明区人民法院一审认为，被告人邢某成非法猎捕国家一级保护野生动物中华鲟，并致其死亡，构成非法猎捕、杀害珍贵、濒危野生动物罪；其行为造成国家野生动物资源损失，损害了社会公共利益，应承担生态环境损害赔偿责任。一审法院判处被告人邢某成有期徒刑一年，并处罚金 5000 元；赔偿国家野生动物资源损失 4 万元，并公开赔礼道歉。一审判决已发生法律效力。

【典型意义】

本案系在上海长江口中华鲟湿地自然保护区非法猎捕、杀害珍贵、濒危野生动物引发的刑事附带民事公益诉讼案件。中华鲟是地球上现存的最古老脊椎动物之一，是国家一级保护野生动物。上海长江口中华鲟湿地自然保护区是世界上最大的河口湿地之一，是中华鲟的重要栖息地。本案是长三角区域第一起非法猎捕、杀害中华鲟刑事案件，也是《上海市中华鲟保护管理条例》出台之后首例涉及非法猎捕、杀害中华鲟的案件。本案判决对于保护、延续中华鲟自然种群，维护长江流域珍贵、濒危水生野生动物栖息地生态安全具有重要的示范意义。

179. 江苏省扬州市江都区人民检察院诉李某根非法捕捞水产品刑事附带民事公益诉讼案

（2021年2月25日发布）

【基本案情】

2018年1月至2019年4月，被告人李某根在明知扬州市江都区长江夹江流域属于禁渔期、电鱼为禁止使用的捕捞方法的情况下，驾驶快艇，利用电磁波高频逆变器、带导线的抄网等工具组成电捕工具采用电鱼方法在夹江水域非法捕捞水产品60余次，捕获鲢鱼、鳊鱼等野生鱼类900余斤并出售，获利9000元。经扬州市江都区渔政监督大队认定，李某根使用的电捕工具属于《中华人民共和国渔业法》规定禁止使用的捕捞方法。原中华人民共和国农业部通告〔2017〕6号《关于公布率先全面禁捕长江流域水生生物保护区名录的通告》及《国家级水产种质资源保护区资料汇编》，明确长江扬州段四大家鱼国家级水产种质资源保护区施行全面禁捕，扬州市江都区长江夹江流域属于上述禁渔区。江苏省扬州市江都区人民检察院依法提起刑事附带民事公益诉讼。

【裁判结果】

审理中，江苏省扬州市江都区人民检察院与李某根就生态环境修复达成和解协议：（1）李某根自签订协议之日起十日内在省级媒体上公开赔礼道歉；（2）李某根自签订本协议之日起十日内增殖放流价值25000元的鱼苗（已履行）；（3）李某根自签订本协议之日起二年内再行增殖放流价值22500元的鱼苗。江苏省如皋市人民法院一审认为，李某根违反保护水产资源法规，在禁渔区内使用禁用的方法捕捞水产品，情节严重，已构成非法捕捞水产品罪。鉴于李某根案发后自动投案，如实供述自己的罪行，构成自首；已退缴违法所得，且采取增殖放流方式修复生态环境，可从轻处罚。一审法院判决李某根犯非法捕捞水产品罪，判处有期徒刑一年，没收违法所得9000元。

【典型意义】

本案系非法捕捞水产品引发的刑事附带民事公益诉讼案件。长江十年禁捕是贯彻习近平总书记关于“共抓大保护、不搞大开发”的重要指示精神，保护长江母亲河和加强生态文明建设的重要举措，是为全局计、为子孙谋，功在当代、利在千秋的重要决策。本案中，案发地位于四大家鱼种质资源区的长江流域扬州段，是鱼类的重要洄游通道，也是鱼类育肥产卵和越冬的最佳场所。李某根电鱼的行为对自然水域的水生生物产生极大杀伤力，严重威胁生态资源和水环境，故人民法院依法以非法捕捞水产品罪判处其有期徒刑并没收违法所得。同时，李某根仍需承担增殖放流的生态修复责任，确保长江流域生态环境得到及时有效修复。2020年12月，最高人民法院、最高人民检察院、公安部、农业农村部联合制定了《依法惩治长江流域非法捕捞等违法犯罪的意见》，明确对长江流域非法捕捞等危害水生生物资源的各类违法犯罪进行严厉打击，确保长江流域禁捕工作顺利实施。

180. 安徽省巢湖市人民检察院诉魏某文等33人非法捕捞水产品刑事附带民事公益诉讼案

（2021年6月4日发布）

【基本案情】

2020年1月至5月，魏某文明知巢湖水域处于禁渔期间，仍事前通谋由邓某军、汪某云等人在巢湖水域非法捕捞水产品，由魏某文收购、销售。后邓某军、汪某云等人采取“下地笼”“刀鱼网”等非法方式，捕捞水产品7.5万余斤，非法获利45万余元，造成渔业资源生态环境严重破坏。安徽省巢湖市人民检察院于2020年10月提起公诉，指控被告人魏某文等33人犯非法捕捞水产品罪，并作为公益诉讼起诉人提起刑事附带民事公益诉讼，请求判令魏某文等33人对其非法捕捞、收购水产品造成的渔业资源损失承担连带赔偿责任。

【裁判结果】

安徽省巢湖市人民法院一审认为，被告人魏某文等33人违反《中华人民共和国渔业法》的规定，在禁渔期、禁渔区多次进行非法捕捞，情节严重，构成非法捕捞水产品罪。一审法院根据各被告人在共同犯罪中的作用、案发后的自首、坦白等情节，以非法捕捞水产品罪判处被告人魏某文等33人有期徒刑十八个月至拘役两个月不等，追缴违法所得。魏某文等人非法收购、销售以及非法捕捞水产品的行为，破坏生态环境，损害社会公共利益，应当承担相应的民事责任，依其侵权行为事实，判令魏某文等 33 人对其非法捕捞、收购水产品造成的渔业资源损失承担相应的连带赔偿责任，并通过省级媒体公开向社会公众赔礼道歉。

【典型意义】

本案系在巢湖非法捕捞水产品引发的刑事附带民事公益诉讼案。巢湖是长江中下游五大淡水湖之一，是长江水域重要的生态屏障，水面资源丰富，渔业资源富饶。近年来，巢湖水生生物生存环境日趋恶劣，生物多样性指数持续下降。本案中，魏某文等 33 人被利益驱使，在禁渔期、禁渔区内非法捕捞、收购、销售白米虾、毛草鱼等水产品，直接导致巢湖水域水生物种数量减少，破坏巢湖渔业资源和水域生态环境，损害巢湖水域的生物多样性和生态平衡。本案发生在长江十年禁渔禁令发布之后，人民法院依法严惩重处，筑牢长江生态安全边界，对引导沿岸渔民的捕捞行为，有效遏制非法捕捞，维护巢湖及长江中下游流域生态系统平衡具有重要意义。

181. 湖南省蓝山县环保局不依法履行职责案

（2018 年 3 月 2 日发布）

【基本案情】

湖南省蓝山县人民检察院在履行职责中发现，蓝山县新圩镇上清涵村村民廖某某在未办理国土、环保、工商等手续的情况下，在本村租用土地 86.44 亩兴建选矿厂，从 2006 年年底至 2017 年 4 月持续非法选矿生产。该厂无任何污水处理设施，其中多个尾砂库无防渗措施，生产过程中排放的废水、废渣致使所占用土地被污染，发生了质变。蓝山县环境保护局（以下简称县环保局）作为环境保护主管部门，对选矿厂违法排污行为一直怠于履行监管职责，虽对该厂作出了行政处罚，但该厂始终未能完全履行生效行政处罚决定。直到中央环保督查组督查后，县环保局才于 2017 年 4 月 28 日联合蓝山县新圩镇政府等部门，将该选矿厂强行关停并拆除生产设备及厂房。该厂虽被取缔，但厂内的废水未进行无害化处理，尾砂也未作进一步处置，存在持续对周边环境造成污染的状况和危险，国家利益及社会公共利益仍然处于被侵害状态。

【诉前程序】

湖南省蓝山县人民检察院调查核实后，于 2017 年 10 月 19 日向县环保局发出检察建议，建议县环保局立即采取有效措施，对环境损害责任方廖某某选矿厂的废水、废渣进行处置，防止废水、废渣逸散，避免对环境造成进一步的污染；依法履行环境监管责任，责令相关人员尽快制定污水处理方案及土壤污染修复方案，并监督相关责任人员依方案实施。

行政机关整改情况：县环保局收到检察建议后，积极督促廖某某对被污染环境进行治理，与永清环保股份有限公司签订了技术服务合同，委托其制定了《蓝山县新圩镇上清涵非法选矿厂环境污染应急处置方案》，并监督廖某某按处置方案实施。截至 2017 年 12 月 6 日，已恢复可利用土地面积约 4000 平方米，完成总量约 70%；污泥池用地恢复面积约 2500 平方米，完成总量的约 25%；已沉淀处理污水约 600 立方米（未中和），现厂区剩余污水量约 15000 立方米。至此，该起案件已通过诉前检察建议取得了实质效果。

【典型意义】

该案在办理过程中，检察机关通过对线索的研判、审查，发现了环保、国土部门国家工作人员的渎职行为，通过民行部门的督促履职、反渎部门的职务犯罪查办，将对行政单位的监督与对国家工作人员的监督互相渗透、促进，形成了检察监督合力。本案根植环保理念，关注和保护生态自然环境，对广大群众有着重要教育和宣传意义；特别是对当地的行政机关起到了很好的警示作用，为公益诉讼工作的开展营造了良好的氛围。

182. 西安市国土资源局不依法履行职责案

（2018 年 3 月 2 日发布）

【基本案情】

陕西圣米兰家具有限公司（后更名为陕西圣米兰实业发展有限公司，以下简称圣米兰公司）于 1998 年 12 月 12 日取得西安市雁塔区 149.979 亩土地的《建设用地规划许可证》。2002 年 7 月 18 日，经西安市人民政府批准，西安市雁塔区将 118.318 亩净用地出让给圣米兰公司用于建设家具生产综合楼。同日，西安市国土资源局（以下简称市国土局）与圣米兰公司签订《国有土地使用权出让合同》，出让价格为每平方米 49.5 元，出让金为 3904569.02 元。圣米兰公司就上述土地办理了两份《国有土地使用权证》和《建设工程规划许可证》，但并未依照规划对土地进行开发。

2007 年 7 月，圣米兰公司向西安市规划局申请将 47.645 亩土地性质变更为商业用地，70.673 亩土地性质变更为住宅用地。2007 年 9 月 12 日，西安市规划局给圣米兰公司重新颁发了（2007）172 号《建设用地规划许可证》，同时将 1998 年发给圣米兰公司的《建设用地规划许可证》收回。但圣米兰公司未与国土部门重新签订合同，未调整土地出让金，亦未开发土地。2008 年 2 月 5 日，市国土局作出土地行政处罚决定书，对该公司作出 78.0914 万元的处罚决定。2015 年 10 月 26 日，市国土局作出决定，要求圣米兰公司于 2015 年 11 月 20 日前，重新签订出让合同及补缴相应出让金。2016 年 1 月 26 日，市国土局雁塔分局致函圣米兰公司，责令其立即与市国土局签订土地出让变更合同，加快手续办理速度，用地现场恢复施工，但该公司仍未按要求办理。

2015 年 6 月，西安市中级人民法院查封了圣米兰公司持有的两块土地。2015 年 10 月 21 日，西安市中级人民法院致函市国土局，指出因该院对上述查封土地正在处理，市国土局无权收回土地。但可以在该土地升值或维持现值的基础上变更上述查封土地用途，否则不得变更。

【诉前程序】

西安市雁塔区人民检察院在调查核实有关情况后，于 2017 年 4 月 24 日向市国土局发出检察建议，认为土地闲置造成土地资源的浪费，使有限的土地资源得不到合理、有效利用，是社会财富的巨大浪费。圣米兰公司取得土地后长期闲置，构成了对公共利益的侵害。建议市国土局依法切实履行监管职责，予以处置。

行政机关整改情况：2017 年 5 月 24 日，市国土局复函称，已研究部署整改：一是要求雁塔区政府、市国土局雁塔分局加快制定整改方案，尽快完成处置工作。二是积极与法院对接处置事宜。三是多方约谈圣米兰公司，告知其处置要求。四是经雁塔区政府研究同意，市国土局雁塔分局上报了整改方案，由其督促圣米兰公司完善土地用途变更手续，签订出让合同变更协议；在缴纳土地出让金、完成开工审批手续后，按照约定的期限开工建设。

2017 年 10 月 17 日，西安市雁塔区人民检察院向市国土局发出调查函，了解整改方案的进展情况。同年 10 月 27 日，市国土局回复称："在贵院的督促支持下，经雁塔区政府和市、区国土部门多次督促协调，圣米兰公司已按照规划办理土地用途变更手续，46.842 亩土地用途由工业（综合）变为商服，66.33 亩土地用途由工业（综合）变为住宅。我局于 9 月 12 日与该公司签订了《国有建设用地使用权出让合同变更协议》，约定合同签订之日起 60 日内付清土地出让价款共计 67311.4274 万元，2018 年 5 月 31 日之前开工。"2017 年 11 月 1 日，圣米兰公司向西安市财政局补缴了 67311.4274 万元土地出让金。11 月 7 日，西安市雁塔区人民检察院收到市国土局送来的圣米兰公司补缴土地出让金的票据。

【典型意义】

本案中检察机关充分发挥公益诉讼诉前程序灵活性和实效性的特征，督促行政机关依法行政和严格执法；主动保护公益，积极行使检察监督权，通过督促市国土局依法履职，成功盘活了处于黄金地段闲置十四年的土地资源，使国有土地资产收益权能达到最优化，为国家收回了6.7亿余元土地出让金，切实保护了国家利益和社会公共利益。

183. 贵州省六盘水市六枝特区人民检察院诉镇宁布依族苗族自治县丁旗镇人民政府环境行政公益诉讼案

（2017 年 3 月 7 日发布）

【基本案情】

丁旗镇人民政府将位于贵州省镇宁县与六枝特区交界处的原龙岩飞机制造厂用地后山地块约 5 亩场地作为丁旗镇生活垃圾临时堆放场，其辖区内的龙滩村村委会也组织将该村生活垃圾集中倾倒至垃圾堆放场附近。2015 年 11 月，贵州省六盘水市六枝特区人民检察院向丁旗镇人民政府发出检察建议书，建议丁旗镇人民政府在一个月内将倾倒的垃圾清理完毕，并恢复地块原状，责令龙滩村村委会停止垃圾倾倒。因丁旗镇人民政府未按期进行回复，贵州省六盘水市六枝特区人民检察院作为公益诉讼人提起行政公益诉讼，请求确认被告未依照法律规定选址垃圾堆放场的行政行为违法；判令被告履行法定职责，责令其辖区内的龙滩村村委会停止在该地块倾倒垃圾；判令被告采取补救措施，将该地块的垃圾清除，恢复该地块原状。2016 年 2 月，丁旗镇人民政府向龙滩村村委会发出通知，禁止该村倾倒垃圾，并组织人员、车辆将临时堆放场的垃圾清运完毕。

【裁判结果】

贵州省清镇市人民法院一审认为，丁旗镇人民政府选址堆放该镇生活垃圾的行为，是其实施社会管理和公共服务职能的行为，但其选址未经环境卫生行政主管部门指定，垃圾堆放场亦未采取防扬散、防渗漏、防流失、防雨等防治措施，造成较严重的环境污染。公益诉讼人在发现违法行为后，向丁旗镇人民政府发出检察建议，但丁旗镇人民政府并未积极进行整改，在本案审理过程中，丁旗镇人民政府才履行其管理职能将垃圾清运，但还未达到使生态环境明显改善的效果。由于本案受理后，丁旗镇人民政府已向其辖区内的龙滩村村委会下达通知，禁止该村在该地块倾倒垃圾并将原有垃圾清理覆土，一审法院遂判决确认丁旗镇人民政府选址垃圾堆放场的行政行为违法；限丁旗镇人民政府按照专家意见及建议继续采取补救措施，确保该区域生态环境明显改善；驳回公益诉讼人的其他诉讼请求。宣判后，双方当事人均未上诉，一审判决已生效。

【典型意义】

本案是《全国人民代表大会常务委员会关于授权最高人民检察院在部分地区开展公益诉讼试点工作的决定》施行后首例由人民法院跨行政区划管辖的检察机关提起公益诉讼试点案件。对环境公益诉讼案件实行跨行政区划管辖，有利于克服地方保护、督促行政机关依法履职，对于保护生态环境具有积极的作用。在本案审理过程中，被告积极履行其行政管理职能，公益诉讼人的诉讼目的部分得以实现，人民法院在公益诉讼人未明确申请撤回该部分诉讼请求的情况下，对该部分诉讼请求未予支持，符合《中华人民共和国行政诉讼法》的规定。该案对于人民法院在行政及民事诉讼法和全国人大授权决定的框架下依法稳妥有序审理检察机关提起的公益诉讼案件，具有示范意义。

184. 吉林省白城市洮北区人民检察院诉洮北区畜牧业管理局行政公益诉讼案

(2018 年 3 月 2 日发布)

【基本案情】

吉林省白城市洮北区人民检察院在办理刑事案件中，发现洮北区畜牧业管理局对顾某某擅自改变草原用途没有及时恢复植被的行为，未依法履行监管职责损害了社会公共利益。2015 年春季，顾某某未经任何部门审批，私自将位于镇南种羊场报好农场南侧草原非法开垦。洮北区畜牧业管理局接到群众举报后，由洮北区草原站执法人员进行了现场勘查。经勘查，被破坏草原性质为国有，面积为 10.068 公顷。2015 年 7 月 8 日，洮北区畜牧业管理局将该案移送公安机关侦查，并告知了顾某某，但未责令其将破坏的草原恢复植被。2017 年 9 月 14 日白城市公安局洮北分局以顾某某涉嫌非法占用农用地罪，将案件移送洮北区人民检察院审查起诉。至移送时，顾某某破坏的草原植被仍然没有恢复，严重破坏了生态资源，国家和社会公共利益受到侵害，洮北区畜牧业管理局对此没有采取监督管理措施。

【诉前程序】

洮北区人民检察院于 2017 年 7 月 28 日向洮北区畜牧业管理局发出检察建议，建议其依法履行监管职责，责令顾某某停止开垦，恢复植被。该局于 2017 年 8 月 28 日书面回复洮北区检察院称找不到顾某某，已将该案移送公安机关，履行了应尽的法定职责。该局始终未采取有效措施，恢复被破坏的草原植被。

【裁判结果】

2017 年 9 月 22 日，洮北区人民检察院以公益诉讼人身份向洮北区人民法院提起行政公益诉讼，要求确认洮北区畜牧业管理局未依法履行督促顾某某恢复草原植被的监管职责违法；请求判决该局依法履行监管职责，采取有效措施，恢复被破坏的草原植被。

洮北区人民法院公开开庭审理了此案。于 2017 年 12 月 12 日作出一审判决支持了检察机关的诉讼请求，判决确认洮北区畜牧业管理局未依法履行督促顾某某恢复草原植被的监管职责违法；责令该局依法履行监督、管理职责。一审宣判后，洮北区畜牧业管理局未提出上诉，判决已发生法律效力。

【典型意义】

检察机关提起公益诉讼的前提是公共利益受到侵害。非法开垦草原的违法行为，使草原的生态服务功能遭到毁坏，侵害了公共利益。提起公益诉讼，有利于督促行政机关依法行政，恢复被破坏的草原植被，对保护自然环境和生态安全具有重大意义。

185. 江苏省泰州市高港区人民检察院诉高港区水利局行政公益诉讼案

（2018年3月2日发布）

【基本案情】

2014年至2015年期间，泰兴市江汉水利工程有限公司（以下简称江汉公司）在长江河道内未经许可非法采砂317430.1立方米。泰州市高港区水利局工作人员对江汉公司的非法采砂行为采取“不予处罚或单处罚款”的方式，帮助江汉公司规避监管，免予缴纳长江河道砂石资源费。

【诉前程序】

江苏省泰州市高港区人民检察院发现高港区水利局不履行水行政管理法定职责后，于2016年10月24日向高港区水利局发出督促履职令，督促高港区水利局依法查处江汉公司非法采砂行为。收到督促履职令后，高港区水利局一直未依法查处。

【裁判结果】

江苏省泰州市高港区人民检察院于2016年12月16日提起行政公益诉讼，请求确认高港区水利局不及时查处江汉公司非法采砂的行为违法，并判决责令高港区水利局依法查处江汉公司的违法行为。

江苏省泰州医药高新技术产业开发区人民法院审理认为，泰州市高港区水利局收到人民检察院督促履职令知晓江汉公司的非法采砂行为后，在规定期限内未对江汉公司的非法采砂行为进行查处，其不作为不仅导致国家矿石资源费的流失，还使得非法采砂活动对长江生态、水文及航道安全的破坏未得到有效遏制，社会公共利益依然处于受侵害状态，泰州市高港区水利局不履行长江采砂监管法定职责行为违法。遂判决责令泰州市高港区水利局对江汉公司非法采砂行为作出处理。

判决生效后，泰州市高港区水利局于 2017 年 11 月 7 日对江汉公司处以罚款 25 万元的行政处罚。

【典型意义】

本案系泰州市长江非法采砂行政公益诉讼系列案之一。长江非法采砂行为不仅导致国家资源的流失，无序采砂还严重影响长江航道和防洪堤坝安全，危害社会公共利益。行政机关尽职履责，及时对非法采砂行为进行惩戒是有效遏制违法行为的重要保障。检察机关在履行职责过程中发现水利行政执法机关工作人员存在放任违法行为、帮助逃避监管的现象后，及时发出督促履行令，在相关职能部门依然不履行职责的情况下，及时提起行政公益诉讼。通过环境行政公益诉讼，责令相关职能部门对违法行为及时进行查处，发挥对违法行政行为的司法监督功能，进一步健全了生态环境法律保护机制，提升了生态环境法律保护效果。

186. 福建省清流县人民检察院诉清流县环境保护局行政公益诉讼案

（2018 年 3 月 2 日发布）

【基本案情】

刘某未经审批焚烧属于危险废物的废电子电器产品、废弃的印刷电路板等，熔炼金属锭。2014 年 7 月 31 日，清流县环境保护局（以下简称清流县环保局）执法人员到现场调查，责令刘某立即停止生产，并查扣现场堆放的电子垃圾，存放于附近的养猪场。同年 8 月 7 日、9 日，清流县环保局将扣押的电子垃圾转移至东莹公司仓库贮存保管并过磅称重为 28580 千克。同年 9 月 2 日，清流县公安局对刘某涉嫌污染环境罪立案侦查。2015 年 7 月 7 日，福建省清流县检察院对刘某作出不起诉决定。2015 年 5 月 12 日，清流县环保局租用没有危险废物经营许可证资质的九利油脂有限公司（以下简称九利公司）仓库并将电子垃圾转移贮存。

【诉前程序】

福建省清流县检察院于 2015 年 7 月 9 日向清流县环保局发出检察建议，督促其对扣押的电子垃圾严格按照法律规定进行处置并对焚烧电子垃圾残留物进行无害化处置。清流县环保局回复称对已扣押的电子垃圾等危险废物，将严格按照法律、法规的规定，交有处置危险废物资质的单位处置。但据清流县检察院调查，清流县环保局作为该县环境保护法定监督管理机构，未按要求对扣押的电子垃圾及焚烧现场进行无害化处置，只是对废弃电子垃圾进行了转移贮存，将扣押的电子垃圾贮存在九利公司仓库中，始终未对刘某作出行政处罚，不仅不利于生态环境的保护，还可能对生态环境造成二次污染。

【裁判结果】

福建省清流县人民检察院向人民法院提起行政公益诉讼，请求：(1) 确认清流县环保局行政行为违法。(2) 判决清流县环保局依法履行职责。本案诉讼期间，清流县环保局对刘某作出行政处罚，并将案涉电子垃圾交由福建德晟环保技术有限公司处置。

福建省明溪县人民法院审理认为，依据《国家危险废物名录》的规定，本案的电子垃圾属于危险废物。清流县环保局作为地方环境保护主管部门，具有对本行政区域环境保护及固体废物污染环境防治工作实施统一监督管理及依法处置的职责。清流县环保局在明知案涉电子垃圾属于危险废物，具有毒性，理应依法管理并及时处置的情形下，既没有依法处置危险废物，也没有联系有资质的企业代为处置，而是将危险废物自行转移且租用不具有危险废物经营许可证资质的企业贮存。人民检察院向清流县环保局送达检察建议书后，清流县环保局依然拖延履行职责，未及时将危险废物交由有资质的企业处置，清流县环保局的上述行为已构成违法。遂判决确认清流县环保局未依法处置危险废物的行为违法。

【典型意义】

本案系全国首批行政公益诉讼案件之一。人民法院在本案审理中，遵循诉讼法的基本原则和基本制度，就人民检察院在公益诉讼中的地位、举证责任的分配、庭审规则等问题进行了有益探索和尝试。本案的审理促使被诉行政机关主动纠正违法行为，及时对违法行为人作出行政处罚并依法处置危险废物，防止对环境的持续不利影响，有效发挥了行政公益诉讼督促行政机关依法履职的积极作用。本案诉讼期间，被诉行政机关履行了法定职责，人民法院依据人民检察院的诉讼请求，判决确认原行政行为违法，有利于督促行政机关进一步提高依法行政意识，发挥公益诉讼裁判的引导示范作用，最大限度维护国家利益和社会公共利益。本案的判决也强调了对于电子垃圾这种具有毒性、污染环境的危险废物应当依法妥善处置，促使公众、企业、政府重视电子垃圾的危害，共同参与到有效防范和依法处置危险废物、保护生态环境的行动中，对危险废物案件的处理具有一定的示范意义。

187. 贵州省江口县人民检察院诉铜仁市国土资源局、贵州梵净山国家级自然保护区管理局行政公益诉讼案

（2018年3月2日发布）

【基本案情】

2005年，铜仁市国土资源局（以下简称铜仁市国土局）向紫玉公司颁发采矿许可证，许可其在梵净山国家级自然保护区进行采矿，梵净山国家级自然保护区管理局（以下简称梵净山保护区管理局）亦对紫玉公司的采矿行为予以认可。紫玉公司在没有办理环境影响评价、安全生产许可、占用林地许可、生物多样性影响评价的情况下，边建设边生产，置报批的开采方案不顾，采取爆破方式破坏性开采，资源毁坏率达80%、产生90%以上的废渣碎石，还将部分矿洞转让给当地村民组，造成资源巨大浪费、生态环境严重破坏，保护区内堆积长数百米、宽数十米、深度难以测算的尾矿废渣，压覆植被，形成地质灾害隐患。2016年6月采矿权期限届满，铜仁市国土局接收了紫玉公司延续采矿权申请并收取了相应费用。

【诉前程序】

2016年10月26日，贵州省江口县检察院向铜仁市国土局发出检察建议书，要求依法撤销向紫玉公司颁发的证号为5222000610002的采矿许可证。2016年11月25日，铜仁市国土局回复称："江口县德旺乡坝梅村杨家屯—上堰沟紫袍玉带石矿采矿权行政行为合法，依法不应当撤销。已暂

停办理紫玉公司的江口县德旺乡杨家屯—上堰沟紫袍玉带石采矿许可证延续登记手续。”

2016 年 10 月 26 日，贵州省江口县检察院向梵净山保护区管理局发出检察建议书，要求该局根据《中华人民共和国自然保护区条例》第三十五条的规定依法对紫玉公司作出处理。2016 年 11 月 29 日，梵净山保护区管理局回复称：该局所属闵孝总站于 2007 年 7 月 24 日向紫玉公司下达停工通知，2009 年该局责令紫玉公司恢复被占林地，2011 年 12 月至 2014 年 12 月该局在保护区设三个点监守值班。2016 年 11 月 29 日，贵州省江口县检察院工作人员到江口县德旺乡坝梅村大火堰组杨家屯—上堰沟紫袍玉带石矿区实地查看，发现紫玉公司未拆除土地上建筑物和对矿区进行恢复原状，导致国家和社会公共利益仍处于受侵害状态。

【裁判结果】

贵州省江口县人民检察院遂向贵州省遵义市播州区人民法院提起行政公益诉讼，请求：（1）确认采矿许可行为违法；（2）确认铜仁市国土局、梵净山保护区管理局怠于履行监督管理法定职责的行为违法；（3）责令铜仁市国土局、梵净山保护区管理局履行环境治理监管职责。诉讼中，铜仁市国土局编制了环境治理方案并责令紫玉公司限期治理，但治理工程尚未开工。

贵州省遵义市播州区人民法院审理认为，铜仁市国土局作为铜仁市人民政府地质矿产行政主管部门，应当依法履行其权限范围内的矿业权设置、审批登记、矿山运营及停用后治理等监督管理职责。梵净山保护区管理局作为梵净山国家级自然保护区管理机构，应当在法律法规授权及相应行政主管机关委托的权限范围内正确履行自然保护区管理职责。梵净山保护区管理局、铜仁市国土局在未取得国务院授权的行政主管部门同意，未办理环境影响评价的情况下在自然保护区设置采矿权并许可紫玉公司采矿的行为违法。对紫玉公司破坏性开采，浪费矿产资源、破坏生态环境等行为，铜仁市国土局和梵净山保护区管理局均怠于履行监督管理法定职责，并有滥用职权许可其违法开采的行为，应确认违法。遂判决：(1) 确认铜仁市国土局为紫玉公司颁发许可证行为违法；(2) 确认铜仁市国土局和梵净山保护区管理局对紫玉公司违法开采行为怠于履行监督管理法定职责的行为违法；(3) 由铜仁市国土局对紫玉公司矿山环境修复治理工程履行监督管理职责至环境修复治理工程验收合格；由梵净山保护区管理局对环境修复治理工程进行全程监督管理。

宣判后，第三人紫玉公司不服提起上诉。二审判决驳回上诉，维持原判。

【典型意义】

本案涉及国家级自然保护区矿产资源和生态环境的保护。紫玉公司所开采矿区处于自然保护区内。铜仁市国土局、梵净山保护区管理局违法发放采矿许可证并怠于履行监管职责，致使自然保护区生态环境遭到严重破坏，矿产资源遭到极大浪费。本案判决确认铜仁市国土局、梵净山保护区管理局违法并要求其依法履行职责，监督紫玉公司修复受损生态环境，对于加强自然保护区生态环境和自然资源保护，矫正“靠山吃山”“牺牲环境谋发展”的错误发展观，树立绿色发展理念，坚守生态红线，还自然以宁静、和谐、美丽具有重要意义。

188. 湖北省宜昌市西陵区人民检察院诉利川市林业局不履行法定职责行政公益诉讼案

（2018年6月4日发布）

【基本案情】

溜子湾公司在申请续办使用林地手续尚未获得审批期间，违法占用林地进行矿石开采作业。利川市林业局在专项清查中发现溜子湾公司违法占用林地，遂作出林业行政执法行为，督促溜子湾公司停止露天焚烧煤矸石，并将所占林地恢复林业生产条件和植被。2015年12月14日，利川市人民法院针对溜子湾公司法定代表人朱耀刚非法占用林地犯罪作出刑事判决。在办理刑事案件过程中，利川市人民检察院发现溜子湾公司除非法占用林地进行开采外，还违反《建设项目环境影响报告表》和利川市环境保护局审批意见的要求，采用露天焚烧煤矸石的生产工艺，直接向空气中排放大量气体污染物，导致开采区及周边影响区林木死亡及受损。但利川市林业局实施的行政执法行为和对朱耀刚的刑事处罚均仅限于溜子湾公司违法占用林地的开采区内，并未针对因煤矸石露天焚烧熏死的影响区林木采取任何行政执法措施。利川市人民检察院于2016年10月14日向利川市林业局发出检察建议书。利川市林业局收到检察建议后虽多次组织相关单位和人员到开采区检查、督办煤矸石熄灭和植被恢复等工作，但对影响区林木的损毁问题仍未依法履行职责。由于溜子湾公司开采区燃烧的煤矸石未熄灭且持续向周边林木散发有害气体，58419平方米（87.7亩）影响区内仍有大片被有害气体熏死的林木，2016 年 12 月 28 日，湖北省宜昌市西陵区人民检察院经指定管辖提起行政公益诉讼。

【裁判结果】

湖北省宜昌市西陵区人民法院一审认为，溜子湾公司露天烧矿的行为致使影响区森林资源受到毁坏，涉及生态环境和林业资源保护，应属于国家利益和社会公共利益受到侵害；利川市人民检察院发出检察建议书履行诉前程序后，利川市林业局未履行监管职责，焚烧煤矸石的火源仍未熄灭，并持续向空中散发有害气体，导致国家利益和社会公共利益持续处于受侵害的状态。据此，湖北省宜昌市西陵区人民检察院经指定管辖提起行政公益诉讼符合相关法律法规的规定。根据《中华人民共和国森林法》和《中华人民共和国大气污染防治法》相关规定，因露天焚烧煤矸石分别造成大气污染和森林、林木受到毁坏的，违反不同法律规定，造成不同损害后果，理应由林业主管部门和环境保护主管部门各司其职，依法履行其相应的管理和监督职责。本案影响区的森林属于利川市林业局的管辖范围，监管该片被毁林地及督促植被恢复系利川市林业局的职责。溜子湾公司焚烧煤矸石产生的物质与影响区林木的死亡存在因果关系，利川市林业局仅就开采区作出处理，却未针对被毁坏的影响区林木作出林业行政管理和监督的行为，而仅仅将之移送环境保护主管部门查处，构成怠于履行监管职责。一审法院判决：责令利川市林业局对溜子湾公司非法烧矿毁坏森林的行为依法履行职责。一审判决已发生法律效力。

【典型意义】

本案系跨行政区划审理的环境行政公益诉讼案件，对于污染行为涉及多个行政主管部门职责情况下督促行政机关依法履行各自监管职责具有示范意义。本案依据《中华人民共和国森林法》和《中华人民共和国大气污染防治法》相关规定，明确了当同一违法行为对不同性质的环境、资源造成损害时，不同行政部门应在各自的管辖范围内承担监管之责，对特定资源负有监管职责的行政机关推诿塞责、简单将案件移送其他部门处理的行为亦属于行政不作为的范畴。尽管利川市林业局曾经针对案涉开采区作出过行政执法行为，但因其未继续、全面地履行监管职责，致使影响区的森林环境仍持续受到侵害，本案判决认定其未完全履行法定职责并判令其继续履职，对促进行政机关依法、及时、全面履行行政职责，切实保护国家利益和社会公共利益具有积极作用。

189. 湖北省宜昌市点军区人民检察院诉点军区环境保护局怠于履行法定监管职责行政公益诉讼案

（2018年11月28日发布）

【基本案情】

2014年以来，宜昌市点军区艾家镇桥河村多户村民从事生猪养殖业，存在未建设污染防治配套设施即投入生产、养殖废水未经无害化处理从沿江排污口向长江直接排放的情况，造成环境污染。2016年5月，宜昌市环境保护监测站对桥河村畜禽养殖废水进行取样监测，检测报告结果表明江边排污口pH值、悬浮量、化学需氧量等各项指标均超过《畜禽养殖业污染物排放标准》标准值。2016年6月2日，点军区人民检察院向点军区环境保护局（以下简称向点军区环保局）发出点检行公建（2016）1号检察建议书，建议依法督促桥河村生猪养殖户停止将养殖废水直排长江。2016年6月22日，点军区环保局依据《畜禽规模养殖污染防治条例》的规定，作出宜市点环罚（2016）2、3、4号行政处罚决定书，责令桥河村生猪养殖规模达500头（出栏）以上的三家养殖户在2016年11月30日前停止生产。2016年6月30日，点军区环保局对检察建议作出书面回复。2016年11月中旬，桥河村村民委员会与45家养殖户（生猪养殖超过50头）签订了《点军区禁养区畜禽养殖场（户）关停拆除补偿协议书》。2016年12月2日，宜昌市环境保护监测站对桥河村畜禽养殖废水进行监测，结果表明仍有多项指标超过《畜禽养殖业污染物排放标准》标准值。截至2017

年4月11日，桥河村已经拆除生猪养殖场（户）45户，关停范围内生猪存栏数约有790头。截至2017年4月13日，桥河村生猪养殖场（户）多年违法排放养殖废水形成的沟渠残留污染物仍然存在。点军区人民检察院遂提起行政公益诉讼，请求判令确认点军区环保局对艾家镇桥河村生猪养殖场（户）污染防治配套设施未建设、未经验收或验收不合格，将未经无害化处理的养殖废水直接向长江排放的违法行为怠于履行监管职责违法并依法履行监管职责。

【裁判结果】

湖北省宜昌市点军区人民法院一审认为，桥河村位于长江干流宜昌城区葛洲坝至虎牙段，该段是中华鲟自然保护区、鱼虾产卵场。保护长江流域生态环境和生物资源，对整个长江流域的生态平衡乃至国家生态安全都具有十分重要的意义。根据《中华人民共和国环境保护法》第十条和《畜禽规模养殖污染防治条例》第五条的规定，点军区环保局对其辖区内环境保护及畜禽养殖污染防治负有监管职责。桥河村生猪养殖户在污染防治配套设施未建设、未经验收或验收不合格的情况下，将养殖废水未经无害化处理直接排入长江，破坏了该地长江流段的生态环境，损害了国家利益和社会公共利益。点军区环保局作为环境监管部门，监管措施不到位，怠于履行监管职责，其行为违法。2016年6月，点军区环保局在收到点军区人民检察院检察建议书后，在点军区政府领导下积极开展工作，先后多次派人到桥河村生猪养殖户家中宣传法律和相关政策；对桥河村生猪养殖规模达500头（出栏）以上三家养殖户作出行政处罚决定书，责令其在2016年11月30日前停止生产；以点军区环境保护委员会办公室的名义向相关职能部门下发督办通知。截至2017年4月11日，桥河村已经拆除生猪养殖场（户）45户，现关停范围内生猪存栏数约有790头。桥河村生猪养殖废水未经无害化处理直接排入长江的现象得到了有效的治理。尽管目前桥河村生猪养殖场（户）大部分已停止生产，但由于生猪养殖场（户）多年违法排放养殖废水形成的沟渠残留污染物仍然存在，沿江三个排放口的水质尚未达到国家规定的排放标准，环境污染问题尚未得到彻底治理，故被告应继续履行监管职责。一审法院依法支持了人民检察院的诉讼请求。

【典型意义】

本案系农村农业禽畜养殖污染物排放引发的水污染行政公益诉讼案件。近年来，长江流域生态功能退化依然严重，长江水生生物多样性指数持续下降，多种珍稀动植物物种濒临灭绝，生物多样性保护迫在眉睫。人民法院通过妥善审理工业污染、城镇和农村污染对水生和河岸生物多样性及物种栖息地破坏案件，及时加强对长江物种及其栖息繁衍场所保护。案涉污染行为发生在长江干流宜昌城区葛洲坝至虎牙段，是中华鲟自然保护区、鱼虾产卵场。对中华鲟自然保护区内环境保护及畜禽养殖污染防治负有监管职责的点军区环保局，更应明确保护长江流域生态环境和生物资源对长江流域生态平衡的重要意义，全面履行监管职责，确保保护区内受损生态环境及时得到修复。本案中，点军区环保局虽然采取了积极措施，但多年违法排放养殖废水形成的沟渠残留污染物仍然存在，沿江排放口水质尚未达标，环境污染问题尚未得到彻底治理。人民法院认定其怠于履行法定职责并判令其继续履职，对促进行政机关依法、及时、全面地履行行政职责，确保沿江岸线生态环境及时修复，切实保护长江流域物种资源和人民群众生态环境利益具有积极作用。

190. 江苏省宿迁市宿城区人民检察院诉沭阳县农业委员会不履行法定职责行政公益诉讼案

(2019 年 3 月 2 日发布)

【基本案情】

2016 年 1 至 3 月，仲兴年于沭阳县七处地点盗伐林木 444 棵，立木蓄积 122 余立方米。其中在沭阳县林地保护利用规划范围内盗伐杨树合计 253 棵。2017 年 3 月 7 日，江苏省沭阳县人民法院以盗伐林木罪判处仲兴年有期徒刑七年六个月，并处罚金 3 万元，追缴违法所得 2.4 万元。2017 年 9 月 29 日，江苏省宿迁市宿城区人民检察院（以下简称宿城区检察院）向沭阳县农业委员会（以下简称沭阳农委）发送检察建议，督促沭阳农委对仲兴年盗伐林木行为依法处理，确保受侵害林业生态得以恢复。沭阳农委于 2017 年 10 月 16 日、12 月 15 日两次电话反映该委无权对仲兴年履行行政职责，未就仲兴年盗伐林木行为进行行政处理，案涉地点林地生态环境未得到恢复。2018 年 3 月 27 日，沭阳农委仅在盗伐地点补植白蜡树苗 180 棵。

【裁判结果】

江苏省宿迁市宿城区人民法院一审认为，沭阳农委作为沭阳县林业主管部门，对案涉盗伐林木等违法行为负有监督和管理职责。仲兴年在林地保护利用规划范围内盗伐林木，不仅侵害了他人林木所有权，也损害了林木的生态效益和功能。宿城区检察院经依法向沭阳农委发送检察建议，督促沭阳农委依法履职无果后，提起行政公益诉讼，符合法律规定。仲兴年因盗伐林木行为已被追究的刑事责任为有期徒刑、罚金、追缴违法所得，不能涵盖补种盗伐株数10倍树木的行政责任。沭阳农委收到检察建议书后未责令仲兴年补种树木，其嗣后补种的株数和代履行程序亦不符合法律规定，未能及时、正确、完全履行法定职责。一审法院判决确认沭阳农委不履行林业监督管理法定职责的行为违法，应依法对仲兴年作出责令补种盗伐253棵杨树10倍树木的行政处理决定。

【典型意义】

本案是检察机关提起的涉林业行政公益诉讼。林木除具有经济价值外，还具有涵养水源、防风固沙、调节气候以及为野生动物提供栖息场所等生态价值。任何组织和个人均有义务保护林业生态环境安全。林业行政主管部门更应恪尽职守，依法履职。《中华人民共和国森林法》第三十九条规定："盗伐森林或者其他林木的，依法赔偿损失；由林业主管部门责令补种盗伐株数十倍的树木，没收盗伐的林木或者变卖所得，并处盗伐林木价值三倍以上十倍以下的罚款。滥伐森林或者其他林木，由林业主管部门责令补种滥伐株数五倍的树木，并处滥伐林木价值二倍以上五倍以下的罚款。拒不补种树木或者补种不符合国家有关规定的，由林业主管部门代为补种，所需费用由违法者支付。盗伐、滥伐森林或者其他林木，构成犯罪的，依法追究刑事责任。"林业纠纷案件多具融合性，同一违法行为往往涉及刑事、民事和行政不同法律责任。本案的正确审理，有助于进一步厘清涉林业检察公益诉讼中刑事责任、行政责任以及民事责任的关系和界限，依法全面保护林业生态环境安全。本案审理法院还组织省市县三级120余家行政执法机关的150余名工作人员以及10位人大代表、政协委员旁听庭审，起到了宣传教育的良好效果。

191. 贵州省锦屏县人民检察院诉锦屏县环境保护局不履行法定职责案

（2016年3月30日发布）

【基本案情】

2014年8月，贵州省锦屏县人民检察院（以下简称县检察院）向锦屏县环境保护局（以下简称县环保局）发出检察建议书，就其所发现的雄军公司、鸿发公司等石材加工企业在该局下达环境违法行为限期改正通知书后，仍未建设完成环保设施并擅自开工，建议该局及时加强督促与检查，确保上述企业按期完成整改。其后于2015年4月再次向县环保局发出两份检察建议书，县环保局未在要求期限内答复。在2015年7月和10月的走访中，县检察院发现有关企业仍存在环境违法行为。县环保局于12月1日对雄军公司、鸿发公司分别作出罚款1万元的行政处罚决定。同年12月18日，县检察院以县环保局为被告提起行政公益诉讼，请求法院确认该局怠于履行监管职责行为违法，并判令该局对雄军公司、鸿发公司进行处罚。后鸿发公司、雄军公司在当地政府集中整治专项行动中被关停，县检察院申请撤回第二项诉讼请求。

【裁判结果】

贵州省福泉市人民法院一审认为，被告县环保局作为锦屏县境内石材加工企业环评登记的审批机关，应当对企业生产建设过程中是否存在环境违法行为进行管理和监督。对企业环境违法行为应当依法立案查处。被告虽先后对鸿发公司、雄军公司等公司作出限期改正通知书和行政处罚，但由于之后未及时履行监管责任，致使有关企业违法生产至 2015 年 12 月 31 日。考虑到涉案企业已被关停和处罚，准许公益诉讼人撤回第二项诉讼请求。遂判决被告在 2014 年 8 月 5 日至 2015 年 12 月 31 日对有关企业违法生产的行为怠于履行监管职责的行为违法。一审宣判后，双方当事人均未上诉。

【典型意义】

2015 年 7 月《全国人民代表大会常务委员会关于授权最高人民检察院在部分地区开展公益诉讼试点工作的决定》施行以来，人民法院共受理 12 件检察机关提起的公益诉讼案件，审结 3 件。本案即是人民法院首例审结的检察机关提起的公益诉讼案件。本案中，县环保局虽然对违法企业作出过多次处理，县检察院亦多次以检察建议方式督促该局履行监管职责，但环境违法行为仍持续了近一年半。人民法院受理后，依法进行释明、建议和督促工作，当地政府开展了集中整治专项行动，关停了涉案企业，充分展示了环境行政公益诉讼在督促行政机关履行法定职责、保护环境公共利益等方面的积极作用。

192. 江西省新余市渝水区人民检察院诉新余市水务局怠于履行法定职责行政公益诉讼案

（2021 年 2 月 25 日发布）

【基本案情】

新余市水务局（以下简称市水务局）执法人员在巡查中发现赖鹏杰在河下镇袁河划江段非法采砂，遂先后两次向其送达责令停止违法通知书。经立案调查后，作出罚款 2 万元的行政处罚决定。2017 年 9 月，江西省新余市渝水区人民检察院（以下简称区检察院）发现涉案线索，向市水务局发出检察建议书。市水务局对赖鹏杰进行约谈，赖鹏杰缴纳了罚款 2 万元。后市水务局将检察建议落实情况书面回复区检察院。区检察院进行回访调查，发现赖鹏杰堆放的砂石及废弃采砂设备并未清除，河道管理范围内的环境未得到改善、修复。区检察院依法提起行政公益诉讼。

【裁判结果】

江西省新余市渝水区人民法院一审认为，市水务局作为市级河道主管部门，具有履行河道监管的法定职责，对未经批准在河道管理范围内采砂具有行政强制权和行政处罚权。对于赖鹏杰多次非法采砂的行为，市水务局虽然履行了一定职责，在两次责令赖鹏杰停止违法行为后对其作出罚款 2 万元的行政处罚，但现场堆放的砂石及废弃采砂设备并未清除，河道未得到修复。市水务局在执法过程中没有严格全面履职，致使违法行为持续时间较长，严重损害社会公共利益。故判决确认市水务局怠于履行河道监管职责的行为违法；责令市水务局继续履行监管职责，确保河道管理安全。

【典型意义】

本案系因对非法采砂行为监管不力危害河道管理安全引发的行政公益诉讼案件。非法采砂人在河道管理范围内建设构筑物、堆放砂石及废弃设备，影响河道管理和行洪安全，致使国家利益和社会公共利益受到侵害。市水务局作为具有河道监管职责的机关，应当积极履行行政职责，对非法采砂行为进行处罚、对非法建筑进行拆除、恢复河道原状。人民法院依法确认市水务局怠于履职行为违法，同时责令其继续履行法定职责，对于合理界定行政机关依法履职认定标准，促进行政机关依法、及时、全面地履行行政职责，具有示范性意义。

193. 贵州省金沙县人民检察院诉毕节市七星关区大银镇人民政府不当履行职责案

(2017 年 12 月 4 日发布)

【基本案情】

2010 年以来，大银镇人民政府将该镇集镇及邻近村寨产生的固体生活垃圾收集后，雇请专人运输倾倒在该镇羊桥村石人脚公路旁。该镇大量垃圾露天堆放，散发出难闻气体，严重危害当地生态环境，影响当地群众的生活。其间，因垃圾倾倒在公路上影响该处正常通行，大银镇人民政府于 2016 年 3 月底组织修建了简易围墙将垃圾场与公路隔开，除此之外并未对场内垃圾进行任何处理。七星关区人民检察院于 2016 年 4 月 28 日向大银镇人民政府发出检察建议书，督促其“及时纠正违法行为，并采取补救措施，消除其违法倾倒垃圾对周边环境和群众生产生活造成的影响”。大银镇人民政府虽作出书面回复，但并未积极履职，亦未采取补救措施。毕节市人民检察院指定金沙县人民检察院管辖本案，金沙县人民检察院以大银镇人民政府不履行行政职权为由，向仁怀市人民法院提起行政公益诉讼。

【裁判结果】

贵州省仁怀市人民法院一审认为，检察机关在履行职责过程中发现在生态环境和资源保护等领域负有监督管理职责的行政机关违法行使职权或者不作为，造成国家和社会公共利益受到侵害，可以向人民法院提起行政公益诉讼。毕节市人民检察院指定金沙县人民检察院管辖本案符合法律规定。七星关区人民检察院向大银镇人民政府发出检察建议书，督促其纠正违法行为，采取补救措施，大银镇人民政府虽作出书面回复，但并未积极履职，亦未采取补救措施。遂判决确认大银镇人民政府倾倒垃圾的行为违法；责令大银镇人民政府依法履行法定职责，采取补救措施弥补对环境造成的危害。

【典型意义】

长江流域环境资源要素跨区域特征明显，要优化审判机制，打破行政区划的界限和壁垒。本案中，人民检察院跨行政区划提起环境行政公益诉讼，人民法院跨行政区划审理，具有较强的典型意义。本案中，毕节市人民检察院指定金沙县人民检察院跨区划管辖本案；遵义市所辖仁怀市人民法院根据《贵州省高级人民法院关于环境保护案件指定集中管辖的规定》审理本案，并依法对毕节市人民检察院指定金沙县人民检察院管辖本案予以确认，对于推动构建流域内环境公益诉讼等案件的集中管辖和探索重大环境资源行政案件在跨行政区划法院审理的专门管辖机制具有指导意义。另外，按照《中华人民共和国环境保护法》第三十七条的规定，地方政府负有对生活废弃物分类处置的义务，大银镇人民政府虽然雇请专人收集、清理固体废物，但没有完全履行固体污染物处置义务，给环境造成持续的污染，属于行政违法行为。本案公益诉讼对于督促行政机关积极开展农村人居环境整治，加强固体废弃物和垃圾处置具有指导作用。

194. 甘肃省碌曲县人民检察院诉碌曲县水务水电局行政公益诉讼案

（2021 年 11 月 25 日发布）

【基本案情】

2005 年 8 月 28 日，洮河上游明珠水电有限责任公司（以下简称明珠公司）投资修建的阿拉山水电站开始发电投入生产。根据国家资源有偿使用原则和相关规定，作为用水单位的明珠公司应无条件缴纳水资源费，但该公司未予缴纳。2011 年 4 月 18 日，碌曲县人民政府责令职能部门追缴，但碌曲县水务水电局并未采取有效执法行为。在碌曲县人民检察院发出督促其履行法定职责的诉前检察建议后，碌曲县水务水电局仅发出相应的执法文书，并未依法采取相应执法措施，造成国有资产的持续流失，碌曲县人民检察院督促整改无效，国家利益仍处于被侵害状态，碌曲县人民检察院提起本案行政公益诉讼。

【裁判结果】

甘肃省合作市人民法院经审理认为，至本案起诉时，明珠公司仍未缴纳水资源费，碌曲县水务水电局作为水资源费征收部门，虽在一定程度上履行了征收职责，但未采取相应有效的执法措施，未充分全面履行处罚和征收职责，导致国家利益仍处于被侵害状态，碌曲县水务水电局仍然有必要继续履行职责。判决碌曲县水务水电局在判决生效后六十日内继续履行法定职责，向明珠公司依法征收水资源费。一审判决后，双方均未提起上诉。

【典型意义】

本案系检察机关诉水务水电局未全面履行处罚征收职责行政公益诉讼案件。水资源属于国家所有。黄河流域水资源短缺，人民法院应当树立严格贯彻最严格水资源管理制度的理念，落实水资源有偿使用原则，促进水资源的可持续利用，保障经济社会可持续发展。本案中，碌曲县水务水电局未充分全面履行处罚和征收职责，导致国家水资源权益处于长期被侵害状态。人民法院依法判令行政机关对长期不缴纳水资源费的水电站全面履行水资源利用监管和征缴法定职责，督促行政机关严格执行水资源开发利用控制红线，切实落实水资源有偿使用制度，对水资源节约、保护与合理开发利用起到监督和引导作用。

195. 宁夏回族自治区石嘴山市惠农区人民检察院诉石嘴山市惠农区农业农村和水务局行政公益诉讼案

（2021 年 11 月 25 日发布）

【基本案情】

2006 年以来，王某红等在黄河河道上建设养殖场。石嘴山市惠农区人民检察院（以下简称惠农区检察院）调查发现，上述养殖场的建筑未经相关行政部门审批，属于在河道管理范围内修建阻碍行洪建筑物、构筑物的乱建行为，违反了国家河道管理规定，严重影响黄河行洪、防洪安全；石嘴山市惠农区农业农村和水务局（以下简称惠农区农水局）对上述情况存在未履行监管职责的问题。惠农区检察院遂于 2019 年 7 月向惠农区农水局发出检察建议。2019 年 11 月惠农区检察院提起环境行政公益诉讼，请求确认惠农区农水局未依法履行河道监管职责的行为违法，判令惠农区农水局依法履行监管职责，及时恢复土地原状。2019 年 11 月 26 日，惠农区检察院收到惠农区农水局回复并经实地查看后，认为惠农区农水局已经履行了对涉案养殖场的违法建筑设施拆除的法定监管职责，遂撤回了该项诉讼请求，保留确认违法的诉讼请求。

【裁判结果】

宁夏回族自治区石嘴山市大武口区人民法院作出判决，确认被告惠农区农水局未依法履行责令王某红等拆除在惠农区黄河河道管理范围内的养殖场违法建筑的河道监管职责的行为违法。一审判决后，双方均未提起上诉。

【典型意义】

本案系违法占用黄河河道建设生产场所及居住房屋引发的行政公益诉讼案件。在河道管理范围内修建阻碍行洪建筑物、构筑物的乱建行为，违反了国家河道管理规定，也严重影响行洪、防洪安全，对黄河两岸居民生活和生产安全造成潜在危害。本案通过行政公益诉讼，人民法院依法确认行政主管机关行为违法，有效促使行政主管机关积极履行法定监管职责，为黄河流域生态保护提供了有力司法支撑。

196. 贵州省沿河土家族自治县人民检察院诉沿河土家族自治县环境保护局怠于履行法定职责行政公益诉讼案

(2020 年 1 月 7 日发布)

【基本案情】

2009 年，沿河土家族自治县夹石镇初级中学（以下简称夹石中学）在校园内临乌江河岩位置修建厕所，厕所粪便经化粪池处理后直排乌江。当地后来开工建设的夹石污水管网工程中的提升泵房工程也中途停建，致使学校及周边居民的生活污水和厕所粪便通过管网排入污水收集池，污水粪便未经无害化处理渗漏、溢出直排乌江，对水体水质各项指标造成影响；且污水收集池处于露天状况，产生的恶臭气体及滋生的蚊蝇严重污染校园环境，影响师生正常工作生活。2018 年 2 月 1 日，沿河土家族自治县人民检察院（以下简称县检察院）向沿河土家族自治县环境保护局（以下简称县环保局）发出检察建议督促其依法履行职责；3 月 20 日，县环保局回复县检察院，称正在施工整改。截至 2018 年 7 月 31 日，县检察院先后四次对现场进行回访，发现县环保局并未按照检察建议进行整改，夹石污水管网提升泵房工程虽修建完毕但污水处理厂未投入运行，夹石中学附近生活污水和粪便依然直排乌江。县检察院依法提起行政公益诉讼，请求确认县环保局对案涉工程项目中环境违法行为怠于履行监管职责违法，责令县环保局对案涉工程项目环境违法行为继续履行监管职责。

【裁判结果】

贵州省德江县人民法院一审认为，县环保局作为环保监管部门和行业主管部门，未采取有效措施督促相关单位对污水收集池粪污直排乌江的环境违法行为进行防治，致使乌江夹石段水环境长期遭受污染，国家和社会公共利益持续处于受侵害状态，存在怠于履职行为。虽然夹石污水管网提升泵房工程修建完毕，但污水处理厂未投入运行，仍有污水直接排入乌江，对乌江水环境造成污染，县环保局应继续履行职责。依法判决确认县环保局怠于履行对案涉工程项目环境违法监管职责的行为违法，责令县环保局继续履行对案涉工程项目的环境监管职责。

【典型意义】

本案系因环保监管部门不履行法定职责引发的检察行政公益诉讼案件。乌江是贵州省第一大河，也是长江上游南岸最大的支流。本案中，县环保局作为环保监管部门，未采取有效措施督促相关单位对污水收集池粪污直排乌江的环境违法行为进行防治，且履职措施未达到杜绝污水直排乌江的监管目的，致使国家和社会公共利益持续处于受侵害状态。人民法院依法支持人民检察院的公益诉求，在确认县环保局怠于履职行为违法的同时责令其继续履行法定职责，对于充分发挥检察公益诉讼功能，合理界定行政机关依法履职标准，促进行政机关依法、及时、全面地履行行政职责，有效维护国家利益和社会公共利益，具有重要意义。本案宣判后，经一审法院后期走访，县环保局已经有效履职，相关水污染防治设施已全面投入使用，污水直排乌江行为得到有效治理。

197. 贵州省榕江县人民检察院诉榕江县栽麻镇人民政府环境保护行政公益诉讼案

（2020 年 5 月 8 日发布）

【基本案情】

贵州省榕江县栽麻镇宰荡侗寨和归柳侗寨分别于 2012 年、2016 年被列入中国传统村落保护名录。贵州省榕江县人民检察院在履行职责中发现乱搭乱建、违法占地、占用河道建房等问题突出，造成民族传统文化遭受严重破坏。贵州省榕江县栽麻镇人民政府（以下简称栽麻镇政府）存在怠于履行保护职责的行为。2018 年 5 月 7 日，贵州省榕江县人民检察院向栽麻镇政府发出检察建议书。两个月后，上述问题仍未解决。2018 年 12 月，贵州省榕江县人民检察院提起行政公益诉讼，请求：确认栽麻镇政府对中国传统村落宰荡侗寨和归柳侗寨怠于履行监管职责的行为违法；要求其继续履行对宰荡侗寨和归柳侗寨的监管保护职责。

【裁判结果】

贵州省黎平县人民法院一审认为，栽麻镇政府对宰荡侗寨和归柳侗寨依法负有监管保护职责。上述传统村落保护区范围内，出现大批农户擅自新建、改建、扩建（构）筑物，致宰荡侗寨和归柳侗寨的传统格局和风貌受到严重破坏，使国家利益和社会公共利益受到侵害。栽麻镇政府虽对部分违法违章建筑进行整治，取得一定效果，但仍应继续履行其法定职责。一审判决，确认栽麻镇政府对传统村落宰荡侗寨和归柳侗寨怠于履行监管职责的行为违法，应继续履行其监管职责。

【典型意义】

本案系全国首例以保护传统村落为目的的环境行政公益诉讼案件。传统村落，是拥有物质形态的文化遗产，也是农耕文化不可再生的人文遗迹，具有较高的历史、文化、社会和科学艺术价值。目前，贵州省黔东南自治州共有426个传统苗族或侗族村落列为中国传统村落。近年来，因有的地方政府未落实传统村落发展规划和控制性保护措施，缺乏正确引导，导致村民翻修旧房、新建住房等行为无序，传统村落原貌遭到破坏。本案中，人民法院确认栽麻镇政府怠于履行传统村落保护监管职责的行为违法，并责令其继续履行职责，有力地强化了行政机关保护传统村落的责任意识，同时督促当地群众自觉维护传统村落的风貌布局。

198. 江西省安义县人民检察院诉安义县国土资源局不履行矿山地质环境保护职责案

(2020 年 5 月 8 日发布)

【基本案情】

2016 年 2 月至 2017 年 6 月，徐某明在没有办理采矿许可证和占用林地手续的情况下，雇请他人擅自对犁头山山体进行采矿。安义县国土资源局先后六次向其下达《制止违反矿产资源法规行为通知书》，要求其停止违法开采行为。2017 年 11 月，江西省安义县人民检察院向安义县国土资源局发出检察建议。嗣后，安义县国土资源局虽然陆续采取措施，但徐某明未完全按照恢复治理方案进行恢复治理，所涉地区矿山地质环境状况仍未得到根本改善。江西省安义县人民检察院提起行政公益诉讼，要求安义县国土资源局全面履行矿山地质环境保护的法定职责。

【裁判结果】

南昌铁路运输法院一审认为，安义县国土资源局负有保护和监管案涉地区矿山地质环境的法定职责。其虽先后对徐某明非法采矿行为履行了一定的监管职能，但在公益诉讼起诉人提起本案诉讼前，未督促徐某明按照恢复治理方案进行恢复治理，亦未责令徐某明缴纳土地复垦费用、代为组织复垦，案涉矿山地区至今土层、矿石仍裸露，地质环境状况未得到根本改善影响，给周边环境及居民生活带来安全隐患，国家利益和社会公共利益仍处于受侵害状态。一审判决，责令安义县国土资源局履行矿山地质环境保护职责，按照恢复治理方案恢复安义县犁头山地区的生态环境。

【典型意义】

本案系对非法采矿行为监管不力导致矿山地质环境破坏引发的环境行政公益诉讼案件。非法采矿行为不仅严重侵害国家对矿产资源的所有权，造成矿业权税费流失，而且极易造成矿产资源的乱采滥挖，导致环境污染和生态破坏。安义县国土资源局作为行政主管部门，对矿山地质环境遭受破坏后的修复治理具有监督、管理义务。尽管其已经针对案涉非法采矿行为采取相关措施，但因未继续、全面地履行监管职责，矿山地质环境仍持续受到侵害。本案判决认定行政机关未完全履行法定职责并判令其继续履职，对促进行政机关依法、及时、全面履行职责，维护矿山生态环境安全，切实保护国家利益和社会公共利益具有积极作用。

199. 海南省文昌市人民检察院诉文昌市农业农村局海洋行政公益诉讼案

（2020年5月8日发布）

【基本案情】

海南省文昌市人民检察院在文昌市冯家湾调查时发现海域内有大量违法定置网，于2018年4月向文昌市农业农村局发出检察建议，要求文昌市农业农村局依法对非法捕捞行为进行处罚。虽然文昌市农业农村局为此开展了专项清理行动，但海南省文昌市人民检察院在跟进监督时发现文昌部分海域内仍有违法定置网，遂于2019年1月诉至海口海事法院，请求确认文昌市农业农村局对其辖区海域内的违法定置网未完全履行法定职责的行为违法，并在六个月内继续履行法定职责。

【裁判结果】

海口海事法院一审认为，文昌市农业农村局作为渔业监督管理部门，未尽监管职责，导致案涉海域渔业资源未能得到及时有效的保护，社会公共利益处于持续受侵害状态。一审判决，责令文昌市农业农村局在六个月内履行查处其辖区海域内违法定置网的法定职责。

【典型意义】

本案系海洋行政公益诉讼案件。依法查处非法捕捞行为对保护海洋生态环境、实现海洋经济可持续发展具有重要意义。《最高人民法院关于审理发生在我国管辖海域相关案件若干问题的规定（二）》明确规定，在禁渔期内使用禁用的工具或者方法捕捞，构成非法捕捞水产品罪中的情节严重情形，是刑事追责和行政监管的重点对象。本案中，人民法院依法支持检察机关行使监督权，促使渔业监管部门依法履行职责，有力打击、遏制了非法捕捞行为的蔓延态势。本案对捕捞水产品中禁渔期、禁渔区以及禁用工具或者方法的严格遵循，亦有助于海洋休养生息，恢复或者增加种群数量，改善海洋生态环境。

200. 山东省东营市东营区人民检察院诉东营市水利局未全面履行河道监管法定职责行政公益诉讼案

(2020 年 6 月 5 日发布)

【基本案情】

山东省东营市东营区人民检察院（以下简称东营区检察院）在履行职责中发现，东营区六户镇武家大沟大许村西至邱家村东段两岸的堤坝被非法取土，破坏严重、未予修复，危及河道行洪及周边群众生命和财产安全，于 2018 年 6 月发出检察建议，建议东营市水利局依法全面履行职责，恢复堤坝原状或采取其他补救措施。按照检察建议，东营市水利局对相关河段进行了修复，共修复岸线长度 2757 米。但东营区检察院跟进监督发现，堤坝无法满足设计标准和防汛要求，且部分修复堤段已出现溃坝、漫堤现象，致使河道两岸农田全部受灾，生态环境破坏状态未得到治理，国家利益和社会公共利益持续受到侵害的现象并未得到有效改善。东营区检察院提起行政公益诉讼，请求确认东营市水利局未全面履行河道监管法定职责的行为违法，判令其继续履行职责，采取补救措施对案涉被毁堤坝予以修复。

【裁判结果】

山东省东营市东营区人民法院一审认为，东营市水利局作为行政主管机关，负有对案涉河道进行监督管理的职责。虽然东营市水利局已组织执法人员对在案涉堤坝及其护堤非法取土予以制止，但未采取修复补救措施。在收到检察建议后，东营市水利局虽然修复了案涉河道北岸线堤坝，履行了一定的修复职责，但并未全面履行河道监管法定职责。一审法院判决确认东营市水利局未全面履行河道监管法定职责的行为违法；东营市水利局于判决生效之日起六个月内采取补救措施。

【典型意义】

本案系黄河流域河道堤坝保护引发的行政公益诉讼案件。洪水风险依然是黄河流域的最大威胁，做好防洪工程设施保护是确保黄河长久安澜的重要环节。本案中，行政主管机关在收到检察建议后虽履行了一定修复职责，但案涉堤坝仍存在无法满足设计标准和防汛要求，且部分修复堤段存在溃坝、漫堤现象。人民法院针对检察机关提起的公益诉讼请求，判决认定行政机关未完全履行法定职责，并判令其继续履职采取修复措施，有利于监督行政机关依法及时全面履行职责，共同维护防洪工程设施，切实保障国家利益、社会公共利益和黄河沿岸人民群众生命财产安全。

201. 陕西省三原县人民检察院诉三原县大程镇人民政府未履行环境保护和污染防治法定职责行政公益诉讼案

（2020 年 5 月 8 日发布）

【基本案情】

三原县大程镇人民政府（以下简称大程镇政府）所辖区域位于渭河支流清河的北部沿岸。2012 年，为优化镇区环境、解决污水直排问题，大程镇政府申报获批建设大程镇污水处理厂及污水管网工程项目，并完成污水处理厂的征地及围墙圈建工作，但污水处理厂及污水管网工程一直未予建设，排污状态依然持续。陕西省三原县人民检察院（以下简称三原县检察院）向大程镇政府发出检察建议。大程镇政府未在规定时间内予以回复，亦未启动污水处理厂及污水管网工程建设。三原县检察院遂提起行政公益诉讼，请求确认大程镇政府未依法履行环境保护和污染防治职责的行为违法；判令其继续依法履行法定职责，建设污水处理设施及配套管网，保证排出的污水符合相关标准。

【裁判结果】

陕西省三原县人民法院一审认为，大程镇政府具有建设农村污水集中处理设施及公共污水管网的法定职责，其在案涉工程批准后长达四年多时间未予建设，致使大程镇 4 个行政村和 7 个企业的污水长期超标准直接排入清河。三原县检察院发出检察建议后，大程镇政府仍未有效解决上述问题，社会公共利益一直处于受损害状态，已构成怠于履行法定职责的行政不作为。鉴于该工程涉及范围广、工程量大，建设工期可参照项目可行性研究报告确定为二十五个月。一审法院判决确认大程镇政府未完全履行法定环境保护和污染防治职责的行为违法，并限其于判决生效后二十五个月内建设完成三原县大程镇污水集中处理设施和公共污水管网，保证排入清河的污水符合排放标准。

【典型意义】

本案系黄河流域农村污水集中处理设施及污水管网建设引发的行政公益诉讼案件。农村污水处理设施及管网建设是打好水污染防治攻坚战的重要方面，也是推进农村人居环境整治、建设美丽乡村的应有之责。本案中，大程镇政府怠于履行法定职责，案涉工程在批准后一直未动工建设，导致污水长期超标准直接排入清河。受案法院依法判决支持检察机关的诉请，并在判决生效后和检察机关共同派员前往项目施工现场持续进行监督，促使案涉工程按期建成并投入使用，展现了人民法院和人民检察院以维护社会公共利益为目标导向，充分发挥司法职能，监督支持依法行政，有效解决农村环境突出问题，保障实施乡村振兴战略。

202. 山西省岚县人民检察院诉岚县水利局未履行环境保护和污染防治法定职责行政公益诉讼案

（2020 年 5 月 8 日发布）

【基本案情】

山西岚县昌恒煤焦有限公司（以下简称昌恒公司）项目井田位于汾河水库饮用水源准保护区。2017 年 9 月，山西省岚县人民检察院（以下简称岚县检察院）向岚县水利局发出检察建议书，建议其制止昌恒公司在岚河（汾河一级支流）内私设排水口、排放污水的行为。同年 10 月 14 日，岚县水利局对昌恒公司作出行政处罚决定，责令该公司于 2017 年 10 月 20 日前拆除排污口，并处罚款 10 万元。2018 年 3 月，岚县水利局向人民法院申请强制执行。山西省岚县人民法院认为，岚县水利局作为水行政主管部门依法具有行政强制执行权，故裁定对其申请不予受理。岚县检察院提起行政公益诉讼，请求确认岚县水利局不依法履行拆除昌恒公司私设排污口的法定职责违法；判决岚县水利局采取补救措施依法全面履行法定职责。

【裁判结果】

山西省临县人民法院一审认为，岚县水利局系岚县人民政府水行政主管部门，昌恒公司未经批准设置排污口，应由岚县水利局责令限期拆除；岚县检察院发出检察建议后，尽管岚县水利局履行了相应的职责，但至今污水仍在排放，应当认定为岚县水利局履职不到位。一审法院判决确认岚县水利局不依法履行拆除昌恒公司私设排污口的法定职责违法；责令岚县水利局采取补救措施，依法全面履行法定职责。岚县水利局不服一审判决，向山西省吕梁市中级人民法院提起上诉，后经二审法院裁定准许其撤回上诉。

【典型意义】

本案系为制止在饮用水水源地准保护区非法排污引发的行政公益诉讼案件。饮用水安全关系人民群众身体健康，国家为此建立饮用水水源保护区制度。饮用水水源地准保护区虽然属于饮用水水源保护区外围，但按照《中华人民共和国水污染防治法》及相关规章的规定，在准保护区内直接或间接向水域排放废水必须符合国家及地方规定的排放标准。汾河是黄河的主要支流，汾河水库是下游和周边居民重要饮用水源。昌恒公司项目井田位于汾河水库饮用水源准保护区，其私设排污口、排放污水的行为，不仅污染环境，还严重威胁到人民群众的饮水安全。人民检察院提起公益诉讼，人民法院依法作出行政判决，监督具有强制执行权的行政机关全面履责，保障了饮用水水源保护区法律制度的严格落实。

第五部分　生态环境损害赔偿诉讼案例

203. 中华环保联合会与无锡市蠡湖惠山景区管理委员会生态环境损害赔偿纠纷案

（2014 年 7 月 3 日发布）

【基本案情】

无锡市蠡湖惠山景区管理委员会（以下简称景区管委会）在负责开发建设动植物园和儿童乐园项目的过程中，擅自占用 2 万平方米左右的林地。涉案项目尚有 2500 平方米山体土壤裸露宕口地块，系 20 世纪 80 年代开采山石遗留状态，景区管委会未在该地块进行任何建设。中华环保联合会提起诉讼，请求判令景区管委会将非法占用的林地恢复用途并赔偿损失，立即将项目区域内裸露的部分土地进行复绿固土。

【裁判结果】

江苏省无锡市滨湖区人民法院一审认为，景区管委会未经审批占用 17477 平方米林地是事实，但动植物园项目系城市绿地系统的组成部分，后期景区管委会又恢复和新增了一定数量的林地，未造成显著损害。本案审理中，景区管委会已缴纳了植被恢复费 114 万余元，应当视为已经弥补了生态损害。景区管委会擅自改变 3677 平方米林地用途，应当恢复原状。鉴于该地块建设已经被纳入立项规划范围，且建设项目中的观光电梯具有逃生、急救通道的功能，涉及较大公共利益，不宜恢复原状。在审理中，景区管委会提出了异地补植方案，得到了主管单位和中华环保联合会的认可，并经咨询相关专业机构确定了杨湾异地补植恢复生态的方案。景区管委会等单位作为宕口裸露地块的使用人，有义务对该地块的状况进行持续整治，消除水土进一步流失的危险。在案件审理中，景区管委会自愿提出的复绿方案具有可行性，法院予以确认与准许。一审法院于 2012 年 12 月作出判决，判令景区管委会一个月内完成 17477 平方米林地改变用途的申报程序，将异地补植费用 79.44 万元汇至指定账户并在六个月内完成杨湾地块 4500 平方米的异地补植，景区管委会及其他地块使用人六个月内完成 2500 平方米宕口地块复绿固土工作。

【典型意义】

建设单位景区管委会在建设工程中未经批准占用并改变林地用途对生态环境造成损害，理应承担恢复生态环境的民事责任。本案的特殊之处在于，涉案工程所占用土地已经纳入立项规划范围，且工程对于整个项目具有重要作用，涉及公共利益，直接恢复原状不具可行性。在此情况下，一审法院经咨询专业机构意见，采纳了异地补植的方案进行生态恢复，探索了环境污染者、生态破坏者承担民事责任的方式，避免了社会财富的浪费，又在整个区域范围内恢复了生态容量的水平，可资借鉴。

204. 山东省生态环境厅诉山东金诚重油化工有限公司、山东弘聚新能源有限公司生态环境损害赔偿诉讼案

（2019 年 6 月 5 日发布）

【基本案情】

2015 年 8 月，山东弘聚新能源有限公司（以下简称弘聚公司）委托无危险废物处理资质的人员将其生产的 640 吨废酸液倾倒至济南市章丘区普集街道办上皋村的一个废弃煤井内。2015 年 10 月 20 日，山东金诚重油化工有限公司（以下简称金诚公司）采取相同手段将其生产的 23.7 吨废碱液倾倒至同一煤井内，因废酸、废碱发生剧烈化学反应，4 名涉嫌非法排放危险废物人员当场中毒身亡。经监测，废液对井壁、井底土壤及地下水造成污染。事件发生后，原章丘市人民政府进行了应急处置，并开展生态环境修复工作。山东省人民政府指定山东省生态环境厅为具体工作部门，开展生态环境损害赔偿索赔工作。山东省生态环境厅与金诚公司、弘聚公司磋商未能达成一致，遂根据山东省环境保护科学研究设计院出具的《环境损害评估报告》向济南市中级人民法院提起诉讼，请求判令被告承担应急处置费用、生态环境服务功能损失、生态环境损害赔偿费用等共计 2.3 亿余元，两被告对上述各项费用承担连带责任，并请求判令两被告在省级以上媒体公开赔礼道歉。

【裁判结果】

山东省济南市中级人民法院经审理认为，弘聚公司生产过程中产生的

废酸液和金诚公司生产过程中产生的废碱液导致案涉场地生态环境损害，应依法承担生态环境损害赔偿责任。就山东省生态环境厅请求的赔偿金额，山东省生态环境厅提交了《环境损害评估报告》，参与制作的相关评估及审核人员出庭接受了当事人的质询，环境保护部环境规划院的专家也出庭对此给出说明，金诚公司、弘聚公司未提供充分证据推翻该《环境损害评估报告》，故对鉴定评估意见依法予以采信。山东省生态环境厅主张的生态环境服务功能损失和帷幕注浆范围内受污染的土壤、地下水修复费及鉴定费和律师代理费，均是因弘聚公司的废酸液和金诚公司的废碱液造成生态环境损害引起的，故应由该两公司承担。因废酸液和废碱液属不同种类危险废液，二者在案涉场地的排放量不同，对两种危险废液的污染范围、污染程度、损害后果及其与损害后果之间的因果关系、污染修复成本等，山东省生态环境厅、弘聚公司、金诚公司、专家辅助人、咨询专家之间意见不一，《环境损害评估报告》对此也未明确区分。综合专家辅助人和咨询专家的意见，酌定弘聚公司承担80%的赔偿责任，金诚公司承担20%的赔偿责任，并据此确定二被告应予赔偿的各项费用。弘聚公司、金诚公司生产过程中产生的危险废液造成环境污染，严重损害了国家利益和社会公共利益，为警示和教育环境污染者，增强公众环境保护意识，依法支持山东省生态环境厅要求弘聚公司、金诚公司在省级以上媒体公开赔礼道歉的诉讼请求。

【典型意义】

本案系因重大突发环境事件导致的生态环境损害赔偿案件。污染事件发生后，受到社会广泛关注。因二被告排放污染物的时间、种类、数量不同，认定二被告各自行为所造成的污染范围、损害后果及相应的治理费用存在较大困难。人民法院充分借助专家专业技术优势，在查明专业技术相关事实，确定生态环境损害赔偿数额，划分污染者责任等方面进行了积极探索。一是由原、被告分别申请专家辅助人出庭从专业技术角度对案件事实涉及的专业问题充分发表意见；二是由参与《环境损害评估报告》的专业人员出庭说明并接受质询；三是由人民法院另行聘请三位咨询专家参加庭审，并在庭审后出具《损害赔偿责任分担的专家咨询意见》；四是在评估报告基础上，综合专家辅助人和咨询专家的意见，根据主观过错、经营状况等因素，合理分配二被告各自应承担的赔偿责任。人民法院还针对金诚公司应支付的赔偿款项，确定金诚公司可申请分期赔付，教育引导企业依法开展生产经营，在保障生态环境得到及时修复的同时，维护了企业的正常经营，妥善处理了经济社会发展和生态环境保护的辩证关系。同时，人民法院在受理就同一污染环境行为提起的生态环境损害赔偿诉讼和环境民事公益诉讼后，先行中止环境公益诉讼案件审理，待生态环境损害赔偿案件审理完毕后，就环境公益诉讼中未被前案涵盖的诉讼请求依法作出裁判，对妥善协调两类案件的审理进行了有益探索。

205. 贵州省人民政府、息烽诚诚劳务有限公司、贵阳开磷化肥有限公司生态环境损害赔偿协议司法确认案

（2019 年 6 月 5 日发布）

【基本案情】

2012 年 6 月，贵阳开磷化肥有限公司（以下简称开磷化肥公司）委托息烽诚诚劳务有限公司（以下简称劳务公司）承担废石膏渣的清运工作。按要求，污泥渣应被运送至正规磷石膏渣场集中处置。但从 2012 年年底开始，劳务公司便将污泥渣运往大鹰田地块内非法倾倒，形成长 360 米，宽 100 米，堆填厚度最大 50 米，占地约 100 亩，堆存量约 8 万立方米的堆场。环境保护主管部门在检查时发现上述情况。贵州省环境保护厅委托相关机构进行评估并出具的《环境污染损害评估报告》显示，此次事件前期产生应急处置费用 134.2 万元，后期废渣开挖转运及生态环境修复费用约为 757.42 万元。2017 年 1 月，贵州省人民政府指定贵州省环境保护厅作为代表人，在贵州省律师协会指定律师的主持下，就大鹰田废渣倾倒造成生态环境损害事宜，与劳务公司、开磷化肥公司进行磋商并达成《生态环境损害赔偿协议》。2017 年 1 月 22 日，上述各方向贵州省清镇市人民法院申请对该协议进行司法确认。

【裁判结果】

贵州省清镇市人民法院依法受理后，在贵州省法院门户网站将各方达

成的《生态环境损害赔偿协议》、修复方案等内容进行了公告。公告期满后，清镇市人民法院对协议内容进行了审查并依法裁定确认贵州省环境保护厅、劳务公司、开磷化肥公司于2017年1月13日在贵州省律师协会主持下达成的《生态环境损害赔偿协议》有效。一方当事人拒绝履行或未全部履行的，对方当事人可以向人民法院申请强制执行。

【典型意义】

本案是生态环境损害赔偿制度改革试点开展后，全国首例由省级人民政府提出申请的生态环境损害赔偿协议司法确认案件。该案对磋商协议司法确认的程序、规则等进行了积极探索，提供了可借鉴的有益经验。人民法院在受理磋商协议司法确认申请后，及时将《生态环境损害赔偿协议》、修复方案等内容通过互联网向社会公开，接受公众监督，保障了公众的知情权和参与权。人民法院对生态环境损害赔偿协议进行司法确认，赋予了赔偿协议强制执行效力。一旦发生一方当事人拒绝履行或未全部履行赔偿协议情形的，对方当事人可以向人民法院申请强制执行，有力保障了赔偿协议的有效履行和生态环境修复工作的切实开展。本案的实践探索已为《生态环境损害赔偿制度改革方案》所认可和采纳，《最高人民法院关于审理生态环境损害赔偿案件的若干规定（试行）》也对生态环境损害赔偿协议的司法确认作出明确规定。

206. 绍兴市环境保护局、浙江上峰建材有限公司、诸暨市次坞镇人民政府生态环境损害赔偿协议司法确认案

(2019年6月5日发布)

【基本案情】

2017年4月11日，诸暨市环境保护局会同诸暨市公安局对浙江上峰建材有限公司（以下简称上峰建材公司）联合突击检查时发现，该企业存在采用在大气污染物在线监控设施监测取样管上套装管子并喷吹石灰中和后的气体等方式，达到干扰自动监测数据目的的行为。上峰建材公司超标排放氮氧化物、二氧化硫等大气污染物，对周边大气生态环境造成损害。经绍兴市环保科技服务中心鉴定评估，造成生态环境损害数额110.4143万元，鉴定评估费用12万元，合计122.4143万元。上峰建材公司违法排放的大气污染物已通过周边次坞镇大气生态环境稀释自净，无须实施现场修复。

绍兴市环境保护局经与上峰建材公司、诸暨市次坞镇人民政府进行磋商，达成了《生态环境损害修复协议》，主要内容为：（1）各方同意上峰建材公司以替代修复的方式承担生态环境损害赔偿责任。上峰建材公司在承担生态环境损害数额110.4143万元的基础上，自愿追加资金投入175.5857万元，合计总额286万元用于生态工程修复，并于2018年10月31日之前完成修复工程。（2）次坞镇人民政府对修复工程进行组织、监督管理、资金决算审计，修复后移交大院里村。（3）修复工程完成后，由绍

兴市环境保护局委托第三方评估机构验收评估，提交验收评估意见。(4) 生态环境损害鉴定评估费、验收鉴定评估费由上峰建材公司承担，并于工程验收通过后七日内支付给鉴定评估单位。(5) 如上峰建材公司中止修复工程，或者不按约定时间、约定内容完成修复的，绍兴市环境保护局有权向上峰建材公司追缴全部生态环境损害赔偿金。

【裁判结果】

浙江省绍兴市中级人民法院受理司法确认申请后，对《生态环境损害修复协议》内容进行了公告。公告期内，未收到异议或意见。浙江省绍兴市中级人民法院对协议内容审查后认为，申请人达成的协议符合司法确认的条件，遂裁定确认协议有效。一方当事人拒绝履行或者未全部履行的，对方当事人可以向人民法院申请强制执行。

【典型意义】

本案是涉大气污染的生态环境损害赔偿案件。大气污染是人民群众感受最为直接、反映最为强烈的环境问题，打赢蓝天保卫战是打好污染防治攻坚战的重中之重。2019 年，世界环境日主题聚焦空气污染防治，提出“蓝天保卫战，我是行动者”的口号，显示了中国政府推动打好污染防治攻坚战的决心。本案中，上峰建材公司以在大气污染物在线监控设施监测取样管上套装管子并喷吹石灰中和后的气体等方式，干扰自动监测数据，超标排放氮氧化物、二氧化硫等大气污染物。虽然污染物已通过周边大气生态环境稀释自净，无须实施现场修复，但是大气经过扩散等途径仍会污染其他地区的生态环境，不能因此免除污染者应承担的生态环境损害赔偿责任。人民法院对案涉赔偿协议予以司法确认，明确由上峰建材公司以替代方式承担生态环境损害赔偿责任，是对多样化责任承担方式的积极探索。本案体现了环境司法对大气污染的“零容忍”，有利于引导企业积极履行生态环境保护的主体责任，自觉遵守环境保护法律法规，推动企业形成绿色生产方式。此外，经磋商，上峰建材公司在依法承担 110. 4143 万元生态环境损害赔偿的基础上，自愿追加资金投入 175. 5857 万元用于生态环境替代修复，体现了生态环境损害赔偿制度在推动企业主动承担社会责任方面起到了积极作用。

207. 江西省九江市人民政府诉江西正鹏环保科技有限公司、杭州连新建材有限公司、李某等7人生态环境损害赔偿责任案

(2020年5月8日发布)

【基本案情】

2017年至2018年间，江西正鹏环保科技有限公司（以下简称正鹏公司）与杭州塘栖热电有限公司等签署合同，运输、处置多家公司生产过程中产生的污泥，收取相应的污泥处理费用。正鹏公司实际负责人李某将从多处收购来的污泥直接倾倒、与丰城市志合新材料有限公司（以下简称志合公司）合作倾倒或者交由不具有处置资质的张某良、舒某峰等人倾倒至九江市区多处地块，杭州连新建材有限公司（以下简称连新公司）明知张某良从事非法转运污泥，仍放任其持有加盖公司公章的空白合同处置污泥。经鉴定，上述被倾倒的污泥共计1.48万吨，造成土壤、水及空气污染，所需修复费用1446.29万元。案发后，江西省九江市浔阳区人民检察院依法对被告人舒某峰等6人提起刑事诉讼，江西省九江市中级人民法院二审判处被告人舒某峰等6人犯污染环境罪，有期徒刑二年二个月至有期徒刑十个月不等，并处罚金10万元至5万元不等。江西省九江市人民政府依据相关规定开展磋商，并与杭州塘栖热电有限公司达成赔偿协议。因未与正鹏公司、连新公司、李某等7人达成赔偿协议，江西省九江市人民政府提起本案诉讼，要求各被告履行修复生态环境义务，支付生态环境修复费用、公开赔礼道歉并承担律师费和诉讼费用。

【裁判结果】

江西省九江市中级人民法院一审认为，正鹏公司及其实际负责人李某直接倾倒污泥或者将污泥交付张某良、舒某峰等人转运或者倾倒，造成环境严重污染，应承担相应生态环境损害赔偿责任。张某良持有连新公司交付的加盖公司公章的空白合同处理案涉污泥，连新公司未履行监管义务，放任张某良非法倾倒污泥，应当承担连带责任。夏吉萍作为志合公司实际负责人，因该公司与正鹏公司合作从事污泥倾倒，且其个人取得利润分成，应当承担连带责任。案涉污染地块中污泥已混同，无法分开进行修复，因此，判决各被告共同承担倾倒污泥地块的修复责任以及不履行修复义务时应当支付的修复费用，在省级或以上媒体向社会公开赔礼道歉，共同支付环评报告编制费、风险评估费以及律师代理费。

【典型意义】

本案系在长江经济带区域内跨省倾倒工业污泥导致生态环境严重污染引发的生态环境损害赔偿案件。在依法追究被告公司及各被告人刑事责任的基础上，江西省九江市人民政府充分发挥磋商作用，促使部分赔偿义务人达成协议并积极履行修复和赔偿义务；对于磋商不成的，则依法提起生态环境损害赔偿诉讼，实现了诉前磋商与提起诉讼的有效衔接。本案判决不仅明确了经营者虽没有直接实施倾倒行为，但放任他人非法处置的，应由经营者与非法处置人共同承担责任的规则；还明确了数人以分工合作的方式非法转运、倾倒污泥，在无法区分各侵权人倾倒污泥数量的情况下，应当共同承担责任的规则，有效落实了最严格的生态环境保护法律制度。

208. 郑州市生态环境局与河南鑫洲建筑工程有限公司生态环境损害赔偿协议司法确认案

(2020 年 6 月 5 日发布)

【基本案情】

2017 年 11 月，河南鑫洲建筑工程有限公司（以下简称鑫洲公司）在新郑市龙湖镇非法倾倒有毒土壤。经鉴定，土壤中含有“六六六”与“滴滴涕”等农药因子，受污染土壤共计 14.89 万立方米。在有关部门采取紧急控制措施、查清污染事实、鉴定损害后果后，根据河南省郑州市人民政府授权，郑州市生态环境局与鑫洲公司进行磋商，达成了《新郑市龙湖镇李木咀村与刘口村土壤污染案件生态环境损害赔偿协议》。主要内容为：(1) 由鑫洲公司赔偿应急处理及调查评估，土壤修复效果评估、监理与验收，恢复性补偿等费用共 929.82 万元。(2) 由鑫洲公司承担土壤修复责任，委托第三方进行受污染土壤无害化处置，直至评估达标；否则须按司法鉴定土壤修复估算费用的 130%计算违约金，计 1.9 亿元，同时还应就损害扩大部分承担全部法律责任。(3) 若鑫洲公司不履行或不完全履行协议，郑州市生态环境局有向河南省郑州市中级人民法院申请强制执行的权利。协议达成后，双方共同向人民法院申请要求确认协议有效。

【裁判结果】

河南省郑州市中级人民法院受理司法确认申请后，依法对《新郑市龙湖镇李木咀村与刘口村土壤污染案件生态环境损害赔偿协议》内容进行了公告。公告期内，未收到异议或意见。河南省郑州市中级人民法院对协议内容的真实性、合法性审查后认为，申请人达成的协议符合司法确认的条件，遂裁定确认协议有效；拒绝履行或者未全部履行协议时，可以向人民法院申请强制执行。

【典型意义】

本案系土壤污染引发的生态环境损害赔偿司法确认案件。涉案磋商协议对赔偿权利人和赔偿义务人的身份，生态环境损害的事实、程度和有关证据，双方对生态损害鉴定报告的意见，生态环境损害修复模式及费用支付方式，修复工程持续期间，修复效果评估以及不履行或不完全履行协议的责任等内容作了全面约定，不仅确保生态环境损害修复工作落到实处，也便于接受公众监督，充分保障公众的知情权和参与权。受案法院对生态环境损害磋商协议司法确认的程序、规则等进行了积极探索，提供了有益的经验。人民法院通过司法确认，赋予磋商协议强制执行效力，促进磋商在生态环境损害赔偿工作中的积极作用，引导企业积极履行生态环境保护主体责任，强化土壤污染管控和修复，促进流域生态环境保护修复。

209. “王家坝河”生态环境损害赔偿协议司法确认案

(2020 年 9 月 25 日发布)

【基本案情】

2019 年 6 月 6 日夜，姚某在禁渔期间至重庆市酉阳县酉酬镇溪口村一组小地名“王家坝河”的天然河流，操作禁止使用的捕捞工具电鱼机非法捕捞野生鱼，被当场查获。经清点，姚某非法捕捞野生渔获物共计 330 尾，总净重 10.2 斤。后当地农业农村委员会与姚某就其非法捕捞水产品造成的生态环境损害进行磋商，并达成赔偿协议，并向人民法院申请司法确认。

【裁判结果】

重庆市黔江区人民法院受理申请后依法进行了审查，并对生态环境损害赔偿协议进行公告。公告期内，未收到异议。重庆市黔江区人民法院认为，申请人自行协商一致达成的生态环境损害赔偿协议，符合司法确认赔偿协议的法定条件，依法确认协议有效。当事人应当按照赔偿协议约定自觉履行赔偿涉案生态环境损害 7242 元的义务，一方当事人拒绝履行或未全部履行的，对方当事人可以向人民法院申请强制执行。

【典型意义】

本案系在长江流域天然河流非法捕捞水产品引发的生态环境损害赔偿协议司法确认案件。本案中，赔偿义务人因其非法捕捞水产品行为造成生态环境损害，省级人民政府授权的机关与其进行磋商，达成生态环境损害赔偿协议，人民法院依法予以确认。赔偿义务人依据专家评估意见通过实施增殖放流的方式对破坏的生态环境进行修复，履行情况作为后续刑事案件酌定从轻的量刑情节。本案拓展了非法捕捞水产品行为人承担生态环境损害赔偿责任的司法路径，体现了生态优先、注重修复的环境司法理念。

210. 河南省濮阳市人民政府诉聊城德丰化工有限公司生态环境损害赔偿诉讼案

(2021年6月4日发布)

【基本案情】

聊城德丰化工有限公司（以下简称德丰公司）是生产三氯乙酰氯的化工企业，副产酸为盐酸。2017年12月至2018年3月，德丰公司采取补贴销售的手段将副产酸交给不具有处置资质的徐章华、徐文超等人，再由不具有处置资质的吴茂勋、翟瑞花等人从德丰公司运输酸液共27车，每车装载约13吨，其中21车废酸液直接排放到濮阳县回木沟，致使回木沟及金堤河岳辛庄段严重污染。濮阳县环境保护局委托濮阳天地人环保科技股份有限公司进行应急处置，应急处置费用138.9万元。经评估，确定回木沟和金堤河环境损害价值量化数额为404.74万元，评估费8万元。河南省濮阳市人民政府先后两次召开会议，与德丰公司就生态环境损害赔偿进行磋商，未达成一致意见。遂提起诉讼，请求德丰公司赔偿应急处置费用、环境损害价值和评估费用共计551.64万元。

【裁判结果】

河南省濮阳市中级人民法院一审认为，德丰公司将副产酸交由不具备处置资质的主体处置，造成生态环境受到严重损害，应当承担赔偿责任。同时，为促进市场主体积极投身生态环境保护事业，酌定德丰公司参与生态环境治理、技术改造、购买环境责任保险等事项的投入费用，可在本案环境损害赔偿费一定额度内按比例折抵。一审判决德丰公司赔偿濮阳市政府应急处置费 138.90 万元、评估费 8 万元、环境损害赔偿费 404.74 万元，其中环境损害赔偿费可由德丰公司以参与相关水域生态环境治理工程支出的费用、技术改造、购买环境污染责任险等方式在一定额度内予以抵扣。河南省高级人民法院二审维持原判。

【典型意义】

本案系市级人民政府提起的生态环境损害赔偿诉讼。本案中，德丰公司将其副产酸交由没有处置资质的主体非法处置，其行为与生态环境损害后果之间具有因果关系。人民法院认定涉事企业构成环境侵权、应承担生态环境损害赔偿责任的同时，判令其参与生态环境治理、技术改造、购买环境责任保险的费用在一定额度内折抵赔偿费用的裁判方式，充分体现生态环境损害赔偿诉讼以修复为主的审判理念，彰显人民法院助力企业复工复产的积极作为。本案的审理对同类化工行业规范危险副产品无害化处置具有重要的教育示范意义，对潜在违法者具有重大的警示效果，能够引领社会公众自觉参与生态环境保护，在全社会形成保护环境、爱护生态的良好氛围。

211. 新乡市生态环境局与封丘县龙润精细化工有限公司生态环境损害赔偿协议司法确认案

（2021 年 11 月 25 日发布）

【基本案情】

2018 年 1 月 4 日至 2019 年 5 月 23 日，封丘县龙润精细化工有限公司（以下简称龙润公司）违反法律规定，将该公司 2000 余吨化工废液（经鉴定为危险废物）交由无危险废物处理资质人员倾倒至黄河封丘段主河道内，对黄河生态系统和公众健康造成了极大危害，经郑州铁路运输中级法院审理，于 2020 年 9 月 25 日以污染环境罪被追究刑事责任。在郑州铁路运输中级法院的积极推动下，新乡市生态环境局与龙润公司就生态环境损害赔偿问题多次磋商，达成了《生态环境损害赔偿协议》：（1）龙润公司承担生态环境损害金、评估鉴定费、专家等费用 10291717 元；（2）采取以金钱为主、其他方式为辅方式承担赔偿责任，分三期（年）支付生态损害赔偿金；（3）龙润公司为降低环境污染进行技术升级改造的资金投入，可以向生态环境部门申请资金奖补用于抵扣部分生态环境损害赔偿费用；（4）龙润公司拒绝履行或未全部履行，新乡市生态环境局有权向法院申请强制执行。协议达成后，双方向郑州铁路运输中级法院申请司法确认。

【裁判结果】

郑州铁路运输中级法院受理司法确认申请后，经依法公告后审查认为，申请人达成的协议符合司法确认的条件，裁定确认协议有效；龙润公司拒绝履行或者未全部履行协议的，新乡市生态环境局可以向法院申请强制执行。该赔偿协议经司法确认后，第一批赔偿款1587515元已支付到位。

【典型意义】

本案系向黄河封丘段主河道内倾倒工业废液引发的生态环境损害赔偿协议司法确认案件。本案审理过程中，人民法院积极践行绿色发展理念，延伸环境资源审判职能，发挥磋商在生态环境损害赔偿工作中的积极作用，促成企业积极履行生态环境主体责任。同时，人民法院充分考虑企业经营现状，对于协议中采取的灵活承担赔偿责任的方式予以确认。在人民法院的推动下，双方达成了三年（期）分期支付赔偿款的协议，通过鼓励企业用技改资金折抵环境修复费用，促进了企业转型升级，提高了企业防范环境污染事故的技术能力，进而实现对黄河流域生态环境的保护。

附录

历次典型案例发布情况

一、最高人民法院发布环境资源审判典型案例（2014 年 7 月 3 日）

1. 中华环保联合会、贵阳公众环境教育中心与贵阳市乌当区定扒造纸厂水污染责任纠纷案

2. 聂胜等 149 户辛庄村村民与平顶山天安煤业股份有限公司五矿等水污染责任纠纷案

3. 上海市松江区叶榭镇人民政府与蒋荣祥等水污染责任纠纷案

4. 重庆市长寿区龙河镇盐井村 1 组与蒙城县利超运输有限公司等环境污染责任纠纷案

5. 朱正茂、中华环保联合会与江阴港集装箱公司环境污染责任纠纷案

6. 张长健等 1721 人与福建省（屏南）榕屏化工有限公司环境污染责任纠纷案

7. 姜建波与荆军噪声污染责任纠纷案

8. 中华环保联合会与无锡市蠡湖惠山景区管理委员会生态环境损害赔偿纠纷案

9. 王仕龙与刘俊波采矿权转让合同纠纷案

二、最高人民法院发布环境保护行政案件典型案例（2014 年 12 月 19 日）

1. 佛山市三英精细材料有限公司诉佛山市顺德区人民政府环保行政处罚案

2. 动感酒吧诉武威市凉州区环境保护局环保行政命令案

3. 海丽国际高尔夫球场有限公司诉国家海洋局环保行政处罚案

4. 卢红等 204 人诉杭州市萧山区环境保护局环保行政许可案

5. 君宁机械厂诉六安市金安区环境保护局环保行政处罚案

6. 苏耀华诉广东省博罗县人民政府划定禁养区范围通告案

7. 泉州弘盛石业有限公司诉晋江市环境保护局环保行政管理案

8. 梦达驰汽车系统（苏州工业园区）有限公司诉苏州工业园区环境保护局环保行政处罚案

9. 夏春官等 4 人诉东台市环境保护局环评行政许可案

10. 正文花园业委会、乾阳佳园业委会诉上海市环境保护局不服环评报告审批决定案

三、最高人民法院发布环境侵权典型案例（2015年12月29日）

1. 北京市朝阳区自然之友环境研究所、福建省绿家园环境友好中心诉谢知锦等四人破坏林地民事公益诉讼案

2. 中华环保联合会诉德州晶华集团振华有限公司大气污染民事公益诉讼案

3. 常州市环境公益协会诉储卫清、常州博世尔物资再生利用有限公司等土壤污染民事公益诉讼案

4. 曲忠全诉山东富海实业股份有限公司大气污染责任纠纷案

5. 沈海俊诉机械工业第一设计研究院噪声污染责任纠纷案

6. 袁科威诉广州嘉富房地产发展有限公司噪声污染责任纠纷案

7. 梁兆南诉华润水泥（上思）有限公司水污染责任纠纷案

8. 周航诉荆门市明祥物流有限公司、重庆铁发遂渝高速公路有限公司水污染责任纠纷案

9. 吴国金诉中铁五局（集团）有限公司、中铁五局集团路桥工程有限责任公司噪声污染责任纠纷案

10. 李才能诉海南海石实业有限公司粉尘污染责任纠纷案

四、最高人民法院发布环境保护行政案件典型案例（2016年3月30日）

1. 吴某诉江苏省环境保护厅不履行法定职责案

2. 青岛某钢材加工有限公司诉青岛市环境保护局环保行政处罚案

3. 威海某电子有限公司诉威海市环境保护局环保行政处罚案

4. 张某某等人诉江苏省环境保护厅环评行政许可案

5. 临湘市壁山某养猪专业合作社诉临湘市环境保护局环保行政处罚案

6. 某家居用品有限公司诉上海市奉贤区城市管理行政执法局行政处罚案

7. 上海某混凝土有限公司诉上海市奉贤区人民政府责令关闭行政决

定案

8. 周某、张某某诉中华人民共和国环境保护部环评批复案

9. 刘某某诉胶州市环境保护局环保行政处罚案

10. 锦屏县人民检察院诉锦屏县环境保护局不履行法定职责案

五、最高人民法院发布矿业权民事纠纷典型案例（2016 年 7 月 12 日）

1. 孙素贤等三人与玄正军探矿权权属纠纷案

2. 傅钦其与仙游县社硎乡人民政府采矿权纠纷案

3. 陈付全与确山县团山矿业开发有限公司采矿权转让合同纠纷案

4. 四川省宝兴县大坪大理石矿与李竞采矿权承包合同纠纷案

5. 资中县鸿基矿业公司、何盛华与吕志鸿劳务承包合同纠纷案

6. 朗益春与彭光辉、南华县星辉矿业有限公司采矿权合作合同纠纷案

7. 薛梦懿等四人与西藏国能矿业发展有限公司、西藏龙辉矿业有限公司股权转让合同纠纷案

8. 黄国均与遵义市大林弯采矿厂、苏芝昌合伙纠纷案

9. 新疆临钢资源投资股份有限公司与四川金核矿业有限公司特殊区域合作勘查合同纠纷案

10. 云和县土岩岗头庵叶腊石矿与国网浙江省电力公司矿床压覆侵权纠纷案

六、最高人民法院发布环境污染犯罪典型案例（2016 年 12 月 26 日）

1. 刘祖清污染环境案

2. 田建国、厉恩国污染环境案

3. 浙江汇德隆染化有限公司等污染环境案

4. 王秋为等污染环境案

5. 湖州市工业和医疗废物处置中心有限公司污染环境案

6. 建滔（河北）焦化有限公司污染环境案

7. 白家林、吴淑琴污染环境案

8. 浙江金帆达生化股份有限公司等污染环境案

七、最高人民法院发布环境公益诉讼典型案例（2017年3月7日）

1. 江苏省泰州市环保联合会诉泰兴锦汇化工有限公司等水污染民事公益诉讼案

2. 中国生物多样性保护与绿色发展基金会诉宁夏瑞泰科技股份有限公司等腾格里沙漠污染系列民事公益诉讼案

3. 中华环保联合会诉山东德州晶华集团振华有限公司大气污染民事公益诉讼案

4. 重庆市绿色志愿者联合会诉湖北恩施自治州建始磺厂坪矿业有限责任公司水库污染民事公益诉讼案

5. 中华环保联合会诉江苏江阴长泾梁平生猪专业合作社等养殖污染民事公益诉讼案

6. 北京市朝阳区自然之友环境研究所诉山东金岭化工股份有限公司大气污染民事公益诉讼案

7. 江苏省镇江市生态环境公益保护协会诉江苏优立光学眼镜公司固体废物污染民事公益诉讼案

8. 江苏省徐州市人民检察院诉徐州市鸿顺造纸有限公司水污染民事公益诉讼案

9. 贵州省六盘水市六枝特区人民检察院诉镇宁布依族苗族自治县丁齐镇人民政府环境行政公益诉讼案

10. 吉林省白山市人民检察院诉白山市江源区卫生和计划生育局、白山市江源区中医院环境行政附带民事公益诉讼案

八、最高人民法院发布环境资源刑事、民事、行政典型案例（2017年6月22日）

1. 宁夏回族自治区中卫市沙坡头区人民检察院诉宁夏明盛染化有限公司、廉兴中污染环境案

2. 连云港市连云区人民检察院诉尹宝山等人非法捕捞水产品刑事附带民事诉讼案

3. 湖南省岳阳楼区人民检察院诉何建强等非法杀害珍贵、濒危野生动

物罪、非法狩猎罪刑事附带民事诉讼案

4. 吕金奎等79人诉山海关船舶重工有限责任公司海上污染损害责任纠纷案

5. 倪旭龙诉丹东海洋红风力发电有限责任公司环境污染侵权纠纷案

6. 江西星光现代生态农业发展有限公司诉江西鹰鹏化工有限公司大气污染责任纠纷案

7. 中华环保联合会诉谭耀洪、方运双环境污染民事公益诉讼案

8. 邓仕迎诉广西永凯糖纸有限责任公司等六企业通海水域污染损害责任纠纷案

9. 海南桑德水务有限公司诉海南省儋州市生态环境保护局环保行政处罚案

10. 陈德龙诉成都市成华区环境保护局环保行政处罚案

九、最高人民法院发布长江流域环境资源审判典型案例（2017年12月4日）

1. 汤某等十二人非法捕捞水产品案

2. 十堰市驰迈工贸有限公司、古文秀污染环境案

3. 尼玛多吉非法收购、运输、出售珍贵、濒危野生动物制品案

4. 贵州泰蘋河生态养殖开发有限公司诉贵州华锦铝业有限公司财产损害赔偿案

5. 赵来喜、周正红与赵成春买卖合同案

6. 镇江市自来水公司诉韩国开发银行投资公司水污染损害赔偿案

7. 富启建材有限公司诉姚友刚等确认合同无效案

8. 贵州省金沙县人民检察院诉毕节市七星关区大银镇人民政府不当履职案

9. 宜宾县溪鸣河水力发电有限责任公司诉沐川县人民政府政府信息公开案

10. 罗建兰、游泳等人诉丰都县水务局行政批复违法案

十、最高人民法院、最高人民检察院发布检察公益诉讼典型案例（2018年3月2日）

1. 湖南省蓝山县环保局不依法履行职责案

2. 陕西省西安市国土资源局不依法履行职责案

3. 白城市洮北区人民检察院诉洮北区畜牧业管理局行政公益诉讼案

4. 江苏省泰州市高港区人民检察院诉高港区水利局行政公益诉讼案

5. 福建省清流县人民检察院诉清流县环境保护局行政公益诉讼案

6. 贵州省江口县人民检察院诉铜仁市国土资源局、贵州梵净山国家级自然保护区管理局行政公益诉讼案

7. 山东省聊城市人民检察院诉路荣太民事公益诉讼案

8. 云南省普洱市人民检察院诉云南景谷矿冶有限公司民事公益诉讼案

十一、最高人民法院发布人民法院服务保障新时代生态文明建设典型案例（2018年6月4日）

1. 被告单位德司达（南京）染料有限公司、被告人王占荣等污染环境案

2. 被告人梁理德、梁特明非法采矿案

3. 被告人白加碧失火案

4. 山东省烟台市人民检察院诉王振殿、马群凯环境污染民事公益诉讼案

5. 重庆市长寿区珍心鲜农业开发有限公司诉中盐重庆长寿盐化有限公司、四川盐业地质钻井大队环境污染责任纠纷案

6. 山西京海公司等诉莱芜钢铁集团莱芜矿业有限公司股权转让纠纷案

7. 贵州省清镇市流长苗族乡人民政府诉黄启发等确认合同无效纠纷案

8. 陈永荣等诉南宁振宁开发有限责任公司噪音污染损害赔偿纠纷案

9. 湖北省宜昌市西陵区人民检察院诉湖北省利川市林业局不履行法定职责行政公益诉讼案

10. 李兆军诉浙江省绍兴市上虞区环境保护局行政处罚案

十二、最高人民法院发布人民法院环境资源审判保障长江经济带高质量发展典型案例（2018 年 11 月 28 日）

1. 被告人易文发等非法生产制毒物品、污染环境案

2. 被告单位重庆首旭环保科技有限公司、被告人程龙等污染环境案

3. 被告人邓文平等污染环境案

4. 中华环保联合会诉宜春市中安实业有限公司等水污染公益诉讼案

5. 中华环境保护基金会诉凯发新泉水务（扬州）有限公司水污染公益诉讼案

6. 湖南省益阳市环境与资源保护志愿者协会诉湖南林源纸业有限公司水污染公益诉讼案

7. 浙江省开化县人民检察院诉衢州瑞力杰化工有限责任公司环境民事公益诉讼案

8. 岳西县美丽水电站诉岳西县环境保护局环境保护行政决定案

9. 云南省剑川县人民检察院诉剑川县森林公安局怠于履行法定职责环境行政公益诉讼案

10. 湖北省宜昌市点军区人民检察院诉宜昌市点军区环境保护局怠于履行法定监管职责行政公益诉讼案

十三、最高人民法院与最高人民检察院、公安部、司法部、生态环境部发布环境污染刑事案件典型案例（2019 年 2 月 20 日）

1. 宝勋精密螺丝（浙江）有限公司及被告人黄冠群等 12 人污染环境案

2. 上海印达金属制品有限公司及被告人应伟达等 5 人污染环境案

3. 上海云瀛复合材料有限公司及被告人贡卫国等 3 人污染环境案

4. 贵州宏泰化工有限责任公司及被告人张正文、赵强污染环境案

5. 刘士义、黄阿添、韦世榜等 17 人污染环境系列案

十四、最高人民法院发布生态环境保护典型案例（2019 年 3 月 2 日）

1. 被告人董传桥等 19 人污染环境案

2. 被告人卓文走私珍贵动物案

3. 东莞市沙田镇人民政府诉李永明固体废物污染责任纠纷案

4. 韩国春诉中国石油天然气股份有限公司吉林油田分公司水污染责任纠纷案

5. 常州德科化学有限公司诉原江苏省环境保护厅、原中华人民共和国环境保护部及光大常高新环保能源（常州）有限公司环境评价许可案

6. 杨国先诉桑植县水利局行政协议及行政赔偿案

7. 江苏省人民政府诉安徽海德化工科技有限公司生态环境损害赔偿案

8. 中国生物多样性保护与绿色发展基金会诉秦皇岛方圆包装玻璃有限公司大气污染责任民事公益诉讼案

9. 铜仁市人民检察院诉贵州玉屏湘盛化工有限公司、广东韶关沃鑫贸易有限公司土壤污染责任民事公益诉讼案

10. 江苏省宿迁市宿城区人民检察院诉沭阳县农业委员会不履行林业监督管理法定职责行政公益诉讼案

十五、最高人民法院发布人民法院保障生态环境损害赔偿制度改革典型案例（2019 年 6 月 5 日）

1. 山东省生态环境厅诉山东金诚重油化工有限公司、山东弘聚新能源有限公司生态环境损害赔偿诉讼案

2. 重庆市人民政府、重庆两江志愿服务发展中心诉重庆藏金阁物业管理有限公司、重庆首旭环保科技有限公司生态环境损害赔偿诉讼案

3. 贵州省人民政府、息烽诚诚劳务有限公司、贵阳开磷化肥有限公司生态环境损害赔偿协议司法确认案

4. 绍兴市环境保护局、浙江上峰建材有限公司、诸暨市次坞镇人民政府生态环境损害赔偿协议司法确认案

5. 贵阳市生态环境局诉贵州省六盘水双元铝业有限责任公司、阮正华、田锦芳生态环境损害赔偿诉讼案

十六、最高人民法院发布长江经济带生态环境司法保护典型案例（2020 年 1 月 7 日）

1. 被告单位安徽亚兰德新能源材料股份有限公司、被告人吕守国等 7

人污染环境案

2. 被告人姚多友等14人污染环境案

3. 被告人王维凡等4人污染环境案

4. 被告人王超、王益平污染环境案，浙江省缙云县人民检察院诉被告缙云县南河电镀厂、王超等4人水污染民事公益诉讼案

5. 被告单位湖北瑞锶科技有限公司、被告人王先文等4人污染环境案

6. 被告单位成都益正环卫工程有限公司、成都晨光亚克力塑胶有限公司，被告人吕顺体等16人污染环境案

7. 被告人廖若云等3人污染环境案

8. 资中县银山鸿展工业有限责任公司诉原内江市环境保护局环境保护行政处罚案

9. 沿河土家族自治县人民检察院诉沿河土家族自治县环境保护局怠于履行法定职责行政公益诉讼案

10. 九江市人民政府诉江西正鹏环保科技有限公司、杭州连新建材有限公司、李德等7人生态环境损害赔偿责任案

十七、最高人民法院发布2019年度人民法院环境资源典型案例(2020年5月8日)

刑事类

1. 被告单位浙江晋巨化工有限公司、被告人吴卫富等8人污染环境案

2. 被告人田锦芳、阮正华、吴昌顺污染环境案

3. 被告人田昌蓉、罗伟等18人走私废物案

4. 被告人赵均锐、谭炽洪走私珍贵动物制品案

5. 被告人全小兰等6人非法收购、运输、出售珍贵、濒危野生动物案

6. 被告人罗圣桂、邱元妹、周应军非法捕捞水产品案

7. 被告人张久长非法采伐国家重点保护植物案

8. 被告人伍瑞华等15人盗伐林木、滥伐林木、故意毁坏财物、妨害作证、强迫交易案

9. 被告人彭建强、彭建平、吴文光非法采矿案

10. 被告单位福州市源顺石材有限公司、被告人黄恒游非法占用农用地案

民事类

11. 孟鸫、李日福诉云南铜业房地产开发有限公司相邻采光、日照纠纷案

12. 孟德玉诉天津东南新城城市建设投资有限公司噪声污染责任纠纷案

13. 兰坪三江铜业有限责任公司诉兰坪汇集矿业有限公司财产损害赔偿纠纷案

14. 连州市连州镇龙咀村民委员会湟白水村民小组诉连南瑶族自治县市政局环境污染责任纠纷案

15. 中山市围垦有限公司诉苏洪新等5人、中山市慈航农业投资有限公司土壤污染责任纠纷案

16. 上海晟敏投资集团有限公司诉普罗旺斯船东2008-1有限公司、法国达飞轮船有限公司、罗克韦尔航运有限公司船舶污染损害责任纠纷案

17. 黑龙江省讷河市通江街道五一村村民委员会诉苏廷祥农村土地承包合同纠纷案

18. 江西省地质工程（集团）公司青海分公司、江西省地质工程（集团）公司诉青海江源煤炭开发有限公司合同纠纷案

19. 中节能科技投资有限公司诉四川省煤焦化集团有限公司、四川省威远建业集团有限公司及罗焱明服务合同纠纷案

20. 山东省生态环境厅诉山东道一新能源科技有限公司合同纠纷案

行政类

21. 倪恩纯诉天津市生态环境局不履行环境保护监督管理职责案

22. 朱晓琛诉安阳县环境保护局履行环境保护及信息公开法定职责案

23. 海关总署（北京）国际旅行卫生保健中心（北京海关口岸门诊部）诉北京市海淀区生态环境局行政处罚及行政复议案

24. 北海市乃志海洋科技有限公司诉北海市海洋与渔业局海洋行政处

罚案

25. 三沙市渔政支队申请执行海南临高盈海船务有限公司行政处罚案

26. 林海等51人诉龙岩市新罗生态环境局环境行政许可案

27. 吉林省珲春林业局诉珲春市牧业管理局草原行政登记案

28. 盐津白水江文运水产养殖专业合作社诉云南省盐津县人民政府行政赔偿案

29. 云南得翔矿业有限责任公司诉云南省镇康县人民政府地矿行政补偿案

环境公益诉讼及生态环境损害赔偿案件类

30. 中国生物多样性保护与绿色发展基金会诉深圳市速美环保有限公司、浙江淘宝网络有限公司大气污染责任纠纷案

31. 中国生物多样性保护与绿色发展基金会诉贵州宏德置业有限公司相邻通行权纠纷案

32. 北京市朝阳区自然之友环境研究所诉现代汽车（中国）投资有限公司大气污染责任纠纷案

33. 江苏省泰州市人民检察院诉王小朋等59人生态破坏民事公益诉讼案

34. 江苏省南京市鼓楼区人民检察院诉南京胜科水务有限公司、ZHENG QIAOGENG（郑巧庚）等12人污染环境刑事附带民事公益诉讼案

35. 江苏省东台市人民检察院诉施圣华非法狩猎刑事附带民事公益诉讼案

36. 贵州省榕江县人民检察院诉榕江县栽麻镇人民政府环境保护行政管理公益诉讼案

37. 江西省安义县人民检察院诉安义县国土资源局不履行矿山地质环境保护职责案

38. 海南省文昌市人民检察院诉文昌市农业农村局海洋行政公益诉讼案

39. 江西省九江市人民政府诉江西正鹏环保科技有限公司、杭州连新

建材有限公司、李德等 7 人生态环境损害赔偿责任案

十八、最高人民法院发布黄河流域生态环境司法保护典型案例（2020 年 6 月 5 日）

1. 被告人甲波周盗伐林木刑事附带民事公益诉讼案

2. 被告人户燕军、李富强等 6 人盗掘古文化遗址、古墓葬案

3. 被告人贡嘎平措等 3 人非法猎捕、杀害珍贵、濒危野生动物刑事附带民事公益诉讼案

4. 义马市朝阳志峰养殖厂诉河南省义马市联创化工有限责任公司水污染责任纠纷案

5. 甘肃兴国水电开发有限责任公司诉甘肃省夏河县人民政府单方解除行政协议案

6. 河南省环保联合会诉聊城东染化工有限公司环境污染公益诉讼纠纷案

7. 山东省东营市东营区人民检察院诉东营市水利局未全面履行河道监管法定职责行政公益诉讼案

8. 陕西省三原县人民检察院诉陕西省三原县大程镇人民政府未履行环境保护和污染防治法定职责行政公益诉讼案

9. 山西省岚县人民检察院诉岚县水利局未履行环境保护和污染防治法定职责行政公益诉讼案

10. 郑州市生态环境局与河南鑫洲建筑工程有限公司生态环境损害赔偿司法确认案

十九、最高人民法院发布长江流域生态司法保护典型案例（2020 年 9 月 25 日）

1. 熊某辉等 3 人非法猎捕珍贵野生动物案

2. 毛某彩等 13 人非法捕捞水产品案

3. 云南省昆明市盘龙区人民检察院诉闵某、钱某礼非法捕捞水产品罪刑事附带民事公益诉讼案

4. 贵州省毕节市七星关区人民检察院诉曾某飞等 3 人非法捕捞水产品

刑事附带民事公益诉讼案

5. 四川省崇州市人民检察院诉张某、汪某林非法捕捞水产品刑事附带民事公益诉讼案

6. 湖南省岳阳市君山区人民检察院诉何某焕、孙某秋非法捕捞水产品刑事附带民事公益诉讼案

7. 湖北省宜昌市伍家岗区人民检察院诉李某九等8人非法捕捞水产品刑事附带民事公益诉讼案

8. 上海铁路运输检察院诉邢某成非法猎捕、杀害珍贵、濒危野生动物刑事附带民事公益诉讼案

9. 江苏省扬州市人民检察诉高某龙等10人环境民事公益诉讼案

10. “王家坝河”生态环境损害赔偿协议司法确认案

二十、最高人民法院发布长江流域生态环境司法保护典型案例（2021年2月25日）

1. 被告人李绪根非法捕捞水产品刑事附带民事公益诉讼案

2. 被告人赵成春等6人非法采矿案

3. 被告人秦家学滥伐林木刑事附带民事公益诉讼案

4. 欧祖明诉重庆市铜梁区人民政府撤销行政行为案

5. 宣城市恒泰金属铸件有限公司诉安徽省宣城市宣州区人民政府未依法履行行政补偿职责案

6. 中华环境保护基金会诉中化重庆涪陵化工有限公司环境污染民事公益诉讼案

7. 北京市朝阳区自然之友环境研究所诉中国水电顾问集团新平开发有限公司等环境污染责任民事公益诉讼案

8. 中国生物多样性保护与绿色发展基金会诉雅砻江流域水电开发有限公司环境民事公益诉讼案

9. 湖北省人民检察院武汉铁路运输分院诉阳新网湖生态种养殖有限公司通海水域污染损害责任环境民事公益诉讼案

10. 江西省新余市渝水区人民检察院诉江西省新余市水务局怠于履行

河道监管职责行政公益诉讼案

二十一、最高人民法院发布2020年度人民法院环境资源典型案例（2021年6月4日）

1. 被告人张小建等11人盗掘古墓葬案

2. 被告单位德清明禾保温材料有限公司、被告人祁尔明污染环境案

3. 丰都县东洋国电站诉彭水苗族土家族自治县水利局行政处罚案

4. 湖南省益阳市人民检察院诉夏顺安等15人非法采矿民事公益诉讼案

5. 广东省广州市人民检察院诉广州市花都区卫洁垃圾综合处理厂、李永强固体废物污染环境民事公益诉讼案

6. 广西壮族自治区来宾市人民检察院诉佛山市泽田石油科技有限公司等72名被告环境污染民事公益诉讼案

7. 江西省上饶市人民检察院诉张永明、毛伟明、张鹭生态破坏民事公益诉讼案

8. 江苏省南京市人民检察院诉王玉林生态破坏民事公益诉讼案

9. 安徽省巢湖市人民检察院诉魏安文等33人非法捕捞水产品刑事附带民事公益诉讼案

10. 河南省濮阳市人民政府诉聊城德丰化工有限公司生态环境损害赔偿诉讼案

二十二、最高人民法院发布黄河流域生态环境司法保护典型案例（2021年11月25日）

1. 刘玄龙、张建君等十五人盗伐林木案

2. 马尕文非法收购、运输、出售珍贵、濒危野生动物制品案

3. 陈卫强、董伟师等盗掘古墓葬案

4. 买自强等6人污染环境案

5. 濮阳市人民检察院诉山东巨野锦晨精细化工有限公司等环境民事公益诉讼案

6. 新乡市生态环境局与封丘县龙润精细化工有限公司生态环境损害赔

偿司法确认案

7. 济南新时代家庭农场有限公司与济南市天桥区泺口街道办事处鹊山东社区居民委员会等确认合同无效纠纷案

8. 碌曲县人民检察院诉碌曲县水务水电局行政公益诉讼案

9. 灵宝豫翔水产养殖有限公司诉三门峡市城乡一体化示范区管理委员会、灵宝市大王镇人民政府强制拆除案

10. 石嘴山市惠农区人民检察院诉石嘴山市惠农区农业农村和水务局行政公益诉讼案

（以上案例名称为正式发布时的原文，本书前文案例名称经过了适当改写）